Hilarion Petzold (Hrsg)

Puppen und Puppenspiel in der Psychotherapie

Mit Kindern, Erwachsenen und alten Menschen

Verlag J. Pfeiffer · München

Meiner Mutter, Irma Petzold-Heinz, zum 70. Geburtstag,
den Kasperlepuppen meiner Kindheit,
Böhmann, dem Bär,
und dem Rütta-Räpperchen

CIP-Kurztitelaufnahme der Deutschen Bibliothek

Puppen und Puppenspiel in der Psychotherapie:
Mit Kindern, Erwachsenen und alten Menschen /
Dr. Hilarion G. Petzold (Hrsg.). –
München: Pfeiffer, 1983.
  (Reihe Leben lernen: Nr. 55)
ISBN 3-7904-0399-7
NE: Petzold, Hilarion [Hrsg.]; GT

Nr. 55
Reihe »Leben lernen«
Herausgegeben von Gabriele Sievering und Karl Herbert Mandel

Printed in Germany
Druck: G. J. Manz AG, Dillingen
Umschlagentwurf: Hermann Wernhard
© Verlag J. Pfeiffer, München 1983
ISBN 3-7904-0399-7

Puppenzauber

Hinter den grauen Bergen von heute
liegt ein vergessenes Puppenland,
als ich mit Farben, Leim und mit Seide
mein Spielchen trieb, da tauchten sie auf.
Schon hatte ich einen Kasperl gemacht,
der bis über beide Ohren lacht.

Da öffneten sich alle Traumschubladen,
Hexen und Räuber quellen hervor,
aus Draht und Knete die Hexennasen
schwefelig gelb und giftig grün,
der Teufel, der mischt sich flammendrot ein,
das Krokodil höre ich grauslich schrein.

Das flachsblonde Gretel mit sanftem Gesichtchen
mein Brautschleier schmückt jetzt die gute Fee,
pappgoldene Kronen von Prinz und Prinzeßchen
entstehen im Nu, ich weiß gar nicht wie.
Es zappelt und wackelt auf meiner Hand
das ganze Kasperlepuppenland.

Schnauzbärtiger Vater schnell sich gestaltet,
Geschwister die kreischen, lachen und schrein,
jetzt kommt der Doktor im weißen Kittel,
die Krankenschwester, die Lehrerin,
und es tönt ein Liedchen in meinem Ohr,
der Himmel mag wissen, wann ich's verlor.

Humpelt da nicht stockstampfend Großvater,
mit Weißwattedutt das Großmütterlein?
Wer hält alle die vielen Traumgestalten,
tanze ich nicht mit der Fee im Arm?
Hilf mir Zauberer im Sternengewand
und zauber die Puppen ins Puppenland.

Irma Petzold-Heinz

Autoren

Prof. Dr. Hilarion G. Petzold
Fritz-Perls-Institut
Brehmstraße 9
4000 Düsseldorf 1

Gisela Ammon
Psychoanalytische Kindergärten
Wielandstraße 27–28
1000 Berlin 15

Holgrid Gabriel
Psychotherapeutin
Psychologische Beratungsstelle
Augustenstraße 39b
7000 Stuttgart 1

Prof. Dr. J. G. Rojas-Bermúdez
Billinghorst 1758-I.B
1425 Buenos-Aires/Argentinien

Katharina Sommer
Dipl.-Psych.
Freiher-vom-Stein-Straße 9
6086 Riedstadt

Prof. Dr. Wolfgang Stuckenhoff
Gärtnereiweg 6
5860 Oserlohn 9

Prof. Dr. W. M. Pfeiffer
Hüfferstraße 75
4400 Münster

Ursula Kuypers
Dipl.-Psych.
Schloß Falkenhof / Postfach 387
6140 Bensheim 1

Inhalt

III. Das Puppenspiel in der Arbeit mit Erwachsenen

Vorwort

Puppen und Puppenspiel haben in der Psychotherapie, insbesondere in der Behandlung von Kindern, seit langem einen festen Platz. Dennoch gibt es – sieht man einmal von dem klassischen Werk *Madeleine Ramberts* ab – kaum Arbeiten, die sich mit dem Medium Puppe befassen. Materialien finden sich vereinzelt über die Jahre in Fachzeitschriften verstreut. Der vorliegende Band bringt deshalb Beiträge zur Theorie, Methodik und zu Anwendungsgebieten des therapeutischen Puppenspiels, um den Reichtum an Möglichkeiten dieses Instrumentes in der Behandlung von Kindern und Erwachsenen zugänglich zu machen.

Die Puppen gehören als »Übergangsobjekte« *(D. W. Winnicott)* zur »natürlichen« Entwicklung des Kindes, und wir finden sie in allen Kulturen. Als Objekte der Symbolisierung und Verkörperung bieten sie sich an, die archaische Welt der Angst, der Aggression und des Begehrens Gestalt gewinnen zu lassen – in einer spielerischen Form, die des Schutzes der Abwehr nicht bedarf. Es ist insonderheit diese Eigenschaft, die das Puppenspiel auch für die Arbeit mit Erwachsenen geeignet macht. Gerade bei schwierigen Patienten, psychiatrisch Kranken und Süchtigen, Menschen, die durch frühe Defizite und Störungen in ihrer Entwicklung beeinträchtigt oder geschädigt worden sind, finden die Puppen als Intermediär-Objekte *(Rojas-Bermúdez)* oft erstaunliche Resonanz. Sie treffen in das Milieu der Regression, in die Phase, wo sich der Übergang von der symbiotischen Allverbundenheit zum Ich-Selbst und dann weiter zum Du, zum anderen, vollzieht, diesen fragilen Bereich, in dem die Ursachen für so viele schwere psychische und psychosomatische Erkrankungen zu suchen sind. Das Puppenspiel bietet hier Anlaß zu theoretischen Überlegungen und behandlungsmethodische Möglichkeiten, die noch bei weitem nicht ausgeschöpft sind. Die »Geheimnisse der Puppen« beschränken sich, wie ich in meinem einleitenden Essay zu zeigen versuche, allerdings nicht nur auf den Bereich des Therapeutischen. Sie wurzeln in der Alltäglichkeit menschlicher Kultur. Diese jedoch gilt es in jeder guten Therapie zu aktualisieren.

Für die Auswahl und Zusammenstellung der Beiträge war bestimmend, die verschiedenen theoretischen, methodischen Ansätze vorzustellen: das Puppenspiel in der Gestalt- bzw. Integrativen Therapie, in der Psychoanalyse, in der *Jung*schen Tiefenpsychologie oder im Psychodrama. Die Beiträge von *Rambert* und *Woltmann* stammen von Pionieren des therapeutischen Puppenspiels. Sie haben von ihrer Aktualität für die Arbeit mit Kindern nach bald vierzig Jahren noch nichts eingebüßt. Ein besonderes Anliegen des Buches besteht darin, Puppen in der Therapie Erwachsener und alter Menschen vorzustellen. Obwohl *Iljine, Ferenczi* und *Moreno* schon in den 20er und 30er Jahren im Rahmen ihrer flexiblen therapeutischen Ansätze bei Neurose-, Psychose- und Suchtkranken Puppenspiel verwandten, sind diese Möglichkeiten bislang besonders auch für die Behandlung chronisch kranker, psychiatrischer Patienten kaum genutzt worden. Gänzliches Neuland hat der Herausgeber in der geragogischen und gerontotherapeutischen Arbeit betreten, und auch in diesen ersten Versuchen, Puppenspiel mit alten Menschen zu praktizieren, erwiesen die Marionetten, Marotten oder Handpuppen ihre faszinierende Kraft.

Dieses Buch verdankt sein Entstehen vielen Impulsen. Den nachhaltigsten erhielt ich durch meine Mutter, mit der wir als Kinder wunderschöne Handpuppen herstellten, über Jahre Spiele improvisierten und später begannen, Stücke für die Puppenbühne zu schreiben. Weitere Anregungen kamen durch den italienischen Puppenhersteller *Gundina Galliardi,* der im Nachbarhaus seine Werkstatt hatte, durch den Besuch von Puppenwanderbühnen und des Düsseldorfer Marionettentheaters. In meiner Lehranalyse bei *V. Iljine,* einem Schüler *Ferenczis,* spielten Puppen und Kuscheltiere eine bedeutsame Rolle, und auch in der psychodramatischen Arbeit bei *Moreno* in Beacon gehörten die Puppen zum Arsenal der Psychodramabühne. In den ersten eigenen therapeutischen Versuchen, der Behandlung von schwer verhaltensgestörten Kindern, waren die Puppen für mich vertraute Verbündete, die mir den schwierigen Anfang leichter machten.

Hilarion G. Petzold
Fritz Perls Institut, Düsseldorf

Anstelle einer Einleitung

Heinrich von Kleist

Über das Marionettentheater (1810)

Als ich den Winter 1801 in M . . . zubrachte, traf ich daselbst eines Abends, in einem öffentlichen Garten, den Herrn C. an, der seit kurzem, in dieser Stadt, als erster Tänzer der Oper, angestellt war, und bei dem Publiko außerordentliches Glück machte.

Ich sagte ihm, daß ich erstaunt gewesen wäre, ihn schon mehrere Mal in einem Marionettentheater zu finden, das auf dem Markte zusammengezimmert worden war, und den Pöbel, durch kleine dramatische Burlesken, mit Gesang und Tanz durchwebt, belustigte.

Er versicherte mir, daß ihm die Pantomimik dieser Puppen viel Vergnügen machte, und ließ nicht undeutlich merken, daß ein Tänzer, der sich ausbilden wolle, mancherlei von ihnen lernen könne.

Da die Äußerung mir, durch die Art, wie er sie vorbrachte, mehr, als ein bloßer Einfall schien, so ließ ich mich bei ihm nieder, um ihn über die Gründe, auf die er eine so sonderbare Behauptung stützen könne, näher zu vernehmen.

Er fragte mich, ob ich nicht, in der Tat, einige Bewegungen der Puppen, besonders der kleineren, im Tanz sehr graziös gefunden hatte.

Diesen Umstand konnte ich nicht leugnen. Eine Gruppe von vier Bauern, die nach einem raschen Takt die Ronde tanzte, hätte von Teniers nicht hübscher gemalt werden können.

Ich erkundigte mich nach dem Mechanismus dieser Figuren, und wie es möglich wäre, die einzelnen Glieder derselben und ihre Punkte, ohne Myriaden von Fäden an den Fingern zu haben, so zu regieren, als es der Rhythmus der Bewegungen, oder der Tanz erfordere?

Er antwortete, daß ich mir nicht vorstellen müsse, als ob jedes Glied einzeln, während der verschiedenen Momente des Tanzes, von dem Maschinisten gestellt und gezogen würde.

Jede Bewegung, sagte er, hätte einen Schwerpunkt; es wäre genug, diesen, in dem Innern der Figur, zu regieren; die Glieder, welche nichts als Pendel wären, folgten, ohne irgend ein Zutun, auf eine mechanische Weise von selbst.

Er setzte hinzu, daß diese Bewegung sehr einfach wäre; daß jedesmal, wenn der Schwerpunkt in einer *graden Linie* bewegt wird, die Glieder schon *Kurven* beschrieben; und daß oft, auf eine bloß zufällige Weise erschüttert, das Ganze schon in eine Art von rhythmische Bewegung käme, die dem Tanz ähnlich wäre.

Diese Bemerkung schien mir zuerst einiges Licht über das Vergnügen zu werfen, das er in dem Theater der Marionetten zu finden vorgegeben hatte. Inzwischen ahndete ich bei weitem die Folgerungen noch nicht, die er späterhin daraus ziehen würde.

Ich fragte ihn, ob er glaubte, daß der Maschinist, der diese Puppen regierte, selbst ein Tänzer sein, oder wenigstens einen Begriff vom Schönen im Tanz haben müsse?

Er erwiderte, daß wenn ein Geschäft, von seiner mechanischen Seite, leicht sei, daraus noch nicht folge, daß es ganz ohne Empfindung betrieben werden könne.

Die Linie, die der Schwerpunkt zu beschreiben hat, wäre zwar sehr einfach, und, wie er glaube, in den meisten Fällen, gerad. In Fällen, wo sie krumm sei, scheine das Gesetz ihrer Krümmung wenigstens von der ersten oder höchstens zweiten Ordnung; und auch in diesem letzten Fall nur elliptisch, welche Form der Bewegung den Spitzen des menschlichen Körpers (wegen der Gelenke) überhaupt die natürliche sei, und also dem Maschinisten keine große Kunst koste, zu verzeichnen.

Dagegen wäre diese Linie wieder, von einer andern Seite, etwas sehr Geheimnisvolles. Denn sie wäre nichts anders, als der *Weg der Seele des Tänzers*; und er zweifle, daß sie anders gefunden werden könne, als dadurch, daß sich der Maschinist in den Schwerpunkt der Marionette versetzt, d. h. mit andern Worten, *tanzt.*

Ich erwiderte, daß man mir das Geschäft desselben als etwas ziemlich Geistloses vorgestellt hätte: etwa was das Drehen einer Kurbel sei, die eine Leier spielt.

Keineswegs, antwortete er. Vielmehr verhalten sich die Bewegungen seiner Finger zur Bewegung der daran befestigten Puppen ziemlich künstlich, etwa wie Zahlen zu ihren Logarithmen oder die Asymptote zur Hyperbel.

Inzwischen glaube er, daß auch dieser letzte Bruch von Geist, von dem er gesprochen, aus den Marionetten entfernt werden, daß ihr Tanz gänzlich ins Reich mechanischer Kräfte hinübergespielt, und vermittelst einer Kurbel, so wie ich es mir gedacht, hervorgebracht werden könne.

Ich äußerte meine Verwunderung zu sehen, welcher Aufmerksamkeit er diese, für den Haufen erfundene, Spielart einer schönen Kunst würdige.

Nicht bloß, daß er sie einer höheren Entwickelung für fähig halte: er scheine sich sogar selbst damit zu beschäftigen.

Er lächelte, und sagte, er getraue sich zu behaupten, daß wenn ihm ein Mechanikus, nach den Forderungen, die er an ihn zu machen dächte, eine Marionette bauen wollte, er vermittelst derselben einen Tanz darstellen würde, den weder er, noch irgend ein anderer geschickter Tänzer seiner Zeit, Vestris selbst nicht ausgenommen, zu erreichen imstande wäre.

Haben Sie, fragte er, da ich den Blick schweigend zur Erde schlug: haben Sie von jenen mechanischen Beinen gehört, welche englische Künstler für Unglückliche verfertigen, die ihre Schenkel verloren haben?

Ich sagte, nein: dergleichen wäre mir nie vor Augen gekommen.

Es tut mir leid, erwiderte er; denn wenn ich Ihnen sage, daß diese Unglücklichen damit tanzen, so fürchte ich fast, Sie werden es mir nicht glauben. – Was sag ich, tanzen? Der Kreis ihrer Bewegungen ist zwar beschränkt; doch diejenigen, die ihnen zu Gebote stehen, vollziehen sich mit einer Ruhe, Leichtigkeit und Anmut, die jedes denkende Gemüt in Erstaunen setzen.

Ich äußerte, scherzend, daß er ja, auf diese Weise, seinen Mann gefunden habe. Denn derjenige Künstler, der einen so merkwürdigen Schenkel zu bauen imstande sei, würde ihm unzweifelhaft auch eine ganze Marionette, seinen Forderungen gemäß, zusammensetzen können.

Wie, fragte ich, da er seinerseits ein wenig betreten zur Erde sah: wie sind denn diese Forderungen, die Sie an die Kunstfertigkeit desselben zu machen gedenken, bestellt?

Nichts, antwortete er, was sich nicht auch schon hier fände; Ebenmaß, Beweglichkeit, Leichtigkeit – nur alles in einem höheren Grade; und besonders eine naturgemäßere Anordnung der Schwerpunkte.

Und der Vorteil, den diese Puppe vor lebendigen Tänzern voraus haben würde?

Der Vorteil? Zuvörderst ein negativer, mein vortrefflicher Freund, nämlich dieser, daß sie sich niemals *zierte*. – Denn Ziererei erscheint, wie Sie wissen, wenn sich die Seele (vis motrix) in irgend einem andern Punkte befindet, als in dem Schwerpunkt der Bewegung. Da der Maschinist nun schlechthin, vermittelst des Drahtes oder Fadens, keinen andern Punkt in seiner Gewalt hat, als diesen: so sind alle übrigen Glieder, was sie sein sollen, tot, reine Pendel, und folgen dem bloßen Gesetz der Schwere; eine vortreffliche Eigenschaft, die man vergebens bei dem größesten Teil unsrer Tänzer sucht.

Sehen Sie nur die P . . . an, fuhr er fort, wenn sie die Daphne spielt, und sich, verfolgt vom Apoll, nach ihm umsieht; die Seele sitzt ihr in den

Wirbeln des Kreuzes; sie beugt sich, als ob sie brechen wollte, wie eine Najade aus der Schule Bernins. Sehen Sie den jungen F . . . an, wenn er, als Paris, unter den drei Göttinnen steht, und der Venus den Apfel überreicht: die Seele sitzt ihm gar (es ist ein Schrecken, es zu sehen) im Ellenbogen.

Solche Mißgriffe, setzte er abbrechend hinzu, sind unvermeidlich, seitdem wir von dem Baum der Erkenntnis gegessen haben. Doch das Paradies ist verriegelt und der Cherub hinter uns; wir müssen die Reise um die Welt machen, und sehen, ob es vielleicht von hinten irgendwo wieder offen ist.

Ich lachte. – Allerdings, dachte ich, kann der Geist nicht irren, da, wo keiner vorhanden ist. Doch ich bemerkte, daß er noch mehr auf dem Herzen hatte, und bat ihn, fortzufahren.

Zudem, sprach er, haben diese Puppen den Vorteil, daß sie *antigrav* sind. Von der Trägheit der Materie, dieser dem Tanze entgegenstrebendsten aller Eigenschaften, wissen sie nichts: weil die Kraft, die sie in die Lüfte erhebt, größer ist, als jene, die sie an der Erde fesselt. Was würde unsre gute G . . . darum geben, wenn sie sechzig Pfund leichter wäre, oder ein Gewicht von dieser Größe ihr bei ihren Entrechats und Pirouetten, zu Hülfe käme? Die Puppen brauchen den Boden nur, wie die Elfen, um ihn zu *streifen*, und den Schwung der Glieder, durch die augenblickliche Hemmung neu zu beleben; wir brauchen ihn, um darauf zu *ruhen*, und uns von der Anstrengung des Tanzes zu erholen: ein Moment, der offenbar selber kein Tanz ist, und mit dem sich weiter nichts anfangen läßt, als ihn möglichst verschwinden zu machen.

Ich sagte, daß, so geschickt er auch die Sache seiner Paradoxe führe, er mich doch nimmermehr glauben machen würde, daß in einem mechanischen Gliedermann mehr Anmut enthalten sein könne, als in dem Bau des menschlichen Körpers.

Er versetzte, daß es dem Menschen schlechthin unmöglich wäre, den Gliedermann darin auch nur zu erreichen. Nur ein Gott könne sich, auf diesem Felde, mit der Materie messen; und hier sei der Punkt, wo die beiden Enden der ringförmigen Welt in einander griffen.

Ich erstaunte immer mehr, und wußte nicht, was ich zu so sonderbaren Behauptungen sagen sollte.

Es scheine, versetzte er, indem er eine Prise Tabak nahm, daß ich das dritte Kapitel vom ersten Buch Moses nicht mit Aufmerksamkeit gelesen; und wer diese erste Periode aller menschlichen Bildung nicht kennt, mit dem könne man nicht füglich über die folgenden, um wie viel weniger über die letzte, sprechen.

Ich sagte, daß ich gar wohl wüßte, welche Unordnungen, in der natürlichen Grazie des Menschen, das Bewußtsein anrichtet. Ein junger Mann von meiner Bekanntschaft hätte, durch eine bloße Bemerkung, gleichsam vor meinen Augen, seine Unschuld verloren, und das Paradies derselben, trotz aller ersinnlichen Bemühungen, nachher niemals wieder gefunden. – Doch, welche Folgerungen, setzte ich hinzu, können Sie daraus ziehen?

Er fragte mich, welch einen Vorfall ich meine?

Ich badete mich, erzählte ich, vor etwa drei Jahren, mit einem jungen Mann, über dessen Bildung damals eine wunderbare Anmut verbreitet war. Er mochte ohngefähr in seinem sechszehnten Jahre stehn, und nur ganz von fern ließen sich, von der Gunst der Frauen herbeigerufen, die ersten Spuren von Eitelkeit erblicken. Es traf sich, daß wir grade kurz zuvor in Paris den Jüngling gesehen hatten, der sich einen Splitter aus dem Fuße zieht; der Abguß der Statue ist bekannt und befindet sich in den meisten deutschen Sammlungen. Ein Blick, den er in dem Augenblick, da er den Fuß auf den Schemel setzte, um ihn abzutrocknen, in einen großen Spiegel warf, erinnerte ihn daran; er lächelte und sagte mir, welch eine Entdeckung er gemacht habe. In der Tat hatte ich, in eben diesem Augenblick, dieselbe gemacht; doch sei es, um die Sicherheit der Grazie, die ihm beiwohnte, zu prüfen, sei es, um seiner Eitelkeit ein wenig heilsam zu begegnen: ich lachte und erwiderte – er sähe wohl Geister! Er errötete, und hob den Fuß zum zweitenmal, um es mir zu zeigen; doch der Versuch, wie sich leicht hätte voraussehn lassen, mißglückte. Er hob verwirrt den Fuß zum dritten und vierten, er hob ihn wohl noch zehnmal: umsonst! er war außerstand, dieselbe Bewegung wieder hervorzubringen – was sag ich? die Bewegungen, die er machte, hatten ein so komisches Element, daß ich Mühe hatte, das Gelächter zurückzuhalten: –

Von diesem Tage, gleichsam von diesem Augenblick an, ging eine unbegreifliche Veränderung mit dem jungen Menschen vor. Er fing an, tagelang vor dem Spiegel zu stehen; und immer ein Reiz nach dem anderen verließ ihn. Eine unsichtbare und unbegreifliche Gewalt schien sich, wie ein eisernes Netz um das freie Spiel seiner Gebärden zu legen, und als ein Jahr verflossen war, war keine Spur mehr von der Lieblichkeit in ihm zu entdecken, die die Augen der Menschen sonst, die ihn umringten, ergötzt hatte. Noch jetzt lebt jemand, der ein Zeuge jenes sonderbaren und unglücklichen Vorfalls war, und ihn, Wort für Wort, wie ich ihn erzählt, bestätigen könnte. –

Bei dieser Gelegenheit, sagte Herr C . . . freundlich, muß ich Ihnen eine andere Geschichte erzählen, von der Sie leicht begreifen werden, wie sie hierher gehört.

Ich befand mich, auf meiner Reise nach Rußland, auf einem Landgut des Herrn v. G . . ., eines livländischen Edelmanns, dessen Söhne sich eben damals stark im Fechten übten. Besonders der ältere, der eben von der Universität zurückgekommen war, machte den Virtuosen, und bot mir, da ich eines Morgens auf seinem Zimmer war, ein Rapier an. Wir fochten; doch es traf sich, daß ich ihm überlegen war; Leidenschaft kam dazu, ihn zu verwirren; fast jeder Stoß, den ich führte, traf, und sein Rapier flog zuletzt in den Winkel. Halb scherzend, halb empfindlich, sagte er, indem er das Rapier aufhob, daß er seinen Meister gefunden habe: doch alles auf der Welt finde den seinen, und fortan wolle er mich zu dem meinigen führen. Die Brüder lachten laut auf, und riefen: Fort! fort! In den Holzstall herab! und damit nahmen sie mich bei der Hand und führten mich zu einem Bären, den Herr v. G . . ., ihr Vater, auf dem Hofe auferziehen ließ.

Der Bär stand, als ich erstaunt vor ihn trat, auf den Hinterfüßen, mit dem Rücken an einem Pfahl gelehnt, an welchem er angeschlossen war, die rechte Tatze schlagfertig erhoben, und sah mir ins Auge: das war seine Fechterpositur. Ich wußte nicht, ob ich träumte, da ich mich einem solchen Gegner gegenüber sah; doch: stoßen Sie! stoßen Sie! sagte Herr v. G . . ., und versuchen Sie, ob Sie ihm eins beibringen können! Ich fiel, da ich mich ein wenig von meinem Erstaunen erholt hatte, mit dem Rapier auf ihn aus; der Bär machte eine ganz kurze Bewegung mit der Tatze und parierte den Stoß. Ich versuchte ihn durch Finten zu verführen; der Bär rührte sich nicht. Ich fiel wieder, mit einer augenblicklichen Gewandtheit, auf ihn aus, eines Menschen Brust würde ich ohnfehlbar getroffen haben: der Bär machte eine ganz kurze Bewegung mit der Tatze und parierte den Stoß. Jetzt war ich fast in dem Fall des jungen Herrn v. G . . . Der Ernst des Bären kam hinzu, mir die Fassung zu rauben, Stöße und Finten wechselten sich, mir triefte der Schweiß: umsonst! Nicht bloß, daß der Bär, wie der erste Fechter der Welt, alle meine Stöße parierte; auf Finten (was ihm kein Fechter der Welt nachmacht) ging er gar nicht einmal ein: Aug in Auge, als ob er meine Seele darin lesen könnte, stand er, die Tatze schlagfertig erhoben, und wenn meine Stöße nicht ernsthaft gemeint waren, so rührte er sich nicht.

Glauben Sie diese Geschichte?

Vollkommen! rief ich, mit freudigem Beifall; jedwedem Fremden, so wahrscheinlich ist sie: um wie viel mehr Ihnen!

Nun, mein vortrefflicher Freund, sagte Herr C . . ., so sind Sie im Besitz von allem, was nötig ist, um mich zu begreifen. Wir sehen, daß in dem Maße, als, in der organischen Welt, die Reflexion dunkler und schwächer wird, die Grazie darin immer strahlender und herrschender hervortritt. –

Doch so, wie sich der Durchschnitt zweier Linien, auf der einen Seite eines Punkts, nach dem Durchgang durch das Unendliche, plötzlich wieder auf der andern Seite einfindet, oder das Bild des Hohlspiegels, nachdem es sich in das Unendliche entfernt hat, plötzlich wieder dicht vor uns tritt: so findet sich auch, wenn die Erkenntnis gleichsam durch ein Unendliches gegangen ist, die Grazie wieder ein; so, daß sie, zu gleicher Zeit, in demjenigen menschlichen Körperbau am reinsten erscheint, der entweder gar keins, oder ein unendliches Bewußtsein hat, d. h. in dem Gliedermann, oder in dem Gott.

Mithin, sagte ich ein wenig zerstreut, müßten wir wieder von dem Baum der Erkenntnis essen, um in den Stand der Unschuld zurückzufallen?

Allerdings, anwortete er; das ist das letzte Kapitel von der Geschichte der Welt.

17

I. Beiträge zur Theorie und Methodik

Hilarion G. Petzold

Geheimnisse der Puppe*

Die Geheimnisse der Puppen sind mit den Geheimnissen des Menschen unlösbar verbunden. Die steinzeitlichen Figurinen sind mehr als Kultgegenstände, sie sind Ausdruck der Hominisation. Die Venus von Nebra[1] wurde geschaffen von Wesen, die in Distanz zu sich gehen konnten und die menschliche Form als menschlich zu begreifen vermochten, von Wesen, die über die Kraft der Symbolisierung verfügten[2]. Archaische Puppen mochten noch einfacher, ungestalteter gewesen sein als die frühesten »geformten« Figuren – Steine oder Holzstücke, Wurzeln, Alraunen[3] – ähnlich den frühen Übergangsobjekten[4] der Kinder. Die Puppe ist ein anderer Gefährte als der Mitmensch, das Nachbartier, die Geschwister. Sie ist in ihrer Leblosigkeit belebt von dem, der sie als *seine Puppe* gewählt oder geschaffen hat. Sie wird Teil seiner selbst – und der Weg zu sich selbst ist schwerer als der zum anderen, auch, oder weil er nur über den anderen führt[5]. Die Puppe ist unser Helfer bei diesem Unterfangen, Mensch zu werden[6] – für eine Zeitlang zumindest. Sie ist unser Vasall, uns selbst zu erschaffen, uns herauszuformen aus der Alleinheit der Symbiose[7], ohne die wir nicht leben konnten, aber mit der wir nicht auf Dauer leben können[8]. Sie half uns in den schmerzlichen und bedrohlichen Prozessen der Trennung[9] – von der Mutter wie von der Horde[10] gleichermaßen –, ohne daß wir die Mutter oder die menschliche Gemeinschaft verlieren mußten, indem sie uns über die Abwesenheiten rettete, in denen uns unsere Eigenheit und Besonderheit erst in letzter Schärfe erfahrbar wird. Der Puppe verdanken wir, daß *Trennung nicht gleichbedeutend mit Verlust werden muß, denn sie war da.*

Es ist also keine Zufälligkeit, daß Puppen zu allen Zeiten und in allen Kulturen zu finden sind[11]. *Der Mensch braucht die Puppe*, aber er steht

---

* Aus Integrative Therapie I/83, S. 9–19.

19

zu ihr in der Zwiespältigkeit, die er offenbar allem gegenüber hegt, was er lebens-not-wendig braucht oder gebraucht hat und dessen Entzug oder Verlust lebens-bedrohlich wird. Die Puppe, in der Kindheit glühend geliebt, wird bald vergessen oder ein verstaubtes Souvenir[12], das selbst in Momenten der Nostalgie nur einen Schatten der einstigen Innigkeit aufkommen läßt. Aber die Puppe läßt sich aus dem Leben des Menschen nicht verbannen, dem sie in ihrem eigenartigen Zwitterwesen lebendiger Leblosigkeit verbunden ist[13]. Der Mensch braucht Puppen, und wo er sie verloren, weggelegt, vergessen hat, erschafft er sich neue Figuren, Bilder, Marionetten. Es ist das Wesen der Puppe, erschaffen zu sein. Sie macht den Menschen zum Schöpfer, der in immer neuen Versuchen der Gestaltung sich selbst zu finden hofft und in immer neuen Animationen den Puppen Leben zu geben sucht[14], denn ihre endgültige Beseelung würde das Rätsel des Lebens und die Schrecken des Todes auflösen[15].

Der erschaffene Körper

Körper sind erschaffene Körper. Adam, der Lehmgeformte[16], ist die Puppe Gottes, gestaltet nach dem Bilde und dem Gleichnis Gottes (der Eloim)[17]. Die Schöpfung *ex nihilo* geschieht keineswegs aus dem Nichts[18]. Die Ideen des Schöpfers sind die Ursubstanz[19], die geformt wird, sich verdichtet, Gestalt gewinnt und dabei immer den Logos des Demiurgen in sich trägt[20]. Das Geschaffene bleibt Teil des Urhebers, ist ihm ähnlich, steht in seiner Macht . . ., bis sich das Geschöpf verselbständigt. Die Träume des Prometheus[21] wurden teuer bezahlt, schmerzvoll, verzehrend. Die Menschenpuppe aus Lehm bleibt nicht die »Marionette Gottes« (*Horaz*, Satiren II, 7. 82). Sie wird unbotmäßig. Sie entzieht sich dem Urheber und beraubt ihn der Möglichkeit, sich in seinem Geschöpf zu erkennen[22]. Die einsame Wanderung des Gilgamesch[23], der verstoßene Adam[24], tragen das Zeichen der Trauer; denn die Trennung des Schöpfers von seiner Idee ist bitter, und das Erkennen, sich selbst nicht erschaffen zu können und doch erschaffen zu müssen, überantwortet der Mündigkeit. Die großen Mythen der Menschheitsgeschichte handeln vom Schöpfer und seiner Puppe, diesem wahnsinnigen Begehren, sich zu begreifen, dieser Passion, sich auszudrücken, um sich zu finden, dieser Not, sich zu multiplizieren, um der Einsamkeit zu entgehen. Die Puppe zu schaffen ist Aneignung und Entbergung zugleich, Gewinn und Verlust, Bemächtigung und Entmachtung.

Der erschaffene Körper darf nicht leblos bleiben, ihm wird die „Ruach“, der göttliche Geist, eingehaucht, dem Adam[25] wie dem Golem[26], dem hölzernen Bengele[27] wie der Kreatur Frankensteins[28]. Der Genius wie der Wahnsinn des Schöpfers[29], seine Größe wie seine Perversion[30] zeigen sich in der Gestalt der Puppe, ihrem Antlitz, das vor Glück strahlt, in Liebe brennt, in Haß oder Entsetzen verzerrt ist. Die unbelebte Puppe zwingt uns, ihr Leben zu geben, uns in sie hinein-zu-leben[31]. Die Puppe ruft nach dem Puppenspiel, dem Puppenspieler. Wo eine Puppe herumliegt – zwischen unaufgeräumtem Spielzeug –, berührt uns die Tristesse, kommt jene grenzenlose Verlorenheit auf, die uns auf Müllhalden befällt, auf Schlachtfeldern, in Katastrophengebieten, wenn wir eine Puppe herumliegen sehen, die Augen weit aufgerissen.

Die Herstellung von Puppen ist mit einer eigenartigen Faszination verbunden. Die Zeit scheint stillzustehen. Das Material, Ton oder Knetmasse oder Pappmaschee, Wolle oder Stoffreste, scheint den Former aufzusaugen. Er verströmt sich gleichsam in das Material hinein, mit seiner ganzen Aufmerksamkeit, seinem ganzen Impuls. Sein ganzes Bewußtsein ist gesammelt in höchster Konzentration. Die Kräfte des Unbewußten sind fokussiert, und im Brennpunkt der Blicke und der Hände entsteht der Körper der Puppe nach dem *Willen* des Formers, dessen ganzer Leib einbezogen ist, Mimik, Gestik, Haltung, Atmung. Der Körper der Puppe wird aufgenommen, betrachtet mit einer Intensität, als wäre es ein Blick in den Spiegel; und nicht mehr und nicht weniger ist es. Darin liegt die Verwandtschaft von Puppe und Maske[32]. Das prüfende Erforschen der Gestalt der Puppe ist mehr als das Suchen nach den Intentionen des Ausdrucks. Es ist eine angestrengte Exploration, die Suche nach etwas, das dasein *müßte*, nach einem Mehr, das der geschaffene Körper enthüllen könnte. Manchmal entsteht ein Moment des Staunens, ein bewundernder Augenblick, indem ich ein Stück von mir in der Puppe erkenne[33], das mir als meines deutlich wird: unbekannte Besitztümer. Die Diskurse des Unbewußten haben eine Form gefunden. Sie sind anschaulich geworden. Manchmal geht das Erstaunen in ein Erschrecken über; meistens jedoch wird die Puppe mehr oder weniger befriedigt oder unbefriedigt aus der Hand gelegt oder neuen Prozessen der Formung unterworfen, und dem Former bleibt verborgen, *daß die Abwehr eine Gnade sein kann*. Die letzte Abwehr gilt der unentrinnbaren Einsicht, daß die Puppe nicht endgültig belebt werden kann. Wenn ihr aber die Illusion der Lebendigkeit genommen ist, wird sie zur Präfiguration unseres eigenen Todes.

Die Puppe und die Macht

»Willenlos wie eine Puppe ließ sie sich ausziehen«[34]. Die armseligen Huren des *Zola* oder des *Balzac* oder die in den Glasvitrinen eines thailändischen Bordells unterscheiden sich kaum noch von den aufblasbaren, fleischfarbenen Gespielinnen, den Plastikpuppen, denn ihnen hat man die Seelen weggenommen[35]. Es ist das Privileg der Schöpfer, ihre Geschöpfe aus dem Paradies zu verstoßen, der Puppenspieler, die Puppen tanzen zu lassen, des *Rabbi Loew* (1512–1609), dem Golem das Zeichen des Lebens in das Zeichen des Todes[36] zu verändern, es ist das Privileg der Generäle, lebendige Menschen in leblose Puppen zu verwandeln. Dieser ultimative Traum der Herrschaft ist nicht nur Gegenstand kryptischer Pergamente, geheimer Voodoo-Traditionen[37]. Sich dienstbare Puppen zu schaffen, Männer, aus Drachenzähnen gesät, Zyborgs, Androiden[38], ist nicht nur Gegenstand zeitloser alter und neuer Mythen[39]. Auf Tausenden von Schlachtfeldern wurden Puppen aufeinandergehetzt, willenlos Kommandos der Vernichtung folgend, aufgestellt wie Zinnsoldaten[40]. Wer sind hier die Drahtzieher[41], wer die Verfasser der Stücke, wer ist der letzte wahnsinnige Puppenspieler, der dieses ganze höllische Theater in Bewegung gesetzt hat?

Die Puppe ist ein Ding. Die Puppe ist verfügbar. Die Puppe wird besessen. Die Puppe wird verstümmelt. Die Puppe wird weggeworfen.

Kinder liebkosen ihre Puppen oder schlagen sie, kleiden sie zärtlich an oder reißen ihnen die Haare aus. Die Puppe ist der Willkür der zerstörerischen oder libidinösen Impulse ausgesetzt[42], die sich damit nicht gegen das Selbst oder gegen Menschen richten, sondern die gleichsam an einen Stellvertreter gehen. Die Puppe fängt unkontrollierte, überschießende Affekte auf. Der Dingkörper absorbiert die Manifestationen der Macht *(Foucault)*, die aus dem Archaischen kommen. Die Puppe wird damit selbst Teil des Archaischen. Wehe, wenn sie aus Fleisch und Blut ist. Die Machtausübung der Kinder und die Machtausübung der Potentaten haben eine gemeinsame Wurzel[43]. Verherrlichung und Vernichtung liegen nebeneinander[44]. Es regiert das Gesetz archaischer Totalität, das Alles oder Nichts. Die geschmückte Puppe und die zerstückelte Puppe, Kriegsheld und zerfetzte Leiche, Schönheitskönigin und Verkaufsobjekt sind die Facetten *einer* Wirklichkeit, kippfigurenhaft umschlagend. Die Synchronizität in der Welt der Puppen macht den plötzlichen Wechsel zum Gesetz, die Zufälligkeit des Umschlagens zur Regel. Liebevoll geformt, bemalt, angekleidet, kann die Puppe im nächsten Moment achtlos weggeworfen oder zerstört werden: denn man kann jederzeit neue Puppen erschaffen, neue Spiele spielen. Das ist die Wirklichkeit der Kinder, der Schöpfer, der Spielmächtigen, der Despoten. Sie können den Elementen gebieten, Form zu werden.

Die zerstückelte Puppe liegt auf dem Kehricht, die Glieder verstreut und eigenartig verrenkt. Die Körper in den Massengräbern haben Puppen-augen[45]. In ihnen steht das Grauen geschrieben. – Die Faszination der zerstückelten Puppe besteht darin, daß sie in ihren Gliedern noch etwas Lebendiges zu haben scheint[46]. Ein Plastikbein – dieses Teil birgt in seltsamer Weise die Ganzheit in sich, als ob man in jedem Moment eine neue Puppe zusammensetzen könnte. Das amputierte Glied sendet einen stummen Ruf nach Zugehörigkeit aus. Die Organe auf dem Seziertisch scheinen nur darauf zu warten, an ihren richtigen Ort gesetzt zu werden, um wieder im Ganzen zusammmen zu spielen[47]. Die zerstückelte Puppe beläßt uns in einer gewissen Ungläubigkeit gegenüber der Zerstörung. Die Phantasie der Reversibilität infiltriert das Denken und die Hybris des Schöpfers wird wach: »Siehe, ich mache alles neu.« Die narzißtische Allmacht findet ihren letzten Ausdruck in der Herrschaft über die Puppe, die geschaffen oder zum Verschwinden gebracht werden kann. In ihrer grenzenlosen Reproduzierbarkeit hat sie über Jahrtausende die Armeen derjenigen gefüllt, die sich die Größe des Schöpfers bewahrt hatten, die Reiche schaffen konnten, weil ihnen auf einer tiefen Ebene Sandburg und Festung, Zinnsoldat und Landser, Mensch und Puppe das Gleiche ge-blieben waren[48].

Die andere Identität

Die Erfahrung des Eigenen erfordert das Erleben von Anderem[49]. Das Körper-Ich des Kindes baut sich auf wie der Körper der Puppe: Glied um Glied. Der Körper, die Hand werden, wie der Körper der Mutter, das Kissen, die Wiege, als zugehörig erlebt, in undifferenzierter Allverbun-denheit[50], aber nicht als *Eigenes*. Das kleine Kind ist seine eigene Marionette. Die Aktionen der Hand, des Fußes gleichen dem Spiel der Puppe, durch das Aneignung geschieht. Diese aber bedeutet immer zugleich Herauslösung aus dem Hintergrund der Allverbundenheit. Die Puppe ist das Objekt, das vom Allgemeinen zum Besonderen, vom Eigenen zum Fremden, vom Ich zum Du vermittelt, das Verbindung und Ab-grenzung in einem ermöglicht und damit in den komplexen Prozessen der Identitätsbildung eine kardinale Stellung einnimmt[51]. Die Puppe wird zur Extension des Leibes, dem sie in geheimnisvoller Weise verbunden ist. Dies wird besonders plastisch im Spiel mit der Marionette. Das eigenartige Gliederwesen folgt den Bewegungen der Handführung. Die Intentionalität des Spieles wird sinnfällig und dem Erkennen zugänglich.

Sogar das Kleinkind, dessen Ich noch nicht den reflexiven Akt auf das Selbst hin vollzogen hat, dessen »Selbsterkenntnis« noch des Spiegels *(Lacan)* im Gesicht, in den Augen der Mutter bedarf[52], erhält in der Puppe eine Möglichkeit, sich selbst wahrzunehmen und die Abhängigkeit von einer anderen Identität zu mindern. Und mehr noch, es gewinnt *Macht* über sich selbst. Die Puppe ist ein geheimnisvoller Partner im Umgang mit den Trieben. Sie nimmt Zärtlichkeit und Aggressionen[53] in gleicher Weise, ohne die Rückkopplung, die der soziale Kontext in normierender und disziplinierender Weise gemeinhin bietet. Ihre Duldsamkeit hat etwas Versöhnliches. Sie steht zur Verfügung, Verletzungen und Enttäuschungen aufzunehmen, die das Kind erleiden mußte und die es an die Puppe ungefiltert weitergeben kann. Sie bietet die Chance, die Strebungen des eigenen Begehrens und des Vernichtungswillens kennenzulernen, mit ihnen vertraut zu werden und nach und nach zu entdecken, daß das Andere, das sich in und an der Puppe artikuliert, das Eigene ist, ohne daß das Erschrecken übermächtig wird. Die Puppe vollzieht häufig stellvertretend das, was das Ich im Es, im Leib-Selbst, in den Tiefen und Untiefen seiner Dynamik noch nicht sehen und annehmen kann.

Die Puppe wird aus der Hand gelegt, wenn wir ihrer nicht mehr bedürfen, wenn wir uns selbst in der Hand zu haben glauben und unsere Umwelt hand-haben können. Die Prozesse der Manipulation, bei denen die Puppe als Übergangsobjekt vermittelte, sind in die Verfügbarkeit des Ich eingegangen. Damit ist die Puppe überflüssig geworden. Sie erhält keinen Dank, sondern wird vergessen, achtlos liegengelassen oder in die Vitrine gestellt – eine Zeitlang, die Zeit der *Ablösung von der Puppe.* Ob sie gelingt?

Wovor die Puppe uns bewahrte, Trennung und Ablösung als Verlust zu erfahren, ist ihr selbst zum Schicksal geworden: sie ist verlorengegangen. Dem Verschwundenen aber hängt der Mensch an. Er bleibt in subtiler Weise gebunden und sucht nach der Wiederholung verlorener Erfahrungen. So sind wir fasziniert von Idolen, besessen von vierrädrigen Übergangsobjekten, sensibel für die Lockungen der Schaufensterpuppen, die wiederum in subtiler Weise die eigene und die andere Identität verquicken. – Und wir erschaffen uns Puppen, die wir beherrschen, die wir nach unserem Willen lenken, die die »andere Identität« darstellen, in der wir uns selbst finden: Untergebene, Haustiere, Ehegatten und – an wesentlichster Stelle – Kinder. Die *Puppe Kind* nach »dem eigenen Bild und Gleichnis« zu schaffen ist das bewußte und unbewußte Ziel der meisten »Erziehungsberechtigten«, die selber Marionetten ökonomischer Abhängigkeiten und gesellschaftlicher Normierungen sind, kollektiven Disziplinierungsprozessen ausgesetzt, die sie weitergeben. Die Unterschiede in diesen Prozessen sind auf der strukturellen Ebene vernachlässigbar, ähnlich den russischen Puppen, die in ihren zahllosen Verschachtelungen sich als prinzipiell invariant erweisen.

Die Gebundenheit an die Puppe ist geblieben. Die vermeintliche Ablösung erweist sich vielfach als verdeckte Abhängigkeit, als Suche nach Verlorenem; denn die Trennung erfolgte als Bruch, ohne Abschied und Trauer und Dank. Abschied *nehmen*, prendre congé, das ist ein *Nehmen*, ein Hineinnehmen in den Innenraum des Gedächtnisses und des Herzens, eine Aneignung über alle Möglichkeiten des Verlierens hinaus[54]. Wir haben von unseren Puppen keinen Abschied genommen, doch dieser allein verwandelt Abhängigkeit und Verstrickung zu neuen Möglichkeiten der Beziehung und entbindet vom Sklavendienst des Wiederholungszwanges. Im Abschiednehmen gewinnen wir die Freiheit, uns zu lassen, den anderen zu lassen, die Dinge zu lassen – und wir können es, weil dies alles *da* ist, *une présence*, die auf uns zukommt, ohne daß wir fordern müssen.

Der Zauber der Puppen

Puppen sind zu kostbar, als daß sie als Übergangsobjekte eine bloße Überbrückungsfunktion einnehmen sollten, um dann dem Vergessen anheimzufallen oder aus dem Schatten heraus in der Reproduktion archaischer Muster des Begehrens und der Gewalt zu wirken. Sie begleiten den Menschen schon zu lange durch die Jahrtausende und durch die Lebensjahre. Deshalb verdienen sie es, erinnert zu werden. Nicht wegen der Dienste, die sie uns erwiesen haben in den Mühen der Selbstwerdung, nicht wegen des Trostes, den wir bei Strafen und Verlassenheit bei ihnen fanden, nicht wegen ihrer Geduld unserer Wut, unseren Quälereien, unseren Explorationen chirurgischer Neugierde gegenüber, sondern wegen ihres *Zaubers*. Die Puppen vermitteln uns die Erfahrung, daß die Dinge sprechen können. In der innigen Zwiesprache mit der Puppe bedarf es der Worte nicht. Sie kommen als Mehr, als Geschenke hinzu, in den Märchenwelten, in den Landschaften der Gefühle und Empfindungen. Die Geheimnisse verwinkelter Dachböden, versteckter Gartenflecken oder der Nische zwischen Kommode und Schrank teilen nur die Puppen. Es sind dies die Orte der Wunder, die die Welt der Erwachsenen verloren hat und die so weit in der Dämmerung des Vergessens verschwunden sind, daß den meisten nicht einmal eine Sehnsucht geblieben ist. Die Unverbrüchlichkeit der Puppe, ihre Zaubermacht, bietet den sicheren Grund, das Land der Phantasie und der Phantasmen zu betreten, ohne sich fürchten zu müssen. Mit der Puppe im Arm können wir hinabtauchen in die Tiefen der Innenwelt, und das heißt letztlich in die Tiefen der Lebenswelt, in ihre Geschichte, deren Unendlichkeit, und das ist ihre Wirklichkeit, die nur mit der Kraft der Phantasie und der Träume[55] erfaßt werden kann. Auch dieser Bezug zur *Welt als ganzer*[56] ist den meisten Menschen verlorengegangen, und nur manchmal werden sie von einer Ahnung berührt im Betrachten einer Landschaft oder im Erleben großer Musik oder Dichtung – oder in der Liebe.

Die Puppe und ihre Welt *muß* erinnert werden; denn die Wirklichkeit der Computer und Neonröhren ist nur die halbe Wirklichkeit oder weniger. Die Puppe führt uns in die Welt der Dinge, und die Dinge sind schön. Die wenigsten sind reproduzierbar, so wie eine Lieblingspuppe eigentlich unersetzbar ist. So lernen wir mit der Puppe eine *Sorge um die Dinge*[57], indem das Kind mit ihr nach und nach zu einem sorgsamen Umgang findet, zu einer bewahrenden Zärtlichkeit und Achtsamkeit[58]. Auch hierin liegt der Zauber der Puppe, denn sie, ein »lebloser Gegenstand«, weckt dies alles in uns[59].

Es ist für Kinder schwer geworden, zu Puppen eine Beziehung aufzubauen, die sich zu der vertrauten Einzigartigkeit verdichtet, aus der die *Liebe zu den Dingen* geboren wird. Die Puppen sind häufig zu Produkten mechanischer Präzision und Stereotypie degeneriert, oder sie verschwinden im Auswurf der Spielzeugindustrie, der die Kinderzimmer überschwemmt. So wird die Illusion unserer Gesellschaft von der totalen Reproduzierbarkeit und dem unbegrenzten Überfluß der Dinge dem Denken der Kinder eingepflanzt. Die Übergangsobjekte lösen sich ab, in immer rasanterem Tempo. Der nicht vollzogene Abschied der Erwachsenen von ihren Puppen, ihre Lieblosigkeit den Dingen gegenüber, wird in die Welt der Kinder importiert, so daß Bindung und Achtsamkeit erst gar nicht mehr möglich werden. Aber mit der Flut von Spielzeugen lassen sich Schuldgefühle, Verlust und Leere nicht dauerhaft zudecken.

Es bleibt die Hoffnung, daß der Zauber der Puppe stärker ist als die Macht der Entfremdung und der Sog der Beziehungslosigkeit, daß Kinder stärker sind in ihrer Fähigkeit, sich von Puppen verzaubern zu lassen, daß wir die Kraft finden, in die Trauer um das Verlorene einzutreten und die Liebe zu den Dingen wiederfinden[60].

Literatur

1. *Prössler, R.*, Die Venus der Eiszeit, Berlin 1967. Die aus der Magdalénien stammenden Venusstatuetten sind durch ihre symbolische, fast abstrakte Form gekennzeichnet. Zu den Nebra-Statuetten *Toepfer, V.*, in: *Fundberichte aus Schwaben* 17 (1965).

2. *Buytendijk, F. J. J.*, Mensch und Tier, Rowohlt, Reinbek 1958, 112: »Im tierischen Verhalten sind viele ›Zeichen‹ wirksam, aber es sind immer Signale, die eine Änderung der Situation bewirken. Es sind niemals Symbole, d. h. Zeichen, die das Bezeichnete vergegenwärtigen . . .«

3. Zum Stein als Puppe, die den Körper ersetzt, vgl. *Persson, A. W.*, Ein mykenisches Kenotaph in Dendra, *Archiv für Religionswissenschaft* XXVII (1929) 393 ff.; zur Alraune vgl. den phantastischen Roman von *Ewers, H. H.*, Alraune, G. Müller, München 1911. Weitere Materialien *Born, W.*, Fetisch, Amulett und Talisman, *Ciba Ztschr.* 46 (Basel 1950); *Kranfeld, E.*, Zauberpflanzen und Amulette, Wien 1898; *Villiers, E.*, Amulette und Talismane und andere geheimnisvolle Dinge, München 1927.

4. *Winnicott, D. W.*, Transitional objects and transitional phenomena: A study of the first not-me possessions, *Intern. J. Psychoanal* 34 (1953) 89–97.

5. Vgl. *Mead, G. H.*, Mind, Self and Society, University of Chicago Press, Chicago 1934; *Petzold, H., Mathias, U.*, Rollenentwicklung und Identität, Junfermann, Paderborn 1983.

6. Diese Aussage ist sowohl in ontogenetischer als auch in phylogenetischer Hinsicht zu verstehen. Das menschliche Abbild und das Götterbild – und sei es in der Form primitiver symbolbesetzter Gegenstände – ist vom Prozeß der Hominisation und der Entwicklung menschlicher Kultur nicht abzutrennen; vgl. *Bernhardt, K.-H.*, Gott und Bild, Evangelische Verlagsanstalt, Berlin 1956.

7. *Moreno, J. L., Moreno, F. B.*, Spontaneity theory of child development, *Sociometry* 7 (1944) 89–128.

8. *Mahler, M. S., Pine, F., Bergman, A.*, Die psychische Geburt des Menschen. Symbiose und Individuation, Fischer, Frankfurt 1980.

9. *Bowlby, J.*, Attachment and loss, Volume 3, Loss: Sadness and depression, Penguin, Harmondsworth 1980.

10. Totemtiere, Amulette und Talismane hatten hier sicherlich eine wichtige Funktion, dem Individuum Abgrenzung gegenüber seiner Gemeinschaft und Verbindung mit ihr zugleich zu gewährleisten; vgl. *Laars, R. H.*, Das Buch der Amulette und Talismane, Leipzig 1932²; *Hausmann, L., Kriss-Rettenbeck, L.*, Amulett und Talisman, Frankfurt 1960.

11. *Raab, A.*, Theater in Vergangenheit und Gegenwart. Abriß der Geschichte des Schattenspiels, des Puppenspiels und des übrigen Figurentheaters nebst Sonderthemen, Puppentheaterverlag, Kaufbeuren 1979; *Simmen, R.*, Marionetten aus aller Welt, Rheingauer Verlagsgesellschaft, Eltville 1977; *White, G.*, Dolls of the world, London, 1962; *v. Boehnen, M.*, Puppenspiele, München 1929; *Wittkop-Ménardeau, G.*, Von Puppen und Marionetten, Werner

Classen-Verlag, Zürich 1962; *Unima*, Figur und Spiel im Puppentheater der Welt, Henschelverlag, Berlin 1980; *Purschke, H. R.*, Die Anfänge der Puppenspielform und ihre vermutlichen Ursprünge, Deutsches Institut für Puppenspiel, Bochum 1979.

12. *Dröscher, E.*, Puppenwelt. Die bibliophilen Taschenbücher, Harenberg Kommunikation, Dortmund 1978.

13. *Heckmann, H.*, Die andere Schöpfung. Geschichte der frühen Automaten in Wirklichkeit und Dichtung, Umschau-Verlag, Frankfurt 1982; *Carrera, R., Loiseau, D., Roux, O.*, Androiden, die Automaten von Jaquet-Droz, Scriptar, Lausanne 1979.

14. *Wawrzyn, L.*, Der Automaten-Mensch, Wagenbach, Berlin 1976.

15. Vgl. auch die Funktion der Puppe als Ersatzkörper, die die Totenseele aufnimmt, *v. Sydow, B.*, Kunst und Religion der Naturvölker, Oldenburg 1926, 87; auch *Kees, H.*, Totenglaube und Jenseitsvorstellungen der alten Ägypter, Leipzig 1926, 42; *Ermann, A.*, Die Religion der Ägypter, Berlin 1934, 274 f.

16. Zu Jahwe als Töpfer vgl. *Gressmann, H.*, Altorientalische Bilder zum Alten Testament, Berlin/Leipzig 1927[2], Abb. 303.

17. *Stamm, J.*, Die Gottes-Ebenbildigkeit des Menschen im AT, Zürich 1959. Gen. 2.7 verbindet *adam* (Mensch) mit *adamah* (Ackerboden).

18. *Zimmermann, W.*, Evolution. Die Geschichte ihrer Probleme und Erkenntnisse, Freiburg 1951.

19. *Solmsen, F.*, Plato's Theology, Ithasca 1942, 102–119, 154–159.

20. *van den Oudenrijn, C. M. A.*, Demiourgos, Phil. Diss. Utrecht, 1951; *Murakawa, K.*, Demiourgos, *Historia* 6 (1957).

21. *Kerényi, K.*, Prometheus, Zürich 1946; *Séchan, L.*, Le mythe de Prométhée, Paris 1951.

22. Vgl. hierzu den Gedanken von *Angelus Silesius:* »Ich weiß, daß ohne mich Gott nicht ein Nu kann leben, werd ich zunicht, er muß vor Not den Geist aufgeben.«

23. *Heidel, A.*, The Gilgamesh-Epic and Old Testament Parallels, Chicago 1963[4].

24. *Feldmann, J.*, Paradies und Sündenfall, Alttestamentliche Abhandlungen, Münster 1913; *Humbert, T.*, Etudes sur les récits du Paradis et de la chute dans la genèse, Neûchatel 1940.

25. *Stamm*, op. cit. nota 17; *Humbert*, op. cit. nota 24.

26. *Mayer, S.*, Golem. Literarische Rezeption eines Stoffes, Bern 1975; *Scholem, G.*, Die Vorstellung vom Golem, *Eranos* 22 (1943) 235–289.

27. *Collodi, Carlo* (Carlo Lorenzini, 1826–1890). Seine Geschichte vom Pinocchio hat über ein Jahrhundert nichts von ihrer ursprünglichen Faszination eingebüßt; *Collodi, C.*, Pinocchio, storia di un burattino, Firenze 1880; dtsch.: *Grumann, A.*, Die Geschichte vom hölzernen Bengele, Frankfurt 1963[78].

28. *Shelley, Mary Godwin*, Frankenstein, or the modern Prometheus, London 1818.

29. Das Thema des »wahnsinnigen Puppenspielers« wird in den Marvel-Comics immer wieder aufgenommen.

30. Ein eindrucksvolles Beispiel ist der Roman »Blade Runner« von *Philipp Dick*, Ballantine Books, New York 1982; vgl. *Wagner, F.*, Menschenzüchtung.

Das Problem der genetischen Manipulation des Menschen, Beck, München 1969.

31. *Majut, R.*, Lebensbühne und Marionette. Ein Beitrag zur seelengeschichtlichen Entwicklung von der Genie-Zeit zum Biedermeier, Berlin 1931; Kraus Reprint, Nendeln, Lichtenstein 1967.

32. *Strauss, A.*, Spiegel und Masken, Suhrkamp, Frankfurt 1968.

33. Vgl. das Phänomen der »Autokommunikation«, *Petzold, H.*, Puppen und Großpuppen als Medien in der Psychotherapie, dieses Buch S. 33–57.

34. Vgl. *Balzac, H.*, Splendeurs et Misères des Courtisanes, Paris 1849.

35. Vgl. treffend *Cliff Richard* in »Start all over again«: »I've got to find myself to get a living doll, who's always ready when I make my call« (EMI Records, Green light 1978). Aber: *Kohout, Pavel*, Auch Puppen haben eine Seele, *Zeitmagazin* 25 (1983) 26–30.

36. Der lehmgeformte Golem wurde nach einigen Versionen der Legende durch das Einritzen des Wortes *emeth*, Wahrheit, belebt. Durch das Wegwischen des *aleph* in *'meth* = Tod verwandelt, wurde der Golem entseelt. Vgl. zum Thema *Held, H.*, Das Gespenst des Golems. Eine Studie aus der Hebräischen Mystik mit einem Exkurs über das Wesen des Doppelgängers, München 1927; *Rosenfeld, B.*, Die Golemsage und ihre Verwertung in der deutschen Literatur, Breslau 1934; zum Ganzen den berühmten Roman von *Gustav Meyrink*, Der Golem, Leipzig 1950 (vgl. *Frank, E.*, Gustav Meyrink, Werk und Wirkung, Dündingen 1957) und *Bloch, Chayim*, The Golem: Legends of the Ghetto of Prague (Trd. *H. Shneiderman*), Wien 1925.

37. *Métraux, A.*, Le Vaudou Haitien, Paris 1958; *Deren, M.*, Divine Horsemen, the living gods of Haiti, London 1953.

38. Das Zyborg-Thema wurde in der Science-fiction-Serie »Rhen Dark« perfektioniert: Der teilmechanisierte Mensch.

39. Näheres bei *Heckmann, A.*, op. cit. nota 13.

40. *Baldet, N.*, Von der Tonfigur zum Zinnsoldaten, Stuttgart 1961; *Hampe, E.*, Der Zinnsoldat, ein deutsches Spielzeug, Leipzig 1924.

41. Die dem Marionettentheater entliehene Metapher des »Drahtziehers« macht den Zusammenhang der Reduktion des Menschen auf eine Puppe sehr plastisch. Im Briefwechsel zwischen *Zelter* und *Goethe* findet sich ein erster Hinweis auf »politische Drahtzieherey« (Geiger I, 575). Die Marionettenmetapher wird auch von *K. Marx* (Der Achtzehnte Brumaire des Louis Bonaparte, Politische Schriften, Bd. 1, Hrsg. von *H. J. Lieber*, Darmstadt, 1960) verwandt.

42. *Freud, A.*, Wege und Irrwege in der Kinderentwicklung, Klett, Stuttgart 1968, 82.

43. Eine Analyse der Biographien derjenigen, die »an der Spitze stehen« (der Staaten, Konzerne, Armeen), mit dem Instrumentarium der kleinianischen Theorie oder der Narzißmustheorien, macht dies nur allzu deutlich. Vgl. *Klein, M.*, Our adult world and it's roots in infancy, *Human Relations* 12 (1959); *Kohut, H.*, Narzißmus, Suhrkamp, Frankfurt 1973; *Kohut, H.*, Search for the Self, International Universities Press, New York 1978.

44. Vgl. *Klein, M.*, Envy and Gratitude, Tavistock, London 1957.
45. *Kuper, L.*, Genocide – its political use in the Twentieth Century, Penguin Books, Harmondsworth 1981.
46. Hierzu eindrucksvoll *Bataille, G.*, Die Tränen des Eros, Matthes & Seitz, München 1981; *Bellmer, H.*, Die Puppe, die Spiele der Puppe, die Anatomie des Bildes, Ullstein, Frankfurt 1976.
47. *Petzold, H.*, Kranke lassen sich nicht »recyclen«, *Zeitschr. für Humanistische Psychologie* 1/2 (1981) 21–33; *Attali, J.*, Die kannibalische Ordnung. Von der Magie zur Computermedizin, Campus, Frankfurt 1981.
48. Vgl. hierzu auch die Gedanken von *Miller, A.*, Am Anfang war Erziehung, Suhrkamp, Frankfurt 1980.
49. *Mead, G. H.*, Mind, Self and Society, University of Chicago Press, Chicago 1934; *Joas, H.*, Praktische Intersubjektivität. Die Entwicklung des Werkes von G. H. Mead, Suhrkamp, Frankfurt 1980.
50. *Moreno, J.*, *Moreno, F. B.*, Spontaneity theory of child development, *Sociometry* 7 (1944) 89–128.
51. *Winnicott,* op. cit. nota 4, sieht die Übergangsobjekte als zur »normalen Gefühlsentwicklung« des Kindes gehörig. Vgl. *Ammon, G.*, Stellenwert von Puppen und Puppenspiel innerhalb der kindlichen Entwicklung, dieses Buch, S. 58–111.
52. *Lacan, J.*, Schriften, Bd. 1, Suhrkamp, Frankfurt 1975; *Petzold, H.*, *Mathias, V.*, Rollenentwicklung und Identität, Junfermann, Paderborn 1983, 149.
53. Puppen als symbolische Objekte, die »mit Libido und Aggression besetzt, der kindlichen Ambivalenz die weitgehenden Ausdrucksmöglichkeiten erlauben, werden damit zu ambivalenten Objekten. Die gute und die böse Puppe stehen im Spiel zur Wahl, aber auch eine Puppe kann diese beiden Dimensionen verkörpern, die oftmals Widerhall noch früherer archaischer Erfahrungen sind.« (*A. Freud*, loc. cit. nota 42). Vgl. *Klein, M.*, The importance of symbol-formation in the development of the ego, 1930; dtsch. in: *Klein, M.*, Das Seelenleben des Kleinkindes und andere Beiträge zur Psychoanalyse, Klett, Stuttgart 1962.
54. *Petzold, H.*, Gestaltdrama, Totenklage und Trauerarbeit, in: *Petzold, H.*, Dramatische Therapie, Hippokrates, Stuttgart 1982, 335–368.
55. *Fromm, E.*, Märchen, Mythen, Träume, Rowohlt, Reinbek 1980.
56. Dies hat im Hinblick auf die Unsensibilität für ökologische Fragen verhängnisvolle Folgen.
57. Es ist dies eine der Schwächen der humanistischen Psychologie, daß sie mit der Sorge um die Menschen und einem verkürzenden Begegnungsbegriff *(Rogers)* die Sorge um die Dinge vernachlässigt. Der Begegnungsgedanke *M. Bubers* und *G. Marcels* kann mit dem Blick auf die differenzierte Kosmologie dieser Autoren durchaus erweitert werden in Richtung einer Begegnung mit den Dingen; vgl. *Petzold, H.*, *Sieper, J.*, Quellen und Konzepte integrativer Agogik, in: *Petzold, H.*, *Brown, G.*, Gestaltpädagogik, Pfeiffer, München 1977, 28 ff.
58. Der Begriff der »Achtsamkeit« ist uns kaum noch vertraut. Er darf nicht auf

die Dimension der Wahrnehmung reduziert werden; vgl. *Brooks, C.*, Erleben durch die Sinne, Junfermann, Paderborn 1979.

59. Es liegt hierin wohl auch die große Wirksamkeit des Puppenspiels in der Kindertherapie begründet; vgl. *Philpott, A. R.*, Puppets and Therapy, Plays Inc., Boston 1977; *Oatman, K.*, Breaking through the barrier. Puppet play with the profoundly handicaped, Ontario Puppetry Assoc. Publishing Co., Willowdale, Ontario 1981; *Astelle-Burt, C.*, Puppetry for mentally handicaped people, Condor Book, Souvenir Press, London 1981; *v. Kügelen, H.*, Märchen, Puppenspiele, farbige Schatten. Von dem Wesen der technischen Medien und der geistigen Wirklichkeit im künstlerischen Spiel, Internationale Vereinigung der Walldorf-Kindergärten, Stuttgart 1975. *Renner, M., Thesing, Th.*, Praxis der Heilpädagogik, Lambertus, Freiburg 1978.

60. Nach wie vor grundlegend zu dieser ganzen Thematik *de Saint-Exupéry, A.*, Der kleine Prinz, Karl Rauch Verlag, Düsseldorf 1956.

Hilarion G. Petzold

Puppen und Großpuppen als Medien in der Integrativen Therapie*

1. Puppen in der Psychotherapie

Puppen und Puppenspiel haben schon früh in der Psychotherapie Verwendung gefunden, um Gedanken, Phantasien und Gefühlen symbolischen Ausdruck zu verleihen (*Iljine* 1909). Von den Versuchen *Sandor Ferenczis* und *Jacob L. Morenos*, die Puppen auch in der Behandlung Erwachsener einsetzten (*Petzold* 1983), einmal abgesehen, blieb die Arbeit mit Puppen schwerpunktmäßig auf die Kindertherapie begrenzt (*Blajan-Marcus* 1983; *Rambert* 1938, 1969; *Straub* 1982; *Petzold, Geibel* 1972). Das Kind hat von seiner Spielsituation her zur Puppe einen besonderen Zugang. Sie ist ihm als Spielzeug vertraut, ist ihm Projektions- und Substitutionsobjekt, sie bietet ihm Schutz. Der Erwachsene muß zur Puppe erst erneut Zugang finden. Das gelingt in der Regel schnell, da alte Kindererinnerungen wieder geweckt werden, wenn sich die projektive Kraft des Puppenspiels neu eröffnet. Substitutions- und Schutzfunktion gewinnt die Puppe für den Erwachsenen nicht mehr, wobei momentane Regressionen, Reste magischen Denkens (Talisman, Maskottchen), fetischistische Sonderfälle, das hohe Senium und die Demenz ausgenommen bleiben.

1.1 Das Puppenspiel als Methode und die Puppe als Medium

Das therapeutische Puppenspiel ist, wie viele Formen der Kunst- bzw. Gestaltungstherapie (*Franzke* 1977; *Biniek* 1982), zwischen der Kunst (*Buschmeyer* 1931; *Däbritz* 1967) und dem Kinderspiel, dem Schaustellergewerbe (*Liedloff* 1956) und der Psychotherapie (*Rambert* 1969) angesiedelt. *Heinrich von Kleist* hat in seinem Aufsatz »Über das Marionettentheater« (*Rohrer* 1948) das künstlerische Potential des Puppenspiels in unübertroffener Meisterschaft entfaltet, und auch *Eichendorff, Arnim, Storm* und die Autoren der Romantik überhaupt waren vom

---

* Erweiterte Fassung von »Die Arbeit mit Puppen und Großpuppen in der integrativen Therapie«, *Integrative Therapie* 4/1975, S. 197–207.

Medium Puppe fasziniert (*Stauber* 1959; *Riethmüller* 1955; *Rapp* 1964; *Häusele* 1910; *Schneider* 1920). Puppenspiel und Kinderspiel (*Flitner* 1973, S. 25) sind in allen Kulturen miteinander verbunden (*Château* 1976, S. 31, 283). *Goethe* hat die prägende Wirkung des kindlichen Puppenspiels in »Dichtung und Wahrheit« in eindrucksvoller Weise beschrieben. Auf Jahrmärkten und Festen haben die Puppenspieler seit dem Altertum ihren festen Platz (*Driesen* 1904; *Glanz* 1941; *Fabian* 1960; *Küpper* 1966). Seit den frühen Arbeiten von *Rambert* (1938), *Woltmann* (dieses Buch S. 180) und von *Blajan-Marcus* (1983) mit Kindern und den Experimenten von *Iljine, Moreno* und *Ferenczi* (vgl. *Petzold* 1983) haben Puppen und Puppenspiel auch in den verschiedenen Formen in der Psychotherapie ihren Ort gefunden. Dabei ist es interessant, daß praktisch alle Schulen, nicht nur die aktionalen wie das Psychodrama (*Straub* 1972; *Rojas-Bermúdez*, dieses Buch S. 129) oder die Gestalttherapie (*Oaklander* 1982), die Puppen aufgegriffen haben, sondern auch die klientzentrierte, nondirektive Therapie (*Axline* 1980; *Friedrich* 1983) und die verschiedenen tiefenpsychologischen Verfahren (vgl. *Ammon*, dieses Buch, S. 58; *Gabriel*, dieses Buch, S. 112) sich ausgiebig des Puppenspiels bedienen.

In all den genannten Bereichen, ob Kunst, Kinderspiel, Schaustellergewerbe oder Psychotherapie, sind zwei Aspekte zu unterscheiden: die Herstellung der Puppe und das Puppenspiel.

Auch in der Beschäftigungstherapie (*Vogt, Budjuhn*, o. J.; *Janz* 1979), der Gestaltungstherapie (*Franzke* 1977), der Kunsttherapie (*Biniek* 1982; *Robbins, Sibley* 1976) sowie in der Kreativitätsförderung (*Janson-Michl* 1980; *Renner, Thesing* 1978) mit ihren verschiedenen Teilverfahren (siehe Abbildung) läßt sich diese Unterscheidung durchhalten, wobei sicherlich unterschiedliche Akzente gegeben sind. So wird im Werken oder Modellieren, Methoden, die besonders in der Beschäftigungstherapie aufgegriffen werden, die Herstellung von Puppen im Vordergrund stehen. Im therapeutischen Theater (*Iljine* 1942) oder im Märchenspiel (*Lückel* 1979) wird die Puppe als Medium im Spiel benutzt. Auch in der Musiktherapie (*Frohne* 1982) oder in der Poesietherapie (*Petzold, Orth* 1983), in der Tanz- und Bewegungstherapie oder in der Pantomime können Puppen in die expressive Darstellung einbezogen werden. Es wird hierbei die Puppe jeweils als *Medium* und das Puppenspiel als *Methode* in den Dienst eines spezifischen therapeutischen Ansatzes gestellt. Wird zum Beispiel in der Bibliotherapie mit einer Gruppe ein Stück gelesen (z. B. das »Kleine Welttheater« von *Hugo von Hofmannsthal*, oder *Borchert* »Draußen vor der Tür«), so können die Szenen konkretisiert und intensiviert werden, wenn sie mit Handpuppen nachgespielt werden, ein

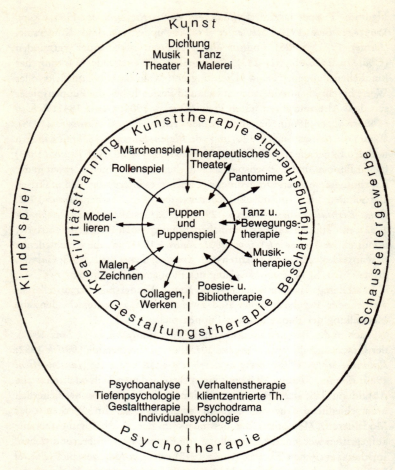

Das Puppenspiel als Methode, die Puppe als Medium zwischen Kunst und
Psychotherapie
(nach einer Anregung von Franzke 1979)

Weg, der für Patienten leichter ist als die Umsetzung in dramatisches
Spiel.

Das therapeutische Puppenspiel ist kein eigenständiges Therapie*verfahren*. Ein solches erfordert ein eigenes Menschen- und Weltbild,
eine spezifische Persönlichkeitstheorie und Krankheitslehre, d. h. eine
Metatheorie und *real-explikative Theorien*. Hinzu muß eine ausgearbeitete

Praxeologie kommen, eine Lehre für Behandlungsstrategien und Behandlungs-Settings, die Konzepte über *Methoden, Techniken* und *Medien* einschließt. Über all dieses verfügt das therapeutische Puppenspiel *nicht.* Vielmehr ist es rückgebunden an den theoretischen Ansatz des Verfahrens, das sich jeweils des Puppenspiels als *Methode* bedient. Dabei ist die praxeologische Ausarbeitung sehr unterschiedlich. Die nondirektive Spieltherapie (*Axline* 1950) hat hier kaum etwas zu bieten, wohingegen die Psychodramatherapie (*Straub* 1972) oder die Gestalttherapie (*Oaklander* 1982; *Petzold,* dieses Buch S. 285 ff) differenzierte behandlungsmethodische Konzepte erarbeitet haben.

In der *Integrativen Therapie* werden »*kreative Medien*« als wesentliches Element der Behandlung gesehen. Masken und Märchen (*Petzold* 1975; *Lückel* 1979), Bewegung und Tanz (*Petzold* 1974), Musik (*Frohne* 1982), Ton, Malen, Collagen (*Bubolz* 1979), Prosatexte und Gedichte (*Petzold, Orth* 1983) können im therapeutischen Procedere eingesetzt werden. Zwar hat jedes Medium seine spezifischen Eigenheiten, die berücksichtigt und beherrscht werden müssen, um polypragmatisches Dilettieren zu vermeiden, jedoch sind die Modalitäten der Handhabung im Prozeß, des Umgangs mit projektivem Material und der Aufarbeitung durch den theoretischen und methodischen Ansatz der »Integrativen Therapie« (*Petzold* 1974, 1980) gegeben. Dieses Verfahren ist eine Weiterentwicklung der Gestalttherapie von *F. S. Perls* (1980), die die tiefenpsychologischen Dimensionen einerseits und die phänomenologischen andererseits (*M. Merleau-Ponty,* vgl. *Frostholm* 1978) stärker aufgreift als der klassische gestalttherapeutische Ansatz. Im integrativen Ansatz geht es um die *Entwicklung von Identität im Lebenszusammenhang* (*Petzold, Mathias* 1983). Über die reparativen Zielsetzungen einer am medizinischen Krankheitsmodell orientierten Therapie hinausgehend, steht die Persönlichkeitsentwicklung, die Förderung kreativer Potentiale zentral, und hier kann auf den Reichtum, den der Bereich der Kunst bietet, nicht verzichtet werden. Die Gestaltungs- und Bewältigungskräfte künstlerischen Tuns, seine Möglichkeiten zur Selbstentdeckung und Selbstverwirklichung können für die therapeutische Arbeit fruchtbar gemacht werden. Die heilenden, wachstumsfördernden und integrierenden Prozesse künstlerischen Ausdrucks sind auf der strukturellen Ebene keine anderen als die, die in den Aneignungs- und Gestaltungsprozessen der kindlichen Entwicklung (vgl. *Sutton-Smith* 1978, S. 201 ff), oder als die, die in der Psychotherapie wirksam werden. Ein Anknüpfen an diese zutiefst menschlichen Möglichkeiten des kreativen Ausdrucks, die jedem – wie verschüttet sie auch immer sein mögen – zugänglich sind oder es wieder werden können, steht im Sinne der Zielsetzung Integrativer Therapie: in ihrer und durch ihre Arbeit »wahrhafte Alltäglichkeit« herzustellen und die Potentiale des Menschen zu fördern und zu entwickeln. Der schöpferische Ausdruck aber ist eine der schönsten Möglichkeiten des Menschen. Sie wird ihm gleichsam in die Wiege gelegt, und wo sie verloren oder beeinträchtigt wird, ist auch Gesundheit beeinträchtigt – *Moreno* (1946) spricht zu Recht von einer »creativity neurosis«. Der Entwicklungsprozeß des Menschen von der Geburt bis zum Tod ist ein Gestaltungsprozeß, der von *Integration und Kreation* bestimmt ist.

Die kreativen Medien, und insonderheit die Puppen, haben in einem gesunden Entwicklungsprozeß eine bedeutsame Funktion (*Petzold*, dieses Buch S. 19), in der sie auch im therapeutischen Prozeß eingesetzt werden. Sie ermöglichen dem Menschen Erfahrungen mit sich selbst, sie erschließen ihm Bereiche seines Unbewußten. Sie sind hierin den Träumen verwandt, die in der Integrativen Therapie als schöpferische Möglichkeit der Bewältigung *und* Gestaltung gesehen werden (*Petzold* 1977a). Ein improvisiertes Puppenspiel kann oftmals die Qualität eines gespielten Traumes gewinnen (vgl. dieses Buch S. 317 ff.). Die kreativen Medien eröffnen in besonderer Weise den Kontakt und die Begegnung mit anderen Menschen, indem sie über den Bereich des sprachlich Ausdrückbaren hinaus Dimensionen der Verständigung erschließen. Das Spiel mit Puppen bezieht den ganzen Leib, die Bewegung, die Distanzen in das kommunikative Geschehen ein. Zur Sprache kommt ein »Mehr«, eine neue Qualität hinzu.

Die kreativen Medien haben oftmals die Aufgabe von »Übergangsobjekten« (*Winnicott* 1953), die Beziehung zu sich selbst und zum anderen in Form einer »Brücke« (*A. Freud* 1968, S. 187) zu ermöglichen, durch einen »intermediären Raum«, den *Winnicott* interessanterweise als den von Spiel, Kreativität, schöpferischer Aktivität, Kunst, Phantasie ansieht. Die Übergangsobjekte haben eine symbolische Qualität in den kommunikativen und autokommunikativen Prozessen, in denen die Identität wächst. Sie werden in der Integrativen Therapie nicht im engen Rahmen libido-ökonomischer Konzepte gesehen, sondern als Kommunikationsmedien, Möglichkeiten des Beziehungserlebens und der Beziehungsaufnahme (vgl. die Funktion des Intermediär-Objektes bei *Rojas-Bermúdez*, dieses Buch S. 129). Dabei bleiben die Bereiche des Bewußten und des Unbewußten miteinander verschränkt, wie besonders im Puppenspiel deutlich wird, das im Dienste des Ichs zielgerichtet Handlungen entwickelt, und in dem sich zugleich das Phantasma artikulieren kann.

Neben die tiefenpsychologische Sicht der kreativen Medien tritt in der Integrativen Therapie die medientheoretische. Die Puppe wird als *Medium*, das Puppenspiel als *Methode* im Rahmen des Verfahrens gesehen, wobei Methode definiert werden kann als *»in sich konsistente Strategien des Handelns, die durch ein theoretisches Konzept abgesichert sind, zusammenhängen und über ein Repertoire von Handlungstechniken und spezifischen Medien verfügen«* (*Petzold* 1977, S. 101). Der notwendige Rekurs auf ein theoretisches Konzept in der Verwendung des Puppenspiels entbindet demnach nicht von der Erarbeitung konsistenter Handlungsstrategien, von der Entwicklung spezifischer Techniken. Hier, im praxeologischen Bereich, ist eine große Schwäche der meisten Ansätze zu sehen, die sich des Puppenspiels als Methode bedienen. Die »Deutung« des Puppenspiels z. B. erfordert eine Modifikation der analytischen Deutungstechnik, ähnlich wie das analytische Psychodrama derartige Modifikationen verlangt (*Lemoine, Lemoine* 1982). Die Interpretation der Puppenwahl, die Deutung durch die Puppe – indem etwa einfach eine Puppe akzentuiert aufgenommen wird – sind hier mögliche Modalitäten. In ähnlicher Weise können die Doppeltechnik oder Rollentauschtechnik des Psychodramas nicht unbelassen in die Arbeit mit Puppen übernommen werden, sondern es werden methodische und technische Differenzierungen notwendig (vgl. *Petzold*, dieses Buch S. 302 ff.). Insgesamt müssen also für den spezifischen Einsatz der Methode des Puppenspiels Techniken entwickelt werden. *Techniken* können definiert werden als *»Instrumente zur Erreichung ganz bestimmter Zielsetzungen im Rahmen der Methode«* (*Petzold* 1977, S. 101). Schließlich muß man sich darüber klar sein, daß die Puppen *Medien* im therapeutischen Prozeß sind. *Medien* sind *»die Träger von oder Systeme von Informationen in einem kommunikativen Prozeß, die methodisch vermittelt werden sollen«* (ibid. S. 101).

Auf dem Hintergrund unserer medientheoretischen Überlegungen (1977, S. 102; 1981, S. 55) ist die Puppe Medium im Kommunikationsprozeß. Ein solcher bezieht folgende Elemente ein:

(1) *Senden:* Ein Spieler (Sender) nimmt die Puppe auf, und schon damit erfolgt ein Einkodieren von Information.

(2) *Übermitteln:* Das Medium, die Puppe, wird mit den Informationen »geladen«, bzw. es wird der »natürliche Aussagewert« des Mediums in die Übermittlung einbezogen. Über das Medium wird Kontakt zum Empfänger aufgenommen und die »Ladung« befördert.

(3) *Empfangen:* Der (die) Mitspieler (Empfänger) »entladen« das Medium und machen sich die Informationen über Dekodierung verfügbar. Sie werten die Information aus, reagieren auf sie.

(4) *Reagieren:* Die Reaktion selbst eröffnet einen neuen Kommunikationszirkel.

Der Kommunikationsprozeß wird wesentlich bestimmt durch den *situativen Kontext,* in dem sich Sender und Empfänger befinden: die Puppenbühne, den Therapieraum, die Klinik. Schließlich ist der *zeitliche Verlauf* zu berücksichtigen, denn es geht immer um Kommunizierende *in Situationen* und Akte *in der Zeit* über einen *Gegenstand,* ein Thema (vgl. *Petzold* 1981, S. 55 f). Zeit, Thema, Kontext und Medium bestimmen die »intendierten Informationen«, das, was gesagt oder vermittelt werden soll, und die »faktische Information«, das, was faktisch übermittelt wird (etwa durch das Einfließen unbewußter Botschaften). Die Puppe als Medium steht immer in »zirkulären« Kommunikationsprozessen, nicht aber in einer ›one-way-communication‹ (außer im Fernsehen). Sie ist immer mit der Rückmeldung der Mitspieler oder der Zuschauer verkoppelt. Und selbst im Spiel des Kindes mit seiner Marionette findet sich das zirkuläre Element: es entsteht ein Dialog des Kindes mit sich selbst über das Medium, eine *Autokommunikation.* Spiele ich mit der Puppe, so ist ein »intendierter anderer« anwesend. Im Spielgeschehen kommt projektives Material auf, »unbewußte«, nicht-intendierte Ladungen werden erkennbar, Botschaften von mir über mich durch das Medium. Die initiale Wahl der Puppe ist in der Regel hierfür ein gutes Beispiel. So werden bei verdrängten, aggressiven Spannungen häufig Aggressionspuppen gewählt, und im Spiel kommt der Hintergrund für die Wahl zutage.

Medien sind von ihrer Aussage her nie neutral. Sie haben eine »natürliche Ladung«. Dies gilt besonders für Puppen, selbst für die vom Typus der nicht festgelegten, »offenen Figuren« (*Schubert* 1983). Im kommunikativen Prozeß des Puppenspiels werden daher folgende Informationen durch das Medium der Puppe transportiert:

(1) Intendierte Informationen (Inhaltsaspekt);

(2) nicht-intendierte Informationen, die unbewußt in die Ladung einfließen (Beziehungsaspekt);

(3) Informationen aus dem situativen Kontext, den zeitlichen, räumlichen, sozialen Gegebenheiten, die direkt oder indirekt die »Ladungen« mitbestimmen;

(4) die »natürliche Ladung«, d. h. der Aussagewert des Mediums selbst.

Es wird damit deutlich, wie stark das Medium die Aussage selbst bestimmt. Die Tatsache, daß man Puppen im kommunikativen Prozeß verwendet, ist schon eine Aussage über die Spieler, ihre Verfassung, ihre Situation. Puppen sind Medien mit einem hohen »kommunikativen Potential«. Dieses wird definiert

(1) durch den *Aufforderungscharakter*, die stimulierende Wirkung, durch den *natürlichen* Informationsgehalt des Mediums, der selbstverständlich auch von den Erfahrungen und Bedürfnissen des Empfängers abhängig ist. Eine Räuber-, Hexen- oder Königspuppe hat in unterschiedlichen kommunikativen Feldern variierenden Aufforderungscharakter;

(2) durch die *Ausdrucksmöglichkeiten*, worunter die Quantität, Qualität und Variabilität im Hinblick auf die Informationsaufnahme und Übermittlung zu verstehen ist. »Offene Figuren« bzw. Improvisationspuppen haben hier ein größeres Spektrum als »typisierte Spielfiguren«, ähnlich wie Marionetten und Handpuppen ein reicheres Ausdruckspotential haben als Knotenpuppen oder Marotten;

(3) durch die *Wirkungsmöglichkeiten*. Diese setzen bei den Sinnen an und sind umso größer, je mehr Sinne angesprochen werden. Puppen sprechen die optischen, akustischen und taktilen Sinne an;

(4) durch *Rückwirkungsmöglichkeiten*, die die Effizienz eines Mediums in zirkulären Kommunikationen bestimmen. Je unmittelbarer das Feedback auf eine Information zurückkommen kann, desto kommunikationsfördernder ist das Medium. Auch hier ist das »Handlungsmedium« Puppe besonders effektiv.

Medientheoretische Überlegungen, wie sie hier nur skizziert werden konnten, haben für den therapeutischen Einsatz von Puppen, für die Praxeologie also, weitreichende Bedeutung. Sie vermögen Entscheidungshilfen für den Einsatz bestimmter Puppenformen und Spielmethoden bei unterschiedlichen Patienten zu geben.

2. Formen von Puppen und ihre Herstellung im therapeutischen Kontext

Die Puppe als therapeutisches Medium ist in vielfältigen Formen einsetzbar, wobei die unterschiedlichen Varianten zu spezifischen Indikationen führen können. Zunächst empfiehlt es sich, zwischen »typisierten Spielfiguren«, z. B. Kasper, Räuber, König, und »offenen Spielfiguren« – Puppen ohne spezielle Festlegung (*Schubert* 1980, 1983) – zu unterscheiden. Bieten die ersteren festgelegte Projektionsflächen durch den auslösenden Assoziationsrahmen (gut/böse, schön/häßlich), so geben die »offenen Figuren« – wir haben sie auch *Improvisationspuppen* genannt (dieses Buch S. 290) – die Möglichkeit zur individuellen Ausgestaltung von Geschehnissen aus der Lebensgeschichte oder aus dem

Alltag. Die projektive Produktion setzt schon in der Herstellung »offener Figuren« ein. Dabei gewinnt das Herstellungsverfahren insoweit Bedeutung, als es unterschiedliche Anforderungen an die feinmotorische und manuelle Geschicklichkeit, an Phantasie und Gestaltungskraft stellen kann. Die Finger- und Knotenpuppen, die durch ein Tuch oder eine auf den Finger gesteckte Holzkugel hergestellt werden (*Jucker* 1980), oder die Marotten sowie einfachen Stab- und Flaschenpuppen (*Fettig* 1970) sind weder in der Anfertigung noch für die Führung besonders schwierig (*Schubert* 1983), wohingegen die Handpuppe oder die Marionette im Hinblick auf Herstellung, Führung und Ausdrucksmöglichkeiten (*Sandig* 1958) weitaus größere Schwierigkeiten aufwerfen (*Steinmann*, o. J.; *Schreiner* 1980). Auch das Ausdruckspotential der verschiedenen Puppenarten, ihre »Ladung« als Medium, ihre stimulierende Kraft und ihre projektive Valenz, ist sehr unterschiedlich. Wer mit dem Medium Puppe in Kinder- und Erwachsenentherapie gezielt arbeiten will, für den empfiehlt sich eine gründliche Einarbeitung in die herstellungs- und spieltechnische Literatur, um für unterschiedliche Zielgruppen (Kinder verschiedenen Alters, Jugendliche, Erwachsene, alte Menschen), für unterschiedliche Arbeitsfelder (Arbeit mit geistig Behinderten, mit Verhaltensstörungen, mit Psychosen) die jeweils angemessene Puppenart und Spielform zu finden, intermediäre Objekte, welche die Eigenschaften besitzen, die der Patient braucht (*Rojas-Bermúdez*, dieses Buch S. 129 ff.).

Die Herstellung von Puppen selbst kann man schon als therapeutische Maßnahme einsetzen, die im Niveau von einer beschäftigungstherapeutischen oder heilpädagogischen Maßnahme zur Förderung manueller Geschicklichkeit bis zum gruppentherapeutischen Projekt reichen kann, in dem die Kooperation zwischen den Teilnehmern bei der Herstellung eines Puppensets oder einer Puppenbühne mit all den dabei ablaufenden gruppendynamischen Prozessen im Zentrum steht. Das *therapeutische Werken* und Modellieren setzt bei der Materialerfahrung an. Unterschiedliche Materialien haben einen durchaus verschiedenartigen Stimulierungs- bzw. Aufforderungscharakter. Weiche Stoffe, Wolle und Pelzstücke rufen andere Assoziationsfelder hervor als Holzelemente, die mit dem Schnitzmesser bearbeitet werden, oder Stroh, das zu Strohpuppen gebunden wird, oder Papiermaché mit seiner klebrigen Konsistenz. In der Kontaktaufnahme mit dem Material wird dieses selbst zum Medium und zum intermediären Objekt (*Rojas-Bermúdez*, dieses Buch S. 129 ff.), das in den interpersonalen Kommunikationen und in der Autokommunikation seine Wirkung entfaltet. Im Material vermag mancher Patient sich mitzuteilen, Gefühlen und Stimmungen, die in seinem Innern festgehalten sind,

Ausdruck zu verleihen, und zwar in einer nicht-sprachlichen Form. Im gestalterischen Prozeß »lädt« er das Medium mit intendierten und mit nicht-intendierten Inhalten. Das Gesicht aus Papiermaché, die Form und Farbe der Gewänder werden zur Mitteilung von sich selbst, über sich selbst, zu anderen, zu sich selbst. Selbst bei einer einfachen Marotte, und mehr noch beim Herstellen einer komplizierten Handpuppe oder Marionette, kommt die projektive Produktion zum Tragen. Der Patient versenkt sich in seine Arbeit, es dringt Inneres nach außen. Er erkennt sich im Gestalteten oder wird durch das unbewußt zum Ausdruck Kommende zu neuer Produktion angeregt, bis die Mitteilung eine solche *Prägnanzhöhe* erreicht hat, daß die Botschaft unübersehbar wird. Die Gestaltung der Puppe hat hier mit der Gestaltung der Maske Ähnlichkeit (*Weiß* 1983). Die selbsthergestellten Puppen führen in der Regel in stärkere Identifikationen, als dies bei angenommenen Puppen der Fall ist. Der Gestaltungs- und Werkprozeß kann therapeutisch begleitet werden; einmal im Sinne einer Hilfestellung bei der Anfertigung der Puppen, durch die in der Kommunikation mit dem Gestaltungs- bzw. Kunsttherapeuten Selbstwertgefühl aufgebaut wird, zum anderen durch Gespräch über Materialien, Themen, den Fortgang der Arbeit. Es können im Gestaltungsprozeß durchaus Blockierungen und Widerstände auftreten. Wenn nämlich abgewehrtes Material zum Durchbruch kommen will, sind Lustlosigkeit, Fehlleistungen, Einfallslosigkeit oder plötzlich fehlende Geschicklichkeit oder Gestaltungskraft mögliche Formen des Widerstandes, die sich im aufdeckenden oder im stützenden Gespräch lösen können. Bei psychotischen Patienten ist die stützende Funktion besonders wesentlich, um Überflutungsphänomene zu vermeiden und die Komplexität des freigesetzten psychischen Materials zu reduzieren. Im Unterschied zum Puppenspiel – es sei denn, es wird mit Video aufgezeichnet (was sich zuweilen empfiehlt) – führt das Anfertigen von Puppen zu einem greifbaren »Ergebnis«, das verglichen und beurteilt werden kann. In Gestaltungsgruppen kommt damit häufig das Konkurrenzthema ins Spiel; auch werden »toxische« Überich-Tendenzen erkennbar: »Ich konnte es nicht gut genug machen, die Puppe taugt nichts!« Das Geschaffene wird entwertet. Hier muß die Leistungs- und Bewertungsproblematik aufgegriffen und thematisiert werden. Die Ermutigung, das darzustellen, was Ausdruck finden will, wird wesentlich. Viele Patienten müssen erst wieder lernen, daß es auf die Freude am Tun und nicht auf die Perfektion des Produktes ankommt. Es werden in dieser Form der Arbeit alternative Sozialisationsprozesse initiiert, die es ermöglichen, daß Patienten mit sich selbst und mit anderen weniger streng umgehen.

41

Schon während des Herstellungsprozesses können Identifikations- und Dialogtechniken (*Perls* 1980) eingesetzt werden. Oft geschieht es ganz spontan, daß Patienten mit der Puppe, die sie gerade herstellen, in einen Dialog treten. Hier ergeben sich Vorformen des eigentlichen Puppenspiels.

Werden Puppen mit stark biographischem Inhalt angefertigt, so kann der Therapeut dazu ermutigen, auch dazugehörige, am Geschehen mitbeteiligte Puppen herzustellen, so daß sich zuweilen Familienkonstellationen und -szenen ergeben, die dann auch entsprechend inszeniert werden. Für eine solche Arbeit eignen sich leicht herstellbare Stabpuppen am besten, da sie für die Anfertigung wenig Zeit erfordern. Weist die Puppe besondere Persönlichkeitsanteile ausgeprägt auf (z. B. eine Schattenseite des Patienten), so kann es empfehlenswert sein, die gleiche Puppe auch mit einer anderen freundlicheren Seite herstellen zu lassen, damit Polaritäten, Ambivalenzen und Vielschichtigkeit adäquat gesehen werden und Einseitigkeiten vermieden werden, da diese zum Teil Ausdruck negativer *Mythen* über sich selbst oder fragmentierter Selbstbilder sind, die der Integrationsarbeit bedürfen.

Im folgenden einige Bemerkungen über verschiedene Puppenformen und ihre spezifische Indikatoren.

2.1 Stabpuppen

In der Arbeit mit Kindern bevorzuge ich Stabpuppen (*Fettig* 1970). Auf einem 60 cm hohen Stab befindet sich eine Styroporkugel als Kopf, unter dem das Kleid der Puppe ansetzt. Die Puppe wird am Stab gefaßt, so daß das Kind sie vor sich her tragen kann. Die Puppe verdeckt den Körper des Kindes. Sie gewinnt damit im Spiel Eigenidentität, bzw. das Kind gibt der Puppe *seine* Identität, und das in größerem Maße, als es bei Handpuppen der Fall ist. Die Stabpuppe hat in dieser Hinsicht eine gewisse Ähnlichkeit mit der Maske. Sie verbirgt die Persönlichkeit, bietet einen gewissen Schutz, indem sie verhüllt und dennoch gleichzeitig eine gewisse Enthüllung in Form von Selbstdarstellung möglich macht. Im Spiel mit Puppen werden auf einer als sehr »real« erlebten, symbolischen Ebene Konflikte ausgetragen.

Das Puppenspiel ist in seiner Wirksamkeit nicht auf die Periode des magischen Erlebens in der kindlichen Entwicklung begrenzt. Es ist noch im Schulalter und in der Adoleszenz zu verwenden und kann auch in der Arbeit mit Erwachsenen und geriatrischen Patienten eingesetzt werden, nur daß sich die Ausrichtung und die Akzente des Vorgehens verschieben. Wenden wir uns zunächst der Arbeit mit Kindern zu.

Bei Kindern zwischen drei und sechs Jahren geht es darum, über den Bereich des Symbolischen, des Märchenhaft-Magischen hinausgehend, Realität ins Spiel zu bringen, wohingegen es für den Umgang mit Jugendlichen und Erwachsenen Zielvorstellung ist, über die Alltagswirklichkeit hinaus, den Raum des Unbewußten, des Phantasmatischen zu erschließen, um dort situierte Konflikte zu lösen. Die Stabpuppe ist besonders dafür geeignet, die genannten Zielsetzungen zu erreichen. Je mehr das Kind Vertrauen zu sich selbst und damit Sicherheit im Spiel gewinnt, um so spontaner reagiert es und bringt seine Persönlichkeit immer konkreter ein. Das hat zur Folge, daß die Stabpuppe zuweilen in der Aktion fortgelegt wird und das Geschehen als Rollenspiel weiterläuft. Bei Handpuppen, die erst über die Hände gezogen werden müssen, finden wir solche spontanen Entwicklungen selten. Das Puppenspiel ist als wertvolle Hilfe zur Vorbereitung von psychodramatischem Rollenspiel in der Kindertherapie zu betrachten. Auf die Dauer ist der Übergang zum unmittelbaren Rollenspiel ohne das »intermediäre Objekt« (*Rojas-Bermúdez* 1981) der Puppe anzustreben, insbesondere da in einer ausschließlichen Begrenzung auf die Arbeit mit Puppen diese als Abwehr benutzt werden können, hinter der sich die eigenen Konflikte und die eigene Identität des Kindes verbergen können. So ist es möglich, daß es aus Überidentifikation mit der Puppe zu Ich-Verlust kommt und eine Flucht in die Welt des Magischen an die Stelle der Realitätsbewältigung tritt.

Einige dieser Gesichtspunkte müssen gleichfalls in der Arbeit mit erwachsenen psychotischen Patienten beachtet werden. Auch hier vermag die Stabpuppe einen Schutz zu bieten, unter dessen Wirkung der zurückgezogene Patient beginnt, etwas von sich zu zeigen, wieder Kontakt zur Außenwelt herzustellen, jedoch muß die Gefahr der Flucht und des Vermeidens im Auge behalten werden.

2.2 Handpuppen

Handpuppen können in der Kinderpsychotherapie besonders in Verbindung mit einer Puppenbühne (*Borde-Klein* 1974) eingesetzt werden. Die Bühne gibt den Spielern einen beschützenden Rahmen, der die Möglichkeit bietet, daß sich Verhaltensweisen entwickeln und zeigen können. Die therapeutische Puppenbühne schränkt aber auch die unmittelbare Aufarbeitung ein. Das Geschehen bleibt auf eine symbolische Ebene beschränkt. Symbolische Wunscherfüllung und Konfliktbewältigung sowie kathartische Prozesse, die in der Regel nicht ins Bewußtsein gehoben werden, sind die wesentlichen therapeutischen Variablen. Eine Erweiterung kann dadurch erfolgen, daß mit den Zuschauern und den Akteuren das Spielgeschehen nach der Szene im Gespräch aufgearbeitet wird. Dieses Vorgehen ist allerdings nur mit älteren Kindern möglich. Beim unmittelbaren Spiel ohne Bühne empfiehlt es sich, mit Plastikpuppen zu spielen, die allerdings meist häßlich sind, aber dafür sehr haltbar. Das direkte Handpuppenspiel mit Kindern wirft dadurch Schwierigkeiten auf, daß es oftmals zu massiven, aggressiven Aktionen kommt, besonders wenn die Kinder Aggressionspuppen gewählt haben. Ein kontrolliertes Ausagieren bei zu heftigen Reaktionen an Großpuppen (s. u.) ist hier zu empfehlen.

Die aus Puppentheateraufführungen bekannten Klischees, wie z. B. »Kinder, seid ihr alle da?« usw., erweisen sich als Hilfe und als Hemmnis. Sie vermitteln einerseits einen Rahmen, in dem das spontaneitätsgehemmte Kind agieren kann, denn es findet vertraute Elemente vor, zum anderen bedarf es einiger Arbeit, um Klischees zu überwinden. Es wird eine Indikationsfrage sein, ob man mit frei improvisiertem Spiel zu vorgegebenem Thema arbeitet oder mit fest vorgegebenen Stücken, die vorbereitet und teilweise auswendig gelernt werden. Das letztgenannte Vorgehen bliebe in seinem Wert auf eine »Theatrotherapie« (*Schattner, Courtney* 1981), d. h. ein beschäftigungstherapeutisches Verfahren, das Theaterelemente verwendet, begrenzt, es sei denn, die vorgegebenen Stücke wären im Hinblick auf die Problematik der Patienten ausgewählt oder eigens geschrieben worden, wie es im Therapeutischen Theater (*Iljine* 1942; *Petzold* 1975, 1982) praktiziert wird.

In der Therapie mit erwachsenen Patienten ist Handpuppenspiel verschiedentlich verwandt worden (*Pfeiffer* 1965, 1966; *Lancaster* 1951; *Rojas-Bermúdez* 1981).

Es bewirkt besonders in der Arbeit mit Depressiven, Zwangsneurotikern und psychotischen Patienten eine Auflockerung, bietet symbolische Ausdrucksmöglichkeiten und vermag psychodramatisches Rollenspiel vorzubereiten. Auf die Verwendung einer therapeutischen Puppenbühne ist zu verzichten. Es sollte vielmehr eine unmittelbare Aufarbeitung des Geschehens angestrebt werden. Dabei kann man direkt ins Spielgeschehen eingreifen, etwa durch die Verwendung bestimmter psychodramatischer Techniken, z. B. Doppeln, Hoher Stuhl u. a.; Rollentausch und Spiegeln sind nur eingeschränkt bzw. in spezifischer Modifikation der Technik (*Petzold*, dieses Buch S. 302 ff) einzusetzen, weil ein Wechsel der Puppen den Patienten »aus dem Spiel« reißen kann.

2.3 Marionetten

Marionettenspiel ist in erster Linie in der Einzeltherapie zu verwenden. Die komplizierte Handhabung der Marionette schränkt die Interaktion mit der Gruppe und damit die Ausdrucksmöglichkeiten der Spieler ein. In der Kinderpsychotherapie bietet die Einzelarbeit mit Marionetten hervorragende Möglichkeiten. Die Marionette bewirkt mehr als die anderen Puppen eine Identifikation des Kindes mit der Figur. Diese sollte deshalb einen neutralen Charakter haben, damit sie das Kind mit seinen projektiven Phantasien gestalten und zum Leben erwecken kann. Tuchmarionetten aus Stoffelementen, die bemalt werden können und nicht zu viele und zu komplizierte Bewegungsmöglichkeiten haben, sind hier besonders geeignet.

Der erste Schritt der Arbeit besteht darin, das Kind mit der Handhabung der Marionette vertraut zu machen, was zuweilen erheblichen Zeit- und Geduldaufwand erfordert. Es kann notwendig werden, die Bewegungsmöglichkeiten der Marionette zunächst einmal einzuschränken (z. B. auf Kopf und Arme), bis dem Kind die Handhabung geläufig ist. Später können weitere Steuerungsmöglichkeiten hinzugefügt werden.

Marionettenspiel fördert die sensumotorische Koordination und ist allein dadurch ein hervorragendes Instrument ganzheitlicher Heilpädagogik. Das Kind beginnt über die Marionette, sich mit sich selbst auseinanderzusetzen. Der Prozeß wird in Therapiesitzungen gefördert, indem das Kind zu *gestaltdramatischen* Dialogen mit der Puppe ermuntert wird. Der große Vorteil ist, daß dieser Prozeß nicht auf die Sitzungen beschränkt bleibt. Das Kind spricht und spielt mit seiner Marionette auch im Außenfeld. Die Steuerung der Marionette bewirkt eine zunehmende Fähigkeit zur Selbststeuerung und zum Selbstausdruck. Ist hier eine gewisse Sicherheit erreicht, so kann der Therapeut selbst zu einer Marionette greifen und versuchen, mit dem Kind auf diese Weise in Interaktion zu treten. Später können die Kontakte ausgeweitet werden, dergestalt, daß zwei, höchstens drei Kinder miteinander ein Marionettenspiel beginnen. Bei autistischen oder sehr zurückgezogenen Kindern ist die Marionette sehr gut zu verwenden, und es wird möglich, über die stumme und doch lebendige Interaktion der Puppen zu einem direkten Kontakt zu gelangen.

Was von der Arbeit mit Kindern gesagt wurde, gilt in gleicher Weise vom Marionettenspiel mit erwachsenen psychiatrischen Patienten. Zwar kann beobachtet werden, daß durch die Puppe zuweilen ein noch weiteres

Sich-Zurückziehen erfolgt. Dieses ist aber nur von vorübergehender Natur und führt regelhaft zu einer größeren Offenheit.

2.4 Großpuppen

Unter Großpuppen verstehen wir Puppen aus Stoff oder Kunststoff, die Lebensgröße haben. Sie werden mit unterschiedlicher Zielsetzung und in der psycho- und gestaltdramatischen Arbeit verwandt: als *Substitutionspuppen* und als Spielpuppen im *Puppenpsychodrama* und *Puppenkabinett*.

2.4.1 Substitutionspuppen

Sie ermöglichen das Erleben und Ausagieren von Affekten auf der *semirealen* Ebene des therapeutischen Geschehens. Emotionales Handeln in der Semirealität bzw. der »surplus reality« (*Moreno* 1946; *Leutz* 1974) gehört zu den wichtigsten therapeutischen Variablen in den Formen »dramatischer Therapie«. Genau wie das Kind seine Affekte an seiner Puppe mit äußerster Realität erlebt und auslebt, indem es sie streichelt oder küßt, schlägt oder an die Wand wirft, genauso kann in der therapeutischen Situation die Puppe als Auslöser und Vehikel für emotionale Entladungen eingesetzt werden, indem sie die eigentlich gemeinte Person substituiert. Oft genug kommt es in intensiven Sitzungen vor, daß eine Frau ihren verunglückten Mann noch einmal in den Arm nehmen möchte, ein Sohn den alten kranken Vater noch einmal streicheln will oder aber, daß den Eltern bzw. anderen wichtigen emotionalen Bezugspersonen gegenüber Aggression und Haß ausgedrückt werden. Bei Gefühlen der Zuwendung und Zärtlichkeit lassen wir entsprechende Rollen meistens von anderen Gruppenmitgliedern oder Therapieassistenten (auxiliary egos) spielen.

Das gemeinsame Erleben von Nähe schafft ein Klima von Kohäsion und Vertrauen, das der therapeutischen Arbeit förderlich ist. Zuweilen kann es indiziert sein, daß auf Grund besonderer Übertragungssituationen es nicht ratsam ist, eine Realperson mit ins Spiel zu bringen, insbesondere um schon bestehende Übertragungen nicht zu vertiefen und zu fixieren und damit unangemessene Gefühle von Schuld, Scham, Dankbarkeit oder Zuneigung auszulösen. Bei aggressiven oder ambivalenten Gefühlen sollte immer der *leere Stuhl* oder eine *Substitutionspuppe* verwandt werden. Die Entwicklung derartiger Gefühlsausbrüche ist oft nicht vorauszusehen. Deshalb ist Vorsicht im Interesse des Patienten und der Mitspieler angebracht. Gegenüber dem *leeren Stuhl* bietet die Substitutionspuppe den Vorteil, zum körperlichen Ausdruck der Emotionen anzuregen. Die Hemmungen, die von den meisten Menschen im Ausdrücken von Emotionen erlebt werden, können im geschützten Rahmen der Therapie einmal fallengelassen und an einem Objekt stellvertretend ausagiert werden. So kommt es, daß die Puppen gewürgt, geschlagen, getreten und in Extremfällen sogar zerfetzt werden. Natürlich können für derartige Aktionen, wie es in der gestalttherapeutischen Praxis ja geschieht, auch Kissen oder Matratzenteile benutzt werden. Erlebnisse mit der Puppe, mit der konkreten menschlichen Gestalt, erweisen sich aber als eindrucksvoller und nachhaltiger.

In der Arbeit mit *Substitutionspuppen* kommt dem Durcharbeiten immense Bedeutung zu. Es gilt, den Patienten durch die *»Ebenen der therapeutischen Tiefung«* (vgl. *Petzold* 1974, S. 334) zurückzuführen auf die Ebene des bewußten Erlebens der Realität. Die *»surplus reality«* bzw. die Semirealität des therapeutischen Rahmens ist ja nicht gleichbedeutend mit der aktualen Realität des Patienten im Außenfeld. Dennoch ist sie von ihrer emotionalen Intensivität her durchaus »real«. Wenn in der Sitzung tödlicher Haß erlebt wird, so ist der Patient in diesem Moment von ihm so real ergriffen, daß er verletzen, sogar töten könnte. In der Regel folgen auf aggressive Entladungen Schuldgefühle. Diese sind in der Periode der »zweiten emotionalen Sozialisation« erworben worden durch Belohnung, Strafen, Liebesentzug der Eltern und anderer wichtiger emotionaler Bezugspersonen. Tiefer als diese Schuldgefühle aber wurzeln die archaischen Tötungshemmungen. Die Frage, ob sie teilweise angeboren oder gänzlich anerzogen wurden, und wenn dies der Fall ist, wann und in welcher Form, muß offenbleiben. Die Humanethologie steht mit der Lösung dieser Fragen noch hinter der Verhaltensforschung bei Tieren (*Eibl-Eibesfeldt* 1973; *Wickler, Seibt* 1973) zurück.

Wichtig für unseren Kontext ist nur, daß Aggressionshemmungen deblockiert werden. Nun ist es ja bei den Techniken »gelenkter Aggression« nicht das Ziel, den Patienten zum hemmungslosen Ausagieren feindseliger oder haßerfüllter Gefühle in jeder Situation anzuregen. Dies wäre ein bedenklicher Ansatz, der den Patienten und seine Umgebung gefährden würde. Vielmehr geht es um den kontrollierten Umgang mit Aggressionen, d. h. um *adäquates* Erleben und Handeln im richtigen Augenblick und am rechten Ort. Jeder Patient hat ein gewisses Potential dieser Fähigkeit. Selbst bei sehr intensiven Emotionsausbrüchen sind noch Kontrollen vorhanden. Viele Leiter von Encounter-Gruppen und Therapeuten des West-coast-Stils lassen Patienten untereinander in Rollenspielen derartige aggressive Szenen austragen oder begeben sich mit Gruppenteilnehmern selbst in aggressive Auseinandersetzungen. Gemessen an der weiten Verbreitung einer solchen Praxis ist die Zahl ernsthafter

Zwischenfälle, von denen ich Kenntnis erhalten habe, verschwindend klein. Dennoch lehne ich ein solches Vorgehen ab. Es ist nicht nur zu risikoreich, es verwischt die Realitätsebenen; denn der Patient soll ja nicht seinen Vater oder irgendeinen anderen Mitmenschen in der Realität »umbringen«, sondern den Vater, der ihn vor zehn oder zwanzig Jahren geschlagen und getreten hat oder, genauer gesagt, die introjizierte aggressive und verletzende Seite des Vaters. Es ist nichts damit gewonnen, daß die Dreißigjährige ihrer sechzigjährigen Mutter Schläge anbietet für Mißhandlungen, die sie als Fünfjährige von der damals fünfunddreißigjährigen Mutter erhalten hat. Vielmehr ist es wichtig, daß auf der Ebene tiefer Regression die erwachsene Frau noch einmal wie die Fünfjährige den Zorn und die Verletztheit erlebt, die sie damals als Kind empfunden hatte, nur mit dem Unterschied, daß sie jetzt ihren Schmerz, ihren Haß, ihre Mordimpulse nicht zurückdrängen muß, sondern an der Substitutionspuppe ausleben kann. *Schmerz, Verletzung, Mangel müssen immer auf derselben Ebene verarbeitet werden, auf der sie erlebt wurden.* Nur dann ist es möglich, sich von den Nachwirkungen solcher »offenen Gestalten« zu befreien. Dabei ist es entscheidend, daß das Erleben *ganzheitlich* ist und den *Körper,* die *Emotionen* und das *Verstehen* im Sinne *»vitaler Evidenz« (Petzold* 1979) miteinbezieht. Nicht vergessen werden sollte, daß es nur sehr selten totale »Rabeneltern« gibt, sondern daß auch positive Seiten vorhanden waren. Die Faktizität des Lebens, daß nämlich der Patient vor mir sitzt, dreißig oder vierzig Jahre alt, macht dies deutlich. Außerdem lassen sich manche Handlungen aus ihrem situativen Kontext verstehen. Auf dieser Grundlage, der Erledigung unerledigten Hasses, des Erkennens der positiven Seiten und des Verständnisses, wird Versöhnung mit den introjizierten Elternbildern (oder was es auch immer sein mag) und den realen, noch lebenden Eltern möglich. Diese Zusammenhänge sind in der Phase der Integration nach der Arbeit mit Substitutionspuppen herauszuarbeiten. Der Patient muß verstehen und unterscheiden lernen, was »alte, unerledigte Gefühle« *(old feelings)* sind, wieweit sie in seine jetzigen Realbeziehungen störend hineinwirken, und was seine wirkliche Situation ist.

3. Formen des Puppenspiels

Das Puppenspiel kann in den verschiedensten Formen eingesetzt werden: als Einzel- und als Gruppentherapie (dieses Buch S. 291 ff. u. 300 ff.), in konfliktzentrierter und in ludischer Ausrichtung, als Regel- und Übungsspiel (*Schubert* 1983), als freie Improvisation, als Inszenierung realer Gegebenheiten und als Symbolspiel (dieses Buch S. 317 ff.).

Was im folgenden über das Puppenspiel in der Arbeit mit Kindern ausgeführt wird, läßt sich in vieler Hinsicht auf die Arbeit mit Erwachsenen, ja mit alten Menschen (dieses Buch S. 285) übertragen. Spezifische Praktiken aus der Behandlung Erwachsener (z. B. Verwendung von Großpuppen im Puppenkabinett, cf. infr.) sind jedoch in der Therapie mit Kindern nicht zu verwenden.

Schon in der Wahl der Puppe kommen unbewußte Wünsche, Phantasien und Bedürfnisse zum Ausdruck. Es ist nicht unbedeutend, ob Aggressionspuppen (Wolf, Krokodil, Teufel usw.), Protektionspuppen (König, Polizist, Zauberer) oder Familienpuppen (Vater, Mutter, Baby, Tante) ausgewählt werden. Wie im Sceno-Test (*Staabs* 1964) hat die Wahl der Puppen und die Konstellierung der Szene projektiven Charakter. Aus dem projektiven Material heraus kann unmittelbar ein Spiel begonnen werden. Der Charakter des Spiels wird von der Situation des Protagonisten, der Situation der Gruppe, dem Spielraum (offene oder Guckkastenbühne), den gewählten Puppenfiguren (Räuber, Prinzessin o. ä.) und der Art der Puppen (Handpuppen, Stabpuppen o. ä.) bestimmt.

3.1 Das Puppenpsychodrama

Für das Puppenpsychodrama verwenden wir Kunststoffpuppen, die auf Stühlen sitzen können. Die Teilnehmer treten nur auf der »Puppenebene« (dieses Buch S. 302) über die Doppeltechnik in Aktion und bleiben als Person anonym. Dieser Effekt kann dadurch akzentuiert werden, daß mit *Beleuchtungstechnik* nur der Spielkreis ins Licht getaucht ist und die Doppel hinter ihren Puppen im Dunkeln bleiben. Es entsteht durch dieses Vorgehen eine sehr dichte Atmosphäre, in der unter dem Schutz der »inneren Distanziertheit«, die die Doppelrolle vermittelt, oftmals sehr massives Material an die Oberfläche kommt. Das Verfahren ist ein ausgezeichnetes Vehikel für die gestaltdramatische Arbeit der »Integration psychotischer Inhalte«. Es eignet sich nicht nur für das Training fortgeschrittener Ausbildungskandidaten der Psychotherapie, sondern kann auch in der Arbeit mit Patienten, z. B. bei schweren Neuroseerkrankungen und floriden Psychosen, eingesetzt werden. Kontraindiziert sind psychotische Grenzfälle und Suizidale. Bei entsprechender Themenstellung, z. B. *Gerichtsszene* (*Sacks*, 1965), kann durch Großpuppenspiel ein Habituations- bzw. Flooding-Effekt erzielt werden. Auch hier ist eine entsprechende Indikation erforderlich (z. B. Phobie), und es müssen die bei Implosions- und Floodingtechniken (*Ullrich, Ullrich de Muynck* 1974) ohnehin wichtigen Vorsichtsmaßregeln beachtet werden: gute physische und psychische Belastbarkeit des Patienten muß vorhanden sein.

3.2 Puppenkabinett

Eine weitere Möglichkeit, mit Großpuppen zu arbeiten, ist das »*Puppenkabinett*«. Es stehen hierfür Puppen aus Schaumstoff zur Verfügung, die durch Formabgüsse lebender Personen hergestellt wurden. Gesichtszüge, Muskulatur, Haar und Genital sind dabei genau abgebildet. Durch eine fleischfarbene Bemalung ist der lebensgetreue Charakter der Puppen noch unterstrichen. In Experimentiergruppen mit Schauspielschülern oder in »Personal growth-Trainings« können die Abgüsse und die Bemalung mit den Teilnehmern selbst hergestellt werden.

Derartige Experimente mit Großpuppen wurden 1973 von dem Künstler *Peer Wolfram* durchgeführt (*Wolfram* 1974). In öffentlichen Ausstellungen, wie z. B. in der »Neuen Galerie« in Aachen, kam es bei Ausstellungsbesuchern zu heftigsten emotionalen Reaktionen, ja zu Zusammenbrüchen. Der Autor wurde daraufhin von *Wolfram* eingeladen, als Therapeut diesem Phänomen nachzugehen. Er begann nach Ausstellungsschluß mit einer Selbsterfahrungsgruppe im »Puppenkabinett« zu experimentieren. Die Puppen hingen an Schnüren in kleinen Schaukastenbühen, die in den Ausstellungsräumen verteilt waren. Sie konnten von den Teilnehmern ab- und umgehangen werden. Es wurden folgende Aufforderungen gegeben: »Vielleicht kann jeder sich ›seine‹ Puppe auswählen und machen, was er will. Auf das Material braucht keine Rücksicht genommen zu werden.«

Die Teilnehmer begannen nur sehr zögernd, mit den Puppen »Kontakt« aufzunehmen: anschauen, streicheln, anfassen, pendeln lassen, die Glieder bewegen. T.: »Jeder kann versuchen, seinen Regungen, Wünschen und Phantasien nachzugeben.« Ein Teilnehmer beginnt, eine nackte, weibliche Puppe an einen Pfosten zu binden und auszupeitschen, ein anderer streichelt die Puppe. Wieder andere haben sich zu einer Gruppe zusammengefunden und versuchen, ihre Puppe vor sich her tragend, aus dem Stegreif ein Spiel zu improvisieren. Sie testen die Bewegungsmöglichkeiten, versuchen, die Konsistenz des Körpers zu spüren und zu erproben, indem sie die Gliedmaßen, die Haare, die Augen betasten. Besondere Faszination üben Brust und Genital aus, es wird an ihnen gerissen, getastet, und die Behandlung der Puppen gewinnt eine aggressive Komponente. Sie werden durch die Gegend geworfen, getreten, geschlagen. Die beiden Therapeuten gehen umher und halten die Teilnehmer dazu an, im »continuum of awareness« zu bleiben, d. h. bewußt wahrzunehmen, was in jedem Moment an Gefühlen in ihnen abläuft. Diese Wahrnehmungen werden in gestaltdramatischen Dialog (*Petzold* 1982a) mit der Puppe übersetzt.

Es entwickeln sich aus dem Geschehen heraus Gestaltsitzungen mit einzelnen Teilnehmern, während die anderen in den verschiedenen Schaukastenbühnen weiter spielen oder miteinander sprechen. Zwischenzeitlich kommt die Gruppe immer wieder zusammen, um das Erlebte durchzusprechen. In der dreistündigen Sitzung wird zum erstenmal das Thema Sexualität intensiver angegangen. – Die Gruppe arbeitet schon seit einem Jahr zusammen. In nachfolgenden Therapiesitzungen zeigt es sich, daß die Arbeit mit den Puppen ungeheuer viel in Bewegung gesetzt und aktiviert hat. Angeregt durch die Erfahrungen habe ich das »Puppenkabinett« laufend in der Therapie mit Patienten verwandt, dabei wurde von der 2½stündigen Sitzungszeit zunächst nur ½ Stunde für das Spiel mit den Puppen eingeräumt. Die übrige Zeit erwies sich als notwendig, mit den aufgekommenen Emotionen umzugehen und sie zu verarbeiten. Das ausgesprochen hohe Aktivierungspotential der Großpuppen führte dazu, daß die Patienten sehr rasch mit verdrängtem traumatischen Material in Kontakt kamen und daß sie andererseits die Möglichkeit erhielten, tabuisierte Gefühle zuzulassen und auf einer sehr real erlebten Ebene auszuagieren.

Es versteht sich von selbst, daß für diese Gruppe eine sorgfältige Vorauswahl durchgeführt wurde. Einige Teilnehmer waren schon ein bis zwei Jahre in der Gruppentherapie. Wie vorauszusehen, führte die Arbeit im Puppenkabinett bei einigen Patienten zu einer vorübergehenden Labilisierung, die sich aber für die weitere therapeutische Entwicklung als ausgesprochen fruchtbar erwies. Verfestigte Haltungen und Verhaltensweisen konnten aufgelockert und im Prozeß des Durcharbeitens bleibend verändert werden, dadurch daß tiefliegendes traumatisches Material an die Oberfläche des Bewußtseins dringen und emotionalen und körperlichen Ausdruck gewinnen konnte. »Vitale Evidenz« als Integration auf der kognitiven, affektiven und körperlichen Ebene (*Petzold* 1979) wurde auf diese Weise ermöglicht.

Beispiel

Die Gruppe hat schon in vier Sitzungen mit dem »Puppenkabinett« gearbeitet. Hierbei sind alle Gruppenmitglieder mehr oder weniger in das

Geschehen involviert worden. Nur Josef, ein 34jähriger Handwerksmeister mit schwerer Zwangssymptomatik (Zwangshandlungen und Zwangsvorstellungen), zeigt sich vom Geschehen recht unbeteiligt. Als er darauf angesprochen wird, weicht er aus und sagt, er könne mit den Puppen nichts anfangen. Im Verlauf der Sitzung wird ihm von einem anderen Patienten eine weibliche Puppe zugeworfen, die er in einer heftigen Reaktion vor sich auf den Boden schleudert. Unvermittelt beginnt er zu zittern und fängt an zu würgen. Wir versuchen, gestalttherapeutisch zu explorieren: T: »Vielleicht kannst du das Würgen einmal zulassen, dich nicht dagegen sperren! (Das Würgen wird stärker). Schau einmal, ob du dieses Gefühl kennst?« Josef: »Ja, ich kenne das Würgen irgendwoher. Ich kann mich nur nicht erinnern!« T: »Vielleicht kannst du einmal versuchen, ob dir irgendwelche Bilder oder Ereignisse zu diesem Gefühl einfallen?« Josef: »Es kommt nichts. Mir ist auch schon besser!« Der Patient wird zunehmend ruhiger. Der Therapeut gibt nun die Aufforderung, die Puppe zu berühren, worauf sie der Patient ans Genital greift und das Würgen verstärkt einsetzt. Plötzlich äußert er die Phantasie, er habe den Wunsch, seine Mutter zu koitieren. Im weiteren Verlauf der Sitzung kommen zahlreiche Bilder zu ödipalen Szenen aus der frühen Kindheit auf. Der Patient erlebt noch einmal, wie er als drei- oder vierjähriges Kind bei seiner Mutter im Bett schläft und sie ihn an sich drückt. Mit regredierter Stimme: »Die stinkt so.« Das Würgen wird immer stärker, und die Konvulsionen ergreifen den ganzen Körper. Der Patient röchelt immer wieder: »Ich will das nicht!« und erbricht. Eine vorübergehende Beruhigung tritt ein. Dann zittert er wieder und fängt an, die Puppe wegzustoßen, zu beschimpfen, um unmittelbar darauf Kosenamen zu stammeln. Er wird von seinen Gefühlen hin und hergerissen: zwischen Zärtlichkeit und Abscheu, zwischen sexueller Erregtheit und Ekel. Schließlich bricht er, neben dem Kopf der Puppe kauernd, in ein ergreifendes Weinen aus: »Mammi, Mammi, warum hast du das mit mir gemacht?«

Wir konnten in dieser Sitzung an die tiefgreifende Ambivalenz des Patienten seiner Mutter gegenüber herankommen, die sein gesamtes Verhalten Frauen gegenüber kennzeichnet. Über die Arbeit mit der Großpuppe konnte im Sinne eines integrativen Ansatzes vergangenes traumatisches Material ins Bewußtsein gehoben werden. Die starken Affekte und ambivalenten Gefühle konnten sich Bahn brechen und sich auf der körperlichen Ebene konkretisieren. Das gesamte Geschehen blieb also nicht auf eine kathartische Lösung beschränkt, sondern führte zur Klärung von Gefühlen und zur Einsicht in die Bedingtheiten des eigenen Verhaltens. Im Prozeß des Durcharbeitens mit der Gruppe, der Integrationsphase, werden dem Patienten die Geschehnisse »plötzlich klar«, sie gewinnen »vitale Evidenz«. Er beginnt, auf seine Partnerbeziehungen zurückzuschauen und vermag sie in einem neuen Licht zu sehen.

Wir versuchen nun, dem »Tetradischen System« folgend (*Petzold* 1979, 1974), Erleben und Einsicht miteinander zu verbinden in Richtung auf eine Neuorientierung. Wir gehen zu allen weiblichen Puppen und lassen den Patienten die Sätze: »Ich mag dich!« – »Du widerst mich an!« austesten. Es gelingt ihm, bei den verschiedenen Puppen stabile emotionale Entscheidungen zu treffen. Danach gehen wir zu den weiblichen Teilnehmern der Gruppe und wiederholen die Übung. Nur bei einem Gruppenmitglied taucht das Gefühl der Ambivalenz kurz auf und kann vom Patienten selbst eingeordnet werden: »Du erinnerst mich in vielem an meine Mutter. Das ist mir gar nicht so aufgefallen. Besonders wie du das Haar trägst. Manchmal gefällst du mir sehr, aber meistens kann ich dich nicht ausstehen.«

Die Arbeit mit Puppen, insbesondere die Verwendung von Großpuppen, hat, ähnlich wie die Arbeit mit *Masken* (vgl. *Petzold* 1975), ein sehr großes Aktivierungspotential für tiefgreifende emotionale Prozesse, das in die Hand des erfahrenen Therapeuten gehört, sofern man das Puppenspiel nicht auf eine bloße Beschäftigungstherapie begrenzen will. Die Großpuppe wird von den Patienten als Körper (vgl. engl. corps), als Leib (vgl. mhd. lichnám) erlebt und bringt ihn damit nicht nur zu seiner eigenen Körperlichkeit, sie führt ihn nicht nur zum Nachsinnen über Funktion und Bestimmung seines Lebens, sondern sie bringt ihn auch mit archaischen Gefühlen, wie Lust, Mordgelüste, Todesangst, Angst vor dem Tod, in Kontakt. Das Aufkommen verdrängter, nicht zugelassener, tabuisierter Phantasien, oft masochistischer und sadistischer Natur, wird möglich, und es gelingt, eine Verbindung mit den zugrunde liegenden lebensgeschichtlichen Ereignissen herzustellen. Auf diese Weise können abgespaltene Phantasien oder aus dem »Untergrund« heraus störende Impulse identifiziert und integriert werden.

Die Fragen nach Tod und Sterben sind in unserer Kultur verdrängt worden, und die Bewußtheit (awareness) der Gegenwärtigkeit des Todes ist selbst bei alten Menschen immer seltener anzutreffen. Die Puppe wird auch in diesem Punkte zur Konfrontation. Sie regt zu therapeutischen Prozessen an, in der die Verwobenheit von Leben und Tod erfahren wird, indem dem Patienten deutlich wird, daß »Leben auch Sterben bedeutet« (*Keleman* 1974), daß jeder neue Tag Wachsen und Abnehmen zugleich ist. Wenn diese Spannung erfahren und integriert werden kann, tritt eine Steigerung der Lebensfreude und des *élan vital* ein, weil die Energien, die in der Abwehr von Todesängsten gebunden waren, dem Menschen verfügbar werden (vgl. dieses Buch S. 320; *Spiegel-Rösing, Petzold* 1983). Die Arbeit mit Großpuppen kann zu dieser wichtigen Aufgabe eine wertvolle Hilfe bieten.

Literatur

Axline, V., Kinder-Spieltherapie in nicht-direktiven Verfahren, Reinhardt, München 1950.

Biniek, E., Psychotherapie mit gestalterischen Mitteln, Wiss. Buchges., Darmstadt 1982.

Buschmeyer, L., Die Kunst des Puppenspiels, Erfurt 1931 (Phil. Diss., Univ. Jena 1930).

Däbritz, F., Die Darstellung des Schönen im Puppentheater, Dipl. Arbeit, Theaterhochschule Leipzig 1967.

Driesen, D., Der Ursprung des Harlekin, A. Dunker, Berlin 1904.

Blajan-Marcus, S., Die therapeutischen Puppen, *Integrative Therapie 1* (1983), 20–28.

Borde-Klein, I., Puppenspiel, Volk und Wissen, Berlin 1974.

Bubolz, E., Methoden kreativer Therapie in einer integrativen Psychotherapie mit alten Menschen, in: *Petzold, Bubolz* (1979).

Château, J., Das Spiel des Kindes, Schönigh, Paderborn 1976.

Eibl-Eibesfeldt, I., Der vorprogrammierte Mensch, Molden, Wien 1973.

Fabian, G., Die Funktion des Kasper auf der dtsch. Puppenbühne bis zur Mitte des 18. Jh., Exam. Arb., Theaterwiss. Abt., Humboldt Univ. Berlin 1960.

Fettig, H. J., Hand- und Stabpuppen, Stuttgart 1970.

Flitner, A., Das Kinderspiel, Piper, München 1973.

Franzke, E., Der Mensch und sein Gestaltungserleben, Huber, Bern 1977.

Franzke, E., Die Verwendung von Handpuppen in der Psychotherapie, *Integrative Therapie* 1/2 (1979) S. 119–128.

Freud, A., Wege und Irrwege in der Kinderentwicklung, Klett, Stuttgart 1968.

Friedländer, E., Das Puppenspiel in Österreich, Phil. Diss. Univ. Wien 1948.

Friedrich, H., Spiel mit Puppen in einem kindzentrierten Ansatz, *Integrative Therapie* 1 (1983) 44–54.

Frohne, I., Musiktherapie und Kreativität, *Integrative Therapie* 4 (1982).

Frostholm, B., Leib und Unbewußtes, Bouvier, Bonn 1978.

Glanz, L., Das Puppenspiel und sein Publikum, Junker & Dünnhaupt, Berlin 1941.

Häusele, H., Eichendorffs Puppenspiel »Das Inkognito«, J. Habel, Regensburg 1910.

Iljine, V. N., Improvisiertes Theaterspiel zur Behandlung von Gemütsleiden, *Teatralny Kurier,* Kiew 1909 (russ.).

Iljine, V. N., Therapeutisches Theaterspiel, Sorbor, Paris 1942 (russ.).

Janson-Michl, C., Gestalten, Erleben, Handeln, Handbuch für kreative Gruppenarbeit, Pfeiffer, München 1980.

Janz, H. W. (Hrsg.), Beschäftigungstherapie, Grundlagen und Praxis, Stuttgart 1979³, 2. Bd.

Jucker, D., Das Puppenspiel als Medium in Pädagogik, Heilpädagogik und Therapie, Diplomarbeit, Institut für spezielle Pädagogik und Psychologie, Universität Basel 1980.

Keleman, S., Living your Dying, Random House, New York 1974, dtsch., Lebe Dein Sterben, Isko Press, Hamburg 1979.

Kindler, H., Puppen und Tiere aus Wolle und Stoff, Bertelsmann, Gütersloh 1962.

Küpper, G., Das aktuelle Ereignis im Puppenspiel, Phil. Diss., Univ. Köln 1949; als: Aktualität im Puppenspiel, Lechte, Emsdetten 1966.

Lancaster, B., Puppets in a mental home, *Puppet Post* IX, 1 (1951) 6.

Lemoine, G., Lemoine, P., Zu einer psychoanalytischen Theorie des Psychodramas, in: *Petzold, H.,* Dramatische Therapie, Hippokrates, Stuttgart 1982, S. 127–147.

Leutz, G. A., Psychodrama – Theorie und Praxis Bd. 1, Springer, Heidelberg 1974.

Liedloff, H., Leben und Aufgabenbereich einer bayerischen Puppenspielerfamilie, Phil. Diss., Univ. Marburg 1956.

Lückel, R., Integrative Arbeit mit Märchen, Junfermann, Paderborn 1979.

Majut, R., Lebensbühne und Marionette, Berlin 1931; repr. Kraus, Nendeln, Liechtenstein 1967.

Moreno, J. L., Psychodrama, vol. I, Beacon House, Beacon, 1946.

Oaklander, V., Gestalttherapie mit Kindern, Klett, Stuttgart 1982.

Perls, F. S., Gestalt, Wachstum, Integration, Junfermann, Paderborn 1980.

Petzold, H. G., Angewandtes Psychodrama, Junfermann, Paderborn 1972.

Petzold, H. G., Psychotherapie und Körperdynamik, Junfermann, Paderborn 1974.

Petzold, H. G., Masken und Märchenspiel in der Integrativen Therapie, *Integrative Therapie* 1 (1975) S. 44–48.

Petzold, H. G., Die Medien in der integrativen Pädagogik, in: *Petzold, Brown* (1977) S. 101–123.

Petzold, H. G., Theorie und Praxis der Traumarbeit in der Integrativen Therapie, *Integrative Therapie* 3/4 (1977 a) S. 145–175.

Petzold, H. G., Psychodrama – Therapie, Junfermann, Paderborn 1979.

Petzold, H. G., Die Rolle des Therapeuten und die therapeutische Beziehung, Junfermann, Paderborn 1980.

Petzold, H. G., Grundfragen der menschlichen Kommunikation im Lebensverlauf, *Gestalt-Bulletin* 1/2 (1981) S. 54–69.

Petzold, H. G., Das Therapeutische Theater Vladimir Iljines, in: *Petzold, H.,* Dramatische Therapie, Hippokrates, Stuttgart 1982, S. 88–109.

Petzold, H. G., Gestaltdrama, Totenklage und Trauerarbeit 1982a, in: *Petzold, H.,* Dramatische Therapie, Hippokrates, Stuttgart 1982, S. 335–368.

Petzold, H. G., (Hrsg.) Editorial, Themenheft »Therapeutisches Puppenspiel«, *Integrative Therapie* 1 (1983) 1–2.

Petzold, G. H., Psychotherapie, Meditation, Gestalt, Junfermann, Paderborn 1983.

Petzold, H. G., Geibel, Ch., »Komplexes Kreativitätstraining« in der Vorschulerziehung durch Psychodrama, Puppenspiel und Kreativitätstechniken, in: *Petzold* (1972) S. 331–344.

Petzold, H. G., Bubolz, E., Psychotherapie mit alten Menschen, Junfermann, Paderborn 1979.

Petzold H. G., Schneider K., Gestalttherapie und Integration, Fischer, Frankfurt 1983.

Petzold H. G., Mathias U., Rollenentwicklung und Identität, Junfermann, Paderborn 1983.

Petzold, H. G., Brown, I., Gestaltpädagogik, Pfeiffer, München 1977.

Petzold, H. G., Orth, I., Poesie und Therapie, Junfermann, Paderborn 1983.

Pfeiffer, W. M., Das Spiel mit Handpuppen in der Therapie der Psychosen, *Zeitschrift f. Psychother. med. Psychol.* 15 (1965) S. 135–139 (dieses Buch S. 263).

Pfeiffer, W. M., Handpuppen in der psychiatrischen Therapie, Beschäftigungs- und Gruppentherapie 2. Folge, Bayer, Leverkusen [1966].

Philott, A. R., Puppets and Therapy, Plays, Boston 1977.

Purscke, H. R., Kleines Brevier für Puppenspieler, Perliko-Verlag, Frankfurt 1966.

Rambert, M. L., Das Puppenspiel in der Psychotherapie, Reinhard, München 1969.

Rambert, M. L., Une nouvelle technique en psychoanalyse infantile: Le jeu de guignols, *Revue Française de Psychanalyse* 10 (1938) S. 51–61; dtsch. dieses Buch S. 161.

Rapp, E., Die Marionette im romantischen Weltgefühl, Dtsch. Institut für Puppenspiel, Bochum 1964.

Renner, M., Thesing, Th., Praxis der Heilpädagogik, Handbuch für kreatives Arbeiten mit verhaltensauffälligen Jugendlichen, Lambertus, Freiburg 1978.

Riethmüller, H., Wunder und Träume bei Heinrich von Kleist, Phil. Diss., Univ. Tübingen 1955.

Rohrer, A., Das Kleistsche Symbol der Marionette und sein Zusammenhang mit dem Kleistschen Drama, Phil. Diss., Univ. Münster 1948.

Robbins, A., Sibley, L., Creative Art Therapy, Brunner & Mazel, New York 1976.

Rojas-Bermúdez, J., Puppen als intermediäre Objekte, *Integrative Therapie* 2 (1981).

Sacks, J. M., The judgement technique in psychodrama, *Group Psychotherapy* 1/2 (1965) S. 69.

Sanding, H., Die Ausdrucksmöglichkeiten der Marionette und ihre dramatischen Konsequenzen, Phil. Diss., Univ. München 1958.

Schattner, G., Courtney, R. (Hrsg.), Drama in Therapy, Drama Books Specialists, New York, 2 Bd. 1981.

Schneider, I., Puppen- und Schattenspiele in der Romantik, Phil. Diss., Univ. Wien 1920.

Schreiner, K., Puppen und Theater, Herstellung, Gestaltung, Spiel, Dumont, Köln 1980.

Schubert, S., Wirkungstendenzen des Handpuppenspiels bei Kindern, Magisterarbeit, Institut für Theaterwissenschaft, Universität Erlangen, Nürnberg 1980.

Schubert, S., Das Puppenspiel in der Heilpädagogik, *Integrative Therapie* 1 (1983) 29–43.

Spiegel-Rösing, I., Petzold, H., Psychotherapie mit Sterbenden, Junfermann, Paderborn 1983.

Staabs, G. v., Der Scenotest, Huber, Bern/Stuttgart 1964³.

Stauber, S., Die Bedeutung der künstlichen Menschenfigur im Werk E. T. A. Hoffmanns, Phil. Diss., Univ. Innsbruck 1959.

Steinmann, P., Figurenspiel – Reflexionen über ein Medium, Berlin, o. J.

Straub, H., Über die Anfangsphase psychodramtischer Kinderbehandlung mit Puppentheaterfiguren; in: *Petzold* (1972) S. 218–231.

Sutton-Smith, B., Die Dialektik des Spiels, Hofmann, Schorndorf 1978.

Ullrich, R., Ullrich de Muynck, R., Implosion, Reizüberflutung, Habituationstraining, in: *Kraiker, Ch.,* Handbuch der Verhaltenstherapie, Kindler, München 1974.

Vogt, R., Budjuhn, A., Gestaltungstherapie in einer Psychosomatischen Klinik, Beschäftigungs- und Gruppentherapie, Bayer, Leverkusen, o. J.

Weiß, B., Arbeit mit Masken in der Integrativen Therapie, Graduierungsarbeit, Fritz Perls Institut, Düsseldorf 1983.

Wickler, W., Seibt, U., Vergleichende Verhaltensforschung, Hoffmann & Campe, Hamburg 1973.

Winnicott, D. W., Transitional objects and transitional phenomena: a study of first not-me possession, *Int. J. Psycho-Anal.* 3 (1953) S. 89–97.

Wolfram, P., Notizen und Materialien über ein Experiment mit Großpuppen, Dokumentation der Villa Massimo, Tipografia Christen, Rom 1973/74.

Ausführliche Literaturangaben über Puppen und Puppenspiel finden sich bei *Petzold/Geibel* (1972), *Philpott* (1977), *Schubert* (1980), *Borde-Klein* (1974) und *Jucker* (1980).

Gisela Ammon

Der Stellenwert von Puppen und Puppenspiel innerhalb kindlicher Entwicklung aus psychoanalytischer Sicht

Einleitung

»Guten Tag, ich bin Bibi-Girl, die vollkommene Puppe, ich gehöre dir. Alle beneiden dich um mich; ich möchte noch mehr Sachen haben.«

Diese Worte wiederholt stereotyp eine Puppe in dem modernen Märchen »Momo« von *Michael Ende*. Das Mädchen Momo, als Vertreterin einer Kinderwelt von Phantasie und Kreativität, kann mit dieser Puppe nichts anfangen und reagiert befremdet. Auf Momos Versuch, mit ihr Kontakt aufzunehmen, wiederholt sie diesen Satz immer wieder.

Ein Kind, das nicht spielen kann, ist eigentlich kein Kind. Es ist wie Bibi-Girl, eine leere Hülse ohne Leben. Momo dagegen vertritt die Kinder in ihren ureigensten Bedürfnissen, zu spielen und nicht kontaktlos leben zu müssen. Die naturalistisch perfekte Bibi-Girl-Puppe steht für die getötete Phantasie. Mit der perfekten Puppe kann Momo nicht spielen.

Nach meiner Erfahrung entscheiden sich Kinder im Vorschulalter häufiger für archaisch einfache als naturalistisch vollkommene Darstellungen. Ich habe ein Experiment mit Kindern im Vorschulalter durchgeführt und ihnen Abbildungen von griechisch-römischen Statuen sowie von zeitlich früheren, archaischen Idolen gezeigt. Die Mehrzahl der Kinder fand die archaischen Idole schöner, die Kinder begründeten ihr Urteil damit, daß sie diese auch nachbilden könnten.

Puppen sind bereits im vorgeschichtlichen Europa, in Ägypten und Indien nachweisbar, in Ägypten schon in der Zeit 1000 vor der Zeitrechnung als bemalte hölzerne Puppen. Auch heutzutage gibt es Puppen bei allen archaisch lebenden Völkern. Die Puppen sind und waren vereinfachte Darstellungen des menschlichen Körpers. So fertigen sich heute noch Beduinenmädchen in der Sahara Puppen selber an, indem sie aus Stoffresten und Haaren, die sie sich offensichtlich abschneiden, selbst Puppen schaffen. Diese Puppen werden aus einem Säckchen herausgebildet, das aus Kopf, Rumpf, Beinen und Armstümpfen besteht und mit weichem Material gefüllt ist. Die Gesichter sind meistens nicht vollständig, enthalten aber immer Augen, seltener einen Mund. Diese Puppen sind mit bunten Stoffresten benäht, mit Perlen und Flitter, und gleichen so den geschmückten Beduinenmädchen der Wüste. Auch die heute noch auf einer steinzeitlichen Entwicklungsstufe lebenden Lakandon-Maya-Indianer (*Ammon* 1966, S. 54) haben einfache geschnitzte Holzpuppen, bestehend aus Kopf, Rumpf und Beinen mit einem angedeuteten Gesicht. Betrachten wir die Puppen, die unseren Kindern zum Spielen geschenkt werden, so schauen uns uniforme Gesichter mit süßlich erstarrtem Lächeln an. Die Puppen haben zwar eine technisierte Perfektheit erlangt, sie können laufen, sprechen, singen und weinen, aber sie wirken entseelt; schauen wir uns archaische Puppen an, so werden wir individuelle Gesichter sehen trotz vereinfachter Darstellung. Viele der archaischen Puppen werden auch in ihren weiblichen und männlichen Geschlechtsmerkmalen unterschieden, wie Haartracht, Lendenschurz, Tätowierung, Bauchnabel und füllige Gesäßbeinstümpfe (vgl. zum Beispiel die Puppen der Karaja-Indianer in Brasilien, *Hartmann* 1973 passim). Verglichen mit diesen Puppen, wirken die Puppen, die wir für unsere Kinder kaufen können, fassadär und wie entfremdet von den zentralen Grundbedürfnissen der Menschen.

Auf dem Sommerfest unseres Psychoanalytischen Kindergartens gab es eine Marionettenvorführung. Eine Clownmarionette tanzte gleichermaßen mitreißend erst nach Zamphirs Zauberflöte mit Orgelmusik, später auch nach Rock'n Roll und Jazzmusik. Anfänglich saßen die Kinder in »gebührendem« Abstand im Kreis, die Erwachsenen standen dahinter in Reihen, der Marionettenspieler stand auf einem Tisch und tanzte mit der Marionette. Bald standen die kleinsten der Kinder von 2 Jahren aufwärts, um den Tisch herum, ihre Nasen und Hände klebten förmlich auf dem Tisch. Nun bezog die tanzende Marionette die Kinder mit ein, faßte sie an der Nase, stupste ihnen auf die Hände, so daß sie vor Vergnügen hüpften und schrien.

An einem bald darauffolgenden Geburtstagsfest, an dem auch diese Kindergruppe teilnahm, hatte Marion, etwas über 3 Jahre alt, beschlossen zu tanzen. Dies tat sie weltvergessen nach Zamphirs Flötenmusik, wie einst die Clownmarionette inmitten von nun hundert Erwachsenen, die zuschauten. Dies war ein für alle hinreißendes Geschehen. Marion tanzte versunken in die Welt von Phantasie und Gefühl und schien alle Menschen um sich herum vergessen zu haben.

Marion wandte sich dann den Kindern ihrer Gruppe zu, aktivierte einen kleinen, schüchternen, tollpatschig wirkenden Jungen zum Mittanzen. Schließlich tanzte die ganze Kindergruppe mit.

Eine Puppe war es, die bei Marion und ihrer Kindergruppe zu dieser beeindruckenden Gestaltung von Phantasie führte. Wie im *Kleist*schen »Marionettenspiel« nahm sich die Tänzerin Marion eine tanzende Puppe zum Vorbild, lernte von ihr, sich auf neue Weise auszudrücken und einem Wunsch ihrer ganzen Kindergruppe Ausdrucksmöglichkeit zu geben.

Die therapeutisch-pädagogische Anwendung des Puppenspiels

Das Puppenspiel ist ein wichtiges Moment innerhalb der Entwicklung von Kindern. Aus diesem Grunde ist die ich-strukturelle, psychoanalytische Pädagogik daran interessiert, über seine phänomenologischen Aspekte hinaus, seine psychogenetische und psychodynamische Bedeutung für das Kind zu erforschen.

Seit Beginn der Kinderpsychoanalyse wurde das Puppenspiel mit seinen verschiedenen Formen auch in die therapeutische Arbeit miteinbezogen und wird in zunehmendem Maße für die Arbeit mit schwerstkranken und neuerdings sogar in der therapeutischen Arbeit mit alten Menschen eingesetzt (*Petzold* 1982, S. 74ff).

Nach *Isaacs* (1933, S. 209–259) hat jede kindliche Aktivität eine symbolische Bedeutung, die im Bereich ihrer Phantasie liegt, und darüber hinaus einen kognitiven Wert. Das Kind projiziere zunächst seine persönlichen Wünsche und Ängste auf Spielgegenstände. Das phantasievolle Spiel schaffe Situationen, die ein Eigenleben gewinnen und so zu neuen Entdeckungen, verbalen Urteilen und Überlegungen führen. Der symbolische Wert der Spielgegenstände bilde den Ausgangspunkt und die Brücke zur aktiven Erforschung dieser Gegenstände, ihrer tatsächlichen Konstruktion und realen Funktionsweise (S. 209). In der Behandlung kleiner Kinder nach der Methode von *Melanie Kleins* Spieltechnik sei zu beobachten, daß Maschinen, Motoren, Feuer, Licht, Wasserschlamm und Tiere eine symbolische Bedeutung haben (S. 210). Die Symbolbildung ist nach *Isaacs* die tiefste Wurzel kindlichen psychischen Lebens, reale Gegenstände und Ereignisse sind im Vergleich dazu nur von relativer Bedeutung. Erst mit zunehmendem Alter nehme die reale Bedeutung der Dinge zu. Dieselbe Handlung, z. B. das Zusammenstecken von zwei Teilen, könne bei einem Kind von 14 bis 18 Monaten der Bewältigung von Angst dienen; ein halbes Jahr später könne die reale Erforschung räumlicher Beziehung und die Übung der Geschicklichkeit im Vordergrund stehen (S. 211).

Nach *Isaacs* wird danach im späteren Alter die Gruppe der gleichaltrigen Kinder bedeutsam. Sie können als Bündnispartner gegenüber der Übermacht der Erwachsenen, die mit ambivalenten Gefühlen erlebt wird, dienen und damit die Verarbeitung dieser Gefühle unterstützen (S. 259). In der Symbolbildung des kleinen Kindes drücke sich die Beziehung zu seinen Eltern in allen Facetten aus. Die Symbolbildung bilde die Brücke zur realen Welt und sei Voraussetzung der Entwicklung des Denkens. Dies scheint mir in *Isaacs'* theoretischer Konzeption von besonderer Wichtigkeit zu sein. Sie stellt hiermit meines Erachtens einen wesentlichen Aspekt des Puppenspiels von Kindern dar.

In der Kindertherapie hat das Puppenspiel längst einen festen Platz. Zu erwähnen ist an dieser Stelle der von *G. von Staabs* (1940) eingeführte Sceno-Kasten, der im Rahmen der Diagnostik und Therapie von Kindern, aber auch von Erwachsenen, mit denen sonst eine Kontaktaufnahme kaum möglich ist, verwendet wird.

Baruch (1940, S. 566) beschreibt das Puppenspiel in der »Spieltechnik« mit Kindern im Alter von 2 bis 5 Jahren. Durch das Puppenspiel können nach *Baruch* Gefühle gegenüber Familienmitgliedern viel direkter ausgedrückt werden als durch andere Aktivitäten. Das Puppenspiel diene als Schlüssel zum Verständnis der emotionalen Anpassung und der Bedürfnisse der meisten Kinder (S. 577).

Über die Anwendung des Puppenspiels und besonders des Spiels mit Marionetten in der nicht-direktiven Spieltherapie berichtet *Virginia Axline* (1947, S. 27–51). Die Strategie ihrer Therapie ist das vorbehaltlose Annehmen des Kindes im Glauben an seine Fähigkeit zu eigener Entwicklung und einem »vorhandenen Drang nach immer größerer Reife«. Über das Spiel mit den Puppen schaffe das Kind die »Anonymität«, die es brauche, um seine Gefühle auszudrücken. »Wenn das Kind unbeeinflußt und frei spielt, drückt es seine persönliche Wesensart aus. Es erlebt und erfährt eine Zeitspanne eigenen Überlegens, Planens und Handelns. Es läßt den Gefühlen und Neigungen freien Lauf, die sich in ihm angestaut haben« (S. 27). Im Spiel mit den Puppen und über ihre Dialoge setze es sich mit seinen familiären Beziehungen auseinander (S. 36). Im Laufe der Behandlung verlören die Puppen immer mehr an Bedeutung (S. 51).

Wichtig bei *Virginia Axline* ist nach meiner Auffassung das Vertrauen, das in das Kind gesetzt wird, und der Optimismus, mit dem sie den Kindern gegenübertritt.

Die Bedeutung des Puppentheaters in der Therapie von verhaltensgestörten Kindern wurde von *Bender* und *Woltmann* (1936, S. 341–343) und *Woltmann* (1940, S. 547) untersucht. In ihrer Kinderpsychiatrischen Klinik im Bellevue Hospital in New York behandelten sie innerhalb eines Jahres etwa 700 Kinder im Alter von 2 bis 16 Jahren. Von einem Puppenspieler wird dort einmal wöchentlich ein Puppentheaterstück gespielt. Hierbei können die Kinder, wie die Autoren ausführen, ihre aggressiven Tendenzen frei ausdrücken und ihre emotionalen, sozialen und intellektuellen Schwierigkeiten verbalisieren und klären, Schuldgefühle und Angst können überwunden werden. Die Kinder können ihre Probleme in die Puppen projizieren oder sich oder ihre Familienmitglieder partiell mit den verschiedenen Charakteren identifizieren. Die Handpuppen würden zwar vorübergehend als real erlebt, aber als Märchenfiguren und typische Charaktere hätten sie doch genügend Abstand zur Realität, sie könne jederzeit wiederhergestellt werden, so daß Furcht, Schuldgefühle oder Angst nicht aufkommen.

Die wichtigste Person des Puppentheaters ist nach *Bender* und *Woltmann* seit jeher der Kaspar. Er spricht die Sprache des Volkes, äußert seine Wünsche und Bedürfnisse ganz natürlich, ohne Angst oder Schuldgefühle. Er verkörpert Vitalität, Lebenslust, Aggression und Humor. Er ist aktiv, neugierig, ungehemmt, kommunikativ und immun gegen reale Verletzungen. Mit ihm identifizieren sich die Zuschauer am meisten, sie jubeln ihm zu, warnen ihn und geben ihm Ratschläge. Die Kinder äußern ihre Gefühle dabei verbal oder körperlich, indem sie aufspringen, in die Hände klatschen oder die Fäuste ballen.

Die Autoren weisen auch auf die Bedeutung der zuschauenden Kindergruppe hin: Die Erfahrung des einzelnen Kindes bilde einen Teil der Gruppenerfahrung und die Reaktionen der Gesamtgruppe beeinflussen das Individuum. Während des Zuschauens habe das Kind eine Reihe von sozialen Kontakten, durchlebe zahlreiche Gefühlsreaktionen, die es entweder mit der Gruppe teile oder die es gegen die Meinung anderer Kinder verteidigen müsse. Damit sei das Puppenspiel nicht nur für die Lösung individueller Probleme bedeutsam, sondern fordere auch die Entwicklung sozialen Verhaltens.

Petzold (dieses Buch S. 285) wendet das Puppenspiel in der therapeutischen und geragogischen Arbeit mit alten Menschen an. Er arbeitet mit Handpuppen, Marionetten, Stabpuppen und Großpuppen bei schwer gestörten alten Menschen, manchmal auch mit Stofftieren. Für *Petzold* sind die Puppen in der Arbeit mit alten Menschen als »Intermediärobjekte« von Wichtigkeit, durch sie kann der zu gefährliche direkte Kontakt umgangen werden.

Über die Anwendung des Handpuppenspiels in der psychiatrischen Therapie psychotischer Patienten berichtet *Pfeiffer* (1965, S. 135 und 1966, dieses Buch S. 263). Nachdem die »akute Warnsymptomatik« durch Psychopharmaka aufgelöst ist, geht es in der Klinikbehandlung nach *Pfeiffer* um die »Anregung und Differenzierung der Dynamik und Aktivität«. Hierbei könne das Puppenspiel als eine gemilderte indirekte Form des Psychodramas nach *Moreno* hilfreich sein. Ebenso wie andere, oben zitierte Autoren ist *Pfeiffer* der Meinung, daß das Puppenspiel die Patienten in die Lage versetzt, Konflikte und Bedürfnisse auszudrücken, diese identifikatorisch zu lösen, und ihnen damit neue Verhaltensweisen ermöglicht.

Das Übergangsobjekt nach Winnicott

Spielzeug und Puppen sind durch *Winnicott* in das Blickfeld psychoanalytischer Wissenschaft gerückt. Die ersten »Spielzeuge« bei Kindern bekommen bei *Winnicott* den Namen »Übergangsobjekte«. Der Terminus drückt aus, daß *Winnicott* das Spielzeug von Kindern innerhalb der triebpsychologischen Konstruktion der Psychoanalyse ansiedelt. Das Übergangsobjekt ist nicht ein Triebobjekt im Sinne *Freuds*, das jenseits der körperlichen Triebquellen und der Triebziele der Triebbefriedigung dient, sondern es ist ein Objekt, das vor der Libidoentwicklungsstufe der Triebobjektbildung steht. Die vor der Triebobjektphase liegende Entwicklungszeit ist bestimmt durch den primären Narzißmus, d. h., die Triebbefriedigung verwendet den eigenen Körper anstelle der Triebobjekte. Die Übergangsobjekte nehmen einen Zwischenbereich ein, weder sind sie Teile des Körpers, noch sind sie Triebobjekte. Sie sind, wie *Winnicott* ausführt, Gegenstände, die dem Kind die Illusion gewähren, die Mutterbrust als zum eigenen Körper bzw. zum eigenen Selbst zugehörig zu erleben, obwohl dies ja nicht der Realität entspricht. *Winnicott* ist es ein Anliegen zu zeigen, daß die frühe Mutter-Kind-Beziehung darin besteht, daß die Mutter diese Illusion unterstützt. Die Prozesse der Desillusionierung, in denen das Kind zunehmend unterscheiden lernt zwischen phantasierten Vorstellungen und wahrgenommener äußerer Realität, werden durch die Übergangsspielzeuge unterstützt. *Winnicott* betont, daß Übergangsobjekte wie Symbole wirken. Für das Kind bedeuten sie die Mutter und ihre Präsenz, obwohl andererseits die Mutter bereits als zur Welt des Nicht-Ich gehörend wahrgenommen wird. Wie in der Phase der Illusion ist der durch das Übergangsobjekt gebildete sogenannte »intermediäre Raum« ein Bereich, der nicht durch Realitätsprüfungen in Frage gestellt wird.

Interessant ist hier, daß *Winnicott* diesen intermediären Raum als den Übergangsbereich von Spiel, Kreativität, Phantasie, schöpferischer Aktivität, Religion, Kunst und Wissenschaft ansieht. Er nennt diesen Bereich auch den Spielplatz des Kindes (S. 59). Obwohl die Mutter und die mütterliche Brust nicht in einem gruppendynamischen Beziehungsfeld mit dem Kinde verbunden sind, sondern ausschließlich intrapsychisch aufgefaßt werden, ist dennoch die sich aus den Beobachtungen *Winnicotts* ergebende Phänomenologie des Umgangs mit »Spielzeug« und mit dem »Spielplatz« auch gruppendynamisch verstehbar – und, wie ich meine, letztlich Ausdruck und Erzeugnis eines gruppendynamischen Beziehungsgeschehens. Ich bin der Ansicht, daß *Winnicott* die allererste Aktivität des Kleinkindes, nämlich das Saugen an der Mutterbrust, auf artifizielle und umständliche Weise zu einem angeblich intrapsychischen und triebpsychologischen Geschehen macht. Der Kontakt zwischen Mutter und Kind in dieser ersten Phase seines Lebens, sowie auch der Spielplatz, den Mutter und Kind später gemeinsam bilden, sind reale Beziehungsprozesse zwischen Menschen. Das Kind lernt spielen bei und mit seiner Mutter, es lernt dort auch Rollenverhalten und den Umgang mit Ernst, Spiel und Arbeit.

Definition des Puppenspiels aus ich-struktureller, sozialenergetischer und gruppendynamischer Sicht

Ich habe die Beispiele von der Puppe »Bibi-Girl« und von der »tanzenden Marionette« an den Anfang gestellt, weil ich der Ansicht bin, daß Puppen in der Entwicklung von Kindern einen großen Reichtum an Aspekten repräsentieren. Durch Puppen können Kinder in ihnen liegende Möglichkeiten und Bedürfnisse artikulieren wie Marion, die Tänzerin. Mit Puppen können Kinder sich auseinandersetzen, stellvertretend für die Erwartungen der Erwachsenenwelt an die Kinder; Momo z. B. ist es unmöglich, sich mit »Bibi-Girl« als der Repräsentantin eines dominierenden Aspektes der Welt der Erwachsenen zu identifizieren. Puppen sind auch Spielgegenstände, die Rollen übernehmen können und so zu einem wichtigen Anliegen der Entwicklung zur eigenen Persönlichkeit bzw. Identität werden. Aus dem gleichen Grund dienen sie der Imitation und der Identifikation.

Puppen bewegen sich in einem Feld von Spiel und Ernst, von Kreativität und Möglichkeiten einerseits und der Erforschung der Realität andererseits. Puppen artikulieren den Raum, in dem das Leben des Kindes sowohl spielerisches Theater als auch spielerischer Ernst ist. Wenn wir von Puppen in ihrer Bedeutung für die Kinder sprechen wollen, so heißt das, eigentlich vom Phänomen des Spiels überhaupt zu sprechen, aber auch von allem wesentlich Wichtigen, was die Welt des Kindes ausmacht. Puppen sind ohne Kuscheltiere, lebende Tiere, Handpuppen und jegliches anderes Spielzeug nicht hinreichend verstehbar, auch Märchen, Gruselgeschichten, Abenteuererzählungen spielen hier hinein. Die psychoanalytische Literatur (*Winnicott* 1953) hat sogar unscheinbare Gegenstände, wie Nuckeltücher, Bettzipfel und auch bestimmte stereotype motorische Bewegungsabläufe der Kinder, in den Zusammenhang von Spiel und Puppe einbezogen.

Aus meiner Sicht erweitert sich dieser Kreis noch beträchtlich, wenn wir in die Welt des Kindes die Mitspieler, d. h. die anderen Kinder, aber auch die Erwachsenen miteinbeziehen. Durch die Mitspieler bewegt sich das Kind in einem Feld gruppendynamischer und sozialenergetischer Prozesse. Es ist zugleich strukturell das Feld der Entwicklung seiner Persönlichkeit, der Entfaltung seiner Ich-Potentiale und der psychischen Energie, mit der es für sein weiteres Leben ausgerüstet wird. Im Umgang mit Puppen und in jeglichem Sich-Entfalten eines Spielfeldes finden tausendfache Prozesse der Auseinandersetzung statt. Angst, Aggression, Kreativität, Sexualität erlangen ihre Gestalt in diesem Spielfeld. Nach unserer Konzeption stellen sie Funktionen des zentralen Ichs dar, die entscheidende Bedeutung für das ganze Leben eines Menschen haben.

Puppenspielzeug, Spielinhalte und -abläufe sind im Zusammenhang mit den »Mitspielern« daher Träger der kindlichen psychischen und körperlichen Entwicklung. Nach unseren Erfahrungen sind es nicht biologische Anlagen und biologisch vorgegebene Entwicklungsprozesse. Vielmehr ist alles, was um das Kind herum mit ihm und den Mitgliedern seiner Lebensgruppe geschieht, sei es vermittelt durch Spielaktionen oder nicht, als das Entwicklungsfeld oder die psychische Entwicklungsenergie anzusehen. Besonders aus diesem Grunde kann das Spiel von Kindern nicht ernst genug genommen werden und die Gegenstände, die sie dazu verwenden, nicht ernst genug gesehen werden, so auch die Puppe. Vielleicht läßt sich aus diesem Zusammenhang die rätselhafte dialektische Zusammengehörigkeit von Spiel und Ernst, über die von alters her nachgesonnen worden ist, erklären.

Hauptcharakteristikum von Puppen ist ihr gruppendynamischer und sozialenergetischer Stellenwert. In diesem Rahmen sind Puppen Vermittler von Bedürfnissen, Gefühlen, Phantasien, Konflikten und Möglichkeiten von Kindern. Sie dienen auch dazu, Anliegen und wichtige existentielle

Themen von Spielgruppen – seien es nun Kinder- oder Familiengruppen – zu artikulieren.

Puppen dienen dazu, die Welt der eigenen Person des Kindes von derjenigen anderer Kinder oder wichtiger Beziehungspersonen sowie zwischen Phantasie und Realität unterscheiden zu lernen. Das Puppenspiel entwickelt die Ich-Funktionen, eine Aufgabe, die jeglichem kindlichen Spielen zugesprochen werden muß bzw. jeder Form kindlichen Tätigseins.

Wir können Puppen wie auch jedes andere Spielzeug bei Kindern als manifestierte Sozialenergie auffassen, wenn wir davon ausgehen, daß sie zum Träger der Sozialenergie durch Kontakt unter den Kindern und zu den Erwachsenen werden.

Spielzeuge und Puppen sind Kommunikationsmittel von Sozialenergie neben anderen, wie z. B. die verbale Sprache und die Körpersprache. Sowohl die gruppendynamische, sozialenergetische als auch die ich-strukturelle Wirksamkeit von Puppen liegt darin, daß sie einerseits die für Kinder wichtigen Belange zu repräsentieren oder auch hervorzurufen vermögen, andererseits aber selbst keine lebendigen Wesen sind.

Vom Kuscheltier zur Handpuppe

Die Gegenstände, mit denen das Kind spielt, sind auf einem Spektrum angeordnet zu sehen, an dessen einem Ende Phänomene und Gegenstände stehen, die *Winnicotts* Übergangsphänomen und Übergangsobjekten mit ihrem Erscheinungsbild ähnlich sind. Es schließen sich Kuschel- und Stofftiere an, schließlich Puppen, Handpuppen und lebende Tiere. Sehen wir dieses Spektrum als ein Spektrum zunehmender ich-struktureller Differenzierung und zunehmender Tätigkeit der Auseinandersetzung auch mit den Bedürfnissen anderer Kinder bzw. der Mitspieler an, könnten wir an das andere Ende des Spektrums die mitspielenden Kinder oder Erwachsenen selbst setzen.

Die sich wiederholenden motorischen Aktionen, wie Strampeln, Laute von sich geben, mit den Fingern spielen und anderes, sehe ich als die ersten Spiele des Säuglings an. Es ist auch zu beachten, daß die Familienmitglieder diese körperlichen Verhaltensweisen des Säuglings als lustige und freundliche Spiele verstehen und sie entsprechend freudig akzeptieren und dadurch zu Spielpartnern werden. Sie halten dem Säugling den Finger hin, damit er ihn umklammern kann, sie kitzeln das Baby, ahmen seine Laute nach, schaukeln, wiegen, tragen es, sprechen mit ihm oder singen ihm etwas vor. Bemerkenswert ist dabei die eindringliche Intonation der Sprache, die die Familienmitglieder im Kontakt mit dem Baby anwenden. Auch auf dieser einfachsten Ebene des Spiels ist Spielen ein zwischenmenschliches Kontaktgeschehen, das ebenso ernst und wichtig wie spielerisch ist. Die ersten Spieldinge sind Kopfkissen, Nuckeltuch oder weiche Stofftiere. Wie schon *Winnicott* bemerkte, können Babies und Kleinkinder, mit diesem Spielzeug allein gelassen, vollkommen glücklich sein. An einer wütenden oder enttäuschten Reaktion, die von Schreien oder Strampeln begleitet ist, wenn jemand das Nuckeltuch wegnehmen will, ist die große Bedeutsamkeit dieser Spielzeuge zu erkennen. Eine wichtige Phase haben Nuckeltuch und Schnuller dann, wenn das Baby beginnt, sie weit weg aus dem Bett zu werfen, anschließend schreit, wenn nicht jemand sofort das weggeworfene Spielzeug aufhebt und es zurückbringt. Es handelt sich hier offensichtlich um eine noch sehr einfache strukturierte Form, aktiv Spielbeziehungen zu den Familienmitgliedern herzustellen.

Interessant scheint mir in diesem Zusammenhang, was mir eine Mitarbeiterin vor kurzem erzählt hat. In den bäuerlichen Familien des Dorfes, in dem sie aufwuchs, sei es in der Kriegszeit üblich gewesen, den Kleinkindern, während die Mütter bei der Feldarbeit waren, mit Brot oder Mohrrübenschnitzel gefüllte Stoffbällchen zu geben, an denen sie saugen konnten. Waren die Kinder etwas größer, wurden nach dem gleichen Prinzip Püppchen hergestellt: ein Stück Stoff, das, in der Mitte mit weichem Material gefüllt, für den Puppenkopf mit einem Stück Band zusammengeschnürt wurde.

Aus diesem Beziehungsgeschehen erklärt sich auch die Wichtigkeit dieses Spielzeuges. Bei einem dreijährigen Mädchen konnte ich beobachten, daß sie ein ziemlich großes Stück Pappe, das mit scheinbar gestaltlosen Papierfetzen beklebt und mit dünnen Bleistiftstrichen bekritzelt war, wie ihren Augapfel hütete, wenn eine Situation entstand, wo nach Sinn und Nutzen dieser Pappe, die scheinbar achtlos in einer Ecke des Zimmers herumlag, gefragt wurde. Das Kind verteidigte vehement und mit aller ihm zur Verfügung stehenden Kraft seine Pappe als kostbaren Schatz. Hintergrund dieses Verhaltens war, daß das kleine Mädchen diese Pappe von seiner Kindergruppe geschenkt bekommen hatte, als es seinen zweiten Geburtstag im Kindergarten feierte. Es handelte sich bei der Pappe um ein gemeinschaftlich angefertigtes Bild der ganzen Kindergruppe.

Das Kuscheltier ähnelt in seiner Beschaffenheit den Nuckeltüchern und dem Schnuller. Im Unterschied hierzu ist es aber schon ein Gegenüber, das das Kind mitnehmen, mit dem es sprechen und das es gut oder schlecht behandeln kann. Gut oder schlecht behandelt werden ist etwas, was ein

Kind, das mit seinem Kuscheltier umgeht, bereits emotional zu unterscheiden gelernt hat und dem es allergrößte Bedeutung beimißt. Dementsprechend wird das Kuscheltier gestreichelt, umarmt, herumgetragen oder aber in die Ecke geworfen, beschimpft oder mit Füßen getreten. Das Kind imitiert bereits im Umgang mit seinem Kuscheltier, was es erlebt hat. Die Übergänge zwischen Kuscheltier und Puppe sind fließend, auch eine Puppe kann die Funktion des Kuscheltieres übernehmen bzw. das Kuscheltier wie eine Puppe behandelt werden. Das Kuscheltier dient aber vor allem dem Kontakt auf der Körper-Ich-Ebene. Man kann sagen, es repräsentiert den Kontakt zur Mutter und zur Primärgruppe, bezogen auf das Körper-Ich.

Das Verlieren eines Kuscheltieres wird für ein Kind schwere Folgen haben können, wenn dies nicht von den ihm wichtigen Menschen seiner Umgebung aufgefangen wird. Bei einem ebenfalls dreijährigen Kind drückte sich der Verlust einer wichtigen Beziehungsperson, der geliebten Großmutter, und das gleichzeitige Verlieren des Teddybärs in einer späteren, langanhaltenden depressiven Grundstimmung aus. Auch ein Kuscheltier kann ebensowenig wie z. B. das Pappbild ohne weiteres durch ein anderes ersetzt werden, sowenig wie die erfahrene Beziehung zu einem geliebten Menschen. Schnuller, Nuckeltücher, Geschenke, wie das Pappbild oder Kuscheltiere, zu verlieren bedeutet offensichtlich ein Verlieren von Beziehung und Sozialenergie. Es ist gleichbedeutend mit einem gewissen Ausmaß von Zerstörung ich-struktureller Entwicklung.

Das Spiel mit der Puppe und ihren Äquivalenten setzt darüber hinaus eine weitere Differenzierung der Beziehung des Kindes zu seiner Primärgruppe oder Kindergruppe voraus. Puppen werden gefüttert, gewickelt, gebadet, spazierengefahren, müssen zur Schule gehen oder in den Kindergarten, sie werden für verschiedene Anlässe unterschiedlich angezogen, müssen schlafen gehen, aufstehen, zum Arzt gehen, fegen, putzen und einkaufen. Sie feiern Geburtstag, machen Hochzeit, bekommen Geschenke, lernen Fahrradfahren und vieles mehr. Puppen sind die Kinder der Kinder. Die Kinder identifizieren sich beim Puppenspiel mit ihren Müttern und anderen wichtigen Menschen. Die Puppen haben Fähigkeiten und Eigenschaften, über die die Kinder gern verfügen würden. Puppenmütter erfüllen ihren Puppenkindern Wünsche, die sie selbst nicht erfüllt bekommen. Immer findet im Puppenspiel ein Stück Auseinandersetzung mit der augenblicklich gegebenen Gruppendynamik statt, in der das Kind sich bewegt. Die Gespräche und Konflikte zwischen Vater, Mutter und Geschwistern werden zum Spielinhalt verwandelt. Die Puppenmütter spielen mit großem Ernst, was sie selbst erlebt haben. Zum Beispiel bestätigt eine Puppenmutter ihrer Puppe, daß sie nur um die Ecke zum Einkaufen gehe und bestimmt gleich wieder komme. Oder sie verspricht ihrer Puppe, abends nie wegzugehen. Ein Puppenkind wird angeleitet, bei der Geburt eines neuen Geschwisterkindes sich zu freuen, während die Puppe der Puppenmutter erklärt, es brauche keine Geschwister mehr. Puppenmütter und Puppe sind mit dem Umzug in eine andere Stadt oder mit dem Begräbnis des gestorbenen Wellensittichs intensiv beschäftigt.

In der Qualität der Beziehung des Kindes zu seiner Puppe läßt sich der fortgeschrittene Entwicklungsprozeß der Ich-Funktionen erkennen. Die Angst, verlassen zu werden, artikuliert sich in allen Beispielen, die ich soeben angeführt habe. Durch Identifizierung und Imitation wird es möglich, hundertfach Angst zu durchleben und Angst durchzustehen. Ebenso häufig kann auch die Beendigung des angstvollen Zustandes erlebt werden.

Imitation und Identifikation ermöglichen durch das Hineinschlüpfen in fremde Rollen ein Verständnis des anderen in der Gruppe und eine Unterscheidung der eigenen Person von den anderen. Es vollziehen sich auf diese Weise laufend Abgrenzungsprozesse, und die wachsende Identität wird bestätigt. Im dialogischen Zwiegespräch zwischen Puppenmutter und Puppenkind bzw. im Gespräch mit mehreren Puppen und mehreren Kindern wechseln die Kinder ständig zwischen den am Spielgeschehen beteiligten Partnern hin und her und strukturieren auf diese Weise allmählich ihre Ich-Grenzen. Sie haben dabei ein genaues Gespür für stimmiges oder nicht zutreffendes Verhalten einer bestimmten Person. Sie geben sich selbst und den mitspielenden Kindern Anweisungen, ihr Verhalten zu korrigieren.

Wir sehen, wie an dieser Stelle das Spiel mit den Puppen die Potentiale der Identität spielerisch realisiert, indem zugleich Prozesse der Strukturierung der Ich-Grenzen ablaufen. Identität und Wachstum der Persönlichkeit ohne Auseinandersetzung um Ich-Grenzen sind nach unseren Erfahrungen gar nicht denkbar. Wir unterscheiden zwischen Abgrenzungsprozessen nach innen und außen. Es ist hiermit die Abgrenzung gegenüber der Welt des Unbewußten und gegenüber der umgebenden Gruppe gemeint.

Die früheste symbiotische Lebenszeit ist dadurch gekennzeichnet, daß diese Abgrenzungsprozesse auf der Körper-Ich-Ebene stattfinden, Abgrenzungen zwischen innen und außen können noch nicht unterschieden werden. Die Strukturierung der Abgrenzung auf der Ebene der ersten Identität – des Körper-Ichs – ist aber als das wesentliche Fundament aller folgenden Abgrenzungsprozesse anzusehen. Aus diesem Grund sind die ersten Spiele mit dem Kuscheltier von fundamentaler Bedeutung. Meines Erachtens stellen diese Strukturierungsvorgänge das psychogenetische Geschehen der von *Winnicott* beobachteten Spielerscheinungen dar. Ich vermeide das Wort »Übergangs-Phänomene« für diese Spielerscheinungen, weil ich der Ansicht bin, daß die durch diese Spiele sich artikulierende Gruppendynamik einen aufbauenden Charakter für die Persönlichkeit des Kindes hat und nicht einen Übergangscharakter, der durch die frustrierende Abwesenheit der Mutter bis zu ihrem Wiedereintreffen wirksam wird bzw. die Zwischenphase von körperbezogener zu objektbezogener Triebbefriedigung darstellt.

Im Spiel mit den Puppen, das immer auch ein Rollenspiel ist, können wir erleben, daß die Abgrenzungsprozesse sich bereits in Abgrenzungsprozesse nach innen und außen differenziert haben. Obwohl die Kinder mit Ernst und Intensität spielen, als seien alle Spielphantasien Realität, können die Kinder zwischen Phantasie und Realität genau unterscheiden. Wir bemerken jedoch, daß für sie die Welt der Phantasie einen gleich großen Wert besitzt wie die Realität. Das Spielfeld ist das Feld, in dem Phantasie und Realität einander begegnen und voneinander unterschieden werden. Ich erinnere mich in dem Zusammenhang an eine kleine Begebenheit, als ein Vater mit seiner kleinen Tochter Löwe spielte, er brüllte und hob die Arme wie Löwenpranken hoch. Eine Weile spielte das Mädchen mit dem »Löwen« Gefangenwerden und Weglaufen. Plötzlich schien das Spiel zu Ende zu sein, das Kind hatte Angst bekommen und schrie, als sei wirklich ein Löwe hinter ihm her. Es schrie: »Aufhören, aufhören, du bist doch mein Papi und kein Löwe.« Der gutmütige Papi bestätigte sofort, daß er wirklich der Papi sei. Daraufhin begann es wieder zu lachen, und das Spiel begann von neuem. Sie forderte den Papi auf, sie zu fangen, und rief mit gespielter Angst: »Der Löwe, der Löwe.«

Was das Kind hier meines Erachtens lernt, ist, Wirklichkeit und Phantasie durch den Aufbau von Ich-Grenzen zu unterscheiden. Es scheint, als ob Spiele dieser Art immer wieder erneut eine grenzenlose Phantasiewelt für das Kind herstellen und ebenso immer wieder aufs neue abgegrenzt werden müssen gegen die wirkliche Welt jenseits der Phantasie. Diese Bewegung ist die Dynamik des Spiels bzw. die Gruppendynamik der Kinder und ihrer Mitspieler.

Wir sehen an dem Beispiel mit dem Löwen auch, daß die Ich-Grenzen nach außen aufgebaut werden. Der vertraute Papi verliert seine Identität und gewinnt sie zurück. Ich möchte meinen, daß die späteren Prozesse des Kennenlernens und das sich auf andere Menschen Einlassen an diese kindlichen Vorgänge des Verlierens und Gewinnens von Identität erinnern. In allen ernsthaften Auseinandersetzungen zwischen Menschen geht es immer wieder um Fragen des Vertrauens und um die Frage:»Wer bist du eigentlich?«»Kann ich mich auf dich verlassen?«»Bist du noch so, wie ich dich kennengelernt habe?« Die Identitätsfragen an andere Menschen sind Fragen nach der Beziehung, und es sind daher Fragen an die eigene Person:»Wer bin ich eigentlich selbst?«»Kann ich mir vertrauen und meinen Gefühlen und Wahrnehmungen?«

Weiter an das andere Ende des Spektrums habe ich lebende Tiere gestellt. Lebende Tiere sind im Unterschied zu Kuscheltieren und Puppen Spielpartner, die an das Kind eigene Forderungen stellen. Tiere werden real geboren, entwickeln sich, unterscheiden sich in ihrer Wesensart voneinander, zeigen Erscheinungen des Alterns und des Sterbens. Wichtig ist besonders, daß Tiere eigene Bedürfnisse haben und daß die Kinder für die Erfüllung dieser Bedürfnisse Verantwortung übernehmen. Es ist unmöglich, einen Hund, eine Katze oder ein Kaninchen tagelang nicht zu beachten, im Gegensatz zu Puppen und Kuscheltieren. Je nach der Intensität der Beziehung zu einem lebenden Tier durchleben Kinder mit ihnen häufig über viele Jahre eine breite Skala von bereits differenzierten Gefühlen und realen Situationen. Tiere, die krank sind, über längere Zeit zurückgelassen werden und die das Kind dann wiedersieht, die Junge gebären und auch sterben, drücken dies für das Kind erlebbar aus. Obwohl Tiere wie Puppen durch ihre Anhänglichkeit ganz der Besitz eines Kindes zu sein scheinen, sind sie dennoch eine ständige Forderung nach Auseinandersetzung. Die Art der Auseinandersetzung mit den Tieren hat reale Konsequenzen, und das Kind erlebt im Zusammensein mit Tieren, daß sein Handeln sehr unterschiedliche Folgen hat. Ein Kind muß sich damit auseinandersetzen, daß es vergessen hat, dem Wellensittich Wasser zu geben, und er deswegen sterben mußte. Es muß sich auch damit auseinandersetzen, daß nicht immer alles das, was sein Hund oder seine Katze tut, von den anderen Familienmitgliedern Zustimmung erhält. Das Meerschweinchen hat das Telefonkabel zernagt, Hunde bellen, wenn die Mutter gerade Mittagsschlaf halten will, Nachbarn und Vermieter beklagen sich, daß Kaninchen Fliegen und Ungeziefer anziehen. Die Kinder sind hierdurch in ihrem Spielfeld zugleich schon an dem gruppendynamischen Lebens- und Konfliktfeld aktiv beteiligt. Tiere fordern und repräsentieren die Grenzen, das Mögliche und das Nichtmögliche der Realität.

Während Puppen die Welt der Phantasie, solange das Spiel andauert, zum Lebensfeld des Kindes machen können, vermitteln lebende Tiere dieser kindlichen Lebenswelt einen großen Anteil der realen Umgebung.

Ich habe oben gesagt, daß die mitspielenden anderen Kinder ebenfalls dem ich-strukturellen Spektrum der Spielzeuge angehören. Spielkameraden intervenieren aktiv im Spielgeschehen, sie geben dem Spiel immer wieder eine neue Wendung, verlangen Beendigung und Neubeginn, das Setzen, das Einhalten und das Verändern von Spielregeln, und ergänzen Spielansätze durch ihre Kreativität und Phantasie. Kinder sind anregende Mitspieler und damit gute Freunde, oder sie sind Spielverderber, wodurch die Freundschaft passager oder ganz und gar beendet wird. Es gibt aber auch Kinder, die in jedem Spiel mitmachen, ohne je selbst Spielanregungen einzubringen. Sie sind mit allem einverstanden, was die aktiveren Kinder in Gang setzen, sie sind keine bedeutsamen Spielpartner und niemals in Konflikte verwickelt. Nicht aktiv zu spielen ist ein Alarmzeichen für Entwicklungsdefizite eines Kindes, das wir beachten müssen.

Die Gruppe als Spielfeld

Ich habe in meinen bisherigen Ausführungen schon mehrfach den Begriff der Gruppe, der Gruppendynamik und der Sozialenergie verwendet. Dies ist darauf zurückzuführen, daß man von Puppen, Spielzeug und den Spielen der Kinder gar nicht sprechen kann, wenn man versuchen wollte, sie aus ihrem lebendigen Spielzusammenhang herauszulösen. Dieser Spielzusammenhang ist immer ein Geschehen zwischen den Kindern und zwischen Kindern und Erwachsenen. Es ist damit ein Gruppengeschehen mit allen seinen Strukturen und Erscheinungsformen. Ich möchte an dieser Stelle vorab gleich sagen, daß dies auch für Kinder gilt, die über lange Strecken alleine spielen. Das Alleinspielen ist in Beziehung zum Spielen mit anderen Kindern und Erwachsenen aufzufassen und bedeutet entweder, daß das alleinspielende Kind sich aus problematischen Gründen von seinen Spielkameraden zurückzieht oder aber, daß es eine tragende Spielwelt hat, die es zeitweise unabhängig von der konkreten Präsenz der Spielkameraden macht.

Unsere Erforschung von Gruppen und Kindergruppen, kranken und gesunden Lebensgeschichten sowie Persönlichkeitsstrukturen hat uns zu der Grundannahme geführt, daß der Mensch ein Gruppenwesen ist (*Ammon* bes. 1970, 1976a, 1976b, 1979). Ich kann ergänzend hierzu sagen, daß für das Kind die Gruppe immer ein Spielfeld ist. Dies bedeutet, daß der volle existentielle Ernst kindlichen Daseins sich im Spielen artikuliert. Alles das, was für das Kind und seine Beziehung zu anderen Menschen, seine Entwicklung und seine Beziehung zu den Inhalten seines Lebens bzw. zu seiner Umgebung Bedeutsamkeit hat, wird im Medium des Spiels geäußert und erkennbar. Es wird hierdurch zu einer Angelegenheit der zwischenmenschlichen Auseinandersetzung. Ich möchte sogar noch einen Schritt weitergehen und sagen, daß alles dem Kind Bedeutsame im Spielfeld der Gruppe geschaffen wird. Dieser letzte Aspekt verbindet die Gruppendynamik der Kinder mit der Gruppendynamik der Erwachsenen. Wie *Ammon* mehrfach (1972, 1981) gezeigt hat, ist schöpferisches Tun grundsätzlich an konstruktive Gruppenprozesse geknüpft und Kreativität ein Geschehen, dessen spielerischer Ernst uns mit dem Tun und Denken der Kinder verbindet. Seit alters her ist es immer wieder die Auffassung von Philosophen und Anthropologen gewesen, daß das Kind spielt, der Erwachsene aber arbeitet; daß jedoch auch künstlerische und schöpferische Arbeit diesen Unterschied in merkwürdiger Weise aufzuheben scheint. Wie *Ammon* (1982 a, 1982 b) gezeigt hat, ist Arbeit dann Ausdruck und Feld der Selbstrealisierung des Menschen und seiner Möglichkeiten, wenn sie ihre kreativen Grundzüge nicht zerstört hat. Das gleiche gilt für das Spiel der Kinder. Wir müssen annehmen, daß das intensive und konzentrierte Spielen in der Kindheit die konzentrierte Kraft und Hingabefähigkeit der Arbeit des erwachsenen Menschen nach sich zieht.

Kreatives Tätigsein ist vielleicht der Begriff, der in diesem Zusammenhang Kindheit und Erwachsenenalter verbindet. Stellen wir uns Kreativität als der Persönlichkeit integrierte Funktion vor, so ist ihre Ausprägung als eine Struktur der gesamten Befindlichkeit oder Lebensgestaltung und Dynamik eines Menschen zu verstehen. Wir können auch aus diesen Gründen das kindliche Spiel nicht als etwas eigentlich Unwichtiges, Vorläufiges und Unernstes abtun.

Das Studium von Gruppen hat uns gezeigt, daß sie Strukturen aufweisen, die einen gesetzhaften Charakter haben. Zu diesen Strukturen gehört die »zentrale Person« (vgl. *Ammon* 1973, 1976, 1979), es gehören hierzu Gruppengrenzen und sozialenergetische Prozesse, das Unbewußte sowie die Dimensionen des psychischen Raumes und der Lebenszeit. Ob Gruppen konstruktiv und kreativ zusammenleben und tätig sein können oder ob sie reglementierende tote Gruppen sind bzw. chaotisch destruktive, hängt nach unseren Erkenntnissen vor allem davon ab, in welcher Weise die von mir genannten Strukturelemente gestaltet sind bzw. gehandhabt werden. Ich möchte an dieser Stelle erörtern, in welcher Weise Puppen mit diesen wichtigen Gruppenstrukturen in Beziehung stehen und ob die Gruppen auch diese artikulieren bzw. beeinflussen können.

Die zentrale Person

Auf einer unserer Klausurtagungen, bei denen sich zehn Tage lang Erwachsene dem Studium von Gruppenprozessen und der gruppendynamischen Selbsterfahrung widmen und auf denen auch immer die mitgebrachten Kinder der Teilnehmer in gesonderten Spielgruppen sich treffen, leitete ein Psychoanalytiker, der bisher noch nie mit Kindern gearbeitet hatte, eine dieser Kindergruppen. Da er vor diesem Schritt, zum ersten Mal eine Kindergruppe zu leiten, Angst hatte, nahm er umfangreiche Vorbereitungen vor. Er machte sich eine Liste, auf der er alle ihm erinnerlichen Kinderspiele aufschrieb, befragte alle mit Kinderarbeit erfahrenen Mitarbeiter seines Instituts danach, was er mit Kindern unternehmen könne. Er packte einen Koffer voll Spielzeug ein, u. a. eine Sammlung von Handpuppen aus seiner eigenen Kindheit, die er noch besaß. Beim ersten Treffen der Kindergruppe im Kinderhaus unseres Tagungszentrums verlangte er von allen Kindern, sie sollten sich in einen Kreis setzen und jeder sollte sich vorstellen. Er hatte neben sich eine verschlossene Kiste. Diese erregte sofort die Aufmerksamkeit eines Jungen, der fragte: »Was hast du da in der Kiste?« Der Leiter antwortete, zuerst wolle er sich vorstellen und danach die Kiste öffnen. Die Gesichter sahen daraufhin enttäuscht aus, zwei Kinder protestierten und verlangten, daß die Kiste sofort geöffnet werden sollte. Der gutmütige Leiter ging darauf ein. Alle Kinder scharten sich um die Kiste und den Leiter. Der Inhalt: zwölf Handpuppen, Kaspar, Teufel, König, Prinzessin, Hexe, Polizist usw. Die Kinder stürzten sich über die Kiste, rissen die Puppen heraus und sich gegenseitig aus den Händen. Es entstand Streit und ein vollständiges Chaos. Der Leiter hatte alle Mühe, seine Puppen zu retten und wieder in der Kiste zu verstauen. Ohne es auszudrücken, war er sehr gekränkt, schließlich handelte es sich um seine eigenen, seit mehr als 30 Jahren aufbewahrten Handpuppen. Einer Eingebung folgend, nahm er den Kaspar aus der Kiste, schloß diese wieder und setzte sich darauf. Mit Hilfe des Kaspars wandte er sich an die Kinder: »Guten Tag, meine Damen und Herren, ich freue mich, daß ich ein so großes Publikum habe, und will euch jetzt eine herrliche Geschichte erzählen.« Im Nu saßen alle Kinder aufgereiht vor der imaginären Bühne und harrten der Dinge, die kommen sollten. Der Kaspar erzählte nun, er sei von weit her, nämlich aus Norddeutschland in den Bayerischen Wald gekommen, er habe gehört, dort solle er mit einer Gruppe von Kindern zehn Tage lang spielen. Er wäre doch nun im Bayerischen Wald, habe schon tagelang gesucht und könne die Kinder nicht finden. Ob man ihm nicht sagen könne, wo die Kinder zu finden seien. Daraufhin brüllten die Kinder: »Hier sind wir doch, hier sind wir doch, bist du aber dumm!«»Da bin ich aber froh, daß ich euch gefunden habe. Ich hatte schon Angst, ich komme ganz umsonst; wo kommt ihr denn alle her?« Als Antwort riefen alle Kinder durcheinander, daß sie aus Hamburg, Berlin, München usw. gekommen seien. Der Kaspar jammerte, daß er nichts verstehen könne, und fragte ein kleines Mädchen, wie es denn heiße. Daraufhin war es mit einem Mal ganz still im Raum und das befragte Kind nannte schüchtern seinen Namen. Der Kaspar wiederholte seine Frage für jedes Kind und begann dann weiter mit den Kindern zu sprechen und verwechselte ständig die Namen. Hieraus entwickelte sich ein Spiel, die Kinder brüllten dem Kaspar die richtigen Namen in die Ohren, regten sich auf, wie dumm und vergeßlich er sei, und verlangten schließlich, er solle sich einer Prüfung unterziehen, wie viele Namen er nun wirklich behalten habe, wofür er Plus- und Minuspunkte bekommen würde. Der Kaspar unterzog sich dieser Prüfung, die schlecht für ihn ausfiel, und wiederholte sie mehrere Male, bis die Kinder über den Erfolg zufrieden waren.

Was ist hier geschehen? Eine Anzahl von Kindern und ein Erwachsener befanden sich in der Situation, etwas Neues zu erleben. Alles Bevorstehende war erst einmal unbekannt und unvertraut. Der Gruppenleiter wußte zwar durch seine beruflichen Erfahrungen, was in Gruppen von Erwachsenen geschehen kann, er hatte aber noch nie eine Kindergruppe geleitet. Er kannte auch keines der Kinder. Auch die Kinder kannten sich untereinander nicht, kannten auch nicht unser Tagungszentrum im Bayerischen Wald. Andererseits hatten sie aber die verschiedensten Erfahrungen mit Spiel- und Schulkameraden, mit erwachsenen Gruppenleitern, vielleicht auch Erziehern, Vorschulpädagogen sowie ihren Eltern und Verwandten. Sowohl der Leiter als auch die Kinder hatten aus diesem Grund Erwartungen, Wünsche und Befürchtungen. In einer Situation wie dieser entsteht jedoch Unsicherheit darüber, daß alle vertrauten Erfahrungen womöglich nicht einfach bestätigt werden, sondern vielmehr sich als nicht ausreichend erweisen könnten und damit in Frage gestellt sind. Das neue noch Bevorstehende macht allen Anwesenden angst.

Angst hat die wichtige Funktion, Menschen vor Gefahren zu schützen. Auf der Ebene der psychischen Existenz des Menschen bedeutet dies, daß die Angst dafür sorgt, daß die Persönlichkeit in ihrer Strukturierung so erhalten wird, wie sie ist. Die Angst hat einen bewahrenden Charakter und steht damit in einer gegenläufigen Dynamik zu den Bedürfnissen der Kreativität, des Lernens und der Entwicklung der eigenen Ich-Potentiale. Alles Neue und jegliche Veränderung befinden sich daher immer in einem

Spannungsfeld der Angst und in Auseinandersetzung mit der Angst. Diese Auseinandersetzung kann konstruktiv oder destruktiv verlaufen oder überhaupt wegfallen, d. h. defizitär sein. Eine vorwiegend defizitäre »Auseinandersetzung« bedeutet, daß sowohl das Erleben der Angst als auch das sich Einlassen auf die kreativen Möglichkeiten vermieden werden. Destruktiv können wir diese Auseinandersetzung dann nennen, wenn zur Vermeidung und Abwehr der Angst die durch das Neue entstehende Spannung ziellos unterlaufen wird, zum Beispiel durch skandalierende Ersatzinhalte scheinbarer Auseinandersetzung. Kreativität und Angst werden in diesem Falle in unterschiedliche Richtungen gelenkt. Die Angst wird, gepaart mit destruktiver Aggression, in anderen Zusammenhängen erlebt als im konkreten »Hier und Jetzt« der Forderung, Neues zu erleben und sich zu verändern.

Als konstruktiv ist eine solche Auseinandersetzung anzusehen, wenn die Angst auf die konkrete Begegnung mit den kreativen Inhalten und auf den konkreten Kontakt mit Menschen bezogen bleibt. Wir können jedoch beobachten, daß in einer gelingenden kreativen Phase Angst nicht vorhanden zu sein scheint. Kreative Prozesse zeichnen sich durch Vertrauen und Angstfreiheit aus. Wir müssen also annehmen, daß auch bei einer konstruktiven Auseinandersetzung mit der Angst die Angst überwunden wird und nicht das gruppendynamische Geschehen beherrscht.

Ich glaube, daß genau an dieser Stelle sowohl die zentrale Person bzw. der Gruppenleiter als auch die Handpuppe ihre Funktion haben. Als der Gruppenleiter zu Beginn forderte, daß sich alle Kinder und er selbst vorstellen sollten, überflutete die Angst alle Beteiligten und es entstand ein kontaktloses, unentwirrbares Chaos. Der Gruppenleiter versuchte zuerst in diesem Chaos, regulierend zu intervenieren, was jedoch mißlang. Warum aber war es möglich, daß durch die Handpuppe aus der geheimnisvollen Kiste plötzlich eine sinnvolle Kommunikation und ein zielgerichteter Kontakt entstehen konnte? Mit der Handpuppe konnten die Kinder sprechen, mit dem Gruppenleiter nicht. Vor der Puppe hatten die Kinder keine Angst, vor dem Leiter aber so viel, daß kein Kontakt zustande kam. Der Leiter selbst konnte die Kinder in dieser ersten Begegnung offensichtlich nicht genügend von ihrer Angst befreien. Durch die Handpuppe hingegen entstand ein angstfreier Raum, die Puppe stellte sich zwischen die Angst und die Bedürfnisse nach Kreativität. Mit Hilfe der Puppe gelang es dem Leiter, den Kindern die Angst zu nehmen, und das heißt, sie selbst zu übernehmen. Die Kasparpuppe kennt jedes Kind. Die Kinder wissen, wie die Kasparpuppe zu reagieren pflegt und welche

Art und Weise sie hat, mit ihrem Publikum zu sprechen, sie bietet etwas Vertrautes an, auf dessen Basis nun auch das Unbekannte, Neue und Überraschende sich ereignen kann. Für den Leiter bedeutet die Puppe, daß er sich den Kindern erst einmal in der Weise zeigt, die sie schon kennen, seine bedrohliche Unbekanntheit gewissermaßen hinter der Puppe verschwindet und er ebenfalls ein von Angst befreites Feld sich einräumt, das ihm erlaubt, im Sinne eines Hilfs-Ich für die Kinder Angst zu tragen.

Die Kinder fordern schließlich von dem Kaspar-Gruppenleiter, daß er Kontakt zu ihnen aufnimmt. Das examensmäßige Überprüfen seiner Kenntnisse der Namen der Kinder zeigt, daß die Kreativität und nicht die Angst die Situation beherrscht, d. h., daß die Kinder die Prüfer sind und die Angst an den Examenskandidaten – den Leiter – delegieren.

Dort, wo Neues geschieht, sind die Ich-Grenzen gegenüber dem Unbewußten und damit den Ich-Potentialen geöffnet. Die Kasparpuppe springt gewissermaßen mitten hinein ins unbewußte zentrale Ich aller Kinder und auch des Leiters. Dies ist jedoch nur möglich, wenn die zentrale Person Mittel und Wege findet, die die Ich-Grenzen verschließende Angst auf sich zu nehmen.

Zugleich mit der Angst werden auch die sekundären Ich-Funktionen des Verhaltens weitgehend ausgeschaltet. Wir müssen annehmen, daß die Angst häufig mit Hilfe der Verhaltensregulierung der Rationalität und der Intellektualität auftritt, und zwar indem sie durch diese Verhaltensregulierung abgewehrt, nicht jedoch überwunden wird. Die Kasparpuppe ist ein Wesen, das diesen Bereich der sekundären Ich-Funktionen nicht zu kennen scheint, Forderungen und Erwartungen aus diesem Ich-Bereich nicht ernst nimmt und die mit Hilfe des Verhaltens-Ich etablierte Herrschaft der Angst ebensowenig.

Um einem Mißverständnis vorzubeugen, möchte ich betonen, daß hier die Kreativität verhindernde Angst nicht etwa wie durch einen magischen Zauberspruch verschwindet. Die Handpuppe kann nur dort diese Funktion der Angstbefreiung übernehmen, wenn der Leiter der Gruppe bereit ist, sie zu tragen. Zugleich mit der Angst übernimmt er auch die Grenzen gegenüber dem Unbewußten, bildet einen Vorläufer der Gruppengrenzen, ohne die sich keine Gruppe bilden kann – worauf ich später noch einmal zu sprechen kommen werde.

Zusammenfassend kann ich sagen, daß mit Hilfe der Handpuppe die Begegnung der Kinder untereinander und mit dem Leiter statt im Medium der Angst im Medium des Unbewußten und das heißt im Medium der kreativen Ich-Potentiale geschieht. Interessant war, daß diese Kindergruppe im Laufe der 10tägigen Klausurtagung immer wieder in unterschiedlichen Abständen die Kasparpuppe brauchte. Sie war immer dann nötig, wenn innerhalb des Gruppenprozesses erneut Angst entstand und die Vertrauensfrage zu klären war. Die Kindergruppe hatte kein Interesse, mit der Kasparpuppe und den anderen Handpuppen aus der Kiste das übliche Kaspartheater zu spielen oder eine Vorführung zu planen. Im Gegenteil mußten die Handpuppen immer wieder dazu herhalten, innerhalb von Streitigkeiten als Zankapfel zu dienen, wobei der Gruppenleiter jedesmal besorgt seinen »alten Handpuppen« nachjagte, um sie in der Kiste in Sicherheit zu bringen. Interessant war aber auch, daß am Ende der Klausurtagung, wo alle Erwachsenen- und Kindergruppen der Großgruppe aller Tagungsteilnehmer ihre besondere Gruppengeschichte darstellten, diese Kindergruppe plötzlich und ohne Vorbereitung mit Hilfe aller Handpuppen ein Theaterstück aufführte, indem sie unbewußt den Prozeß und die Strukturierung ihrer eigenen Gruppe vorführte. Alle bedeutsamen Ereignisse im Laufe der zehn Tage wurden durch Kasperl, Prinzessin, Hexe, Teufel und Polizisten noch einmal lebendig gemacht. Sicher waren es hier die Trennungsangst und die Angst vor dem großen Publikum, die ihnen nahelegten, die bewährten Handpuppen für ihre Darstellung zu verwenden.

Ich selbst habe in den Kindergruppen unserer Psychoanalytischen Kindergärten immer wieder erlebt, daß ich mit Pluto, meiner Handpuppe mit Hundekopf, die ich häufig bei mir habe, so manche scheinbar aussichtslose Situation in einer Kindergruppe, in der ein Erzieher verzweifelt um Kontakt kämpfte, verändern konnte, so daß Kontakt und Auseinandersetzung wieder möglich wurden. Aufgefallen ist mir auch, daß bei intensiv miteinander spielenden Kindern in Gruppen kein Interesse an meinem Pluto bestand. Oftmals ist es so, daß ein oder zwei Kinder in einer Gruppe energisch darauf bestehen, daß ich Pluto hervorhole, während andere Kinder desinteressiert sind. Immer sind dies die Kinder, die die größte Angst haben oder die Angst der Kindergruppe tragen. Pluto ermöglicht z. B. auch immer wieder Auseinandersetzungen, vor denen ein Kind unmittelbar zu große Angst hat. Claudio hatte mir zum Geburtstag ein kleines blaues Telefon geschenkt, das man aufziehen kann. Öfter sprach ich bei meinen Besuchen in der Kindergruppe über das blaue Telefon, nie jedoch habe ich Claudio zu Hause richtig angerufen. Die Enttäuschung hierüber bekam schließlich Pluto zu spüren, dem Claudio mehrmals in unbeobachteten Augenblicken hinterrücks eins auf den Kopf gab.

Pluto hilft mir bisweilen auch, überraschende gruppendynamische und persönlichkeitsspezifische Entdeckungen unter den Kindern zu machen, die ich dann in die Elterngruppen und in die Erziehergruppe tragen kann.

Mauricio, ein lerngestörter Junge im Alter von 11 Jahren, der schon zweimal sein Klassenziel nicht erreicht hatte, stellte wochenlang den Horterzieher vor eine ausweglose Situation. Es war unmöglich, daß Mauricio Diktate schrieb, rechnete und las, ohne daß nicht Katastrophen entstanden, in deren Verlauf der Erzieher zunehmend wütender wurde, Mauricio aber immer phlegmatischer. Die guten Vorsätze aller wurden in kurzer Zeit zunichte. Der Wendepunkt trat ein, als ich dem Nachhilfelehrer von Mauricio empfahl, den Unterricht mit einer Clownhandpuppe zu erteilen. Der Nachhilfelehrer sah mich verblüfft an und sagte, aber Mauricio sei doch zu alt, um mit Puppen zu spielen. Ich erwiderte: »Versuchen Sie es trotzdem einmal.« Ich überließ dem Nachhilfelehrer den Umgang mit der Puppe selbst. Noch am selben Abend kam der Nachhilfelehrer ganz aufgeregt zu mir und strahlte. Die Clownhandpuppe sei ein Mitschüler geworden, der absolut lernunfähig wäre, und zwar mache er mehr Fehler als Mauricio. Mauricio habe dem Clown einen Text diktiert und der Clown habe 24 Fehler gemacht, während Mauricio im selben Text nur 12 Fehler gemacht habe. Anschließend habe Mauricio dasselbe Diktat noch einmal geschrieben und keinen einzigen Fehler gemacht. An den folgenden Tagen lief die Nachhilfestunde nach dem gleichen Schema ab. Ich traf Mauricio einmal gerade, als seine Nachhilfestunde beendet war, und war verblüfft, ihn glücklich den Flur entlangrennen zu sehen. Als ich ihn fragte, wo er herkomme, antwortete er, aus der Nachhilfe, »der da« habe viel mehr Fehler als er gemacht. Seitdem verläuft Mauricios Hausaufgabenstunde fast rituell auf die gleiche Weise. Es scheint, daß Mauricio auf dem besten Wege ist, ein mit Interesse und Freude lernendes Kind zu werden. Ich muß hinzufügen, daß Mauricio bereits innerhalb des ersten Schuljahres als lerngestört galt, immer wieder durch schulpsychologische Dienste, Kindertherapien und Legasthenie-Spezialunterricht, Nachhilfelehrer Sonderbehandlungen erfuhr, die jedoch allesamt ohne Erfolg waren. Wie ein Clown foppte er Lehrer, Therapeuten, Eltern und Behörden besonders auch dadurch, daß er in einem Intelligenztest für Kinder eine überdurchschnittliche Begabung für Intelligenz und kombinatorische Begabung nachwies.

Ähnlich wie bei der Kindergruppe auf der Klausurtagung hat auch hier für Mauricio die Handpuppe die Funktion, von allzu großer und lähmender Angst zu befreien und den Zugang zum Unbewußten, zu den unbewußten Ich-Potentialen zu erschließen. Die ständig mit Verhaltensindoktrinationen arbeitenden Hilfsdienste konnten meines Erachtens deswegen keinen Erfolg erzielen, weil die Angst zu sehr mit dem Bereich des sekundären Verhaltens-Ich verbunden war und weil die Vorstellung auch bei psychologisch Gebildeten nicht überwunden ist, daß rationale Lerninhalte und logisches Denken auf rationalen und logischen Lernwegen erworben werden. Lernen ist vielmehr, auch wenn es sich um Fertigkeiten und logische Lernziele handelt, in erster Linie ein emotionaler, im Unbewußten verankerter kreativer und spielerischer Prozeß im zentralen Ich.

In welchem Ausmaß wichtige Fragen des Kontaktes und der Beziehung von Kindern auf spielerische Weise zu lösen versucht werden, mag das folgende Beispiel, in dem es ebenfalls um die zentrale Person geht, zeigen. In einem unserer Kindergärten war es zwei Erziehern einer Gruppe von 4jährigen Kindern nicht gelungen, ihnen Kontakt und Gruppengrenzen zu geben, denen sie vertrauen konnten. Es geschah zunehmend häufiger, daß die ganze Kindergruppe auseinanderlief und in allen Räumen des Lehr- und Forschungsinstituts herumspielte.

Drei Jungen versuchten, Verstecken und Fangen unter dem Schreibtisch der Sekretärin zu spielen, einige Kinder wieder drangen in die Räume anderer Kindergruppen ein und versuchten, diese zu stören, zwei kleine Mädchen zerrten an den Mänteln an der Garderobe und schrien dabei, daß man sein eigenes Wort nicht mehr verstand. Bereits zum dritten Male konnte ein Ausflug zum nahe liegenden Kinderspielplatz nicht stattfinden, weil die Erzieherin sich nicht auf die Kinder verlassen konnte beim Überqueren der verkehrsreichen Straße. Die Elternabende dieser Kindergruppe verliefen seit einigen Wochen in einem Klima abmauernden Schweigens, niemand versuchte, offen über sich zu sprechen und Probleme anzuschneiden. Die Leiterin der Elterngruppe beklagte sich darüber bei den Erzieherinnen, diese machten den Eltern Vorwürfe wegen ihrer nicht zu bändigenden wilden Kinder. Die Eltern gaben die Vorwürfe insofern zurück, als sie behaupteten, zu Hause seien die Kinder lieb, freundlich und kontaktbereit. Dieser Kreislauf von Vorwürfen wiederholte sich als einzige Interaktion auf jedem Elternabend. Schließlich kam eine der beiden Erzieherinnen ins Institut und holte sich von einem Analytiker Hilfe. Sie erklärte verzweifelt und mit Tränen in den Augen, zum nächstmöglichen Termin zu kündigen, es ginge nicht mehr weiter so und ihre Kollegin hätte auch keine Lust mehr, sie würde sie auch gar nicht unterstützen, obwohl sie schon drei Jahre im Psychoanalytischen Kindergarten gearbeitet hätte.

Der Psychoanalytiker ging daraufhin sofort mit der Erzieherin in den Raum der Kindergruppe, wo ihn ohrenbetäubendes Geschrei empfing. Die zweite Erzieherin saß auf einem Kinderstühlchen und hatte ein daumenlutschendes Kind auf dem Schoß, dem sie aus einem Bilderbuch vorlas. Die anderen Kinder waren dabei, sich um Spielzeug zu zanken, Bilderbücher aus den Regalen zu werfen, Fotos und Kinderzeichnungen von den Wänden zu reißen. Ein kleiner Junge strampelte mit dem Dreirad quer durch den Raum, fuhr dabei einem anderen Kind in den Rücken, das sofort vor Schmerz und Schreck laut zu weinen begann. Der Psychoanalytiker war entsetzt und sagte mit lauter Stimme: »Um Gottes willen, was ist denn hier los? Ihr seid ja eine wilde Rasselbande.« Die Kinder waren schlagartig mucksmäuschenstill. Dann sah der Leiter, daß das Frühstück längst vorbei war. »Habt ihr denn noch gar nicht gefrühstückt?« fragte er die Kinder. »Nein, heute mögen wir nicht frühstücken«, war die Antwort. »Das geht aber nicht. Wir werden sofort alle zusammen frühstücken.« Umständlich und unter viel Geschrei saßen schließlich alle Kinder am Frühstückstisch zusammen mit dem Psychoanalytiker. Das Mädchen auf dem Schoß der Erzieherin wollte nicht am Frühstück teilnehmen und weigerte sich, sich auf seinen Platz zu setzen. Ein Junge blieb unter dem Frühstückstisch und spielte weiter mit seinen Bauklötzen. Das Marmeladenbrötchenessen und Milchtrinken der anderen Kinder drohte immer wieder in ein Chaos auszuarten. Dem Analytiker gelang es, allein durch sein ständiges Reagieren mit tiefer Stimme den Ablauf einigermaßen zu strukturieren. Ganz allmählich entstand ein gewisses Interesse an seiner Person, das sich in Fragen, die an ihn gerichtet wurden, ausdrückte. Gegen Ende des Frühstücks sagte der Analytiker, was denn die Kinder am liebsten spielen würden. »Wir werden dich fesseln«, sagte ein Junge, und die anderen riefen »Ja, ja!« und hopsten vor Vergnügen im Zimmer herum. Im Handumdrehen hatte ein Kind ein Stück Bindfaden und ein Stück Plastikkabel. Die Hälfte der Kindergruppe begann, ans Werk zu gehen und den Analytiker an seinen Stuhl festzubinden. Er jammerte und schrie, wie gemein und unverschämt er behandelt würde, er habe doch nichts Böses getan, er wolle seinen Rechtsanwalt benachrichtigen und sich beschweren. Die Kinder lachten und brüllten vor Freude über den hilflosen Analytiker, selbst das kleine Mädchen war vom Schoß der Erzieherin heruntergeglitten und bestaunte das Geschehen. Der kleine Junge unter dem Tisch begann, mit seinen Bauklötzen in der Hand, dem Analytiker auf Beine und Brust zu schlagen. Dieser wehklagte und jammerte, die Püffe taten real weh, sie fügten ihm wirklich Schmerz zu, und er spürte, daß er wütend wurde. Er verlangte kategorisch, daß der Junge aufhören solle, ihn zu schlagen. Inzwischen hatten auch die übrigen Kinder begonnen, ihn zu boxen, sich mit ihren Köpfen voraus oder mit dem Rücken gegen ihn zu werfen und an seinem Anzug zu zerren. Der Analytiker bekam Angst, die

Kindergruppe würde den Stuhl umwerfen und er könne mit dem Rücken auf dem Fußboden aufschlagen. »Ich habe Angst«, rief er »daß mir etwas passiert.« »Das ist ja ein furchtbares Gefängnis, wo ich gefoltert werde. Laßt mich sofort frei!« »Nein, du bist gefangen, du bist im Gefängnis, du mußt hundert Jahre in dem Gefängnis bleiben, du darfst nie wieder raus«, riefen die Kinder durcheinander. Ihre Augen blänzten dabei, die Gesichter strahlten vor Freude. »Nein«, antwortete der Leiter, »das dürft ihr nicht tun, ich muß doch zurück zu meiner Arbeit, meine Patienten warten auf mich!« »Deine Patienten kann die Anna sehen«, sagte eines der Kinder und meinte damit eine der Erzieherinnen, »Du bist jetzt unser Gefangener!« »Ich habe noch nicht gefrühstückt«, sagte daraufhin der Analytiker. »Wenn ich hier im Gefängnis bleibe, werde ich verhungern. Um Gottes willen, ich werde verhungern!« Hier kam es zu einem Umschwung im Verhalten der Kinder, eines nach dem anderen begann, ihm Brötchen, Butter, Marmelade, Milch, Cornflakes und Apfelsinen auf den Schoß zu legen und in den Mund zu stopfen. Der Analytiker ließ sich füttern und erklärte schließlich, nun sei er satt. Die Kinder fügten dem Spiel daraufhin eine neue Variante hinzu, zu den Eßwaren gesellten sich jetzt Kuscheltiere, Bilderbücher und ein kleines Aufziehauto, bis nichts mehr auf dem Schoß des Analytikers Platz hatte. »Du mußt damit spielen«, rief ein kleines Mädchen, »dann ist das Gefängnis nicht so langweilig.« »Ich kann doch nicht«, rief der Gefangene, »ihr habt mich doch gefesselt!« »Na gut«, rief ein Junge, »die hundert Jahre sind um, wir lassen dich frei!«

Ich glaube, daß wir aus dieser Begebenheit sehr viel über den Zusammenhang von Spiel und ernstem existentiellen Anliegen erfahren können. Es handelt sich bei dem Fesselspiel um eine für alle Beteiligten sehr wichtige Grenzsituation. Beiden Erzieherinnen war es offenbar bisher nicht gelungen, als zentrale Person sich auf die Bedürfnisse der Kinder einzulassen und die Angst der Gruppe zu übernehmen. Aus diesen Gründen arrangieren die Kinder das zu großen Teilen auf der Körper-Ich-Ebene ablaufende Rollenspiel, der Analytiker wird gefangengenommen und muß sich entsprechend rollengemäß verhalten. Die Kinder benutzen das Rollenspiel als Bühne für ihre Bedürfnisse nach Grenzen und echtem Kontakt bis zu einer Grenze, wo der Gefangene jenseits seiner Rolle echte Wut und wirkliche Angst spürt.

Wie wir das an der Handpuppe bereits studiert haben, können wir auch hier die einzigartige Dialektik von Spiel und Ernst fühlen. Der Analytiker wird zum Gefangenen gemacht, in dieser Rolle aber wird er als Mensch gefordert und erlebt Gefühle existentieller Not, mit denen die Kindergruppe bisher allein gelassen war. Die Rolle befreit die Kinder von ihrer destruktiven Angst, ebenso wie dies durch die Kasparhandpuppe und durch Pluto oder die Clown-Nachhilfe-Handpuppe geschehen ist.

Ich kann an dieser Stelle nicht im einzelnen schildern, wie die Elterngruppe und die Erzieher dieses, wie es sich erwies, sehr entscheidende Ereignis aufgenommen und bearbeitet haben. Innerhalb der Erziehergruppe kam es für die beiden Erzieherinnen zu einer tiefgreifenden Auseinandersetzung, in der sie selbst an ihre Grenze kamen und viel durchlebt und durchgestanden haben. In der Elterngruppe stellte sich heraus, daß alle Eltern ausnahmslos seit langem geplant hatten, ihre Kinder zum nächstmöglichen Termin abzumelden, hierüber jedoch kein Wort gesagt hatten. Auch untereinander hatten die Eltern hierüber nicht gesprochen. Nachdem diese heimlichen Pläne ausgesprochen waren, war die Phase des abgemauerten Schweigens beendet.

Gruppengrenzen

Im Abschnitt über die zentrale Person habe ich schon mehrfach von Ich- und Gruppengrenzen gesprochen. *Ammon* (1979) betont den entscheidend wichtigen Stellwenwert der Grenzen, wenn er sagt, daß an den Grenzen von einzelnen und Gruppe die Persönlichkeit und Identität entstünde. Vor allem bedeutsame Grenzsituationen sind es, durch die die Persönlichkeit wächst (*Ammon* 1982), besonders Grenzsituationen sind es auch, durch die eine Gruppe sich schließt, oder, wie wir auch sagen können, ihre Grenzen ausbildet. Im Abschnitt über die zentrale Person habe ich versucht darzustellen, daß es der Leiter ist, der erst einmal diese Grenze zur Verfügung stellt. Tragende Gruppengrenzen sind jedoch dann erst entstanden, wenn die Bedürfnisse und Probleme jedes einzelnen Gruppenmitgliedes bzw. Kindes in der Gruppe verstanden und thematisiert werden können. Kinder, die nicht in die Gruppenprozesse einbezogen werden können, sich dem Kontakt verweigern und sich aus dem Gruppengeschehen ausschließen, müssen gewissermaßen als ein Symptom unzulänglicher Gruppengrenzen verstanden werden. Ein Kind, das nicht mitspielt, das sich die Rolle des dauernden Spielverderbers zugelegt hat, das seine Bedürfnisse und Leiden nicht in den Spielprojekten der Kindergruppe unterbringen kann, ist ein ausgestoßenes und verlassenes Kind, das sich entweder autistisch zurückzieht oder aber die anderen Kinder skandalierend stört. Es kommt in diesen Fällen alles darauf an – sowohl für das ausgestoßene Kind als auch für die Kindergruppe –, Mittel und Wege zu finden, durch welche dieses Kind wieder die Spielbühne der Gruppe betreten kann. Rolf, ein 5jähriger Junge, war seit längerer Zeit unzugänglich und widerspenstig. Er nahm grundsätzlich an keiner einzigen gemeinsamen Spielaktion der Kindergruppe teil, die Kindergruppe konnte vielmehr froh sein, wenn er nicht einfach rücksichtslos Spielzeug und z. B. mit Bauklötzen aufgebaute Dörfer, Krankenhäuser, Kaufmannsläden zerstörte. Die Erzieher konnten nie sicher sein, daß Rolf nicht plötzlich verschwunden war, im ganzen Haus bis unter dem Dachboden und bis in den Keller hinein gesucht werden mußte. Es bestand auch Gefahr, daß er auf die Straße lief und von einem Auto erfaßt werden könnte. Häufig gab es Klagen, daß es Rolf immer wieder gelungen war, kleineren Kindern und anderen Gruppen angst zu machen, ihnen die Kuscheltiere wegzunehmen oder sie gar zu schlagen. Einmal hatte er die Toilette mit Papierrollen und Handtüchern zugestopft, dann wieder empörte sich die Köchin über ihn, weil er in einem unbeobachteten Moment in der Küche auf dem Tisch vorgefunden wurde, wie er ein Kilo Zucker in hohem Bogen in die Luft warf und rief: »Es schneit, es schneit.«

Weil Rolf überhaupt nicht spielen konnte, waren die Erzieher schon zufrieden, wenn er sich im Gruppenraum aufhielt und in einer Ecke mit der großen Puppenstube und der Puppenfamilie, die es in dieser Puppenstube gab, beschäftigte. Rolf kümmerte sich bei seinem Spiel mit Möbeln und den Mitgliedern der Puppenfamilie nicht um die anderen Kinder, diese anscheinend ebensowenig um ihn. Versuchte dennoch ein Kind oder ein Erzieher, Kontakt zu ihm aufzunehmen, so nahm er die Puppenstube, kippte sie um und fegte alle einzelnen Puppen und Gegenstände in hohem Bogen beiseite. Dieses geschah fast täglich auf die gleiche Art und Weise. Auf dem Elternabend ging es damals zentral um die Eltern von Rolf. Die Eltern hatten vor, sich scheiden zu lassen, und waren in unerträgliche und quälende Zänkereien, die die ganze Gruppe miterlebte, verwickelt. Zuvor hatten beide Elternteile darüber geschwiegen oder sich der Elternarbeit entzogen. Einer der Erzieher benutzte bald darauf eine Gelegenheit, wo die Kinder mit ihren Stofftieren verschiedene Erlebnisse, die sie gehabt hatten, psychodramatisch darstellten, mit einem großen rosa Elefanten und Snoopy, einem Stoffhund, einen Streit zwischen Vater und Mutter vorzuspielen, in dem sich beide mit Ehescheidung bedrohten. Die Erzieherinnen benutzten alles, was sie von Rolfs Eltern bei der Elternabendsitzung erfahren hatten. Erstmalig seit langer Zeit saß Rolf inmitten der Kindergruppe und war genauso rege an der Interaktion zwischen Elefant und Snoopy beteiligt wie die anderen Kinder. Er rief:

»Das ist wie bei mir zu Hause.« Erstaunlich war, daß die Kindergruppe darauf ein ernstes Gespräch miteinander führte, als seien sie nicht mehr Kinder, sondern Erwachsene. Beinahe jedes Kind sprach über seine Eltern und über deren »Streit«. Sie sprachen auch davon, was sie für Ängste durchlitten und daß die Eltern bei ihren Zänkereien sie ganz vergessen hätten. Einige Kinder erzählten, daß es zu Hause besser sei, jetzt, wo der Vater ausgezogen sei, andere Kinder sprachen davon, wie bedrohlich es wäre, daß die Eltern ständig von Trennung sprächen. Die Kinder waren dicht zusammengerückt, Rolf war mitten unter ihnen. Besonders er wurde immer von einem der Kinder gestreichelt oder umarmt, wenn er von seinen Eltern sprach.

In der Folgezeit verging beinahe kein Tag, an dem um Rolf herum nicht in irgendeiner Weise ein Babyspiel entstand. Entweder war Rolf ein krankes Baby, das besonders sorgfältig und liebevoll behandelt werden mußte, oder aber er war ein liebes Tigerbaby, das niemanden biß. Die Kinder erfanden immer neue Familien-, Krankenhaus-, Bauernhof- und Zoospiele, in denen für Rolf die Babyrolle zur Verfügung stand. Auffallend war, daß Rolf seine chaotischen und destruktiven Störmanöver und Vernichtungsaktionen entscheidend vermindert hatte. Jedes Mal, wenn er wieder in seine alten Verhaltensweisen zurückzufallen sich anschickte, fand sich eines der Kinder, das Rolf in die Kindergruppe zurückholte, worauf er sich auch jedes Mal einließ. Immer stellte sich dann heraus, daß Rolf Schutz und besondere Zuneigung brauchte, wofür die Kindergruppe jedes Mal einen Platz innerhalb ihrer Spielaktionen schuf.

Wir können an diesem Beispiel eines Kindergruppenprozesses sehen, daß es wiederum Puppen- und Rollenspiele waren, die ein unabdingbar notwendiges Element von Gruppenstrukturen schufen. Rolf wäre, hätten wir allein die Verhaltensebene gelten lassen, dabei in die Rolle eines Außenseiters oder eventuell des Sündenbockes geraten. Auf der Ebene des zentralen Ich jedoch drückte Rolf ein Thema der Gruppe aus, das Leid des Verlassenseins. Auf der Ebene des zentralen Ich ist Rolf auch nicht Außenseiter, sondern Mittelpunkt der Gruppe. Der Vorgang, in dem sich eine Gruppe um den Außenseiter schließt und in ihm eine Zeitlang ihren Mittelpunkt erlebt, ist ein Vorgang des Schaffens von Gruppengrenzen.

Wie *Ammon* herausgefunden hat, können diese Grenzen nicht entstehen, wenn der Sündenbock oder der Außenseiter die Gruppe verläßt. Das Problem mangelnder Gruppengrenzen bleibt bestehen und wird alsbald durch einen neuen Außenseiter wiederum symptomatisch in Erscheinung treten. Kindergruppenleiter sollten wissen, daß sie in den

Spielprojekten der Kinder und innerhalb eines Spielfeldes eine Unzahl von Gelegenheiten haben, sogenannte »verhaltensgestörte« Kinder und »Problemkinder« verstehen zu lernen und sie als Ausdruck gruppenspezifischer Bedürfnisse zu sehen.

Hinzufügen möchte ich an dieser Stelle, daß Außenseiter und Sündenböcke, deren Gruppenposition nicht verändert wird, immer Kinder sind, die später im Leben psychischen oder psychosomatischen Erkrankungen unterliegen. Ich bin zu der Überzeugung gelangt, daß jeder gravierend ich- bzw. identitätskranke Mensch über längere Zeit in seiner Kindheit diese Rolle auf sich nehmen mußte. Die Gruppenposition schlägt um in eine pathologische Ich-Struktur, wenn sie nicht verändert wird. Todesangst und Verlassenheitsängste sind fast immer hinter der destruktiven Aggression auf der Verhaltensebene zu erkennen, wenn es uns gelingt, Kontakt zum zentralen Ich-Bereich zu bekommen. Bleibt das Kind mit seiner großen existentiellen Angst allein, wird es sich mehr und mehr in destruktives Aggressionsverhalten oder in autistische Einsamkeit zurückziehen. Je später wir hier intervenieren, um so schwieriger und langwieriger wird es sein, die zerstörten und verschütteten Wege zum zentralen Ich wieder neu zu bahnen. Die präventive Arbeit in Kinder- und Elterngruppen kann daher nicht hoch genug eingeschätzt werden, die präventive Funktion, die das Spielfeld der Kinder und die Spielgegenstände haben, ebenfalls.

Daß auch Puppen in den Prozessen der Bildung von Grenzen und auch die Ich-Grenzen eine Funktion haben können, möchte ich an dem folgenden Beispiel erörtern. Isabelle, ein kleines Mädchen von beinahe 3 Jahren, war seit einem Vierteljahr in einer Gruppe von Kindern in ihrem Alter aufgenommen worden. Ihre Integration in die Gruppe war anscheinend reibungslos und in den einzelnen Schritten einfühlbar verlaufen. Sie fiel auf durch ihre freundliche und kreative Kontaktbereitschaft und hatte in kurzer Zeit alle Kinder der Gruppe zu ihren Freunden gemacht. Die Erzieher erlebten Isabelle als interessante Bereicherung der Gruppe, besonders weil sie immer wieder einfallsreiche Spielangebote und Situationen herstellte, in denen sie als Anführerin in einem Spiel auftrat. Sie stand beispielsweise keck und lustig oben auf der Startplattform der Rutsche und kommandierte die Kinder bei einem Zirkusspiel, gab ihnen Anweisungen, wie sie sich zu verhalten hätten, als Akrobaten, Löwen und Elefanten. Sie hatte eine große Vorliebe für goldene und glänzende Kleidungsstücke, die Mutter und Freunde der Familie in ihren Geschenken bereitwillig berücksichtigten. Isabelles lustige und spielerische Art machte sie überall beliebt.

Wenn die Kindergruppe den Kindergarten verlassen wollte, um zum Spielplatz oder anderswohin zu gehen, war Isabelle jedoch ein Problem. Jedes Mal mußte sie noch verschiedene Aktivitäten unternehmen, die sie nicht aufschieben konnte. Sie mußte entweder noch schnell zur Toilette, einen ihrer Schuhe suchen, etwas trinken, oder sie brauchte ein Pflaster, weil sie sich irgendwo gestoßen hatte. Besonders auffällig wurde ihr Verhalten dann, wenn sie ihre große Menagerie von Kuscheltieren und Püppchen noch ausgiebig versorgen mußte, weil sie fand, alle Tiere und Puppen seien falsch angezogen oder müßten noch ins Bett gebracht werden. Startbereit hockten alle Kinder ihrer Gruppe auf dem Bänkchen vor der Korridortür, eine der Erzieherinnen stand auf der Türschwelle des Kinderraumes und wartete auf die noch eifrig tätige Isabelle. Die Erzieherinnen waren zuerst gerne bereit, Isabelle gewähren zu lassen und zu warten. Mehr und mehr wurde ihnen die Warterei aber unangenehm, und sie begannen Isabelle zu ermahnen, sie möge sich beeilen und später nach der Rückkehr weiterspielen. Isabelle ließ sich durch diese Ermahnungen nicht beeindrucken. Weil sich an Isabelles Verhalten nichts änderte, wurden die Erzieherinnen schließlich ärgerlich, ihre Geduld war zu Ende. Sie versuchten, sich nun durch energische Forderungen und Schimpfen bei Isabelle durchzusetzen. Zu ihrer Verwunderung stellten sie fest, daß alle Kinder der Gruppe weiterhin geduldig auf sie warteten und überhaupt nicht ärgerlich wurden. Diese Kommunikation zwischen Isabelle und der Gruppe wiederholte sich ungefähr sechs Wochen lang. Erst nach dieser Zeit fingen die Kinder an, sich zu langweilen, sich zu beklagen, daß sie warten mußten und nicht losgehen konnten. Erstmalig schienen sie zur Kenntnis zu nehmen, daß Isabelle der Grund des Wartens und Herumsitzens war, und sie begannen, Isabelle aufzufordern, sie möge sofort herkommen. Sie wäre eine »doofe Trödeltante«. Einige Kinder gingen, um Isabelle zu holen, andere riefen laut »Isabelle komm, Isabelle komm«. Seit diesem Zeitpunkt verringerte sich die Wartezeit immer mehr, Isabelle kam bereitwilliger mit an die Startstelle im Hausflur, wenn sie geholt wurde. Schließlich war zu beobachten, daß Isabelle jedes Mal sehr einfallsreich und blitzgeschwind eine Abschiedsfloskel für ihre Tier- und Puppenmenagerie fand. Sie sagte den Puppen, sie wären nun schon größer und könnten allein ins Bett gehen oder sie sollten schon mal das Mittagessen kochen, sie käme bald wieder.

Isabelle hatte wegen ihrer freundlichen und einfallsreichen Kontakte niemals vermitteln können, daß sie auch Angst hatte und bedrückt sein konnte. Erst durch ihre Abwehr, die sie mit Hilfe ihrer Kuscheltiere und Puppen aufgebaut hatte, wurde dies überhaupt in der Kindergruppe und für die Erzieher deutlich. Auf den ersten Blick könnten wir sagen, daß Isabelle mit Hilfe ihrer Puppen den Kontakt zu den anderen Kindern abwehrte. Wenn wir jedoch näher hinschauen, müssen wir feststellen, daß Isabelle den Kontakt insofern abwehrte, als er zu einseitig nur auf ihre konstruktiven und kreativen Fähigkeiten ausgerichtet war. Sie setzte diesem Kontakt eine Grenze. Die Kindergruppe als ganze jedoch hatte so flexible und verläßliche Gruppengrenzen, daß sie Isabelle zur gegebenen Zeit ohne weiteres hinter ihrer Verschanzung aus Kuscheltieren und Puppen hervorholen und ihre Angst verstehen bzw. übernehmen konnte. Im selben Maße, wie Isabelle sich der Kindergruppe auch mit ihrer Angst anvertrauen konnte, im selben Maße konnte sie sich von den Puppen lösen, die ihre Angst zuvor sollten getragen haben.

Welche Funktion hätten Isabelles Puppen und Kuscheltiere bekommen, wäre die Gruppe der Kinder in diesem Zusammenhang nicht an ihre Stelle getreten? Ich kenne Dutzende von Beispielen ähnlich kreativer und aktiver Kinder wie Isabelle, die sich mit ihrem Spielzeug – allein gelassen – in eine »autistische« Welt der Phantasie geflüchtet haben. Meines Erachtens können Puppen und Kuscheltiere psychodynamisch viel Bedeutsames leisten, wenn ein Kind Angst hat. Sie können aber nicht allein und auf lange Dauer die Angst von Kindern bewältigen. Hierzu brauchen Kinder lebendige einfühlsame Kontakte zu Menschen, besonders auch zu Kindern. Sind Puppen und Spielzeug einziger Ersatz für den Kontakt zu anderen Menschen, so wird ihre Funktion schließlich destruktiv. Ihre Funktion als Artikulation von Ich-Grenzen verwandelt sich schließlich in autistisch-defizitäre Abwehr von Kontakt.

Ähnliches läßt sich auch von Rolf sagen. Stellen wir uns vor, Rolf würde ohne den Kontakt zu den Kindern seiner Gruppe und den Gruppenleitern ständig in einer Ecke seines Kinderzimmers zu Hause sitzen und dort mit einem Plastikelefanten und »Kuschelhund« die Streitereien seiner Eltern und die Bedrohung, die Eltern könnten ihn verlassen, psychodramatisch spielen. Die Spieltiere würden eine Zeitlang seine Angst mindern, sie würden ihn aber auch zugleich mit seinen Gefühlen mehr und mehr von der Welt der Menschen abriegeln und isolieren. Die Puppen können hier ebenfalls eine destruktive Ich-Grenze ausbilden, und Rolfs große Verzweiflung und Wut würde vielleicht nach Beendigung der Spielphase zu Zwangsgrübeln einerseits und andererseits zu angepaßtem Wohlverhalten nach außen führen. Durch die Kontaktforderung der Kindergruppe aber äußert sich Rolfs bedrückende Lebenssituation in chaotischen und destruktiven Aggressionen, deren alarmierender Charakter zu einem

Verstehen führen kann, wenn hierfür eine Bereitschaft vorhanden ist und Gruppenstrukturen gelegt sind.

Zusammenfassend möchte ich am Schluß dieses Abschnitts hervorheben, daß Puppen in einem konstruktiven Spielfeld konstruktive, ich-strukturierende Funktionen übernehmen können, daß sie aber ohne dieses Spielfeld in toten oder chaotisch ausagierenden Familien- oder Kindergruppen keine konstruktiven, ich-aufbauenden psychodynamischen Funktionen haben werden.

Sozialenergie und Puppenspiel

»Sozialenergie ist die Energie, die der Mensch von allem, was ihm bedeutsam ist, erhält, besonders von ihm wichtigen Menschen. Sozialenergie entscheidet über schöpferisches Leben oder Kranksein« (*Ammon* 1982). Jede konstruktive Gruppe zeichnet sich dadurch aus, daß sie Sozialenergie hervorbringt, in Fluß hält und ihren Mitgliedern zur Verfügung stellt. Sozialenergie entsteht, wenn Menschen ernstgenommen werden und wenn Auseinandersetzungen nicht der Abwehr von Gefühlen und Bedürfnissen dienen, sondern dazu dienen, Gefühlen und Bedürfnissen Raum zu geben, sie in ihrer Wichtigkeit anzuerkennen und konfliktfähig zu machen. Tote Gruppen und destruktive Gruppendynamiken sind hingegen dadurch gekennzeichnet, daß Bedürfnisse und Gefühle keine Bedeutsamkeit erlangen können. In toten Gruppen werden sie vorwiegend durch Reglementierung unterdrückt, in chaotischen Gruppen durch eine Verbindung von destruktiver Angst mit destruktiver Aggression zurückgeschlagen.

Natürlich ist auch das Gruppen- und Spielfeld der Kinder zugleich ein sozialenergetisches Feld. Konstruktive Sozialenergie in ausreichendem Maße ist erforderlich – wie unsere vielfältigen Forschungen ergeben haben –, damit ein Kind sich psychisch, körperlich und geistig entwickeln kann. Sozialenergie ist erforderlich zur Entwicklung der Persönlichkeitspotentiale und zu ihrer Strukturierung. Die in der Kindheit gegebene Sozialenergie ist die Basis der ich-funktionalen Kraft der Persönlichkeit und ihrer Identität. Die zur Ich-Struktur geronnene Sozialenergie in der Kindheit prägt in großem Ausmaße die spätere Lebensgeschichte eines Menschen bis hin zu seinem Tod. Besonders auch die Fähigkeit, sich immer wieder eine Sozialenergie hervorbringende und tragende Situation zu schaffen – ohne Sozialenergie ist auch der Erwachsene nur eingeengt lebensfähig –, ist weitgehend darauf zurückzuführen, wieviel Sozialenergie dem Kind zur Verfügung stand und welche Qualität sie hatte. Sozialenergie ist nach unseren, vorerst noch hypothetischen Vermutungen auch dafür verantwortlich, wie die neurophysiologische Struktur des menschlichen Gehirns ausgebildet ist (vgl. *Ammon* 1980, 1981, 1982a, 1982b).

Der Hospitalismus- und Depressionsforschung (*René Spitz* 1957, 1972) können wir entnehmen, daß große Mängel an emotionaler Zuwendung Säuglinge und Kleinkinder zu töten imstande sind. Wenn wir also psychische Energie als auch das organische Leben des Menschen tragende Energie ansehen müssen, ist die grundlegende Bedeutung der Gruppe und dessen, was in Gruppen geschieht, besonders für Kinder kaum hoch genug anzusehen.

Bezüglich der in großem Ausmaße unbewußten Qualität gruppendynamischer Prozesse und des Flusses von Sozialenergie in Gruppen möchte ich an dieser Stelle noch betonen, daß psychische Entwicklung ebenfalls im gleich großen Ausmaß unbewußt vonstatten geht und als Ich-Struktur-Aufbau unbewußte Prozesse aus der Gruppe übernimmt; ferner, daß daher auch die Persönlichkeit des einzelnen Menschen im Unbewußten ruht und seine funktional tätige Ich-Struktur unbewußt ist bzw. zugleich als Struktur des Unbewußten des einzelnen Menschen gesehen werden muß.

Neurophysiologisch scheinen dem Unterschied von Bewußtsein und Unbewußtem die linke und die rechte Hirnhemisphäre zu entsprechen, wie es *Zenkov* (1978), *Rotenberg* (1982) und *Ammon* (1982) diskutieren. Vielleicht können wir sagen, daß Kontakt und sozialenergetischer Fluß vorwiegend unbewußt und vorwiegend rechtshemisphärisch ablaufen, wenn sie in die zentralen Bereiche der Ich-Struktur gelangen. *Ammon* vertritt (1982a, 1982b) und überprüft empirisch die These, daß das zentrale Ich mit seinen Ich-Funktionen und Ich-Strukturen der Kreativität, der Aggression, der Angst, des Narzißmus, der Ich-Grenzen nach innen und außen und insbesondere der Identität der Persönlichkeit in der rechten Hirnhemisphäre anzusiedeln ist.

Aus dieser Konzeption leite ich für die ich-strukturelle Pädagogik die Forderungen ab, daß die Gruppenarbeit mit Kindern und deren Eltern
(1) ein sozialenergetisch-konstruktives Geschehen sein muß;
(2) das Unbewußte und alles rechshemisphärisch Bedeutsame Priorität dabei haben, und
(3) Mitteilungen der Kinder über ihre Bedürfnisse Äußerungsformen finden, die von der verbalen Sprache in ihrer linkshemisphärischen und rationalen Logik zu unterscheiden sind. Es gehören hierzu die Sprache

des Körpers, des Symbols, des Traumes, des Konkretismus, des unmittelbaren Hier und Jetzt und auch die Sprache des Spiels.

Meines Erachtens kommt es darauf an, in das Medium dieser »Sprachen« einzusteigen, wenn Entwicklungsprozesse von Kindern ich-strukturell gefördert werden sollen. Der Kontakt zu Kindern und das Geben von Sozialenergie müssen sich ebenfalls dieses Sprachmediums bedienen.

Mir ist an dieser Stelle interessant zu erörtern, in welcher Weise Spielen und Spielgegenstände mit dem Phänomen der Sozialenergie in Beziehung treten. Ich möchte durch die Schilderung einer mir nachdrücklich in Erinnerung gebliebenen Begebenheit in einer Kindergruppe versuchen, diesen Zusammenhang deutlich werden zu lassen. Es handelt sich um die Auseinandersetzung dieser Gruppe mit einem 8jährigen Jungen, der durch seine Lebensgeschichte in eine Situation geraten war, durch die er fast vollständig unfähig gemacht worden war, Sozialenergie anzunehmen, als er mit 6 Jahren in unseren Kindergarten kam. Antonio konnte damals nicht eingeschult werden, weil er in seiner psychischen und geistigen Entwicklung nicht dem Durchschnitt eines schulfähigen Kindes entsprach. Antonio galt als verhaltensgestört, hatte mehrere Kindergärten durchlaufen, war von Psychologen und von Beratungsdiensten untersucht worden. Niemand wurde mit ihm fertig, am allerwenigsten seine depressive Mutter. Ich hatte große Zweifel, ob ich Antonio in unseren Kindergarten aufnehmen könnte, besonders nachdem ich erlebt hatte, daß Antonio offenbar aus großer Angst vor Kontakt überhaupt nicht sprechen konnte und wie ein 1- bis 2jähriges Kind auf dem Schoß der Mutter saß und diffus aus großen Augen in die Ferne zu gucken schien. Meine Bemühungen, ihn anzusprechen und Kontakt zu ihm herzustellen, blieben erfolglos. Antonio schwieg, als wenn er keine Ohren hätte oder kein Laut zu ihm durchdringen würde. Hin und wieder bemerkte ich, daß sein Blick aber mit einem gewissen Interesse an mir zu haften schien.

Ich beschloß mit einer ungewöhnlichen Entscheidung, Antonio in eine Gruppe von 3- bis 4jährigen Kindern aufzunehmen. In dieser Gruppe verhielt Antonio sich zuerst ebenfalls schweigend und ließ sich wie ein Paket hierhin und dorthin schieben. Bei Spaziergängen zottelte er anscheinend teilnahmslos mit den anderen Kindern mit und war zu keiner Aktivität, keinem Spiel und keiner Äußerung zu bewegen. Nach einiger Zeit begann Antonio zu sprechen. Es handelte sich um kurze Wort- und Satzfetzen, die sich allesamt um widerwärtige Inhalte drehten: Er wollte am liebsten in einer Mülltonne sein, weil es da so schön stinkt; er wollte gern den Inhalt des Staubsaugers auf sich schütten; er teilte mit, das Abwaschwasser in der Küche schmecke besonders gut.

Die Kinder fanden Antonios Phantasien offenbar großartig, sie waren zum Erstaunen der Erzieherin sofort bereit, darauf einzugehen, unter Gelächter und Geschrei ähnliche Phantasien zum Vorschein zu bringen und Antonios Phantasien weiter auszuschmücken. Auch Antonio lachte und jubelte. Über einen längeren Zeitraum veranstalteten die Kinder täglich mit Antonio eine solche »Ekel-Orgie«. In dieser Zeit waren diese Kontakte die einzigen, die Antonio zur Kindergruppe hatte, sonst blieb er weiterhin stumm und inaktiv.

Die Kindergruppe hatte schließlich keine Lust mehr an den ekelerregenden Phantasien, und sie grenzte sich dadurch ab, daß sie Antonio vermittelte, sie fände, was er sagt, eklig und »doof«. Einige Zeit danach zeigte Antonio neue Verhaltensweisen, auf die die Kindergruppe reagieren konnte. Er verschwand zu unvorhersehbaren Augenblicken aus der Kindergruppe und mußte gesucht werden. Man fand ihn dann in den Büros unseres Ausbildungsinstituts, das an den Kindergarten angrenzt. Er beschäftigte sich dort damit, die Tür des Kühlschranks aufzumachen und zuzuschlagen, den Fotokopierer in Gang zu setzen, eine Schreibmaschine zu traktieren oder sich in der Höhlung eines Schreibtisches zu verstecken. Alles dies wiederholte er endlos, ohne sich durch mehr oder weniger energische Verbote seitens der Sekretärinnen daran hindern zu lassen. Nur dann, wenn man ihn wie ein Baby wegführte, ließ er von seinen Tätigkeiten ab. Die Sekretärinnen fanden, er sei eine Nervensäge, und regten sich darüber auf, daß die Erzieherinnen das Kind nicht genügend beaufsichtigen würden. Stereotyp erschien meistens nach etwa 10 Minuten die Kindergruppe mit der Erzieherin. Sie riefen, Antonio möge herkommen, man habe ihn gesucht, er solle endlich kommen. Antonio ließ sich teilnahmslos mitnehmen und zottelte mit der Gruppe zurück in den Gruppenraum.

Nach einem Jahr hatte Antonio sich dennoch so weit entwickelt, daß er in eine andere Kindergruppe, die Vorschulgruppe der knapp 6-jährigen Kinder, aufgenommen werden konnte. Das frühere Weglaufen war ihm als »Ruf« bereits vorausgeeilt. Die Kinder der Vorschulgruppe erklärten ihm am ersten Tag, das Weglaufen gäbe es bei ihnen aber nicht, sie würden ihn nur aufnehmen, wenn er nicht immer weglaufen würde. Es entwickelte sich in den ersten Wochen ein liebevoller Kontakt zu Antonio, der sich vor allem darin zeigte, daß die Mädchen der Gruppe immer wieder Spiele erfanden, in denen er eine Babyrolle übernehmen durfte.

Einige Zeit später begann Antonio jedoch das Weglaufspiel von neuem. Die Kinder reagierten sofort und überraschend. Sie holten die Krankenliege aus dem Krankenzimmer und verlangten von Antonio, er solle sich darauflegen. Sie sagten, sie trügen ihn jetzt ins Institut zu einem Arzt, da er schwer krank sei. Im Institut angekommen, war auch gerade ein Arzt und Psychoanalytiker zugegen, dem die Kinder vortrugen, daß Antonio nicht spreche, wenn er gefragt würde, und daß er immer weglaufe, wenn man mit ihm spielen wolle. Außerdem würde er sich dauernd verstecken, einmal hätte er sich mitten auf die Straße auf den Zebrastreifen hingelegt und hätte nicht wieder aufstehen wollen. Auch würde er sich dauernd tragen lassen wollen und würde nicht anfassen, um mit den anderen in einer Schlange die Straße zu überqueren.

Der Arzt wiegte den Kopf sorgenvoll hin und her und brummte bedeutungsvoll vor sich hin. Antonio und die Kinder waren in äußerster Spannung und Aufmerksamkeit. »Bedenklich, bedenklich«, sagte der Arzt. »Nun muß ich erst noch einmal viele wichtige Fragen an dich stellen. Nun sag mir erst einmal, wen willst du eigentlich ärgern?« »Niemand«, war die Antwort. »So, so«, sagte der Arzt, »wer ist denn nun dein Freund?« »Keiner«, sagte Antonio kurz angebunden, jedoch mit sehr aufmerksamem Gesichtsausdruck. »Aha«, sagte der Arzt. »Was spielst du denn am liebsten?« »Nichts«, erwiderte Antonio triumphierend, und seine Augen leuchteten bei dieser Antwort. »Kannst du denn malen?« »Ja«, sagte Antonio. »Was malst du denn gerne?« »Autobusse«. »So«, sagte der Arzt, »gut, die Sprechstunde ist zu Ende, in einer Woche mußt du noch einmal zu einer Nachuntersuchung wiederkommen und dann bringst du mir einen Autobus mit, den du gemalt hast. Ich muß aber feststellen, daß du gesund bist, ich kann keine Krankheit finden. Du kannst alleine zurück in den Kindergarten gehen.« Am nächsten Tag wird Antonio erneut auf der Krankenliege von den Kindern ins Institut getragen und das Spiel wiederholt sich in ähnlicher Weise. Obwohl ein anderer Arzt da ist, wird auch dieses Mal Antonio für gesund erklärt. Das gleiche Spiel wiederholt sich noch einige Male in der folgenden Woche. Jedesmal geht Antonio anschließend mitten zwischen den Kindern in den Kindergarten zurück.

Eines der wichtigsten Spiele in der Vorschulgruppe war das Schulespielen, das besonders die Vorschulgruppe in den ersten Wochen des Kindergartenjahres deswegen schätzte, weil sie als Vorschulgruppe sich intensiv mit der Schule beschäftigte und weil sie stolz darauf war, nicht mehr, wie sie es nannte, eine »Baby«-Kindergartengruppe zu sein. Ein Junge war der Lehrer, die anderen Kinder waren Schüler, es gab Klingelzeichen, Tafel und Kreide und eine Sitzordnung in Reih und Glied wie in der Schule. Als in einem solchen Spiel der »Lehrer« gerade energisch erklärte und an seinen Fingern zeigte, daß 1 + 1 = 2 sei, sah ich, wie

Antonio mit gespanntem Gesichtsausdruck und offenem Mund zuhörte und, wie alle anderen auch, seine Finger zum Zählen benutzte.

Parallel hierzu war zu beobachten, daß neuerdings, wenn er in den Räumen anderer Kindergruppen auftauchte, um sich dort ähnlich wie in den Institutsräumen zu verstecken und suchen zu lassen, die Kinder dieser Gruppe begonnen hatten, sein diffuses Aussehen und seine gewissermaßen herunterhängenden Gesichtszüge nachzuahmen, wenn er die Tür öffnete und auf der Schwelle stand. Jedes Mal veränderte sich sein Gesicht, wurde strukturiert und klar. Auf die dann folgende Frage, was er denn möchte und ob er die Gruppe besuchen wolle, schloß er die Tür und rannte in seine Gruppe zurück.

Ich habe hier einige Stationen einer nachholenden Entwicklung von Antonio geschildert, um zu ziegen, daß Antonio durch das einsteigende und mitmachende In-Kontakt-Treten der Kinder auf den Weg dieses Entwicklungsprozesses gebracht worden ist.

In der Anfangsphase war eigentlich jegliche Lebensregung von Antonio auf ein Minimum eingeengt, d. h., seine Ich-Struktur war nur schwach entwickelt, nach den Maßstäben einer durchschnittlichen psychischen Entwicklung mußte ich ihn als Säugling und Kleinkind verstehen.

Der arretierten Ich-Entwicklung entsprach offensichtlich eine Arretierung des sozialenergetischen Flusses seitens der Familiengruppe, in der Antonio aufwuchs. Interessant ist nun, daß Antonios erste, auf die Kinder wirkende psychische Äußerungen diffus und destruktiv waren. Ziellos verließ er die Kindergruppen, um sich suchen zu lassen, ziellos betätigte er alle möglichen Geräte des Büros, um sich aggressiv bemerkbar zu machen, ebenso ziellos trottete er, wenn konstruktive Kontakte mit der Kindergruppe entstanden, mit oder tapste zwischen den Kindern herum. Symbolhaft destruktiv waren seine ersten verbalen Phantasien, die dennoch Kontakt und die ersten Bündnisse mit der Kindergruppe ermöglichten. Sie ließ sich von seinen »Müllphantasien« in Gang setzen und anregen, sie war gewissermaßen in das Unbewußte und in den zentralen Ich-Bereich eingestiegen.

Erst in der zweiten Kindergruppe erlebte Antonio unmittelbar konstruktive Reaktionen auf sein Verhalten. Die Gruppe grenzte ihn ab und bezog ihm gegenüber einen Standpunkt, indem sie erklärte, sie wäre keine »kindersuchende Gruppe«. Sie wartete Antonios diffuses Kontaktverhalten gar nicht erst ab, sondern arrangierte das »Arzt-Patient-Spiel«, durch das Antonio die frühkindlichen Verhaltensweisen genommen wurden und seine Ich-Potentiale neuen kreativen Auseinandersetzungen offenstanden. Antonio begann dann, an den Spielaktionen der Kinder teilzunehmen, wie das

Schulspiel zeigt. Intermezzi von diffusen und chaotischen Weglaufmanövern wurden durch alle Kinder des gesamten Kindergartens abgegrenzt. Die Antonio imitierenden Kinder gaben ihm spiegelbildlich sein zielloses Verhalten zurück, jedes Mal entstand dabei ein Stück Kontakt und Ich-Begrenzung, was Antonio durch das Zuschlagen der Tür und das Zurücklaufen in seine eigene Gruppe ausdrückte.

Ich denke, daß in diesem zugleich nachholenden und präventiven Entwicklungsprozeß deutlich sichtbar wird, welchen Stellenwert das Spielen und Rollenspielen hier einnehmen, um die Arretierung des sozialenergetischen Flusses aufzuheben. Antonio, der zu Beginn mit sozialenergetischen Defiziten zu uns kam, entwickelte zuerst mit den Müllphantasien destruktiv aggressive Phantasien, die seine Minderwertigkeit ausdrückten. Als die Kindergruppe den Müllphantasien offenbar kreative Aspekte abgewinnen konnte, wendete sich die destruktive Aggression in diffuser Weise nach außen. Sozialenergetisch konstruktiv wurde die Situation für Antonio erst, als seine Kindergruppe ihm mit dem Arzt-Patienten-Rollenspiel Struktur und Grenzen gab: gelungenes Spiel zeigt sich auch hier als ein psychodynamischer Faktor von großem sozialenergetischen Wert.

Wir haben alle hundertfach beobachtet, daß zum Beispiel ein kleiner Junge mit ernstem Gesicht »bei der Arbeit« ist, ein Gemälde anfertigt oder eine Skulptur und dies in höchster Konzentration tut, ohne durch die Aktivitäten in seiner Umgebung hierin beirrt zu werden. Es kommt dann der Augenblick, wo der Junge »von der Arbeit« aufschaut, sich umsieht, einen oder mehrere Menschen in seiner Umgebung anspricht. Meistens sagt das Kind dann »Guck mal, was ich gemacht habe«. Daß sich die nun angesprochene Person mit dem gerade fertiggestellten Produkt beschäftigt und interessierte Fragen stellt, gehört offenbar prinzipiell zum »Arbeitsvorgang« dazu.

Anlässe, Fragen zu stellen, ergeben sich besonders dann, wenn das Gemälde oder die Skulptur vieldeutig ist. »Was ist denn das, was du da gemalt hast?«, ist die wichtigste Frage. Nun fängt das Kind an zu erzählen, was alles auf seinem Bild dargestellt ist. Hieraus ergeben sich weitere Fragen und natürlich auch lobende Worte, wie »Das hast du aber schön gemacht« oder »Daß du so etwas schon kannst!«. An dem glücklichen Gesicht des Kindes und einer unruhigen Motorik des Körpers, der sich bewegt, als würde er gestreichelt, kann man das sozialenergetische Geschehen studieren.

Alexander, ein anderer kleiner Junge, spielte seit mehreren Wochen täglich sein Lieblingsspiel. Er ließ zwei große Indianerstämme mit

Häuptlingen, Unterhäuptlingen, Zeltlagern, Pferden, Squaws, Brunnen, Marterpfählen, Büffelherden gegeneinander kämpfen. Entweder ging es um gestohlene Büffel, geraubte Squaws oder einen lebensnotwendigen Brunnen. Alexander war der Häuptling des einen Indianerstammes, dargestellt wurde er durch sein Stofftier, den Affen Peter. Wenn es so weit war, daß an die hundert Figuren aufmarschiert waren und den Fußboden des Kinderzimmers bedeckten, wobei alle möglichen Gebrauchsgegenstände als Berge, Wälder, Flüsse usw. dienen mußten, dann rannte Alexander aus dem Zimmer und suchte seine Mutter. Diese mußte unbedingt mit in das Kinderzimmer kommen und die große Schlacht der Indianerstämme sehen und sich dafür interessieren. Alexander beantwortete jede Frage der Mutter und klärte sie über den gesamten, sehr komplizierten Sachverhalt auf. Außerdem wurde sie in die Kampfpläne des Affen Peter eingeweiht. Der Affe Peter hatte verschiedene Möglichkeiten, den Kampf mit seinen Indianern zu führen, je nachdem, was der andere Stamm tun würde. Würde der Stamm zum Beispiel den Fluß überqueren wollen, was er durch seine Spione erfahren würde, würde er nachts die Brücke über den Fluß zerstören. Er könne aber die Brücke nicht sofort zerstören, weil sein eigener Stamm die Brücke nicht mehr benutzen könne, falls dies nötig sei. Die Mutter stieg meistens in diese Überlegungen mit ein und übernahm gewissermaßen die Oberhäuptlingsrolle des anderen Stammes, indem sie Kampfmöglichkeiten dieses Stammes sich ausdachte: Z. B. was machen die »Schwarzfußindianer« aber, wenn die Indianer »Blaue Backe« jetzt um den Berg herum von hinten in das Lager einbrechen?

In diesem Augenblick schien die Freude von Alexander nicht mehr zu übertreffen zu sein. Sofort begann er, unter den Figuren seines Indianerstammes neue Formationen aufzubauen, indem er laut erklärte, was jetzt alles zu unternehmen sei. Zusätzlich gab er der Mutter Anweisungen, was sie mit ihrem Stamm »Blaue Backe« machen müsse. Meistens genügte dem Jungen ein relativ kurzer Kontakt mit seiner Mutter, und sie verabschiedeten sich mit der Verabredung über eine weitere Variante des Kampfspiels der Indianerstämme, die sie und der Affe Peter am nächsten Tag durchführen wollten.

Das Mitspielen der Mutter, die sehr komplexen Beziehungen der Spielfiguren untereinander und die Phantasiewelt des Kindes verbinden sich hier in einem sozialenergetischen Synergismus. Das Kind kann mit Hilfe der Spielfiguren und dem Stofftier den ihm im Augenblick wichtigsten Bedürfnissen Ausdruck verleihen, so daß ein anderer Mensch, die Mutter, zu diesen Bedürfnissen Zugang bekommt. Die Mutter begibt sich in die Phantasiewelt des Kindes und in die Spielwelt, wird zum Spielpartner und gibt dem Kind dadurch Zuwendung, daß sie ernst nimmt, was das Kind tut. Das geschieht sicher mehr dadurch, daß diese Mutter passager mitspielt, als daß sie ihr Kind bewundert wegen seiner von ihr vielleicht als genial oder außergewöhnlich angesehenen Fähigkeiten. Spielfiguren sind meines Erachtens ebenso wie die künstlerischen Produktionen von Kindern Ansatzpunkte, den Fluß von Sozialenergie in Gang zu setzen und zu halten.

Was es heißt, ich-strukturell »einzusteigen« und Spielpartner zu sein, kann auch das folgende Beispiel eindringlichst beleuchten.

Daß es hierbei immer Beziehungspersonen sind, die sozialenergetische Spielpartner sind, möchte ich mit dem folgenden Beispiel noch stärker herausstellen. Ein 7jähriges Mädchen, Manuela, lebte in ihrer Kindheit auf dem Lande in einer großen Familie mit vielen Geschwistern. Es gab für sie die unterschiedlichsten Spielfelder, von denen eines zwischen ihr und einer Tante und ihren Puppen bestand. Die Tante war seit vielen Jahren eine gütige und beständige Spielpartnerin des kleinen Mädchens dadurch, daß sie sich stets alle Probleme ihrer Puppen anhörte. Waren die Puppenkinder reparaturbedürftig, wurde die Tante zur Puppenklinik und erfand die ungewöhnlichsten Techniken, um ein Bein oder ein Auge bei einem Puppenkind zu operieren und zu ersetzen. War das kleine Mädchen dabei, aus einem Stoffrest für eine der Puppen ein Kleid zu schneidern, so war die Tante jederzeit bereit, ein bestimmtes Stück zu nähen oder ein Knopfloch zu machen. Sie ließ sich jeweils erzählen, was Manuela vorhatte und wie das Kind aussehen sollte, kritisierte aber niemals offensichtlich nicht praktizierbare Vorstellungen, bis das Kind das technische Problem bemerkte und die Hilfe der Tante erneut in Anspruch nahm. War ein Puppenkleid fertig, kam Manuela angelaufen, um es ihr zu zeigen, die Tante war entzückt und freute sich.

Eines Tages starb die Tante überraschend. Manuela war schwer getroffen, so plötzlich ihre Tante verloren zu haben. Niemand in der Familie nahm aber in den Tagen der Vorbereitung der Beerdigung ihre Gefühle zur Kenntnis. So zog sie sich zurück zu ihren Puppen, niemand bemerkte, wie verzweifelt sie war. Ohne ihre Gefühle zu zeigen, nahm sie mit den anderen zusammen an der Beerdigung teil. Nach einigen Wochen beobachtete der Vater, daß sich seine Tochter im Garten zu schaffen machte. Er schlenderte vorbei und sah, wie Manuela ein größeres Loch mit einer Schaufel grub. Neben ihr stand ein schwarz bekleideter Pappkarton, auf den das Kind ein weißes Kreuz gemalt hatte. »Was machst du denn da?« fragte der Vater. »Meine Puppe Sonja«, antwortete Manuela. »Woran ist Sonja denn gestorben?« fragte der Vater, »sie war doch gestern ganz gesund.« »Sie ist plötzlich gestorben, niemand kennt die Krankheit.« »Da mußt du aber sehr traurig sein«, sagte der Vater. »Ja, das bin ich auch, sehr sogar«, war die Antwort.

Wieder stoßen wir hier darauf, mit welch tiefem existentiellen Ernst Kinder spielen. Die Tante war für das kleine Mädchen eine ihrer bedeutsamen Spielpartner, der die im Spiel aufgebauten Kontakte ernstgenommen und in der Spielsprache sich ihm zugewendet hatte. Weil die Familie den Schmerz über den Verlust dieser wichtigen Beziehungsperson nicht wahrgenommen hatte, benutzte es wiederum seine Sprache des Puppenspiels, um seinen Verlust und seinen Schmerz zu durchleben und mitzuteilen. Daß der Vater von Manuela nun seinerseits Spielpartner wurde und Kontakt zu den Gefühlen seiner Tochter bekam, ohne zu wissen, daß Manuela den schmerzlichen Verlust der Tante damit bewältigte, zeigt, welch große Flexibilität Spiele und Puppenspiele für Kinder haben, um sozialenergetisch bedeutsame Kontakte herstellen zu können.

Sowohl Manuela mit dem Beerdigungsspiel als auch Isabelle hätten in ihrem Spielverhalten von den Erwachsenen oder den Spielkameraden nicht verstanden werden können. Dies geschieht sehr häufig, auch in unserer ich-strukturellen Arbeit mit Kindern, Erziehern und Eltern. Ich meine aber, daß nicht immer ein sozialenergetisches Feld besteht und Kinder in toten Gruppen leben müssen, da, wo das Spielen von Kindern fast nie zu Kontakten mit den Familienmitgliedern führt.

Mir ist es in einer Elterngruppe, die ich nach längerer Unterbrechung der Kindergartenarbeit in den Sommerferien leitete, so ergangen, daß ich eineinhalb Stunden lang nicht herausfinden konnte, warum die Elterngruppe hoffnungslos, zäh und pessimistisch zusammen saß. Alle Kontaktangebote meinerseits blieben erfolglos, Minute um Minute quälte sich das oberflächliche Gespräch dahin. Einige der Eltern teilten mit, sie trügen sich mit dem Gedanken, mit ihren Kindern den Schülerhort zu verlassen, was die anderen Eltern kaum zu berühren schien. Ich sagte aufgebracht: »Das ist ja ungeheuerlich, ich verstehe gar nicht, warum sich keiner von Ihnen darüber aufregt!« Auch dieser Appell an die Gefühle blieb vergeblich. Ich sagte schließlich verärgert, daß ich die Sitzung schließen wolle, ich hätte genug von dieser Gruppe. Da berichtete noch eine Erzieherin ganz schnell und scheinbar ohne innere Beteiligung, daß nun endlich Anneliese, das älteste Kind der Hortgruppe, wisse, was sie sich zum Geburtstag von ihrer Gruppe wünsche. Anneliese wollte, daß die Gruppe eine Kutsche aus Ton für sie töpfere, in der jedes Kind drin gesessen sei und sich selbst getöpfert habe. Die beiden Pferde, die die Kutsche ziehen, sollten die Erzieherinnen Susanne und Petra sein. Froh, etwas vermutlich Positives in der Elterngruppe über die Kinder zu hören, begannen die Erzieherinnen und zwei Mütter diesen Geschenkwunsch zu bewundern. Obwohl die Sitzung in der Gruppe pessimistisch träge blieb, schnatterten die vier Frauen mit aufgesetzten Stimmen und versuchten, eine Art von Frohsinn zu verbreiten. Die Kinder würden sich als geschlossene Gruppe darstellen, kein Kind sei ausgelassen worden, dieser Geburtstagswunsch würde doch zeigen, daß die Kindergruppe eine gute Gruppe sei, daß alle untereinander Kontakt hätten und daß die Erzieher doch die Leiter der Gruppe wären, wie man an den Pferdesymbolen sehe. In der gleichen aufgesetzten »Flötensprache« sagte ich, wie schön auch ich das alles fände, erhob mich und spielte pantomimisch ein Pferd, das eine riesige Last hinter sich her zog, indem ich gekrümmt und ächzend Schritt um Schritt vor meiner imaginären Kutsche vorwärts stapfte. Die Eltern lachten, die Erzieher schauten verblüfft und säuerlich. »Finden Sie das Ziehen der Kutsche wirklich so großartig?« fragte ich die Erzieher. »Mir würde das nicht gefallen, so schuften zu müssen.«

Die Eltern waren wie umgewandelt, schlagartig war allen klar geworden, worum es unbewußt ging und was in eineinhalb Stunden zuvor nicht ausgesprochen werden konnte. Die Schülerhortgruppe benötigte dringend eine neue Auseinandersetzung mit den beiden Erziehern, was diese bisher abgewehrt hatten. Die Erzieher konnten nun erzählen, wie verzweifelt sie sich in den letzten zwei Wochen bemüht hätten, die Wünsche der Schülerhortgruppe zu befriedigen. Nichts schien die Gruppe zu interessieren, alle Vorschläge und Angebote waren vom Tisch gefegt worden. Die beiden Erzieher waren immer wütender geworden, hatten aber versucht, teils durch energische Forderungen, teils durch verbissenes Freundlichbleiben die Gruppe unter Kontrolle zu halten. Die Erzieher hatten sich geärgert darüber, daß eines Tages laut aus einem Kassettenrecorder Discomusik ertönte, während noch Schulaufgaben zu erledigen waren. Vorwurfsvoll erzählten die Erzieher auch, zwei Kinder der Gruppe hätten heimlich auf dem Spielplatz zu rauchen versucht, die Namen wollten sie nicht nennen. Die Erzieher beklagten sich weiterhin, daß die Gruppe wie ein Taubenschlag sei, jeden Tag würde eines der Kinder wegbleiben, weil es einen Schulfreund besuchen würde, zum Handballtraining gehen müsse oder erklärte, für die Großmutter einkaufen zu gehen. Es sei furchtbar, von Gruppe könne nicht mehr die Rede sein. Außerdem wären die Kinder inzwischen einfallslos geworden, würden offenbar zu Hause stundenlang fernsehen oder Micky-Maus-Hefte lesen. Die Eltern fingen daraufhin an, ihre Kinder zu verteidigen, oder saßen betreten herum.

Was war geschehen? Nichts anderes als dies, daß die Kinder sich verändert hatten. Sie hatten inzwischen andere Bedürfnisse entwickelt, waren in ihrer Persönlichkeit gewachsen und stellten neue Forderungen. Die gewohnten Umgangsweisen mit den Strukturen der Gruppe hatten über Monate hin ihren guten Dienst getan, waren aber nun anachronistisch. Es zeigte sich, daß die Kinder in den Ferien neue Freunde gewonnen hatten, teilweise in der Schule eine zweite Fremdsprache lernten, mehr Taschengeld bekamen, sie hatten Tauchen gelernt, ein Fahrrad geschenkt bekommen, waren zum ersten Mal im Ausland gewesen. Die Frage, was die Gruppe für sie bedeute und was die Erzieher ihnen geben könnten, stellte sich deshalb von neuem. Da sie sich selbst verändert hatten, verlangten sie auch eine Veränderung der Erzieher im Kontakt mit ihnen.

Alles dies lag beschlossen in einem Spielzeug, das eines der Kinder sich von der Gruppe wünschte. Das Spielzeug hatte in diesem Falle einen starken Symbolgehalt für die bisher nicht verstandenen unbewußten Bedürfnisse und Forderungen. Das unbewußte Anliegen der gesamten Gruppe wurde durch dieses Symbolspielzeug artikuliert und nahm seinen Weg, auf Verständnis zu stoßen, über dieses Spielzeug zu mir, zu den Eltern und zu den Erziehern. Die Veränderung der Stimmung in der Elterngruppe zeigte, daß der sozialenergetische Fluß wieder in Gang gekommen war, während vorher Stagnation, Sumpfigkeit und ablehnende Unzufriedenheit beide Gruppen beherrschte.

Meines Erachtens können wir sogar umgekehrt sagen, daß Stagnation in Gruppen darauf hindeutet, daß wichtige Veränderungen und Wachstum stattgefunden haben, die in ihren neuen Forderungen und Bedürfnissen noch nicht verstanden werden. Es ist daher Aufgabe der Leiter, sowohl der Eltern als auch der Kindergruppe, auf unbewußte Äußerungsformen dieser Bedürfnisse zu achten und sie zu entschlüsseln. Dies geschieht sozialenergetisch konstruktiv, wenn dieses Entschlüsseln ebenfalls in einer ich-strukturellen Spiel- bzw. gruppendynamischen Bildersprache geschieht. Ich habe mit meiner Pantomime spielerisch auf ein Spielangebot geantwortet, was, so meine ich, entscheidend war für die neue Auseinandersetzungsbereitschaft beider Gruppen. Hätte ich an dieser Stelle mit rationalen Interpretationen geantwortet, ich hätte womöglich nicht so bald rechtshemisphärisch und damit sozialenergetisch wirksam im zentralen Ich Kontakt und Verstehen erlangen können. – Ich meine überdies, daß auch die Kinder zu einem baldmöglichen Verstehen das Ihre tun. Hätte ich die Kutsche mit den Kindern und den Pferden nicht in ihrem Sinngehalt mehr unbewußt als bewußt verstanden, die Kinder hätten neue Symbole gefunden und Spielangebote gemacht, um das konkrete, ich-strukturelle Einsteigen im »Hier und Jetzt« des Spieles zu ermöglichen, d. h. alle Beteiligten wieder zu Spielpartner zu machen.

Wir müssen davon ausgehen, daß Kinder, die heranwachsen und deren Persönlichkeit sich erweitert, auch erweiterte sozialenergetische Felder brauchen bzw. sogar bereits selbst herstellen. Entsprechend verändert sich auch das Spielgeschehen. Ich habe beobachtet, daß kleine Kinder täglich eine Vielzahl unterschiedlicher Spielaktivitäten entwickeln. Die ganze Welt ist kraft ihrer Phantasie ständig im Bereich ihrer Möglichkeiten. Größere Kinder entwickeln lang anhaltende, oftmals über Wochen oder sogar Monate hin stabile Spielsituationen. Die Vielfalt des Spiels ist dadurch eingeschränkt, der Facettenreichtum und die Differenziertheit aber dadurch größer. Während kleinere Kinder, um einen Löwen zu spielen, z. B. nur demonstrieren, daß er auf vier Beinen läuft oder daß er brüllt, daß er einen Schwanz hat und es nicht nötig ist, daß alle Merkmale eines Löwen im Spiel berücksichtigt werden, neigen größere Kinder immer wieder dazu, neue Möglichkeiten aus einer Spielsituation und aus einer Rolle herauszuholen und mit ihr immer wieder anders umzugehen.

Dies entspricht der Identitätsentwicklung der Kinder. Größere Kinder haben bei einem Zuwachs an Kontinuität der Persönlichkeit zugleich einen Zuwachs an Wachstum und an Differenzierung der Gefühle, Bedürfnisse und Wahrnehmungen. Kleinere Kinder hingegen erleben ihre Persönlichkeit im schnellen Wechsel einer Diskontinuität von spielerischen Rollen und Phantasien. Ein oder zwei Merkmale dieser Rollen reichen oftmals hin, um in der Spielphantasie zu leben.

Immer aber ist das Spielgeschehen Zentrum des sozialenergetischen Feldes, in dem das Kind sich bewegt. Größere Kinder strukturieren und gestalten dieses sozialenergetische Feld oftmals in einem hoch differenzierten Ausmaß. Es ist auch ein Feld, das seinerseits Grenzen setzt gegen andere sozialenergetische Felder, in denen das Kind lebt. Denken wir z. B. an das außerordentlich differenzierte Spielgeschehen mit einem Kaufmannsladen und seinen Utensilien, in einer Puppenküche, in der man kochen, backen, braten und abwaschen kann, in einer großen Landschaft mit Eisenbahnschienen, Bahnhöfen, Personen- und Güterzügen, Verkehrszeichen usw.

Besonders deutlich ist in diesem Zusammenhang das sozialenergetische Feld, das Kinder sich schaffen, wenn sie Buden oder Höhlen bauen, oder wie unsere Schülerhortgruppe ein italienisches Dorf, in dem sie zuvor anläßlich einer Reise drei Wochen gemeinsam gelebt haben.

Die Kinder dieser Gruppe waren zum ersten Mal gemeinsam auf eine so weite Reise gegangen. Nie zuvor hatte überhaupt eine Hortgruppe eine solche Reise gemacht. Bewunderung und Ehrfurcht war die Reaktion aller anderen Gruppen des Horts auf dieses großartige Unternehmen. Seit dieser Reise nahm die Gruppe unter allen anderen eine herausragende Stellung ein, und die Gruppe selbst fand ihre Identität in den Erlebnissen dieser Reise. Die Gruppe baute sich aus großen Pappkartons Häuser, die das italienische Dorf darstellten. Es entstand ein Rathaus mit dem Bürgermeister, ein Bäckerladen, eine Bank, ein Zeitungsverlag, ein Restaurant, ein Friseurladen, ein Supermarkt, Polizei, Feuerwehr, Schule und auch eine Tier- bzw. Arztpraxis. In mühsamer Kleinarbeit planten und bastelten die Kinder wochenlang die Gebäude ihres Dorfes. Sie bemalten die Häuserwände, beschrifteten sie und legten mit Hilfe von Taschenlampenbatterien Beleuchtungsanlagen an. Die Häuser hatten Türen und Fenster, die man öffnen und schließen konnte. Sie waren so groß, daß zwei Kinder in einem Haus hocken konnten. Als die Häuser fertig waren, entstanden lebhafte Aktivitäten zwischen allen Beteiligten. Der Arzt wurde konsultiert, in der Schule fand Unterricht statt, auf der Bank wurde Geld ausgegeben und eingezahlt, ein Dorfkurier wurde im Zeitungsgebäude gedruckt, hergestellt und dann verteilt, Friseur, Bäcker und Restaurant waren in Betrieb. Es gab auch Gemeinderatsversammlungen, die der Bürgermeister einberufen hatte. Es wurden Beschwerden vorgetragen, z. B. daß der Wirt sein Restaurant verschlampen ließe, und er wurde aufgefordert, sofort hygienische Verhältnisse herzustellen, weil sonst niemand mehr das Restaurant besuchen würde. Anläßlich eines Bankeinbruchs wurde die Polizei tätig und schnappte schließlich den Räuber, es war der Supermarktbesitzer, der mit seinem Geld nicht umgehen konnte und kurz vor der Pleite stand.

Über Monate hin gelang es den Kindern, durch diese sehr differenzierten Spielvorgänge große Anerkennung zu ernten. Sogar die Eltern anderer Gruppen waren beeindruckt, auch die Institutsangehörigen erfuhren als einer Besonderheit von diesem Spiel. Besucher des Kindergartens, wie z. B. Studenten, Erziehungswissenschaftler der Universität, Praktikanten und Psychologen sowie Schüler der Erzieherfachschulen, die zu unserem Kindergarten und Schülerhort Kontakt aufnahmen, mußten speziell bei dieser Gruppe eine Zollschranke passieren, an der sie 10 Pfennig zahlen mußten. Mit dem wachsenden Interesse der Dorfbesucher stiegen auch die Eintrittspreise bis zu 50 Pfennig. Alles Geld wurde gespart dafür, daß die nächste Gruppenreise wieder in das italienische Dorf gehen sollte.

Ich selbst war ebenfalls so beeindruckt von diesem Gruppenspiel, daß ich es sogleich in eine meiner Arbeiten über Psychoanalytische Pädagogik aufnahm. Ich erzählte dies den Kindern, es interessierte sie jedoch überhaupt nicht. Sie fragten mich vielmehr, wann endlich die versprochene Palme käme, die sie auf ihrem Dorfplatz dringend brauchten.

Wichtig ist mir hier zu zeigen, wie Kinder Erweiterung ihrer Persönlichkeit und ihres sozialenergetischen Feldes im Spiel bewältigen und wie sie gleichzeitig dadurch neue Erfahrungen dazu benutzen, um sich als Gruppe von anderen Gruppen abzugrenzen. Natürlich war auch der Name ihrer Gruppe geändert worden, der Gruppenname war nun der Name des italienischen Dorfes.

Interessant ist auch, wie diese Spielphase von mehreren Monaten endete und wie das sozialenergetische Umfeld für die Beendigung in Anspruch genommen wurde. Sie wurde dadurch eingeleitet, daß immer mehr Inhalte in die Rollenspiele des Dorfes einflossen, die eigentlich nicht durch die Spielstruktur des Dorfes und seine Grenzen vorgegeben waren. Oder es zeigte sich, daß immer mehr Kinder nicht ihren Posten bezogen, sondern anderen Interessen außerhalb des Dorfes nachgingen.

Eines Tages bauten die Kinder aus mehreren großen Kartons ein Riesengebilde, das nicht mehr im Kinderraum Platz hatte und den Flur halb versperrte. Es wurde schwarz angemalt und hieß die Familiengruft. Das Ungetüm ärgerte alle, die den Flur passieren mußten. Auf Fragen, was das schwarze Ding solle, erhielt niemand eine Antwort. Einen Monat oder mehr war das schwarze Ungetüm ein unantastbarer Gegenstand, der nicht weggeschoben, verkleinert, entfernt oder an anderer Stelle aufgestellt werden konnte. Eines Tages machte sich die Kindergruppe daran, die Familiengruft zu zerlegen, die Pappe zu zerkleinern und in die Mülltonne zu tragen. »Was macht denn euer schönes Dorf?« fragte in dieser Zeit einer der Institutsangehörigen die Gruppe. »Welches Dorf meinst du denn?« war die Antwort.

An den Grenzen des sozialenergetischen Spielfeldes schuf sich diese Gruppe Einrichtungen, die sowohl Zuwendung als auch Auseinandersetzung hervorriefen. Die Zollschranke und die Familiengruft waren spielerische Erfindungen dieser Grenzen. Offenbar war es der Gruppe wichtig, daß auch der Untergang des Dorfes, d. h. eine wichtige Spielphase, bemerkt wurde durch alle, die mit der Schülerhortgruppe in Beziehung standen. Auch das Ende und die Begrenzung von Spielsituationen ruft Sozialenergie hervor und fordert Sozialenergie.

Eine andere, jüngere Schülerhortgruppe befand sich in einer Phase des Umbruchs und der Diffusität. Die Gruppe hatte keinen Namen und versuchte, sich ebenfalls nach einer Reise mit dem Namen des Reiseortes zu benennen und das Dorfspiel zu imitieren. Die Gruppe war mit dem Namen nicht zufrieden, ebensowenig wie mit dem Dorfspiel. Etwa ein Vierteljahr lang versuchte sie immer wieder, einen Namen zu finden, manche hielten sich zwei Tage oder eine Woche lang. Die Gruppe war in einem Zustand ähnlich wie die Gruppe, die ihr wichtigstes Problem durch die Kutsche mit den Pferden mitteilen konnte.

Eines Tages, als die Schülerhortgruppe mit dem Fahrrad zum Schwimmen fuhr, radelte eines der Mädchen unvorsichtig eine alte Frau an, die stürzte und sich am Bein verletzte. Die Kinder waren sofort furchtbar betroffen, als sie die alte Frau hilflos auf der Straße liegen sahen. In den Gesichtern der Kinder sah man große Angst, die Erzieherinnen und die Kinder halfen der alten Frau wieder auf die Beine, nachdem sie festgestellt hatten, daß sie sich nichts gebrochen oder verstaucht hatte. Sie hatte sich aber verletzt und blutete auch. Es wurde beschlossen, daß eine der Erzieherinnen die alte Frau sofort zur Ersten Hilfe ins Krankenhaus fahre und die andere Erzieherin mit den Kindern in den Hort zurückkehre. Die Kinder waren bedrückt und schwiegen betreten.

Als die Erzieherin nach Beendigung der Hortzeit endlich aus dem Krankenhaus zurückkam, hatte Jaqueline, die den Unfall verursacht hatte, zusammen mit ihrer besten Freundin liebevoll für die Erzieherin eine Mahlzeit vorbereitet, weil Jaqueline wußte, daß die Erzieherin noch nichts gegessen hatte. Die Erzieherin bekam Toastbrote und Rührei, Tee und Joghurt. Eifrig liefen die beiden kleinen Mädchen hin und her, um die Erzieherin zu bedienen. Diese war sehr gerührt über die liebevolle Fürsorge. Beide Mädchen hatten ängstlich gewartet, daß die Erzieherin zurückkäme, und waren nun froh zu hören, daß der alten Frau wirklich nichts Schlimmes passiert war. Die Erzieherin war sehr hungrig und froh darüber, zu essen zu bekommen. »Das ist ja wie in einem Café, so schön möchte ich immer essen«, sagte die Erzieherin. Am nächsten Tag stellte sie fest, daß Teller und Bestecke für das Mittagessen auf mehreren kleinen Tischen verteilt waren. Die Tische waren liebevoll gedeckt und mit Blumen geschmückt. Die Kinder hatten aus Papier Tischdecken angefertigt. Die beiden Mädchen forderten die Erzieherinnen wie die anderen Kinder auf, an den Tischen Platz zu nehmen, gleich würde die Bedienung das Mittagessen bringen. Hier wäre heute nämlich ein Restaurant. Alle Kinder und die Erzieher waren sehr beeindruckt von der perfekten Bedienung. In den folgenden Tagen wurde das Spiel bei jeder Mahlzeit fortgesetzt, jeweils zwei Kinder bedienten die Gäste.

In verschiedenen Diskussionen über das »Restaurant« entstand die Idee, einmal in der Woche alle Kinder, Eltern, Erzieher und Institutsangehörigen zu einem Caféhausbesuch einzuladen. Die Idee entfachte flammende Begeisterung. Die Gruppe begann mit einer Energie und kreativen Tatkraft zu planen und zu organisieren, die man Kindern in diesem Alter von ca. 8 Jahren nicht zugetraut hätte. Geplant wurde, Kuchen und Plätzchen zu backen, Tee und Kaffee zu kochen sowie die Einkäufe hierzu zu tätigen. Es mußten Finanzberechnungen stattfinden, die Ausgaben mußten durch die Einnahmen von den Gästen ausgeglichen werden. Milch und Zucker durften nicht vergessen werden. Für Kinder gab es Apfelsaft oder Himbeerwasser. Am Tag der Eröffnung des Cafés, der mit vielen bunten Schildern angekündigt war, arbeiteten die Kinder mehrere Stunden an der Vorbereitung.

Ängstlich warteten sie am nächsten Tag, ob überhaupt Gäste kommen würden. Zuerst kam ein Gast, dann ein Kind und schließlich zwei Erzieher. Und dann war plötzlich das ganze Café voll mit Gästen. Alle Kinder der Hortgruppe arbeiteten auf Hochtouren, um die Gäste zu bedienen und die richtigen Geldbeträge einzunehmen, auch auf die Probleme des Wechselgeldes waren sie eingestellt. Es schien, daß alle Gäste das Café sehr begrüßten, der Kuchen wurde gelobt, ebenso der Kaffee und der Tee. Die Kinder nannten ihr Café »Arche Noah«, ein Name, der endlich der richtige zu sein schien. Das Café erforderte einfach einen Namen, nun wurde er gefunden, als die Gruppe sich daran erinnerte, daß sie schon über einen längeren Zeitraum gemeinsam mit einem großen Schiff spielten, das sie aus Legobausteinen angefertigt hatten. Das Mittwochscafé »Arche Noah« wurde zu einer allen Beteiligten bekannten Einrichtung, zu der die Gäste feierlich und in gehobener Stimmung kamen. Die Kinder nahmen über Monate hin ihre Aufgabe sehr ernst.

Eine andere Kindergruppe hatte ebenfalls keinen Namen. Die Erzieher halfen sich damit, daß sie die Gruppe Schlumpf-Gruppe nannten, weil die Schlümpfe die Kinder dauernd beschäftigten. Als die Schlümpfe uninteressant geworden waren und die Mon-Chichis – häßliche kleine Gummiwesen, die ein Loch als Mund hatten, in das ein Finger des Händchens hineingesteckt werden konnte – sie abgelöst hatten, änderte sich der Gruppenname jedoch nicht. Eines Tages entstand der Wunsch in der Gruppe, einen riesigen Mon-Chichi zu bauen, so groß wie zwei Menschen übereinander. Das Argument der Kinder war, sie würden den Mon-Chichi riesig lieb haben. Es entstand daher ein großes Holzgerüst, das mit Bindfäden zusammengefügt wurde. Kopf und Körper wurden aus Pappmaché gemacht und prächtig bemalt. Unten in der Mon-Chichi-

Puppe war vorn und hinten ein großes Loch gelassen worden, dessen Bedeutung unklar blieb. Als bald danach wieder ein großes Sommerfest auf einer Wiese stattfinden sollte, beschloß die Gruppe, die Mon-Chichi-Puppe auftreten zu lassen. Die Puppe erhielt zusätzlich mehrere schöne weite Röcke aus Stoff und Papier. Auf der Wiese traten dann neben der Puppe ein Arzt und eine Hebamme auf, die die Puppe untersuchten, abhorchten und sorgenvolle Gesichter machten. Dann machten sie sich unter den Röcken zu schaffen und zogen eines der Kinder, das sich in der Puppe versteckt gehalten hatte, heraus. Die Zuschauer waren begeistert. Von neuem begann das Spiel – von hinten kroch ein Kind unter die Röcke der Puppe in das Loch hinein und wurde mit Hilfe des Arztes und der Hebamme geboren. Das Geburtsspiel wiederholte sich, bis alle Kinder der Gruppe mehrmals zur Welt gebracht worden waren.

Um die tiefe existentielle Bedeutung der Puppe für Kinder zu ermessen, ist dieses Spiel sicher besonders eindrücklich. Sie ermöglicht der Gruppe eine neue Geburt, Leben, Veränderung und Erweiterung der Identität und erinnert an kultische Rituale bei archaischen Völkern, deren Puppen Götter sind, die als gruppendynamisches Zentrum von Leben und Sterben, Geburt und Zeugung Wirksamkeit haben.

In allen Gruppenspielen, die ich in diesem Abschnitt geschildert habe, ist zu beobachten, daß die Kinder wichtige Anliegen und damit wichtige Anteile der eigenen Person darstellen. Teils sind es Anliegen der gesamten Gruppe, teils sind es Bedürfnisse einzelner Kinder. Immer geht es um das Entstehen von Sozialenergie innerhalb der Gruppe oder aber um die Erweiterung der sozialenergetischen Zuwendung von außen.

In unserer theatertherapeutischen Arbeit im Rahmen der stationären Dynamisch-Psychiatrischen Klinikbehandlung können wir ähnliche Prozesse beobachten. Die nachholende therapeutische Ich-Struktur-Entwicklung, die psychisch schwer kranke Menschen benötigen, findet innerhalb der Theatertherapie ebenfalls in einem sozialenergetischen Spielfeld statt. Die Rollen und Theaterstücke, die die Patienten selber schreiben, sind die Spielanlässe, durch die Ich-Struktur-Defizite und destruktive Verformungen einzelner Ich-Funktionen auf besonders wirksame Weise wieder in ein sozialenergetisch konstruktives Geschehen einbezogen werden können. Die Patienten entwickeln in ihren Rollen Ich-Potentiale, die unterdrückt geblieben sind. Sie agieren in den Rollen destruktive Anteile ihrer Persönlichkeit aus, durchleben sie und distanzieren sich von ihnen, weil Rollen verlassen werden können, wenn sie nicht mehr mit der eigenen Person identisch sind. Angst, Aggression, Narzißmus, Kreativität, Körper-Ich und Ich-Grenzen sind Forderungen, die aus dem Zusammenspiel der Theatergruppe hervorgehen, und erlangen zentrale Bedeutung. Selbst die verbale Sprache des Theaterstücks dient den unbewußten Ich-Struktur-Prozessen. Es hat sich gezeigt, daß die Patienten immer Theaterstücke schufen, die symbolische Aussagen und Fragestellungen über das in Identität Existieren-Können enthielten. Natürlich ist das therapeutische Theaterspiel so differenziert und facettenreich, wie es eine ganzheitlich entwickelte bzw. zu entwickelnde Identität ist.

Die Stabilität und Kontinuität des therapeutischen Theaterspiels erinnert ebenfalls an die Gruppenspiele der Kinder. Die Kontinuität ist so lange gewährleistet, wie das Spiel für die ich-strukturelle Entwicklung benötigt wird und solange es sozialenergetischen Austausch hierfür ermöglicht. Auch die Theaterspiele der Patienten werden zu einem bestimmten Zeitpunkt leere Strukturen, die die Patienten hinter sich lassen.

Ganz im Gegensatz hierzu steht das Schauspiel der professionellen Bühne. Die klassischen Rollen sind meistens Jahrzehnte, häufig sogar Jahrhunderte alt. Bestimmte Wesensmerkmale ihrer geistigen Dimension müssen erfaßt und gestaltet werden, sonst ist das Spiel von schlechter Qualität. Dennoch sind auch den Rollen und Theaterstücken, die von Dichtern geschaffen worden sind, unendliche Möglichkeiten in der Variation und Gestaltung eigen. Die geistige Auseinandersetzung mit der Rolle ist ein außerordentlich tiefgreifender kreativer Prozeß, der immer auch in der Persönlichkeit des Schauspielers Spuren hinterlassen wird. Alles kommt darauf an, ob er sich auf ein geistiges und kreatives Spielen mit der Rolle und ihren Möglichkeiten einzulassen vermag. Auch der Schauspieler schafft sich um sein Spiel herum ein sozialenergetisches Feld.

Puppen sind für jeden bekannte Wesen. Eigentlich brauchen sie keine Theorie und keine Erklärung, sowenig wie das menschliche Leben selbst. Sie machen aber neugierig, die Puppe und alles, was mit ihr zusammenhängt, zu untersuchen und darüber nachzudenken.

Das Thema Puppe ist unerschöpflich. Ich schließe hier meine Puppenerforschung ab und habe sehr vieles nicht aufgeschrieben, was es über sie zu sagen gäbe. Ich glaube, dies gehört ebenfalls zum Phänomen der Puppe.

Sie bestimmt auch, wie sie zu untersuchen ist. Sie verweigert den Status Forschungsobjekt, wie er wissenschaftlich vorgeprägt und üblich ist. Das Geheimnis der Puppe läßt sich nur lüften, wenn wir über den Menschen ganzheitlich zu forschen und zu denken beginnen. Puppen können nicht isoliert gesehen werden, ohne ihre Wesenheit zu verlieren. Sie erfordern es, zugleich vom Spielen überhaupt und von der Bedeutung des Spiels für den Menschen und natürlich besonders für Kinder zu sprechen. Die Puppe ist Zentrum der Dynamik von Lebensprozessen um sich herum, sie ist Zentrum der Welt der kindlichen Phantasie und Zentrum des Spielfeldes kindlicher Beziehungen, wenn sie auch menschliche Beziehungen nicht ersetzen kann. Puppen sind Schlüssel zum Unbewußten, zu den Bedürfnissen, Gefühlen und Wünschen und zum zentralen Ich.

Puppen sind deshalb auch Symbole herzlicher und inniger Beziehungen und des tiefen Glücksgefühls, das darin liegt, verstanden zu werden.

Eine meiner Patientinnen tat sich sehr schwer, ihrer Tochter Evi zum Geburtstag die gewünschte Puppe anzufertigen. In der letzten Nacht vor dem Geburtstag gelang es ihr aber, eine wunderbare Puppe zu machen. Als zwei Monate später die Mutter selbst Geburtstag hatte, schrieb die Tochter unter anderem in einem herrlich bunten Geburtstagsbief, daß die Puppe Maya sie, die Puppenmutter Evi, wahnsinnig lieb hätte.

Als der Marionettenspieler mit der Clownmarionette, die Marion dazu verlockte, Tänzerin zu sein, neulich wieder eine Vorführung für einige Kindergruppen machte, klammerte sich der Clown mit erhobenen Armen ängstlich an das Bein des Spielers und erzählte ihm, wieviel Angst ihm die Überquerung des Abgrundes machen würde, die ihm bevorstünde. Liebevoll streichelte der Spieler dem Clown das Köpfchen, ermutigte ihn und reichte der kleinen Holzhand seine Hand, um ihn über den Abgrund zu begleiten.

Puppen sind Vorläufer der Identität, die die Freiheit des sich Identifizierens und Rollenspielens der Kindheit in sich trägt. »Playfullness«, um einen Ausdruck von *Winnicott* und *Ammon* zu gebrauchen, und Kreativität sind das existentielle Medium, in dem Kinder leben und sich entwickeln. Playfullness und Kreativität sind die Ich-Zustände oder gar der Lebensstil von erwachsenen Menschen, die sich ausbreiten in Raum und Zeit ihres Lebens, die bei sich und sie selbst sind.

Schauspieler einer Theatertruppe waren gekommen, um auf unserem Spielplatz ein Sommerfest zu eröffnen. Es war ein sogenanntes Mitspieltheater, das alle Kinder einbezog. Ein buntgeschminkter »Reiseleiter« erklärte, nun ginge es auf eine Schnellreise mit einer Rakete, alle sollten sich anfassen und einsteigen. Mit suggestiver singender Intonation schilderte der Reiseleiter alle Einzelheiten des Starts der Rakete, die Erlebnisse in den Wolken und den Blick auf die kleine Erde. Die Kinder mußten verschiedene Körperbewegungen und verschiedene Passagen des Sprechgesangs dabei mitmachen. Als die Reisegruppe in einer tropischen Gegend gelandet war, begegnete ihr als erstes das Elefantenkind Bumsti mit seiner Familie, Vater und Mutter. Die Familie lebte in einer Behausung, in der es lauter Dinge gab, die in unseren Familien üblich sind:

Wohnzimmer, Fernseher, Zeitung, Kinderzimmer usw. Es zeigte sich, daß die Eltern von Bumsti sehr lieblos mit ihrem Kind umgingen. Immer hatte die ständig putzende Mutter keine Zeit zum Spielen, der ständig fernsehende und zeitunglesende Vater ebensowenig. Alle Wünsche wurden Bumsti schroff verboten, so daß Bumsti schließlich zu stottern anfing. Nun machten sich die Eltern Sorgen und versuchten, durch Ärzte und Erziehungsberatung Bumstis Stottern zu beseitigen. Alles half nichts. Schließlich entschlossen sie sich, zu einem Zauberer zu gehen. Dort angekommen, klagten sie dem Zauberer das Unglück mit Bumsti, der stotterte und über den sie auch sonst allerlei Klagen anführten. Der Zauberer verlangte von den Eltern, sie müßten einen Zaubertrunk trinken und außerdem ab sofort Bumsti alle Wünsche erfüllen. Als sie den Zaubertrunk zu sich genommen hatten, geschah etwas Überraschendes: Bumstis Eltern begannen zu stottern, während Bumsti nicht mehr stotterte. Mit Schrecken und Entsetzen begriffen sie, was geschehen war. Zu Hause angekommen, waren sie sofort eifrig dabei, Bumsti jeden Wunsch zu erfüllen. Bumsti wünschte sich, mit dem Vater Fußball zu spielen, von der Mutter eine Geschichte vorgelesen zu bekommen und ähnliche kindliche und bescheidene Dinge. Durch den Zauberer gingen nunmehr Bumstis Wünsche in Erfüllung.

Der Zauberer war der wirkliche Spielpartner von Bumsti, weil er sich an seine Seite und an die Seite seiner Wünsche und Bedürfnisse stellte. Er stieg ein in das feindliche Feld sozialenergetischer Defizite, begann mit den fixierten und harten Beziehungen der Eltern zu Bumsti zu spielen »und sie in Bewegung zu bringen«. Bumstis Eltern stottern nun, weil sie die Urheber der unmenschlichen Unterdrückung und des Stotterns von Bumsti sind.

Literatur

Ammon, Gisela, Stufen der Kreativität in der Vorlatenz, *Dyn. Psychiat.* 13 (1971) S. 296–305.

–, Die Rolle der Prävention im kindlichen Spiel – Psychoanalytische Kindergärten innerhalb der Dynamischen Psychiatrie, *Dyn. Psychiat.* 11 (1978) S. 174–190.

–, Psychoanalytische Kindergärten als Modell der Prävention psychischer Erkrankungen, *Dyn. Psychiat.* 12 (1979) S. 290–304.

–, Präventive Maßnahmen – Psychoanalytische Kindergärten und psychoanalytische Pädagogik, in *Ammon, Günter* (Hrsg.), Handbuch der Dynamischen Psychiatrie, Bd. I, Ernst Reinhardt Verlag, München 1979.

Ammon, Günter, Beobachtungen und Erfahrungen eines Psychiaters und Psychoanalytikers mit den Lakandon-Mayas Mittelamerikas, *Mitteilungen Berl. Ges. Anthropol.* 1 (1966) S. 52–55.

–, Gruppendynamik der Aggression, Pinel Publikationen, Berlin 1970; Kindler, München 1973 (holländ. und ital. Lizenzausg.).

–, Gruppendynamik der Kreativität, Pinel Publikationen, Berlin, Kindler, München 1972.

–, Was macht eine Gruppe zur Gruppe?, *Wiss. Prax. Kirche Ges.* 62, und *Dt. Evang. Kirchentag, Dokumente,* Kreuz, Stuttgart 1973.

–, Analytische Gruppendynamik, Hoffmann und Campe, Hamburg 1976.

–, Entwurf eines Dynamisch-Psychiatrischen Ich-Struktur-Konzepts – Zur Integration von funktional-struktureller Ich-Psychologie, analytischer Gruppendynamik und Narzißmus-Theorie, in: *Ammon, Günter* (Hrsg.), Handbuch der Dynamischen Psychiatrie, Bd. I, Ernst Reinhardt Verlag, München 1979.

– (Hrsg.), Handbuch der Dynamischen Psychiatrie, Bd. I, Ernst Reinhardt Verlag, München 1979.

–, Kreativität, Therapie und künstlerische Gestaltung, *Dyn. Psychiat.* 14 (1981), S. 101–115.

–, Kreativität und Kreativitätserlebnisse bei Dichtern und ihren Gestalten, in: *Ammon, Günter* (Hrsg.), Handbuch der Dynamischen Psychiatrie, Bd. II, Ernst Reinhardt Verlag, München 1982a.

–, Hirnstrukturen, Unbewußtes und Ich-Strukturologie, in: ebenda. 1982.

–, Das sozialenergetische Prinzip in der Dynamischen Psychiatrie, in: ebenda, 1982.

–, Arbeit und menschliche Existanz, in: ebenda, 1982.

–, Die Rolle der Arbeit in der Psychoanalyse und in der Dynamischen Psychiatrie in: *Petzold, H.* (Hrsg.), Psychotherapie und Arbeitswelt, Junfermann Verlag, Paderborn 1982.

–, Ich-strukturelle Gruppenpsychotherapie, *Dyn. Psychiat.* 15, (1982) S. 1–9.

Ammon, Günter, Ammon, Gisela, Griepenstroh, D., Das Prinzip von Sozialenergie – gleitendes Spektrum und Regulation, *Dyn. Psychiat.* 14 (1981 S. 1–15.

Axline, V. M., Kinder-Spieltherapie in nicht-direktiven Verfahren, Ernst Reinhardt Verlag, München-Basel 1980, S. 27–51; orig.: Play Therapy: The Inner Dynamics of Childhood, Hougton Mifflin, Boston 1947.

Baruch, D. W., Doll Play in Pre-school as an aid in understanding the child, *Mental Hygiene,* Vol. XXIV, No. 4, Oct. (1940) S. 566, 577.

Bender, L., Woltmann, A., The Use of Puppet Shows as a Psychotherapeutic Method for Behavior Problems in Children, *The Americ. J. of Orthopsychiatry,* Vol. VI, No. 3 July (1936) S. 341–347.

Hartmann, G., Litjoko, Puppen der Karaja, Brasilien, Museum für Völkerkunde, Berlin, 1973.

Isaacs, S., Social Development in Young Children, George/Routledge & Sons, Ltd., London 1933, S. 209–259.

Petzold, H., Puppenspiel in der therapeutischen und geragogischen Arbeit mit alten

Menschen, *Integrative Therapie* 1–2, Junfermann Verlag, (1982) S. 74–112, dieses Buch S. 285.

Pfeiffer, W. M., Das Spiel mit Handpuppen in der Therapie der Psychosen, *Zeitschr. f. Psychotherapie u. medizinische Psychologie* 3, Georg Thieme Verlag, Stuttgart (1965) S. 135–139, dieses Buch S. 263.

–, Handpuppen in der psychiatrischen Therapie, *Beschäftigungs- und Gruppentherapie*, Heft 2, Bayer, Leverkusen (1966).

Rotenberg, V. S., Funktionale Dichotomie der Gehirnhemisphären und die Bedeutung der Suchaktivität für physiologische und psychopathologische Prozesse, in: *Ammon, Günter* (Hrsg.), Handbuch der Dynamischen Psychiatrie, Bd. II, Ernst Reinhardt Verlag, München 1982.

Spitz, R. A., Die Entstehung der ersten Objektbeziehungen, Klett, Stuttgart 1957.

–, Vom Säugling zum Kleinkind, Klett, Stuttgart 1972.

Staabs, G. v., Der Sceno-Test, *Zentralbl. f. Psychotherapie*, Beiheft 6, Leipzig 1943.

Winnicott, D. W., Übergangsobjekte und Übergangsphänomene, 1953, *Psyche 9*, 1969.

–, Vom Spiel zur Kreativität, Klett-Cotta, Stuttgart 1979.

Woltmann, A., The use of Puppets in Understanding children, *Mental Hygiene*, Vol XXIV., No. 4, Oct. (1940) S. 457.

Zenkov, L. R., Einige Aspekte der semiotischen Struktur und der funktionalen Organisation des rechtshemisphärischen Denkens (in russischer Sprache), in: The Unconscious: Nature, Functions, Methods of Study, Bd. I, Metsniereba Publ. House, Tbilisi 1978.

Holgrid Gabriel

Das Puppenspiel in der Psychotherapie nach C. G. Jung

»Seid ihr alle da?!« Dieser Ruf gehört dem Kasper und muß von seiten der Zuschauer mit einem schallenden »Ja!« beantwortet werden. Es ist das Eingangsritual des Kasperspiels, das den Bannkreis um das folgende Geschehen und die an ihm beteiligten Zuschauer schließt, in welchem die Figur des Kaspers den Mittelpunkt bildet. Das »Ja« der Zuschauer hat dabei die Funktion eines Echos bzw. der Reflexion, welche für das Entstehen von Bewußtheit und für die Aufrechterhaltung des Bewußtseins notwendig ist (*Hillmann* 1981, S. 74, 79). So wird also bereits mit dem Eingangsritual deutlich, daß es sich beim Kasperspiel, von der analytischen Psychologie C. G. *Jungs* her gesehen um einen Prozeß handelt, der mit der Bewußtwerdung und mit der Konstellation des Ich-Komplexes im Bewußtsein zu tun hat. Und ich möchte an dieser Stelle bereits vermerken, daß ich in der Kasperfigur eine für unseren Kulturbereich ganz spezifische Repräsentanz des sich konstellierenden Ich-Komplexes sehe, die von keiner anderen Heldenfigur vollwertig ersetzt werden könnte.

Über das Puppenspiel respektive das Kasperspiel in der Psychotherapie nach C. G. *Jung* etwas auszusagen stößt aber trotzdem bereits bei der ersten Anfrage an das Thema auf Schwierigkeiten, da das Puppenspiel, soweit ich sehe, als beschriebene und umschriebene Methode in der Therapie nicht vorkommt und ihm, sofern es im Behandlungsprozeß auftaucht, gegenüber den anderen Symbolspielen keine ausgezeichnete Rolle zukommt. Das heißt nicht, daß es keine Kinder- und Jugendlichen-Psychotherapeuten oder auch Erwachsenen-Therapeuten gibt, die es auf Grund seiner psychodramatischen Wirkmöglichkeiten situativ und zielgerichtet einsetzen und sein Geschehen mitsamt den daran beteiligten Figuren im Sinne der analytischen Psychologie C. G. *Jungs* deuten, es heißt aber, daß das Puppenspiel als eigenständiges Phänomen in seiner Ganzheit im Rahmen der analytischen Psychologie bisher kaum oder zuwenig Beachtung gefunden hat (vgl. *Heider* 1978).

Mit dem Begriff »Kasperpuppe« soll im Rahmen dieser Arbeit ausschließlich die Handpuppe gemeint sein, da mir diese Abgrenzung gegenüber allen anderen Arten von Puppen außerordentlich wichtig erscheint. Sie ist nicht nur vom Material her berechtigt, sondern auch von der sich entfaltenden Psychodynamik her notwendig; d. h., jede Puppe kann zwar entsprechend ihrer äußeren Merkmale zum Projektionsträger archetypischer oder komplexbedingter Inhalte werden, ein wesentlicher Unterschied zwischen den Puppen besteht aber in ihrer »Handhabbarkeit« als Projektionsträger und der damit verbundenen Psychodynamik. Die Handhabbarkeit der Handpuppe zeichnet sie gegenüber allen anderen Puppen aus, seien dies Puppen, wie sie von Kindern im sogenannten Rollen- und Aktionsspiel verwendet werden, oder Puppen, die in anderen Arten von Puppentheatern auftreten: Stockpuppen, Stabpuppen, Schattenfiguren, Marionetten. Die Handhabbarkeit der Kasperpuppe liegt in der Unmittelbarkeit ihrer Führung, die ihrerseits auf einer fast vollkommenen Identität von Hand und Puppe besteht, worauf auch *Ellwanger* und *Grömminger* (1978, S. 20 im Anschluß an *Böhmer*) verweisen.

Die Bewegungen der Handpuppe entsprechen unmittelbar den Körperbewegungen des Spielers und weitgehend der Gestik der Hand. Wenn der Kasper lacht und die Arme ausbreitet, spreizen sich die Finger wie Sonnenstrahlen; wenn der Teufel den Kopf senkt, um mit den Hörnern zuzustoßen, kommt dies fast dem Schließen der Hand zur Faust gleich; wenn das Krokodil den Rachen aufsperrt, ist es die zugreifende Hand; und wenn der Kasper mit seiner Pritsche zuschlägt, schlägt der Spieler eben mit seiner Hand zu. Dies aber bedeutet, daß die Handpuppe nicht nur jeweils eine bestimmte Symbolfigur ist, die zum Projektionsträger werden kann, sondern daß sie die Möglichkeit in sich birgt, im Spiel zum lebendigen tönenden ›symbolein‹ zu werden. In diesem Symbolein klingen das anorganische und organische Material der Puppe, ihre Gestaltung, ihr Anmutungscharakter, ihr archetypischer Inhalt, die psychische Situation des Spielers und seine Körperlichkeit in Bewegung und Stimmgebung zusammen, ohne aber durch ihre Eigendynamik mit dem Spieler selbst identisch zu werden, d. h., der Spieler schlüpft zwar mit der Hand in die Kasperpuppen, aber nicht wie ein Schauspieler in die Rolle des Kaspers, des Räubers, der Hexe oder eben einer anderen Figur. Da beim Menschen die Hand das vom Bewußtsein her am weitesten bestimmbare Organ ist, über das er sich durch Hantieren seine Objektwelt mit ihren Sachbezügen aufbaut (*Lorenz* 1965, S. 179), bleibt zwischen der Puppe als Objekt mit eigenen Aktionen und dem Selbstverständnis des Subjekts Spieler ab einer gewissen Höhe der Bewußtseinsentwicklung (spätere magisch-phallische Ich-Stufe [*Neumann* 1963, S. 165] immer eine Distanz erhalten, die unter anderem darin gründet, daß der Spieler weiß, daß er mit seinen Händen etwas tut. Dabei ist aber diese Distanz geringer als im Spiel mit anderen Puppen.

Die Handpuppe ist in einer Art unvollkommen, die nach der Hand des Spielers verlangt, um zur Puppe zu werden. Demgegenüber bleiben Puppen, wie sie von Kindern im Rollenspiel verwendet werden, in ihrer Art Puppen, ob sie auf den Arm genommen werden, auf einem Stuhl sitzen oder gar in einer Ecke liegen. Und das Spiel mit anderen Theaterpuppen erfordert sowohl eine Beherrschung ihrer technischen Handhabung wie eine sehr bewußte Reflexion darüber, wie sich bei ihnen Gefühle und affektbestimmte Aktionen vermittels dieser Technik ausdrücken lassen. Die Handpuppe ihrerseits wird aber auf der Hand des Spielers Teil dieser Hand, d. h. unmittelbarer Teil des Subjekts Spieler, wobei sie gleichzeitig ihre Eigenschaft als Objekt gegenüber dem Spieler behält. Dies gibt ihr den Raum, auf der Hand des Spielers eine *autonome* und als Handlung des Spielers eine *entfremdete* oder *verfremdete Eigeninitiative* zu entfalten, wie sie ähnlich einem Symptom oder einem Komplex zukommt.

Komplexe sind komplexe psychische Einheiten, welche sich im Laufe des individuellen Lebens eines Menschen aus Erlebnissen und Erfahrungen um einen Erlebniskern herum bilden, wobei die Anordnung über die gefühlsmäßige Bewertung geschieht. Wegen ihres Inhaltes und dem damit verbundenen Gefühlston, der mit der bewußten Einstellung des Individuums inkompatibel ist, unterliegen sie einem Verdrängungsprozeß ins persönliche Unbewußte, wo sie gegenüber dem Bewußtsein und der Ich-Instanz eine relative Autonomie erlangen. Der Kern der Komplexe hat einen archetypischen Anteil, der sich im Sinne der biologischen Erkenntnistheorie (*Riedel* 1980[2], S. 66) einmal als eine Erwartungshaltung bezeichnen ließe, die allem Leben vorgegeben ist, und zum anderen aus ererbten Erfahrungen und darauf gründenden Erwartungen besteht, die mehr oder weniger inhaltlich bestimmt sind und dem Bewußtsein zugänglich werden können, wie z. B. der Mutter- und Vater-Archetyp, Animus, Anima und der Archetyp des Kindes. Die Archetypen ihrerseits sind die Strukturdominanten der Psyche im kollektiven Unbewußten (*Jacobi* 1957, S. 37). Gemäß der im Komplexkern enthaltenen Erwartungshaltung und ihrer psychoenergetischen Aufladung sprechen die Komplexe auf situativ bestimmte Umweltreize an und kommen ins Spiel. Dabei kann das aus ihnen resultierende Verhalten auf das Ich-Bewußtsein mehr oder weniger befremdlich bis bedrohlich wirken.

Indem nun die Kasperpuppe auf die Erwartungshaltung anspricht und die Erwartungshaltung sich mit ihr verbindet, und indem die Puppe von der Hand des Spielers getragen und in ihrem Verhalten mit einem gewissen Grad von Bewußtheit gestaltet werden muß, lassen sich mit ihr auch Komplexinhalte agieren, ohne das Ich in seiner zentralen Position im

Bewußtsein zu stark zu beeinträchtigen. Dem Schutz der Person dienen dabei nicht zuletzt auch die Bühne und die Kulissen, hinter denen der Spieler verschwinden kann, sie stellen ebenfalls eine Art Bannkreis dar, auch wenn sie nur aus einer Stuhllehne oder einem umgekippten Tisch bestehen. Außerdem ist der Mensch auf Grund seiner Bilateralität respektive Zweihändigkeit in der Lage, einen weiteren Komplexinhalt gleichzeitig in Aktion treten zu lassen, wodurch die Möglichkeit des Dialogs gegeben ist und die Gefahr der Inflation durch einen Komplexinhalt gemindert wird.

Wenn wir das lebendige Geschehen »Handpuppe« in Entsprechung mit dem sehen, was C. G. Jung einen »gefühlsbetonten Komplex« nennt, so darf das nicht zu dem Schluß verleiten, die Puppen des Kasperspiels stellten bestimmte Komplexe dar oder seien gar archetypische Figuren. Sie sind dies um so weniger, als sie bei uns in ihrer heutigen Gestaltung oft vorwiegend den Klischeevorstellungen eines kollektiven Bewußtseins entsprechen, das sich eine Art Kinder-Getto geschaffen hat, in dem möglichst alles niedlich, freundlich und lustig zu sein hat. Der Teufel muß danach häßlich aussehen und Hörner haben, wogegen ihm Schwanz und Pferdefuß meist schon abhanden gekommen sind. Ein König unterscheidet sich von einem gutmütigen Großvater oft nur noch durch die Krone, während ihm Würde und Erhabenheit durch die Aufhebung aller Standesunterschiede in unserer Gesellschaft genommen zu sein scheinen. Und auch das Krokodil ist häufig durch Filz und Knopfaugen gezähmt, damit es gewiß niemanden mehr beißen kann. Dessenungeachtet haben aber die Figuren, sobald sie auf der Hand des Spielers sind, ihren Funktionswert nicht verloren. Dieser besteht darin, daß die Puppen vermittels ihres Anmutungscharakters konstellierend auf die Komplexstruktur des persönlichen Unbewußten des Spielers wirken, wobei sie auch den in jedem Komplexkern enthaltenen archetypischen Anteil mit ins Spiel bringen.

In dieser komplexkonstellierenden Wirkung, verbunden mit der Handhabbarkeit und der »verfremdeten Autonomie« der Handpuppe, die es verhindert, daß der Ich-Komplex durch die Aktivierung respektive Dramatisierung anderer Komplexe überschwemmt wird, sehe ich den therapeutischen Wert des Puppenspiels, wobei der Dialogfähigkeit der agierten Komplexe, die sich dabei ergibt, eine Hauptfunktion zukommt. Sie schafft über die Verbalisation eine wesentliche Voraussetzung für die Bewußtwerdung der sich konstellierenden Komplexinhalte. Der Spieler bleibt oder wird dabei zum »Herrn der Situation«, wie es Ellwanger und Grömminger (1978, S. 49) im Anschluß an Sigmund Freud bezeichnen.

Dies trifft allerdings für das Kleinkind respektive das Kind unter 4 Jahren noch nicht zu. So wie es seine Hand noch zu undifferenziert einsetzt, als daß es die Puppe in ihrem Verhalten differenziert gestalten könnte, sowenig ist sein Bewußtsein gegenüber dem Unbewußten abgegrenzt und sein Ich stabilisiert, als daß es eine Inflation durch Komplexinhalte fürchten müßte. Seine Angst ist noch die primäre Angst des sich seiner selbst bewußt werdenden Menschen vor den fremden und damit ungeheuerlichen Kräften des Unbewußten. Und so ergreift es häufig, seine Angst überwindend, die Puppen beim Kopf und agiert in der Identifikation mit ihnen deren gefährliche Aspekte. Dabei werden Figuren, wie Teufel, Räuber, Krokodil, Hexe, bevorzugt, während die Figur des Kasper als Kasper noch nicht in Aktion tritt. Meistens bedarf das Kleinkind auch keiner Bühne, sondern geht mit seinen angsterregenden Figuren auf seine Bezugspersonen zu, Aggression, Angst und Geborgenheit gleichzeitig auskostend.

Es ist nun sehr unterschiedlich, wie das Kind im Rahmen einer Psychotherapie nach *C. G. Jung* den Kasperfiguren begegnet. In manchen Therapieräumen werden die Kasperpuppen an der Wand hängend oder über Flaschen gestülpt dem Kind jederzeit sichtbar und greifbar sein. In anderen Therapiezimmern liegen sie in einer Kiste oder einem Karton offen beieinander oder befinden sich unter dem anderen Spielmaterial verborgen. Eine Bühne steht übrigens auch nicht immer zur Verfügung. Es läßt sich aber mit relativer Gewißheit vermuten, daß das Kind im Verlaufe seiner Therapie die Kasperpuppen »ent-deckt«, sofern welche vorhanden sind, wenn ihre Zeit gekommen ist, und dies ist der Fall, wenn sich der Ich-Komplex stärker zentrieren und seine Unabhängigkeit im Gefüge der anderen Komplexe erringen und bewahren muß. Für diesen Prozeß ist der Kasper *die* ausgezeichnete Figur, die, wie ich meine, von keiner anderen Gestalt überboten werden kann, da sie immer einen Freiheitsgrad mehr besitzt.

Der Therapeut, der Zuschauer und im gewissen Grade auch immer Mit-Akteur dieses Geschehens, wird dabei häufig bemerken, daß sich seine kindlichen Patienten bei der Verwendung der Figuren so gut wie gar nicht am sogenannten klassischen Kaspertheater orientieren. Dies liegt weniger daran, daß sie es nicht kennen, weil es gegenüber Film und Fernsehen seinen Stellenwert verloren hat, als daran, daß es durch die Ansprache der Puppen zu ganz individuellen Komplexkonstellationen kommt, wobei der im Komplexkern enthaltene archetypische Anteil im Patienten gegenüber dem vom Kulturkanon bestimmten Anteil der Kasperpuppe in den Vordergrund tritt. Dieses trifft vor allem für die Figuren zu, die dem Unbewußten näherstehen, respektive für die, die weniger durch persönliche Erfahrungen überformt werden. So vertritt z. B. der Teufel im kindlichen Spiel nicht unbedingt das absolut Böse. Sehr häufig nimmt er als Archetypus des Widersachers eine hilfreiche Funktion ein, die der Ich-Instanz im Kampf gegen erstarrte Normen oder negative Aspekte der Großen Mutter zur Seite steht und damit progressiv wirkt. Ebenso vertritt auch das Krokodil nicht nur die negativen Seiten der Großen Mutter. Als das Wesen mit dem großen Maul oder Rachen, in dem vieles Platz hat und aufgenommen werden kann, vermag es auch ihre bergenden und bewahrenden Seiten zu verkörpern. Das heißt aber, daß der Therapeut bei der Deutung der Figuren und in der Interaktion mit dem spielenden Kind Vorsicht walten lassen und sich des Doppelaspektes der Archetypen bewußt sein muß.

Am problematischsten erscheint mir aber in diesem Zusammenhang die Figur des Kaspers. Sie wird in der Literatur weitgehend in eine Reihe mit dem Schelm, Clown, Narr, Hanswurst und Dummling gestellt (*Radin* 1954, S. 7; *Ellwanger* und *Grömminger* 1978, S. 31), was seine volle Berechtigung darin hat, daß er als Repräsentant der Ich-Instanz zu den *Trixterfiguren* zählt. Die Trixter-Periode gehört in der Ich- und Bewußtseinsentwicklung, wie sie sich in den Heldenmythen niederschlägt (*Jung* 1968, S. 112), zur frühesten Epoche der Menschheitsentwicklung. Die Trixterfigur selber ist aber in ihrer Darstellung und Bewertung das Produkt einer bereits fortgeschrittenen Bewußtseinsentwicklung, und unsere Kasperfigur als Kinderspielzeug ist ein Produkt der abendländischen Bewußtseinsentwicklung der letzten 200 Jahre etwa, d. h. aber einer Zeitphase, in der die Welt des Kindes in immer zunehmendem Maße aus der Welt der Erwachsenen ausgegliedert wurde, bis hin zum Spielzeug-Kinder-Getto, dem im Hinblick auf die Konsequenzen des Handelns der Bezug zur Realität des Erwachsenen letztlich fehlt.

Dieser unterschiedlichen Ausgangspunkte müssen wir uns bewußt sein, wenn wir der Figur des Trixters begegnen, besonders in der Kindertherapie. – Der Mensch in den Anfangsphasen seiner Bewußtwerdung erlebte wohl eher ein unermeßliches Grauen, als daß er sich hätte komisch finden können. – Auch ist mir in der Kindertherapie nie ein Kasper vorgekommen, über den ich hätte lachen können. Einen Grund dafür sehe ich darin, daß Kinder vom Entwicklungsstand ihrer Ich-Instanz respektive ihrer Ich-Selbst-Achse (*Neumann* 1963, S. 22) her noch selber die »Dummlinge« sind, die vor allem, wenn sie einer psychotherapeutischen Behandlung bedürfen, die Rolle des »negativen Helden« (*Jung* 1976², S. 273) erlitten haben und erleiden. Die Trixterfigur ist nämlich nur von der Stellung des Erwachsenen-Ich, als Zentrum eines stabilen Bewußtseins und versehen mit einer ausgeprägten Ich-Selbst-Achse her »komisch«, und wenn Kinder oder auch erwachsene Angehörige primitiver Kulturen über sie lachen, muß das keineswegs heißen, daß sie ihr Verhalten im Sinne des modernen europäischen Menschen »lustig« finden; denn das Lachen hat physiologisch eine starke streßreduzierende Funktion. Um über Trixterfiguren unbeschwert, belustigt lachen zu können, bedarf es intakter Verdrängungsmechanismen und einer stabilen, distanzvermittelnden Ich-Selbst-Achse. Doch muß die Stabilität nicht unbedingt durch die Eigenständigkeit des Ich und die Abgegrenztheit des Bewußtseins vom Unbewußten gewährleistet werden. Sie kann auch durch die Festigkeit des Kulturkanons, die Funktionsfähigkeit seiner Riten und das Eingebettetsein des Individuums in seiner Gemeinschaft erzeugt und erhalten werden. – Dabei können wir Europäer uns keineswegs etwas auf unser heldenhaftes, stabilisiertes Ich-Bewußtsein einbilden; denn ihm folgt der Trixter als Schatten. Ein Beobachter von einem »fremden Stern« würde wohl das, was wir zur Zeit ökologisch bei uns anrichten, kaum für eine Heldentat halten, sondern als Ergebnis eines recht trixterhaften Verhaltens bewerten. Sosehr wir auch über Figuren des Comics, über »Dick und Doof«, über Charlie Chaplin oder über andere Clowns zu lachen vermögen, so tritt uns doch in dem, was wir als Situationskomik bezeichnen, die Tragik der Trixterfigur als Schatten des erwachsenen Ich entgegen, das den Wirkungen und Bewirkungen der Objektwelt anheimfällt, denen es über den Prozeß der Reflexion und Bewußtwerdung vermittels der Abstraktion und Objektivierung entkommen zu sein glaubte.

Nun scheint mir allerdings, daß »unser Kasper«, d. h. der Kasper des »klassischen« deutschen Kaspertheaters, nicht nur eine Trixterfigur ist, und zwar weder vom Ursprung her noch als Schatten des erwachsenen Ich. Nicht von ungefähr ist wohl der Hohensteiner Kasper zum Prototyp des deutschen Kaspers geworden. (Ob die Kasperfiguren in den anderen nordeuropäischen Ländern gleich aussehen, weiß ich leider nicht.) Blond, blauäugig, mit Adlernase und Pritsche oder Keule trägt er doch wohl die Merkmale eines »Wikingers«, und sicher ließe sich so auch der germanische Gott Thor darstellen, wenn dem Kasper auch der Rotbart fehlt. In seinem Verhalten wiederum, mit seiner Schläue und Hinterlist, der er zum Teil selber zum Opfer fällt, weist die Kasperfigur aber auch Züge von Loki auf.

Nun können wir uns natürlich fragen, warum die germanische Mythologie bemühen, um deren Abschaffung sich ja bereits Karl der Große (karolingische Renaissance) bemüht hat und mit der auch *C. G. Jung* aus verschiedenen Gründen Schwierigkeiten hatte (*Burri* 1982). Aber das kollektive Unbewußte ist kein allgemeines Unbewußtes, das durch die

Archetypen für die gesamte Menschheit in gleicher Weise strukturiert wird. Es gehört erst einmal zu einem bestimmten Kollektiv, das unter bestimmten Umweltbedingungen auf unserem Globus seine Kultur entwickelt hat, welche ihrerseits auch bestimmte Selektionsprozesse förderte. Archetypen sind nämlich nicht »nur psychische« Instanzen, sondern enthalten ein stammesgeschichtlich ›aposteriori‹ durch Erwartung und Erfahrung erworbenes Wissen über die anorganische wie über die belebte nicht-menschliche Natur. Und diese ist nun einmal z. B. in den Mittelmeerländern anders als in Skandinavien. Es ist daher verhängnisvoll, »fremde Götter« zu adoptieren, da sie im gleichen Maße, wie sie Repräsentanten eines andersgearteten kollektiven Bewußtseins sind, gegenüber dem eigenen kollektiven Unbewußten eine andere Psychodynamik entfalten. Nicht von ungefähr haben z. B. die Römer die Germanen für unberechenbare Wilde gehalten (*Grönbech* 1980⁹ Bd. I, S. 21), und ihre Söldner haben in Wotan ihren Gott Mercur verehrt (*Fischer-Fabian* 1975, S. 31). Es ist hier nicht der Raum, diese Problematik weiter auszuführen. Wichtig ist aber zu vermerken, daß nur das therapeutisch wirken kann, was der Konstellation der Archetypen im kollektiven Unbewußten eines bestimmten Kollektivs entspricht. So sind z. B. die Trauminhalte von Japanern, deren Bewußtsein weit weniger vom Unbewußten abgegrenzt ist als bei uns Europäern, ganz anders zu bewerten und zu deuten, als wir es bei unseren Patienten tun (Vortrag von Professor *Hayao Kawai*, Japan, 1982).

Für uns heißt das, daß wir einen verhängnisvollen Fehler begehen, wenn wir unserem Kasper einseitig die Rolle des Schelms, Clowns oder Narren zuwiesen oder ihn gar mitsamt seinem Ensemble zu Muppets oder Disney-Land-Bewohnern degenerieren ließen. Thor und Loki sind für die Entwicklung des abendländischen Bewußtseins ein zu ernstzunehmendes Götterpaar, als daß wir ihre Psychodynamik außer acht lassen dürften. Thor ist der Bewahrer Midgards, der den Menschen vertrauten Welt, der in Verbindung mit seinem heiligen Hammer Probleme vorwiegend vermittels seiner Körperkraft löst. Er ähnelt als Heldenfigur dem griechischen Halbgott Herakles, dessen Wahrzeichen die Keule ist (*Grappin* 1967, S. 66), doch hat er eine andere psychodynamische Struktur. Loki dagegen ist ein Sproß Utgards, d. h. der Welt, gegen die sich Thor permanent im Kampf befindet, der es geschafft hat, mit Wotan Blutsbrüderschaft zu trinken, wodurch er unwiderrufbar in den Kreis der Götter gehört. Er ist eine so vielschichtige und auch zwielichtige Figur, daß sich ihr Funktionswert für die Bewußtseins- und Ich-Entwicklung des Nordeuropäers im Rahmen dieser Arbeit nur andeuten läßt.

Nach *Grönbech* (1980⁹ Bd. II., S. 258) ist er »ein Kind der ›Spiele‹«, dessen Aufgabe es ist, »die dämonischen Mächte mit ins Spiel zu ziehen und ihren Sturz zu bewirken«. Damit vertritt er nahezu das Böse schlechthin. Nach *Sauer* (1981, S. 119) repräsentiert Loki »durch sein Wissen, durch seine Intelligenz, durch seine Instinktnähe, aber auch durch seine schreckliche Neugier als extravertierter Intuitiver den Archetyp des notwendigen Widersachers«. Utgard, d. h. seine Herkunft, entspricht dabei weder der ägyptischen oder griechischen Unterwelt noch gar der christlichen Hölle. Es ist vielmehr alles, was um Midgard herum existiert respektive alles, was außerhalb der vertrauten, weil gekannt und gewußten Welt des Menschen liegt, d. h. aber, daß Utgard über den Bereich des humanen wie nicht-humanen kollektiven Unbewußten und der anorganischen Materie hinaus auch das subatomare Geschehen miteinschließt.

Loki ist in der germanischen Mythologie (*Grappin* 1967, S. 65–70; S. 74–79) der Gegenspieler der Götter, der laufend Unheil gebiert, und das aus seiner hermaphroditischen Natur heraus auch im wörtlichen Sinne, und er ist ihr unersetzbarer Helfer bei der Abwendung aller Gefahren, die von Utgard drohen – meistens hat er sie selber bewirkt –, wobei er besonders der Gehilfe Thors ist. Von der Figur des mythologischen Helden her gesehen, der die solaren Entwicklungsstufen der Ich-Instanz (*Neumann* 1963, S. 154) verkörpert, muß man wohl sagen, daß er ein nichtintegrierter und eventuell auch nicht zu integrierender Anteil Thors ist, der zu ihm gehört wie der Splitter des Wetzsteines, den Thor nach dem Kampf mit dem Jöten Hrungnir in der Stirn behalten hat (*Grönbech* 1980⁹, Bd. II. S. 283). Loki mit dem Teufel gleichzusetzen hieße ihn unterschätzen, denn er ließ sich ja gerade nicht, wie z. B. Luzifer, aus dem göttlichen Bereich verbannen. Eher entspricht er dem Archetypus des Alten Weisen respektive dem Archetypus des Geistes (*Jung* 1976, S. 242) in seiner spezifisch nordeuropäischen Ausprägung und Funktionsweise.

Sicher braucht das Puppenspiel nicht unbedingt den Kasper, aber das Kasperspiel ist durch die Figur des Kaspers ein Spiel mit besonderem therapeutischen Wert, da diese Figur es dem Ich-Komplex ermöglicht, sich in seiner gesamten Breite und Tiefe zu konstellieren, was wiederum seine Integrationsmöglichkeiten fördert. Mit der Figur des Kaspers werden wir aber immer auch Loki begegnen, und falls das nicht sein sollte, müssen wir nach ihm fragen. Oft bekommen wir durch ihn moralische Schwierigkeiten mit unserem Kasper; denn Loki widersprach bereits bei den Germanen jedem Gefühl für Ehre und Würde, nicht nur weil er es mit allen Göttinnen trieb und seine Freunde verriet, sondern weil er sogar eines Brudermordes schuldig wurde, indem er die Umstände schuf, unter denen Baldur getötet werden konnte. Ihn in der Psyche des Nordeuropäers zu übersehen hieße, einen schwelenden Brand nicht zu beachten. Ihn, den Feuergeist, aber auszulöschen hieße, gleichsam das Geschenk des Prometheus zu vernichten. Daß der Kasper des klassischen Kaspertheaters immer einen Freiheitsgrad mehr als alle anderen Figuren hat, ohne dabei unglaubwürdig zu werden, ist also kein Zufall und auch kein Produkt einer unrealistischen Phantasie, sondern entspricht seiner Doppelnatur aus Thor und Loki. In der Integration beider zu einem Ganzen höchster Ich-Präsenz in beiden Welten liegt besonders in unserer Zeit ein hoher therapeutischer Wert.

Doch können und dürfen wir natürlich nicht erwarten, daß wir einer solchen Kasperfigur bereits im Spiel des Kindes begegnen, und noch weniger bei den Kindern, die in eine psychotherapeutische Behandlung kommen. Hier konstelliert der Kasper erst einmal mit seiner Thor-Wesenheit den Kampfeswillen, wozu ihn gegebenenfalls erst andere Figuren anregen oder sogar anstacheln müssen. Sehr häufig kommt dieser Prozeß in unserem Kulturkreis durch die weiblichen Figuren zustande. Dies gilt für Jungen und Mädchen gleichermaßen; denn auch für das Mädchen hat das Ich in seinem Ablösungsprozeß vom mütterlichen Selbst männlichen Charakter, da es eben zu diesem in der Relation des Ganzanderen steht (*Neumann* 1963, S. 154).

In seiner Thor-Wesenheit ist der Kasper eine Figur, die immer für etwas zu kämpfen hat. Er lebt nicht von seinen Späßen, sondern von seinem Kampfwillen, seinem Einsatz für etwas, seiner Auseinandersetzung mit etwas oder seinem Kampf gegen etwas. Dabei ist er von den Normen des geltenden Kulturkanons und der offiziellen Gesetzgebung relativ unabhängig. Er ist immer bereit, für eine Sache Kopf und Kragen zu riskieren, wobei er allerdings seinen Kopf vermittels seiner Schläue immer wieder aus der Schlinge zu ziehen vermag. Er folgt dabei einer Eigengesetzlichkeit, die seiner Loki-Wesenheit entspricht, mit welcher er in einer Welt verwurzelt ist, in der unbekannte Kräfte und Gesetze herrschen, aus der unheimliche Vorstellungen kommen und in der vollkommen fremde Erkenntnisse und Sinnverknüpfungen möglich sind.

In diesem Kampf geht es immer um das Finden von Lösungsmöglichkeiten für Probleme, die sich dem Ich im Bereich des Bewußtseins wie des Unbewußten stellen. Bei Kindern in psychotherapeutischer Behandlung hängen diese Probleme sehr häufig mit der Ausbildung der Ich-Selbst-Achse (*Neumann* 1963, S. 62) zusammen, respektive mit der Ablösung des Ich vom Selbst, welches seinerseits noch oft vom mütterlichen Selbst überlagert wird. Der Kampf richtet sich damit vorwiegend gegen die negativen Aspekte der Großen Mutter, die sich besonders am Ende der jeweiligen Entwicklungsphasen der Ich-Instanz konstellieren. Bei diesem Kampf hilft dem Kasper mindestens eine Figur aus der »anderen Welt«, und sein Kampfeswille darf dabei nicht mit Destruktivität verwechselt werden; denn er richtet sich für gewöhnlich gerade gegen die destruktiven Kräfte, welche allerdings ihrerseits durchaus unter der Maske von Gesetz und Ordnung auftreten können.

In »Das Symbol im therapeutischen Prozeß bei Kindern und Jugendlichen« (*Eschenbach* 1978) hat Frau *E. Heider* einen solchen Prozeß im Rahmen einer Kinderpsychotherapie ausführlich beschrieben. Ich möchte hier zur Verdeutlichung der obigen Ausführungen das Kasperspiel eines 11jährigen Jungen darstellen, wozu ich sagen muß, daß ich seinerzeit die Figur des Kaspers noch nicht unter dem Aspekt seiner Doppelnatur gesehen und mir auch sonst noch wenig Gedanken über die unterschiedliche psychodynamische Struktur von Heldenfiguren verschiedener Kulturkreise gemacht habe. Auf diese Gedanken hat mich erst Loki gebracht.

Hannes, der dieses Spiel sich ereignen ließ, wuchs ganz unter der Herrschaft einer sehr tatkräftigen und praktisch veranlagten Großmutter auf. Sein Vater war im Verhältnis zu ihm relativ alt gewesen. Er war Trinker und hatte das Geschäft des Schwiegervaters ruiniert. Nach dem Tode des Schwiegervaters beging er Selbstmord. Im gleichen Jahr wurde Hannes eingeschult. Er schaffte das Pensum der ersten Klasse nicht und kam auf die Sonderschule. Die leibliche Mutter spielte für Hannes kaum eine Rolle. Sie war berufstätig und hatte im Hinblick auf die Erziehung ihres Sohnes und den Haushalt gegenüber der Großmutter nichts zu sagen. Es war auch die Großmutter, die mit Hannes eine Erziehungsberatungsstelle aufsuchte, weil sie sich seinen Wutausbrüchen nicht mehr gewachsen fühlte.

Das Kasperspiel ereignete sich im letzten Abschnitt einer 3½jährigen Behandlung, die sich lange Zeit im wahrsten Sinne des Wortes durch Erde und Wasser hindurch gezogen hatte, wobei Hannes in der ersten Hälfte noch nicht in der Lage war, aus Sand ein Gebilde zu formen, das man hätte als Berg bezeichnen können. – Dem Kasperspiel ging das Einbringen des Feuers in die Behandlungsstunden voraus, wobei viel verbrannt und eine Menge Würstchen gebraten wurde. In einem letzten Akt wurde das Feuer dann als brennender Stab auf einen Berg gepflanzt.

Das Kasperspiel: (Als Bühne diente ein umgekippter Tisch.) Die Figur des Teufels erscheint und berichtet erstaunt und begeistert, er habe einen Ball gefunden. Er läuft von der rechten zur linken Seite über die Bühne und verschwindet. Gleich darauf taucht rechts der Kasper auf, und der

Teufel erscheint wieder auf der linken Seite. Er berichtet dem Kasper, daß er einen Ball gefunden habe, und fordert ihn zum Ballspiel auf. Kasper und Teufel spielen eine Weile miteinander, indem sie sich den Ball gegenseitig zuwerfen. Dann sagt der Teufel, er müsse fort, und verläßt die Bühne mit dem Ball nach links. Der Kasper wendet sich der Behandlerin zu und sagt: »So einen netten Teufel habe ich noch nie gesehen!« Ich bestätige das. Der Kasper geht nach rechts ab. Links taucht wieder der Teufel auf. Er schleppt an einem schweren Gegenstand (ein länglicher Baustein, der sich an einer Seite in einem Bogen hammerähnlich verbreitert). Er stöhnt vor sich hin, daß das Ding so schwer sei, und er berichtet, daß er sich bei dem Bemühen, es hierher zu bringen, einen Zahn ausgeschlagen habe. Er wolle das Ding dem Kasper schenken, damit der sich gegen seine Feinde besser behaupten könne. Die Behandlerin solle das dem Kasper ausrichten. Als der Kasper kommt, bestelle ich ihm, was der Teufel gesagt hat. Der Kasper nimmt den Klotz. Er kann ihn mühelos tragen. Da taucht der Polizist auf und lamentiert, der Teufel habe ihm die Mütze gestohlen. Der Kasper protestiert gegen diese Behauptung, schreit den Polizisten an, er ließe seinen Freund nicht beleidigen, und schlägt den Polizisten mit dem Ding nieder. Der Polizist sackt in sich zusammen. Nachdem der Kasper ihn niedergeschlagen hat, scheint er in keiner Weise mehr böse auf den Polizisten zu sein. Er beugt sich über ihn, stellt fest, daß er bewußtlos ist, und entscheidet, daß er ihn in ein Krankenhaus bringen müsse. Mit viel Mühe und recht behutsam schleppt er ihn von der Bühne. Nun taucht der Teufel wieder auf der linken Seite auf. Er ist recht vergnügt und erzählt der Behandlerin, daß er eine Verabredung habe und auf jemanden warte. Unterdessen erscheint rechts die Hexe. Als der Teufel sie sieht, entscheidet er sofort, daß er sie ärgern und »Hexe, Hexe, Sauerkraut« rufen wolle. Er tut dies, und die Hexe kommt wütend auf ihn zugeschossen. Sie schreit, er solle sofort aufhören. Als er immer weiter ruft, schreit sie, sie werde ihn in ein Tier verzaubern. Sie setzt mit einer Zauberformel an, der Teufel springt aber immer hinter ihren Rücken, wodurch sie ihn nicht sehen und verzaubern kann. Er lacht dabei über die Hexe, die immer wieder erbost sich nach ihm umdreht und auf ihn zufegt. Wütend gibt sie ihre Versuche auf und verschwindet. Als ich den Teufel frage, ob das wohl seine Verabredung war, verneint er und erklärt, er warte immer noch. Nun kommt die Prinzessin von rechts, und der Teufel beginnt fast wie ein eitler Freier links auf und ab zu stolzieren. Er freut sich. Die Prinzessin geht auf ihn zu und bedankt sich bei ihm dafür, daß er dem Kasper etwas gebracht habe, mit dem er den Polizisten niederschlagen konnte; denn der Polizist habe ihr den Schmuck gestohlen. Beide gehen danach ab, und der Kasper kommt wieder. Er freut sich, als ich ihm berichte, was sich ereignet hat. Als ich aber sage, der Teufel habe seine Großmutter geärgert, protestiert Hannes heftig, wobei er hinter der Bühne hervorguckt und erklärt, die Hexe sei nicht die Großmutter des Teufels.

Ich nehme an, daß der Leser, der mit Kasperspielen in Kinder-Therapien nicht vertraut ist, über das Verhalten der Figuren im obigen Spielgeschehen einigermaßen erstaunt ist: Die Hauptfunktion übt der Teufel aus, dem fast die Rolle des Kaspers zukommt. Der Polizist ist gleichzeitig ein Räuber. Der Teufel unterstützt den Kasper und verärgert die Hexe, und die Prinzessin bedankt sich beim Teufel. In gleicher Weise ist der Kasper selber erstaunt, der einen so netten Teufel noch nie gesehen hat. In dem Kasperspiel, das dem hier dargestellten folgte, tritt der Teufel dann übrigens in der Doppelrolle von Vater und Sohn auf, wobei der Sohn den Zauber der Hexe, der eine Strafe für das »Hexe, Hexe, Sauerkraut!« war, abschwächt und zuletzt ganz aufhebt. Die Strafe bestand dabei darin, daß alle Figuren des Kaspertheaters, mit Ausnahme des Teufels, sterben sollten. Dank der Hilfe des Teufels schliefen sie aber wie im Märchen von Dornröschen nur ein und wurden vom »Sohn-Teufel« wieder aufgeweckt.

Wie jeder Traum, so enthält auch das Kasperspiel des Kindes, das einer Art Aktiver Imagination *(Ammann)* entspringt respektive sich wie ein katathymes Bilderleben *(Leuner)* ereignet, symbolisch die ganze Tiefe und Breite der menschlichen Seele. Da ist der gefundene Ball, die Kugel, ein Bild des Selbst, die auch als Ei, Apfel oder Wollknäuel in Erscheinung treten und als Symbol der Ganzheit die Gottheit, die Weltseele wie die Einzelseele respektive den bewußtseinsfernen Teil des Selbst repräsentieren kann (v. Beit 1977[4], Bd. II, S. 36). Und so ein Ball ist kein statisches Gebilde, ihm ist auf Grund seiner Form kein stabilisierendes Gleichgewicht eigen. Er rollt aus sich selbst heraus »und symbolisiert damit eine vom Bewußtsein unabhängige seelische Aktivität, wie diese eben dem Selbst zukommt« (v. Beit 1977[4], Bd. II., S. 37). Dementsprechend entfaltet sich das Spiel. Der Kasper tritt nicht auf, und der Ruf: »Seid ihr alle da?!« ertönt nicht: Es ist der dunkle Bruder, der dunkle Zwillingsbruder, der, der dem Unbewußten und dem Selbst nähersteht, der als hilfreiche Gestalt auftaucht. Das entspricht Hannes' Problematik. Als Sohn eines Trinker-Vaters und unter der Dominanz seiner Großmutter hatte sich sein Ich nicht in altersentsprechender Weise etablieren können, Hannes hatte die Entwicklungsphase der »Widerstrebenden« *(Neumann* 1949, S. 80–90; 1963, S. 176) verfehlt. Seine Ich-Entwicklung war auf der Stufe des »magisch-phallischen Ich« *(Neumann* 1963, S. 164) verhaftet geblieben, auf der sich das Ich noch mit dem Selbst identisch erfährt. Es war zu keiner ausreichenden Verdrängung von Triebanteilen gekommen, die dazu dient, das Ich zu stabilisieren und ihm eine eigene Autonomie gegenüber der Großen Mutter zu sichern. Wobei dann der verdrängte Anteil anfangs als feindlicher Zwillingsbruder (*Neumann* 1949, S. 86) erfahren, gefürchtet und bekämpft werden muß. Diese intrapsychische Situation war die psychodynamische Grundlage für Hannes' Wutausbrüche, die nicht ichhaft gesteuert werden konnten. Sie stellten ihrerseits mißglückte Zentroversionsversuche dar, welche von der Umwelt »verteufelt« wurden. Dementsprechend erscheint im Spiel das »Exekutivorgan der Zentroversion« (*Neumann* 1963, S. 87) in der Gestalt des Teufels respektive des dunklen Bruders und leitet das Spiel bzw. den Kampf um die Autonomie ein.

Er kommt von rechts, d. h. aus der Welt respektive der Welthaltigkeit der Archetypen, welche als Erwartungshaltung und als Erfahrung ›apriori‹ den Lebewesen eine Anpassung an ihre durchschnittlich zu erwartenden Lebensbedingungen ermöglicht, wie sie auch dem Aufbau einer artgemäßen Wirklichkeit dienen. Dieser »nette Teufel« ist unter anderem aus Hannes' neuen Erfahrungen im ganz konkreten Umgang mit den Dingen der Außenwelt erwachsen, welche er nicht zuletzt auch in der Behandlung gemacht hatte. Als geistiger Aspekt der Dinge, respektive als Geist der Beziehungen, die zwischen den Dingen bestehen, ist er ebenfalls Loki, der sein Wesen wie Unwesen in und zwischen Midgard und Utgard treibt. Indem er nun auftaucht, nachdem er den Ball gefunden hat – dieser hatte in seiner ganzen »Wirklichkeit« neben dem umgekippten Tisch gelegen –, kommt es zu einer Neukonstellierung der Komplexe. Als erstes wird deutlich, daß sich das Ich nicht mehr als mit dem Selbst identisch erlebt. Der Kasper kommt und wird zum Ballspiel aufgefordert, was ihn zum Spielpartner macht (in früheren Spielen schlief er immer ein, bevor etwas passierte), und das von der Großen Mutter abgelöste Eigenselbst kann seine Beziehungsfunktion zwischen Ich und kollektivem Unbewußtem erfüllen. Übrigens erfordert dieses Ballspiel auch vom Spieler eine gewisse Geschicklichkeit im unterschiedlichen Einsatz seiner Hände, welchen ein Kleinkind mit seiner ganzheitlichen Bezogenheit auf das Objekt noch nicht fähig ist. Indem nun der Kasper auf das Angebot des Loki eingeht, entsteht zwischen ihm und diesem eine freundschaftliche Beziehung, die ihrerseits bewirkt, daß dem Kasper aus dem Unbewußten Kräfte zuwachsen. Der nette Teufel-Loki fühlt sich allen Anzeichen nach verpflichtet, dem Kasper Thors Hammer zu besorgen, was er trotz großer Mühsal und Opferung eines Zahnes tut. Der geopferte Zahn zeigt dabei wie in manchen Initiationsriten an, daß etwas dem matriarchalen Bereich entrissen und dem patriarchal-geistigen Bereich eingegliedert wurde. Daß der Hammer zum

Kasper gehört, wird seinerseits dadurch deutlich, daß der Kasper ihn wie Thor mühelos schwingen kann.

Dadurch, daß Teufel-Loki dem Kasper den Hammer gebracht hat, hat sich gleichzeitig in einem anderen Bereich eine neue Konstellation ergeben: dem Polizisten, dem Repräsentanten des Über-Ich, ist das Zeichen seiner Amtswürde, nämlich seine Mütze geraubt worden. Das Rauben des Hutes entspricht einmal einem Abhäutungsritus (v. Beit 1981[6], S. 526), welcher zum Prozeß der Wandlung gehört und den Beraubten zu einem »neugeborenen Kind« macht, zum anderen ist es eine Art Kastration, mit der dem Besitzer des Hutes Potenzen genommen werden. Das bedeutet aber, wenn der Kasper im Besitz des Hammers ist, die Ich-Instanz im vollen Besitz ihrer Potenzen, dann hat das Über-Ich seine dirigierende Macht verloren und muß sich einem Wandlungsprozeß unterziehen. Dementsprechend versetzt der Kasper den Polizisten in einen Zustand völliger Hilflosigkeit und bringt ihn in ein Krankenhaus.

Das aber ruft die negativen Seiten der Großen Mutter in Gestalt der Hexe auf den Plan, zu denen der Polizist als Anteil des Patriarchalen Uroboros gehört. Mit diesen Kräften kann es aber der Kasper als Repräsentant von Hannes' Ich-Instanz noch nicht aufnehmen, und es würde seiner Altersstufe auch noch gar nicht entsprechen. Hier kommt wieder Teufel-Loki in Aktion, der sich, ebenfalls ein Anteil des Patriarchalen Uroboros (Neumann 1963) respektive der Geistseite der Großen Mutter, im Umgang mit Hexen sicher auskennt. Mit seiner Agilität, die es ihm erlaubt, laufend den Standort zu wechseln, nicht zu verharren und sich immer auf »der anderen Seite« einzufinden, läßt er sich nicht bannen. Daß, wie Hannes am Schluß empört feststellt, die Hexe nicht seine Großmutter ist, hat übrigens seine volle Berechtigung darin, daß der Archetyp der Großen Mutter zu seiner eigenen Geistseite nicht im Verhältnis von Mutter und Sohn steht.

Die Auseinandersetzung mit der Hexe hat nun das Ergebnis zur Folge, auf das Teufel-Loki bereits gewartet hat; die Prinzessin, die Anima, die weibliche Seite der männlichen Seele, kann in Erscheinung treten und ihre eigene Psychodynamik im weiteren Entwicklungsprozeß entfalten. Sie war vorher durch Einwirkungen des Über-Ich in Gestalt des Polizisten ihrer Potenzen, d. h. ihres Schmuckes, beraubt und im Bereich der Großen Mutter verhaftet gewesen. Sie bedankt sich bei Teufel-Loki, der zu ihr in einer erotischen Beziehung steht, daß er den Kasper instand gesetzt hat, den Kampf gegen den Polizisten zu führen und für sie zu gewinnen. Rückblickend ließe sich auch annehmen, daß sie es letztlich war, die den Kampf gewollt bzw. gefordert hatte.

Zusammenfassung

Der besondere therapeutische Wert des Puppenspiels wird, in der komplexkonstellierenden Wirkung, verbunden mit der Handhabbarkeit und der »verfremdeten Autonomie« der Handpuppe gesehen, die es verhindern, daß der Ich-Komplex durch die Aktivierung und Dramatisierung anderer Komplexe überschwemmt wird. Dabei kommt der Dialogfähigkeit der agierten Komplexe, die sich im Spiel ergibt, eine Hauptfunktion zu, da sie über die Verbalisation eine wesentliche Voraussetzung für die Bewußtwerdung der sich konstellierenden Komplexinhalte schafft. Die Figur des Kaspers, der Repräsentanz des Ich-Komplexes, wird als Doppelwesenheit dargestellt, der im nordeuropäischen Bereich das germanische Götterpaar Thor-Loki entspricht.

Literatur

Ammann, A. N., Aktive Imagination, Walter Verlag, Olten und Freiburg/Brsg., 1978.

von Beit, H., a) Symbolik des Märchens, Franke Verlag, Bern u. München, 1981[6].
  b) Gegensatz und Erneuerung im Märchen, Franke Verlag, Bern und München, 1977[4].

Burri, M., Germanische Mythologie zwischen Verdrängung und Verfälschung, Schweizer Spiegel Verlag. Rabe-Reihe, Zürich, 1982.

Ellwanger, W. u. Grömminger, A., Handpuppenspiel in Kindergarten und Grundschule, Herder-Bücherei, Freiburg/Brsg., 1978.

Eschenbach, U., Das Symbol im therapeutischen Prozeß bei Kindern und Jugendlichen, Bonz. Stuttgart 1978.

Fischer-Fabien, S., Die ersten Deutschen, Droemersche Verlagsanstalt, München 1975.

Grappin, P., Die Mythologie der Germanen, in: *Grimal, P.*, Mythen und Völker, Bd. III, Fischer Bücherei 805, 1967.

Grönbech, W., Kultur und Religion der Germanen, Wissenschaftliche Buchgesellschaft, Darmstadt, 1980[9].

Heider, E., Die archetypische Symbolik des »Heldenkampfes« im Kasperspiel, in: *Eschenbach* (1978) 188–241.

Hillmann, J., Pan, Schweizer Spiegel Verlag. Rabe-Reihe, 1981.

Jacobi, J., Komplex, Archetypus, Symbol, Rascher-Verlag, Stuttgart, Zürich, 1957.

Jung, C. G., a) Gesammelte Werke Bd. VIII, Walter Verlag, Olten, 1967.
  b) Gesammelte Werke Bd. IX, 1. Halbband, Walter Verlag, Olten, 1976[2].
  c) Der Mensch und seine Symbole, Walter Verlag, Olten, 1968.

Kawai, Hayao, Gewaltanwendung in der Familie und die Probleme in der Seele der heutigen Japaner, Vortrag im Landgut Burg, Weinstadt-Beutelsbach, am 23. 10. 82.

Leuner, H., Katathymes Bilderleben, Verlag Hans Huber, Bern, Stuttgart, Wien, 1980.

Lorenz, K., Über tierisches und menschliches Verhalten, Bd. II, R. Piper & Co. Verlag, München, 1965.

Neumann, E., a) Ursprungsgeschichte des Bewußtseins, Kindler Taschenbücher 2042/43. Reihe Geist und Psyche.
b) Das Kind, Rhein-Verlag, Zürich, 1963.

Riedel, R., Biologie der Erkenntnis, Verlag Paul Parey, Berlin u. Hamburg, 1980[2].

Radin, P., Vorwort in: *Karl Kerényi*, Der göttliche Schelm, Rhein-Verlag, Zürich, 1954.

Sauer, G., Loki, in: Analytische Psychologie 12/2 (1982).

J. G. Rojas-Bermúdez

Handpuppen als Intermediär-Objekte in der Behandlung von Psychotikern

1. Das Intermediär-Objekt

Ich wende mich an einen chronisch-psychotischen Patienten in abgebautem Zustand und frage ihn: »*Wie heißen Sie?*« *Er antwortet nicht.* »*Wie haben Sie geschlafen?*« *Er schweigt weiter. Ich streife eine Handpuppe auf die Hand und wiederhole mit ihr dieselben Fragen. Der Patient fixiert aufmerksam die Handpuppe. Er beobachtet sie lange, und danach antwortet er.*

Die Handpuppe hat die Antwort erhalten, die ich von Angesicht zu Angesicht nicht erreichen konnte.

Dieses bemerkenswerte Phänomen gibt der Handpuppe eine neue Dimension. Sie ist für diese Art Patienten eine Kommunikationsbrücke geworden. Die Handpuppe hat sich in ein *Intermediär*-Objekt verwandelt (I. O.).

Diese Entdeckung führte uns zu radikalen Veränderungen unseres therapeutischen Ansatzes bei Psychosen und zu theoretischen Überlegungen, die wir auf diese neuen praktischen Erfahrungen gründeten. Seit damals – vor 15 Jahren – bis heute haben wir im klinischen Bereich mit diesem Konzept gearbeitet und auch mit anderen Patienten unsere Erfahrungen gemacht und das gewonnene Material theoretisch ausgearbeitet.

Zur Zeit wird das I. O. vielfältig angewendet. In vielen Fällen auch außerhalb des psychiatrischen Bereichs, so z. B. in der Psycho-Pädagogik und beim Lernen von Rollen. Das erarbeitete theoretische Konzept erlaubt das Verständnis für alle Bereiche, trotz der betonten klinischen Unterschiede.

In der vorliegenden Arbeit möchte ich in einem Überblick das I. O. vorstellen, seine Eigenschaften und das »Rollenschema«, das ihm seinen Ursprung verdankt. Der größte Teil der Untersuchungen fand im Zentrum für Psychodramatische Forschung des Nationalen Krankenhauses *José T. Borda* der Stadt Buenos Aires statt, ein anderer in der argentinischen

129

Gesellschaft für Psychodrama und Gruppen-Psychotherapie, im medizinischen Zentrum »*J. G. Rojas-Bermúdez*« und in meiner Privatpraxis. Das Spektrum der Patienten, mit denen gearbeitet wurde, ist sehr breit. Wir begannen mit den chronischen Psychotikern in schlechtem Zustand, in Anbetracht der wenigen Veränderungsmöglichkeiten, die sie aufgrund der Beständigkeit und Rigidität ihrer Symptome und der fast fehlenden sozialen Stimuli boten. Nach mehreren Jahren (10 Jahren) haben wir auch mit chronischen Patienten in nicht so schlechter Verfassung gearbeitet; dann auch mit akuten Psychotikern und insbesondere mit stationär untergebrachten Jugendlichen. Außerhalb des Krankenhausbereiches wurde das I. O. bei Neurosen in verschiedenen Lebensaltern eingesetzt und schließlich auch im Ausbildungsbereich.

Wir werden uns hauptsächlich auf Handpuppen – sie waren die ersten I. O. – konzentrieren, da wir mit ihnen auch die meisten Erfahrungen gesammelt haben. Das bedeutet nicht, daß sie – gegenüber anderen *Intermediär*-Objekten – einen besonderen Vorzug böten, jedoch unterscheiden sich die Indikationen, die ihren Einsatz bedingen[1].

1.1 Eigenschaften des Intermediär-Objekts

1.1.1 Wirkliche und konkrete Existenz

Gegenstände haben – im Unterschied zu Personen – eine Stabilität und Immanenz, die es erlauben, mit ihnen Beziehungen – frei von persönlichen Implikationen – einzugehen. Diese Eigenschaft erhält einen besonderen Wert, wenn es sich um psychotische Patienten handelt, weil sie diesen erlaubt, langsam und Schritt für Schritt die nötige Anpassung für das Erkennen des Objekts und später für die Beziehung zu ihm herzustellen, häufig unabhängig vom Gegenstand an sich. In diesen Fällen bekommt die Beziehung besondere Qualität und der Gegenstand entwickelt eine bestimmte Zugehörigkeit.

Uns interessierten die reale und konkrete Existenz, die Grundeigenschaft, die einen Gegenstand zum *Intermediär*-Objekt macht, mehr als die späteren Beziehungen, die es auslöst. Im Gegenteil, wenn bereits eine bestimmte Beziehung hergestellt ist (Zugehörigkeit), kann der Gegenstand nicht mehr als *Intermediär*-Objekt benutzt werden.

José, 60 Jahre alt, seit 30 Jahren in einer geschlossenen Anstalt, trug ständig ein dickes Paket mit alten Zeitungen mit sich herum. Er legte es nie ab und hütete es sorgfältig. Während der Gymnastikstunde weigerte er sich, es auf einen Stuhl zu legen, und es gab keine Möglichkeit, ihn dazu zu bringen. Er sprach nichts, aber seine Haltung verriet die Bedeutung, die das Paket für ihn hatte.

Nachdem mit einer Handpuppe ein Kontakt zu ihm hergestellt worden war, legte er sein Paket zum ersten Mal ab. Nach Beendigung des Psychodramaspiels ging er zum Stuhl zurück und prüfte, ob sein Zeitungspaket noch vollständig war.

In diesem Fall waren das eine und das andere Gegenstände, aber die Beziehung zu ihnen unterschied sich durch die affektive Ladung, die ihren Zugehörigkeiten gegeben wurde.

1.1.2 Unschädlichkeit

Unschädlichkeit ist zusammen mit der eben beschriebenen die wesentliche Eigenschaft, die das *Intermediär*-Objekt besitzen muß. Die Dimension der Unschädlichkeit besagt, daß die Gegenstände, da sie beständig bleiben, nicht die vom Patienten in seinem kulturellen Milieu gelernten Bedeutungen verlieren. Ein Messer, ein Revolver sind keine ungefährlichen Gegenstände. Ihr Vorhandensein löst – wie alle Gebrauchsgegenstände – bestimmte Vorstellungen aus.

Ein kürzlich entlassener, schizophrener Patient kam in meine Praxis zur ambulanten Behandlung. Eines Tages erklärte er mir, er habe seit zwei Tagen nichts gegessen, er habe Hunger, ob ich ihm etwas zu essen geben könne. Wir gingen zum Eisschrank, um etwas zu holen.

Beim Betreten des Eßzimmers bemerkte ich, daß auch der Patient das große Messer sah, das leider auf dem Tisch liegengeblieben war. Es war schon zu spät, es zu verstecken oder wegzuräumen. Auch wußte ich nicht, wie das auf den Patienten wirken würde. Ich tat, als merkte ich nichts und ging zum Eisschrank, um etwas zu essen herauszunehmen. Als ich mich wieder umdrehte, hielt der Patient das Messer drohend in der Hand. Ich blieb ruhig und sah ihn an. Dann drückte er mir die Spitze des Messers unterhalb der Rippen ein und beschimpfte mich. Er drückte zu, bis ich den Schmerz spürte. Das einzige, was ich sagte, war: Carlos, es tut mir weh. Bei diesen Worten tat er das Messer weg und begann zu essen, als sei nichts geschehen. Als wir wieder im Sprechzimmer waren, fragte ich ihn, was passiert sei. Er antwortete mir, daß er beim Anblick des Messers den unbezähmbaren Wunsch verspürt habe, es zu packen und als Waffe zu benutzen, daß er aber in keinem Augenblick mich hätte angreifen wollen. Auch hätte er erst, als ich sagte, daß es mir weh tat, gemerkt, was er tat.

In diesem Fall hat das Objekt das Verhalten des Patienten bedingt. Andererseits könnte es von ihm auch so interpretiert worden sein, als ob ich ihn an einen Ort geführt hätte, um ihn anzugreifen. Dies passierte mit einem anderen Patienten, der in Mutismus verfallen war. Damals arbeitete ich noch nicht mit *Intermediär*-Objekten, und die einzige Kommunikationsform, die ich versuchte, war die verbale.

Eines Morgens trat ich an das Bett eines Patienten, um zu versuchen, ihn aus seinem In-sich-gekehrt-Sein herauszuholen. Es war mitten im Winter, der Saal war sehr kalt. Der Patient hatte auf meine Stimulierungen hin zu reagieren begonnen, und es sah so aus, als würde er bald sprechen. Da ich eine Zeitlang mit ihm zubrachte, begann die Kälte mich zu stören. Ich rief eine Krankenschwester und bat sie, einen Ofen zu bringen. Als der Patient die Bitte hörte, sprang er auf und drückte sich in die äußerste Ecke des Bettes. So blieb er, bis die Schwester kam. Als sie den Apparat zeigte und sagte, »hier ist der Ofen, Doktor«, geriet der Patient in Panik. Er sah mich mit aufgerissenen Augen an und zitterte. Angesichts dieser Reaktion beschloß ich, den Ofen wieder wegschaffen zu lassen, damit sich der Patient beruhigte.

Als ich später mit ihm über diese Begebenheit sprach, erklärte er mir, was passiert war. Er hatte Höllenhalluzinationen gehabt, hatte überall Flammen gesehen und mich als den Teufel. Als ich den Ofen verlangte, verwischte sich die Realität mit seinen Halluzinationen, und die Angst, zu verbrennen, wurde zur Panik. Als er sah, daß der Ofen gebracht wurde, gab es für ihn keine Zweifel mehr.

Diese Beispiele zeigen, daß nicht alle Gegenstände als *Intermediär-* Objekt verwendet werden können, sondern daß bestimmte Forderungen erfüllt sein müssen, unter denen – wie gerade ausgeführt wurde – die Unschädlichkeit wesentlich ist.

1.1.3 Flexibilität

Damit der Einsatz des I. O. den größten Erfolg bringt, ist es notwendig, flexibel genug auf brüske und unerwartete Wendungen reagieren zu können, wie sie der therapeutische Prozeß oft mit sich bringt. Am Anfang desselben, wenn es gelungen ist, die Aufmerksamkeit des Patienten auf das I. O. zu lenken, weiß man noch nicht, in welchem Sinne seine Antwort kommen wird, noch welche Rolle er ins Spiel einbringt. Deshalb muß das I. O. flexibel genug sein, um sich leicht den sich bietenden Situationen anzupassen. Wenn z. B. die Handpuppe die Rolle des Pflegers spielt und die Antwort des Patienten deutlich macht, daß die von ihm aktivierte Rolle die des Käufers ist, so muß die Handpuppe dazu übergehen, als Verkäufer zu antworten.

Die möglichen Bedeutungen der gespielten Rollen und der Dialoge werden nicht berücksichtigt, weil das erklärte Ziel die Wiederherstellung der unterbrochenen Kommunikation ist, unabhängig vom Inhalt der verbalen Botschaften. Wir bevorzugen und stimulieren die Beziehung ohne Hindernisse, ohne vorgefaßte Konzepte, die sie behindern könnten.

1.1.4 Übertragung

Das I. O. muß ein guter Sender für kommunikative Botschaften sein und die Antworten des Patienten erleichtern. Diese Botschaften werden durch

Bewegungen, Gesten, Handlungen, bedeutsame Szenen und das Wort übermittelt. Die übermittelte Information umfaßt sowohl den physiologischen wie den psychologischen und sozialen Aspekt. Das I. O. erfüllt dieses Ziel, wenn es die nötige Information überbringt, trotz der beim Empfänger bestehenden Blockaden. Wenn ein Patient auf die verbale Kommunikation nicht antwortet, muß das I. O. es auf andere Weise erreichen. Ebenso muß das I. O. die Integration des Materials erleichtern, wenn ein Patient auf ein bestimmtes Material nicht die Emotion oder das entsprechende Gefühl erlebt, indem es diese im Patienten direkt oder indirekt auslöst: im ersten Fall, indem es mit ihm agiert, im zweiten über Szenen, die die entsprechende Emotion oder das Gefühl auslösen, welche sich – wenn der Patient sie erlebt – in das behandelte Material integrieren und es ausleuchten. Wenn z. B. ein Patient aus Scham Material zurückhält oder deformiert, können die Handpuppen dies mit dem Protagonisten im Gespräch klären oder, im Gegenteil, eine Schamszene spielen, die nur sie selbst einbezieht.

1.1.5 Anpassungsfähigkeit
Eine der häufig beobachteten Reaktionen bei Psychotikern ist ihre Tendenz, in direkten Kontakt zum I. O. zu treten, wenn dieses eine Beziehung zu ihnen hergestellt hat. In vielen Fällen beschränkt sich diese Annäherung auf Anfassen, aber in anderen Fällen nimmt der Patient das I. O. und läßt es selbst agieren.

Während einer Psychodrama-Sitzung mit Handpuppen trat ein Patient der Abteilung in den Raum, in dem wir arbeiteten. Er war im Delirium und motorisch sehr unruhig. Von der Tür aus schaute er der Szene der Puppen zu. Er schien hypnotisiert durch sie. Ohne den Blick von ihnen zu wenden, näherte er sich langsam und lehnte sich an den Vorhang, der die Hilfs-Ichs verbarg, die die Puppen bewegten. Er hob einen Arm und ergriff die Hand einer Puppe. Diese antwortete ihm sofort, begrüßte ihn, fragte ihn nach seinem Namen und wie es ihm gehe. Jorge, der Patient, antwortete ihr, daß er einen »Synthesizer« habe, mit dem er alle Arten von Botschaften erhalte. Die Puppe zeigte sich interessiert daran und lud ihn ein, hinter den Vorhang zu kommen. Einmal dort, nahm er den Vorschlag an, eine Puppe auszuwählen und mit der vom Hilfs-Ich geführten Puppe sich zu unterhalten.

Dieser Dialog war freilich sehr sonderbar, da er durch das Delirium gefärbt war. Nur ab und zu wurde eine gewisse Kommunikation erreicht. So delirierte der Patient mit lauter Stimme – ab und zu kamen einige zusammenhängende Sätze dazwischen. Nach und nach zentrierte er die Aufmerksamkeit auf den Synthesizer und erklärte einige seiner Charakteristiken. Darauf basierend, bastelte das Hilfs-Ich einen solchen und ließ ihn durch seine Puppe der des Patienten überreichen: Dies sei der Synthesizer. Jorge nahm ihn mit Freude entgegen und zeigte ihn überschwenglich herum, während er delirierte. Während einiger Minuten wurde er nicht unterbrochen, um die Anpassung des I. O.s und insbesondere des »Synthesizers« zu erleichtern.

Dann bat die andere Puppe, ob er ihr den »Synthesizer« leihe. Jorge gab ihn ihr. Als sie ihn erhält, beginnt das Hilfs-Ich das Delirium des Patienten zu imitieren. Jorge schweigt einige Augenblicke lang und deliriert dann weiter. Jetzt protestiert aber die Puppe des Hilfs-Ich und sagt, jetzt habe sie den »Synthesizer«, und sie könne so die Botschaften nicht hören, die dieser empfängt. Zur Überraschung aller hört der Patient auf zu delirieren und führt einen kurzen, aber klaren und kohärenten Dialog, bis er von neuem von seinen deliranten Ideen überschwemmt wird.

In diesem Fall erlaubt die Konkretisierung der deliranten Ideen durch ein I. O., das sich diesen anpassen konnte, einen gewissen Grad von Kommunikation. Dies ist ein Schritt zu ihrer Wiedergewinnung. Die Einstellung auf das I. O. bedeutet Hoffnung für den Patienten, aus seinem In-sich-gekehrt-Sein, seinem Eingeschlossen-Sein herauszukommen. Diese Situation kann verglichen werden mit Bergleuten, die durch einen Einsturz gefangen sind und über ihr Schicksal resignieren. Sie haben den Kontakt zur Außenwelt verloren und nach einiger Zeit auch jegliche Hoffnung auf Rettung. Wenn sie in einem solchen Augenblick das leiseste Geräusch hören, das ihnen die Ankunft einer Rettungsmannschaft ankündigt, wird ihre ganze Aufmerksamkeit auf diesen Ansporn gerichtet, und sie werden alle ihre Anstrengungen in diese Richtung lenken, um die von außen Kommenden zu leiten und das Auffinden zu erleichtern.

Das I. O. ist für den Psychotiker dieser neue Ansporn, der ihm die Existenz eines Außen signalisiert und es ihm erlaubt, die Existenz eines Weges zu ahnen, der ihn zur geistigen Gesundheit führt, heraus aus seiner Eingeschlossenheit. Um das zu erreichen, ist es wichtig, die Kommunikation mit den verschiedensten Mitteln wiederherzustellen, unabhängig von den Inhalten, die dabei im Spiel sind.

Den vom Einsturz eingeschlossenen Bergmann interessiert nur, daß man ihn sucht, nicht, ob der, der ihn sucht, weiß, schwarz, Freund, Verwandter oder Feind ist. Sobald normale Bedingungen hergestellt sind, gewinnen diese Charakteristika Bedeutung. Dasselbe geschieht mit dem Psychotiker. Er will heraus aus seiner Isolierung. Dahin zu gelangen, diese Barriere zu durchbrechen, das ist die Aufgabe des Psychotherapeuten.

1.1.6 Assimilierbarkeit

Beim Prozeß der Wiederherstellung der Kommunikation mit Hilfe des I. O. laufen beim Patienten Vorgänge ab, die seine inneren Veränderungen anzeigen. Dies ist erstens die Fokussierung der Aufmerksamkeit auf das

I. O., die die Kontaktaufnahme mit seinem Ich signalisiert, dann die Suche nach dem physischen Kontakt, die fast immer simultan mit den verbalen Reaktionen auftritt und eine aktivere, verbindlichere Teilnahme an der Kommunikation ausdrückt. In vielen Fällen geht der Patient dazu über, ein I. O. zu benutzen, meist das I. O., mit dem der Kontakt hergestellt wurde. Wenn es sich um eine Handpuppe handelt, hilft man ihm, sie überzustreifen, damit er sie bei der Interaktion verwendet.

In dem Maße, wie der Patient sich mit dem I. O. identifizieren kann, das er – um sich auszudrücken und zu verständigen – benutzt, erfüllt dieses seine Aufgabe. Diese Eigenschaft beweist sich augenfällig einerseits, weil das eingebrachte Material sich einpaßt in die Charakteristiken des I. O.; andererseits, weil es der üblichen sozialen Vorwände beraubt ist. Es ereignet sich eine Art Abfall der Vigilanz in bezug auf die ausgesandte Information, die wahrscheinlich mit der Fokussierung der Aufmerksamkeit auf das I. O. einhergeht, die in manchen Fällen Erscheinungen auslösen kann, die einer Depersonalisation ähneln. Diese Erscheinung beobachtet man häufig bei nichtpsychotischen Kindern.

In einer Psychodrama-Sitzung mit etwa 5 Jahre alten Kindern nahmen zwei der kleinen Patienten eine Handpuppe, um eine Szene aus Rotkäppchen zu spielen. Eines spielte das Rotkäppchen, das andere den bösen Wolf. Sie gehen zur Puppenbühne und spielen vergnügt die Szene. Nach und nach begeistern sie sich am Spiel. Der Wolf brüllt immer stärker und drohender, Rotkäppchen schreit erschrocken. Dann sagt der Wolf brüllend, daß er es fressen werde, und springt auf, um es zu tun. In diesem Moment kommen die beiden Kinder angsterfüllt mit den Puppen in der Hand hinter der Bühne hervor. Ihre eigenen Puppen haben sie erschreckt. Die Puppe war vollständig assimiliert, erstens bis zur Identifikation mit ihr, und zweitens gaben sie ihr einen Grad von Autonomie derart, daß sie sie nicht mehr erkannten und ihr die Gefährlichkeit zuschrieben, die beide Kinder ihr verliehen hatten.

1.1.7 Instrumentierung

Das I. O. bietet die Möglichkeit, es wie eine Verlängerung seiner selbst zu benutzen. Auf diese Weise können Situationen, die wegen der persönlichen Betroffenheit, die damit verbunden ist, und die schwierig zu gestalten sind, durch das I. O. gelöst werden. Meist sind das Szenen, bei denen es sich um Sexualität und Gewalt handelt.

Ein Patient sagte, er sei eine historische Persönlichkeit, die geköpft worden sei auf Veranlassung seiner Frau. Er wollte dieses Ereignis spielen, aber andersherum. Die Frau sollte die Geköpfte sein. Die Szene wird begonnen. Der Patient beschließt, daß er die Guillotine betätigt, die er durch seinen erhobenen Arm darstellt. Ein

Hilfs-Ich soll seine Frau spielen. Es war ein übermäßiges Risiko für das Hilfs-Ich, die Szene so zu spielen, wie sie der Patient beabsichtigte. Niemand konnte vorhersagen, mit welcher Kraft er den Arm fallen lassen würde. Wir beschlossen also, mit Puppen zu arbeiten. Der Protagonist und das Hilfs-Ich wählen ihre entsprechenden Puppen. Die Szene wird vervollständigt durch Dialoge, die der Exekution vorausgehen. Der Patient schneidet mit seiner Puppe der Puppe des Hilfs-Ich den Kopf ab. Der Kopf rollt über die Bühne und beeindruckt das Publikum. Der Patient, überrascht, schaut hinter der Bühne hervor und sucht den Kopf. Als er dem Publikum gegenübersteht, lächelt er verwirrt. Er hat seine Rache vollzogen.

Das I. O. hat es als Verlängerung der Person ermöglicht, eine Gewaltszene zu spielen, ohne daß ihr Sinn oder ihre emotionale Intensität dabei verlorengingen. Da es sich um Puppen handelt, werden keine Schuldgefühle erzeugt. Die Szene kann in allen möglichen Varianten – einschließlich Rollentausch – so oft wie nötig wiederholt werden.

1.1.8 Erkennbarkeit
Das I. O. muß auf den ersten Blick erkannt werden können. Wenn das nicht der Fall ist, kann es sich in ein beunruhigendes Objekt verwandeln, das Alarmzustände auslöst. Diese Eigenschaft vervollständigt die der oben beschriebenen Unschädlichkeit.

1.2 Wirkungsmechanismen des Intermediär-Objekts

1.2.1 Das Intermediär-Objekt und die natürliche Kommunikation
Das Verstehen und die theoretische Durcharbeitung des durch die Puppe produzierten, kommunikativen Phänomens bei chronisch Schizophrenen in schlechtem Zustand führte uns zum Konzept des Rollenschemas[2] (vgl. dieses Buch S. 144). Wir begannen mit einer unvoreingenommenen, natürlichen Betrachtung der Fakten. Statt die bekannten Termini Autismus, Katatonie, Spaltung, Delirium etc. zu verwenden, um die Symptome des Patienten zu kategorisieren oder zu benennen, mit der Gefahr, ihn dadurch festzunageln, dachten wir in gewöhnlicheren und außerdem offenen Begriffen, um sie zu bezeichnen. So wurde der Begriff »In-sich-gekehrt-Sein« (»ensimismado«) eingeführt, um alle jene Zustände zu benennen, in denen der Patient unfähig ist, sich mitzuteilen. In diesem Sinne sind sowohl der Autist als auch der Delirierende »in-sich-selbst-gekehrt«, d. h. in sich selbst hineingestürzt. Dieses Selbst, das sie vom Außen trennt, ist wie eine Kapsel, die sie isoliert. Auf diesem Weg entstand unser Begriff vom »Selbst« und nicht aus der Ableitung von psycho-

logischen Konzepten, die denselben Terminus gebrauchen (meist englisch: self).

Wenn man den Psychotiker als kommunikationslos ansieht, wie eingeschlossen in seine eigene Kapsel, und beobachtet, daß mit der Puppe Antworten erhalten werden, kommt man unschwer zu dem Gedanken, daß diese irgendeine wesentliche Eigenschaft besitzen muß, die sie befähigt, die Barriere zu durchbrechen und zum *Ich* zu stoßen. So erhält man ein erstes Schema: einen zentralen Kreis, das *Ich;* und einen zweiten – in einem gewissen Abstand um ihn herum –, das »psychologische *Selbst«* (vgl. Abbildung 2 S. 146).

Wenn wir das Phänomen der Puppe vergleichen mit dem Mangel an Antworten bei der Kommunikation von Angesicht zu Angesicht, wird offensichtlich, daß die Ursache dafür in enger Beziehung stehen muß zum Ursprungsort der Geräusche, da die verbale Botschaft in beiden Fällen dieselbe ist. Daraus schließen wir, daß das menschliche Gesicht die Kommunikationsblockade bewirkt.

Wenn man bedenkt, daß das Gesicht einen wesentlichen Teil des genetischen Kommunikationssystems ausmacht, die ausgesandten Botschaften also zwangsläufig von allen Mitgliedern derselben Spezies aufgenommen werden, so muß eine schwere Veränderung vorliegen, wenn dieses blockiert, obengenanntes System beschädigt und das Individuum in soziale Isolierung versetzt ist.

Auf diese Weise kann die Psychose als entfremdende Krankheit aufgefaßt werden, als Zusammenbruch der sozialen Bande. Die Psychose beeinträchtigt fundamental die Kommunikation mit den »anderen«.

1.2.2 Die natürliche Kommunikation[3]

Den isolierten, autarken Menschen gibt es nicht, er wäre eine Abstraktion[4]. Der Mensch ist ein Sozialwesen und besitzt in sich als solches alle notwendigen Komplementär-Strukturen, um in seiner Umwelt zu überleben und mit seinesgleichen in Kontakt zu treten. Diese Strukturen wirken in einem integralen Feld. Mit einem Individuum zu tun zu haben heißt, mit seinem Körper, seinem Geist, seinem Milieu zu tun zu haben.

Verbale Kommunikation ist ein Vorgang, bei dem ein großer Teil dieser Elemente zusammen auftritt. Diese Codes sind *Natürliche Formen,* z. B. Körperhaltungen, die »programmierten inneren genetischen Strukturen« entsprechen, komplementär den »äußeren programmierten genetischen Strukturen«[5], die spezifische und stereotype Verhaltensweisen determinieren.

»Viele unserer angeborenen, motorischen Verhaltensweisen sind phylogenetisches Erbe. Das beweist die Tatsache, daß auch die mit uns am nächsten verwandten Anthropoiden sie aufweisen.

Um zu drohen, drehen wir die Arme nach innen und ziehen die Schultern hoch. Gleichzeitig verkürzen sich die kleinen Muskeln, die die Härchen auf Armen, Rücken und Schultern hochstellen, was ein leichtes Schaudern hervorruft.

Bei den Schimpansen beobachten wir das gleiche Drohverhalten, nur daß sich bei ihnen, da sie vollständig behaart sind, das ganze Fell aufstellt und sträubt, was ihr Aussehen sehr beeindruckend verändert.«[6]

Zweifellos haben diese physischen Veränderungen Sinn in bezug auf das Gegenüber, das eine »interne, programmierte genetische Struktur« besitzt, die – komplementär zur äußeren – ein angeborenes Verhalten auslöst. Diese Mechanismen sind besonders bedeutsam bei einigen Tieren, wo sie verhindern, daß diese sich gegenseitig töten; wir nennen sie in diesem Fall »angriffsverhindernde Mechanismen.«[6]

»Ebenso haben wir Menschen ein ganzes Repertoire von meist angeborenen Gesten oder Haltungen der Demut und Versöhnung. Unser wichtigstes Freundschaftssignal ist das Lächeln. Mit dieser angeborenen Verhaltensnorm können wir völlig unbekannte Menschen uns zu Freunden machen. Lächeln entwaffnet.

Vor kurzem las ich von einem nordamerikanischen Sergeanten, der plötzlich zwei Vietkong-Soldaten gegenüberstand. Sein Gewehr versagte und er lächelte und das hielt seine Feinde zurück. Aber das Mißtrauen und die Angst erstickten bald den kaum begonnenen Kontakt. Der nordamerikanische Soldat lud seine Waffe nochmals und tötete sie.«[6]

In diesem Beispiel ist das Lächeln die Natürliche Form (körperlich angeboren), die die Beziehung zwischen den erwähnten Personen herstellte. Das Resultat war die Verhinderung von Aggression. Was anschließend geschah, ist das Ergebnis von bestimmten Lern- und Gewöhnungsprozessen: innere, programmierte, gelernte Struktur, komplementär der äußeren, programmierten, gelernten Struktur (Vietkong, Feind).

Das Gelernte überwog das Natürliche.

Von unserem Standpunkt aus ist das Beispiel nützlich, um die Natürlichen Formen aufzuzeigen, die ständig beim Kommunikationsprozeß präsent sind und sich der Kontrolle durch das *Ich* entziehen. Diese Natürlichen Formen, wirkliche Träger der Kommunikation, manifestieren sich in verschiedenen Körperabschnitten, deren sich die Person nicht immer bewußt ist. Das kann sehr deutlich beobachtet werden, wenn dem Protagonisten sein Bild auf dem Videogerät vorgespielt wird.

Die Natürlichen Formen klassifizieren sich in: anatomisch physiologische (z. B. die Hand), psychologische (Emotionen) und soziale (Stillen, kreisförmige Anordnung von Gruppen, Massenflucht bei Panik). Sie sind genetisch übermittelt und deshalb festgelegt. Sie bleiben eingeschlossen in die Information, die der *Ich*-Kern besitzt[7].

Aus den Natürlichen Formen entwickeln sich die Sozialen Formen, die die Charakteristiken der entsprechenden Sozialen Struktur aufweisen. Sie werden durch Lernen erworben und systematisieren sich in Sozialen Rollen. Sie gehören dem *Ich* an[7].

1.2.3 Die kommunikativen Botschaften

Die theoretische Erklärung des I. O.-Phänomens ist folgende: Bei der zwischenmenschlichen Kommunikation wird in natürlicher Weise eine gewisse Anzahl von Botschaften ausgetauscht, die simultan von den Betroffenen decodiert werden. Nehmen wir an, daß unter normalen Bedingungen 100 Botschaften ausgetauscht werden. Sie werden – in unterschiedlicher Proportion – von verschiedenen Körperteilen ausgesandt, im Einklang mit der von der Spezies festgelegten Hierarchie. Nach den im Zentrum für psychodramatische Forschung des Hospital Nacional José T. Borda gemachten Beobachtungen entspricht der höchste Prozentsatz dem Gesicht (70%), danach folgen Hände und Arme (20%) und zuletzt der restliche Körper (10%).

Gemäß diesen prozentualen Anteilen ist das Minimum der Botschaften zum Gegenüber bei einer Kommunikation von Angesicht zu Angesicht 70%. Das heißt gleichzeitig, daß der andere den größten Teil dieser Botschaften decodieren muß, um das natürliche Verhalten seines Gesprächspartners verstehen zu können. Hierzu kommen die besonderen Botschaften der verbalen Kommunikation, die gleichfalls eine Decodierung aufgrund eines vorher gelernten Codes erfordern.

Die verbale Decodierung und die höheren psychischen Prozesse laufen ohne irgendeine Interferenz ab, wenn die natürliche Kommunikation störungsfrei abläuft. Diese erfordert unter normalen Bedingungen ein Minimum an Aufmerksamkeit. Sie läuft nahezu unbemerkt vom *Ich* ab, da sie von Internen und Externen programmierten genetischen Strukturen[5] gelenkt wird. Wenn aber bei den *Genetischen Strukturen* eine Veränderung eintritt, entfesselt sich ein Alarmzustand, der die ganze Aufmerksamkeit auf sich zieht. Bei normalen Bedingungen geschieht dies z. B. gegenüber physischen Deformationen an anderen Personen. Die von Genetischen Strukturen abhängigen Register sind stabil und rigide, wie der ganze genetische Apparat. Jede Veränderung wird registriert und setzt alle

Alarm-Mechanismen in Aktion. Dies zieht die gesamte Aufmerksamkeit auf sich.

Wenn unser Gesprächspartner an einer Hand sechs Finger hat, was wir am Anfang nicht bemerkt haben, wird nach und nach ein Zustand des Unbehagens und der Unruhe bei uns entstehen, weil die natürliche Kommunikation durch Stimuli verändert ist, die den arteigenen Genetischen Strukturen fremd sind – in diesem Fall: die Hand mit sechs Fingern. Wenn das *Ich* die Mißbildung festgestellt hat und versteht, was vorliegt, wird es sein inneres Gleichgewicht wiederherstellen können. Die alarmierte Aufmerksamkeit jedoch, die durch die Stimuli der veränderten, äußeren, programmierten genetischen Struktur (Vielfingrigkeit) freigesetzt ist, bleibt. Dieser Umstand wird vom *Ich* erlebt als Notwendigkeit, die Mißbildung ständig zu betrachten.

Das Schrecklichste bei der Psychose besteht darin zu fühlen, daß der andere sechs Finger hat, während das *Ich* ständig verifizieren muß, daß er normal ist und fünf Finger hat.

Nach einem Suizidversuch gab ein Patient, der sich auf dem Weg der Besserung befand, folgende Erklärung ab:
»Das Schrecklichste und Unerträglichste ist zu merken, daß man verrückt wird. Als ich anfing, das Geflatter von Vögeln zu hören, ohne sie ausmachen zu können, erschrak ich vor mir selbst. Aber als ich merkte, daß es ein ganzer Vogelschwarm war, der nach mir picken und mir die Augen ausstechen wollte, geriet ich in Panik. Ich begann Vorkehrungen zu treffen und schloß die Türen und Fenster meines Hauses sorgfältig. Als ich dann an dieser Sicherheit zu zweifeln begann, versteckte ich mich auf dem Dachboden. Gleichzeitig war mir klar, daß diese Vögel nicht existierten und nur meiner Vorstellung entsprangen. Und trotzdem, wenn das Gefühl schlimmer wurde, war das einzige, was ich tun konnte, zu fliehen und mich zu schützen. Es war ein Gefühl, das mich überschwemmte und das ich nicht beherrschen konnte wie etwas, das außerhalb meiner selbst war.
Ich wußte, daß ich verrückt wurde, daß niemand mir helfen konnte, daß ich völlig allein war. Als das Gefühl, gepickt zu werden, unerträglich wurde, sprang ich aus dem Fenster.
Ich hatte kein anderes Mittel, um es abzustellen.«

Dieses Beispiel eines Psychoseausbruches zeigt, daß die Botschaften aus dem gestörten Bereich der Natürlichen Kommunikation alle anderen Stimuli überwiegen, einschließlich der rationalen Ich-Aktivität. Die Gefühlseindrücke bestimmen das Verhalten, selbst wenn sie vom *Ich* aus als falsch eingestuft werden.

In diesem Fall ist die Störquelle im Inneren, und das *Ich* kann sein

Verhalten nicht kontrollieren, obwohl es die Störung erkennt. Der Suizidversuch ist Ausdruck seiner Verzweiflung.

Die beiden erwähnten Beispiele, das der Vielfingrigkeit und das der Vögel, zeigen die Herde an, die üblicherweise Störungen in der Natürlichen Kommunikation erzeugen.

Wenn im rezeptiven Organ irgendeine Störung auftritt, ist im allgemeinen die Anzahl der decodierten Natürlichen Kommunikations-Botschaften geringer, und das Ergebnis des Syntheseprozesses weist anormale Züge auf, die es unerkennbar und angstauslösend werden lassen. Bei diesem Phänomen, das sich in voller Größe bei den Psychosen manifestiert, können zwei Störungsarten festgestellt werden, je nachdem, ob die Wahrnehmungsstörungen der räumlichen oder der zeitlichen Art überwiegen.

Die temporalen, psychotischen Störungen charakterisieren sich durch die Unfähigkeit des Patienten, einer Sequenz zu folgen und daraus einen Schluß zu ziehen.

Die spatialen psychotischen Störungen umfassen alle jene, die aus der simultanen, fragmenthaften Wahrnehmung des Gegenübers herrühren und die Auslöser monströser Bilder werden, da die Komposition der wahrgenommenen Elemente auf eine von der üblichen abweichende Art vorgenommen wird, so daß sie nicht den natürlichen genetischen Formen entsprechen.

Ein Beispiel aus der Mythologie wäre dafür der Zyklop. Das Monströse – in anderen Worten gesagt – ist all das, was mit dem natürlicherweise Erkannten nicht übereinstimmt.

Monströse Bilder lösen akute Alarmzustände aus und ziehen die gesamte Aufmerksamkeit auf sich. Die Verifizierungs- und Korrekturversuche des *Ich* verschlimmern die Situation nur, weil sie das Bild konstant verändern. Dem Psychotiker reicht die Zeit nicht, seine Bilder wieder zu strukturieren. Die Realität verwandelt sich in ständig sich ändernde, immer konfuser werdende Puzzle-Teile.

Um schließlich aus diesem Zustand herauszukommen, wird die Kommunikation aufgegeben, und es folgt das In-sich-gekehrt-Sein. Dieses bietet Schutz vor den »Monströse Bilder« auslösenden Stimuli um den Preis der Isolierung, die letztendlich erträglicher ist.

 Alle Techniken des I. O. zielen darauf ab, die Menge der Informationen an den Patienten zu reduzieren, damit die Botschaft adäquat decodiert werden kann (verifizierbar an den Antworten – Handlungen). Es handelt sich darum, eine flächenförmige Information (100 Botschaften) durch eine punktförmige zu ersetzen (3 oder 5 Botschafen). Um im Bild des Puzzles zu bleiben: die flächenförmige Kommunikation entspricht der Anwesenheit sämtlicher Teilchen auf einmal, während die punktförmige einem einzigen von ihnen entspricht.

Für den Psychotiker ist es unmöglich, alle Teile zu integrieren, um den globalen Sinn zu erfassen, nicht jedoch bei nur einem von ihnen. Die Puppe oder Maske eliminiert den größten Teil der Natürlichen Kommunikations-Botschaften, nicht nur weil sie künstlich sind, sondern weil sie statische unbewegliche Figuren sind, ohne den expressiven Reichtum des Gesichtes. Der Patient kann sich Zeit nehmen und sie studieren solange wie nötig, bis er sie ganz identifiziert hat.

Letzten Endes ist das I. O. ein technischer Kunstgriff, der es erlaubt, die unterbrochene Kommunikation wiederherzustellen, indem es die Anzahl der dem Patienten gebotenen Kommunikations-Botschaften reduziert, insbesondere jene, die vom Körper ausgehen, deren Empfang er nicht ausschließen kann, da sie zur arteigenen Natürlichen Kommunikation gehören. Dies ist die spezifische Anwendung bei den spatialen psychotischen Störungen.

Bei temporalen Störungen setzen wir einfache Spiel-Szenen als intermediäre Situation ein, um die Fähigkeit zu trainieren, Sequenzen herzustellen, und von der gestellten Szene aus führen wir Veränderungen in die Zukunft und in die Vergangenheit ein. So hat man drei Szenen in verschiedenen Zeiten, die vom Patienten einen gewissen Grad von Kontrolle, Vorstellungskraft und Abstraktionsvermögen verlangen. Der Psychotiker mit dieser Art temporaler Störung lebt in einem konstanten Präsens im Gegensatz zum Neurotiker, der sich ständig zwischen Vergangenheit und Zukunft bewegt.

1.2.4 Dosierung der kommunikativen Botschaften

Vor einem in-sich-gekehrten Patienten, der soeben erst auf irgendeinen verbalen Stimulus als Person reagiert, seinen Namen nennt oder einen einfachen Auftrag ausführt, stellt sich die Frage nach der besten Strategie, um die unterbrochene Kommunikation wiederherzustellen, da die Gefahr besteht, das In-sich-gekehrt-Sein zu verstärken oder eine heftige Reaktion hervorzurufen. Diese Reaktionen hängen von der Zahl der kommunikativen Signale ab, die dem Patienten gegeben werden, sobald man seine Aufmerksamkeit gewonnen hat. Wenn man von dem Konzept dieser Arbeit ausgeht, daß bei psychotischen Prozessen Veränderungen auftreten, die insbesondere die arteigene Natürliche Kommunikation – der sich das Individuum nicht entziehen kann – in Mitleidenschaft ziehen, und daß die psychotische Entstrukturierung beim Prozeß der Decodierung und der darauffolgenden Synthese auftritt, die zu Monströsen Bildern führt aufgrund der Verformung der globalen Wahrnehmung in eine fragmenthafte, so läßt sich daraus der Schluß ziehen, daß alle Versuche, die unterbrochene Kommunikation wiederherzustellen, vor allen Dingen die Menge der kommunikativen Stimuli, die vom Körper ausgehen, berücksichtigen muß.

Der Gebrauch der Handpuppe als I. O. eliminiert die Beteiligung des Körpers; die Kommunikations-Stimuli sind beschränkt auf 3 bis 5%. Wenn man dies mit den 100% bei der Kommunikation von Angesicht zu Angesicht vergleicht, ist die Reduktion sehr intensiv und bietet die meisten Möglichkeiten für die in sich gekehrten Patienten.

Zwischen der Puppe und dem Körper als Kommunikationsvehikel gibt es eine Skala von Möglichkeiten, die quantitativ eingesetzt werden können.

Neben der Handpuppe kann der menschliche Körper mit Tunika und Kapuze verborgen werden, so daß nur Hände, Augen und Füße frei bleiben. Im allgemeinen verwenden wir weißen Stoff, manchmal benutzen wir gezielt – der Situation entsprechend – auch Farben.

Wenn die Tunika weggelassen wird und nur die Kapuze bleibt, werden die Kommunikationssignale auf etwa 30% erhöht. Die neutrale Maske schafft dieselben Bedingungen wie die Kapuze.

Mit ausdrucksvollen Masken wird die Zahl der Stimuli wiederum erhöht, wir verwenden sie, ebenso wie die Farben, nur gezielt. Die griechische Maske setzen wir dann ein, wenn wir Versuche mit der Kommunikation von Angesicht zu Angesicht machen. Die manuelle Maskenführung erlaubt die rasche Freilegung und Bedeckung des Gesichts.

Zwischen der üblichen Maske, die das ganze Gesicht verbirgt, und dem freien Gesicht gibt es eine Zwischenform, das weißgeschminkte Gesicht des Mimen. Damit werden die kommunikativen Stimuli wiederum erhöht, ohne die 70% des freien Gesichts zu erreichen.

Die Tunika, die etwa 30% der Stimuli eliminiert, wird vor der globalen Kommunikation von Angesicht zu Angesicht eingesetzt.

Wir wählen das I. O. nach dem Grad der Insichgekehrtheit, in dem sich der Patient befindet. In manchen Fällen können wir mit Masken beginnen, in anderen mit Handpuppen, usw. Wir sind vor allem daran interessiert, die Kommunikation wiederherzustellen mit einem I. O., das die Kommunikations-Stimuli vermindert. Die Kommunikationsaufnahme wird erleichtert, weil der Alarmzustand abgeschwächt wird. Diese Dynamik wird besser verständlich, wenn man das Rollenschema miteinbezieht, das im folgenden dargestellt wird. An ihm wird die unserem

Ansatz zugrundeliegende Persönlichkeitstheorie und Krankheitslehre deutlich[16].

2. Das Rollenschema

Das Rollenschema ist die theoretische und grafische Erläuterung der Persönlichkeitsstruktur. Es ist insofern theoretisch, als es aus der Beschreibung der beobachteten Phänomene bei der psychodramatischen Behandlung von schwer psychotischen Patienten resultiert. Und es ist grafisch, weil wir auf der Suche nach einem Erklärungsmodell für die durch diese Störungen verursachten Veränderungen ein Diagramm entwickelten, das zugleich eine einfache, operationale und grafische Struktur der Persönlichkeit darstellt.

2.1 Der Ich-Kern

Evolutionell stammt der *Ich*-Kern aus der Zeit, in der die Schließmuskelkontrolle beginnt, aus der Zeit des beginnenden *Ich*.

Der *Ich*-Kern ist ein theoretisches, genetisches Strukturschema, das die biologischen, psychologischen und sozialen Faktoren kondensiert, die beim Individualisationsprozeß des Menschen zusammenwirken.

2.2 Psychosomatische Rollen

Der Prozeß der Strukturierung des *Ich*-Kerns dauert etwa zwei Jahre. Er beginnt mit der Nahrungsaufnahme in Übereinstimmung mit den vorherrschenden Stimuli; in dem Maß, wie deren Intensität abnimmt, entstehen die entsprechenden Register, es entsteht die Rolle des Nahrungaufnehmenden. Es folgt die Ausscheidung, die zur Rolle des Defäkators führt. Das Wasserlassen zieht als drittes die Aufmerksamkeit auf sich und führt zur Rolle des Urinators.

Diese drei erhalten den Namen »Psychosomatische Rollen«. Ihre Konstituierung bringt die Unterscheidung von drei Bereichen mit sich: Geist, Körper und Milieu. Die Bereiche werden dargestellt in den Räumen zwischen den drei Radien des Kreises (Abbildung 1). Jeder Radius entspricht einer psychosomatischen Rolle und jedes Segment einem Bereich[16].

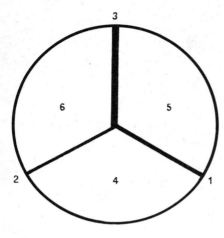

Abbildung 1

1. Rolle des Aufnehmenden
2. Rolle des Defäkators
3. Rolle des Urinators
4. Milieu-Bereich
5. Körper-Bereich
6. Geist-Bereich

Die Rolle des Nahrungaufnehmenden trennt die Bereiche Körper-Milieu. Diese Rolle strukturiert sich in den ersten drei Lebensmonaten. Die Rolle des Defäkators trennt die Bereiche Milieu – Geist und strukturiert sich zwischen dem dritten und achten Lebensmonat. Die Rolle des Urinators trennt die Bereiche Geist – Körper. Sie strukturiert sich zwischen dem 8. und 24. Lebensmonat.

Das *Ich* ist eine neue und andere Instanz, die durch die Integration der sechs Elemente – die an der Strukturierung des *Ich*-Kerns teilhaben – zustande kommen, d. h., daß das *Ich* – obwohl es aus den sechs Elementen, die den *Ich*-Kern bilden, geformt ist, von ihnen unterschieden ist. Seine Zusammensetzung kann ausgedrückt werden durch eine Formel, die Strukturformel. In ihr sind die entsprechenden Proportionen jedes Bereichs und der Störungen der psychosomatischen Rollen enthalten.

Alle Rollen, die im Rollenschema (Abbildung 2)[1] grafisch dargestellt werden, als Verlängerung des *Ich*, haben die Strukturformel, die dem jeweiligen Individuum entspricht, dergestalt, daß eine ihnen allen gemeinsame Charakteristik vorliegt, obwohl es sich um verschiedene Rollen handelt.

145

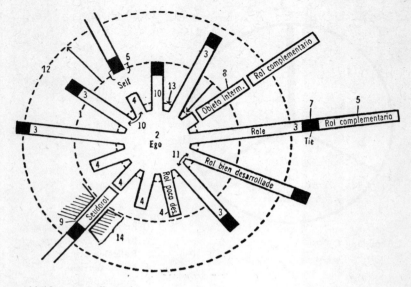

Abbildung 2: Rollen-Schema

1. Grenze des Selbst
2. Ich
3. Rolle
4. Wenig entwickelte Rolle
5. Komplementär-Rolle
6. Beziehung Komplementär-Rolle – Selbst
7. Verknüpfung
8. Intermediär-Objekt
9. Pseudo-Rolle
10. Interrelation von Rollen
11. Ebenso
12. Ausdehnung des Selbst im Alarmzustand
13. Kontraktion des Selbst in besonderen Anwärmsituationen
14. Kontext, der zur Pseudorolle gehört

Seine grafische Darstellung ist folgende:

Ein begrenzender äußerer Kreis, das Psychologische Selbst (Abbildung 2)[1], umgibt das *Ich* wie eine Zellmembran (Abbildung 2)[2]. Das *Ich* ist dargestellt als ein zentraler Kreis, aus dem – wie Scheinfüßchen – die sozialen Rollen heraustreten (Abbildung 2)[3,4]. An den Enden der gut und durchschnittlich entwickelten Rollen (Abbildung 2)[3,10] befindet sich der

Interaktionsbereich mit den komplementären Rollen (Abbildung 2)[5], wo sich die Verknüpfungen bilden (Abbildung 2)[7].

Jedes Individuum ist über die sozialen Rollen mit der sozialen Struktur verbunden. Man kann diese Interrelation und Interdependenz vergleichen mit der, wie sie an einem Fischernetz zwischen Fäden und Knoten besteht. So wie das Material der Fäden und Knoten des Netzes dasselbe ist, weisen in der sozialen Struktur die komplementären Rollen (Fäden) und Ichs (Knoten) Gemeinsamkeiten auf, und aus der Interdependenz resultiert die Sozialstruktur mit der ihr eigentümlichen Form[16].

So betrachtet ist das Ich keine isolierte Identität; im Gegenteil, es ist ein Reflexions- und Durchgangspunkt der Sozialstruktur, ein Konvergenzkern der sozialen Kräfte, die das Individuum durchkreuzen und sich gleichzeitig in ihm konkretisieren und ausdehnen.

Man kann von der sozialen Struktur nicht sprechen, ohne von der Struktur der Ichs, die sie bilden und integrieren, und vice versa zu sprechen. Trotzdem betrachten wir aus didaktischen Gründen und zum besseren Verständnis das Individuum und das Ich isoliert von der sozialen Struktur, zu der sie gehören. Greifen wir das Bild des Netzes noch einmal auf: Ein Knoten, der von den Fäden abgeschnitten wird, fällt ab. Er gehört nicht mehr zum Netz. Analog dazu ist ein von der sozialen Struktur abgetrenntes Ich entfremdet und dieser Struktur deshalb fremd. Um zu überleben, braucht es besondere Bedingungen, es muß z. B. hospitalisiert werden.

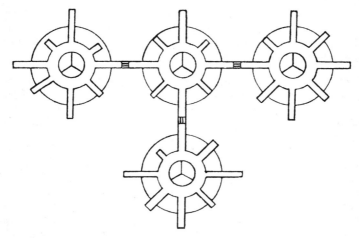

Abbildung 3: Interpersonale Beziehungen über Rollen und Verknüpfungen – Soziales Netzwerk

2.3 Soziale Rollen

Vom Ich gelernte »Kulturelle Konserven«[10] weisen in ihrer Struktur die Interrelation mit der Komplementärrolle und die besonderen Charakteristiken jedes Ich auf; wenn also eine Rolle mit der ihr komplementären gespielt wird, liegt bereits eine vorherige Kenntnis der möglichen Verhaltensweisen vor für die Verknüpfung, die zu entwickeln ist. In der sozialen Rolle des Arztes sind z. B. die Verhaltensweisen des Patienten und die Interrelationen präsent. Wenn jemand zum Arzt geht, erwartet er von diesem eine Reihe von Verhaltensweisen und Maßnahmen, die ihn weder überraschen noch befremden, wenn sie eintreten, z. B. wenn er sich ausziehen soll. Wenn er aber zum Friseur geht, ist eine solche Aufforderung überraschend und nicht adäquat, da sie vorab in der Rollennorm nicht enthalten ist.

Die sozialen Rollen sind Ich-Strukturen, mittels derer die Verknüpfung mit anderen Rollen und anderen Ichs hergestellt wird und die auf diese Weise die soziale Struktur mitformen. Diese Art von genormter und wenig belasteter Verknüpfung entspricht der Sozialen Ebene der interpersonalen Beziehungen. Ein anderer Beziehungstypus liegt vor, wenn die Verknüpfung mittels des Psychologischen Selbst geschieht (Abbildung 2)[6]. In diesem Fall ist das Individuum in seiner Totalität betroffen, die Beziehung findet auf der psychologischen Ebene der interpersonalen Beziehungen statt.

Je nach Entwicklungsgrad der Sozialen Rollen sprechen wir von gut, mittelmäßig und wenig entwickelten Rollen. Bei dieser Klassifikation ist das Verhältnis zwischen der Länge der sozialen Rolle und der Peripherie des Psychologischen Selbst berücksichtigt.

Die gut entwickelten Rollen (Abbildung 2)[3] verknüpfen sich mit den komplementären Rollen, entfernt vom Psychologischen Selbst und in einer Distanz, aus der das Ich sein Verhalten und das fremde überblicken kann, so daß es situationsgerechte, notwendige Korrekturen ausführen kann. Bei dieser Art von Beziehung ist die Anstrengung begrenzt, weil der Rolle entsprochen wird, ohne daß das Individuum, das die Rolle spielt, hineinverstrickt wird. In diesen Fällen befindet sich das Subjekt in einem »entspannten« Feld. Solche Rollen sind z. B. Berufsrollen.

Mittelmäßig entwickelte Rollen (Abbildung 2)[10] sind jene, deren äußerste Verknüpfung nahe beim Psychologischen Selbst liegt, so daß schwache Veränderungen des Psychologischen Selbst den Grad der Beanspruchung beträchtlich beeinflussen. Betrachten wir z. B. jemanden in der Rolle eines Lehrers, dessen Rolle nur mittelmäßig entwickelt ist. Ein kleiner Streßreiz genügt, und das Psychologische Selbst weitet sich aus und umschließt die Rolle; die Beziehung von Rolle zu Rolle wird umgewandelt in eine von Psychologischem Selbst zur Rolle. Umgekehrt kann sich eine Beziehung Psychologisches Selbst – Rolle in eine Beziehung von Rolle zu Rolle verwandeln dank einer Erwärmungstechnik.

Die wenig entwickelten Rollen (Abbildung 2)[4] liegen innerhalb des Psychologischen Selbst, so daß die Komplementärrolle immer auf das Psychologische Selbst bezogen ist. Es entsteht eine Beziehung ungleichen Typs. Die ungleiche Beanspruchung bei der Beziehung zum anderen über das Psychologische Selbst oder über die Rolle ist vergleichbar mit dem Phänomen des gespannten und des ungespannten Feldes, wie es *Wolfgang Köhler* beschrieben hat[8]. Er führt aus, daß zwischen Subjekt und Objekt ein Feld entsteht mit variablem Spannungsgrad, je nach der zwischen ihnen bestehenden Distanz. Ist die Distanz groß, kann das Tier zögern und mit einer gewissen Freiheit den besten Weg zum Ziel wählen. Wenn hingegen die Distanz kritisch ist, aufgrund der Nähe zwischen Subjekt und Objekt, handelt das Tier, als verbinde ein Tunnel es mit dem Objekt. Seine Diskriminationsfähigkeit sinkt auf ein Minimum. Wenn jetzt ein Hindernis vor dem Ziel auftaucht, kann es das nicht überwinden.

Wir können also die Beziehung über den Weg der Rollen als eine Beziehung vom Typ »entspanntes Feld« bezeichnen, während die Beziehung über das Psychologische Selbst vom Typ »gespanntes Feld« ist. Die Grenze des Psychologischen Selbst ist somit die Grenze zwischen dem »entspannten« und dem »gespannten« Feld.

2.4 Die Pseudo-Rolle

Die Pseudo-Rolle ist in gewisser Weise eine orthopädische Rolle. Sie entspricht der Konserven-Rolle, die dank des sozialen Drucks erinnert und aufrechterhalten wird. Die Pseudo-Rolle stützt sich auf eine wenig entwickelte Rolle und ist gewöhnlich eine Transaktion des Ich gegenüber einer mächtigen und unterdrückenden Sozialen Struktur und/oder eines schwachen Ich, das nicht fähig ist, zu lernen oder sich aufzulehnen.

Pseudo-Rollen kann man bei der Behandlung von Kindern in aller Deutlichkeit beobachten. In solchen Fällen verhält sich das Kind in den ersten Behandlungssitzungen gemäß den geforderten Normen seines familiären Milieus, d. h., wir haben es mit einem wohlerzogenen, höflichen, rücksichtsvollen Kind zu tun. Sein Verhalten verändert sich hingegen nach und nach in dem Maße, wie es die Toleranz seiner Umgebung erforscht und auf die Probe stellt. Es wirft Dinge herum oder zerreißt sie, wird angriffslustig, sagt Schimpfworte; das Kind ist völlig anders als zu Beginn.

Das Kind ist offensichtlich nur über Pseudo-Rollen mit der Umgebung verknüpft, und diese fielen aufgrund der einfachen Veränderung des sozialen Drucks. Jetzt handelt und reagiert das Kind mit seinen eigenen Eigenschaften und nicht mit denen, die die Umgebung ihm aufzwang.

In der grafischen Darstellung (Abbildung 2)[9] sieht man, daß die Pseudo-Rolle die wenig entwickelte Rolle weiterführt. Die bestehende Trennung zwischen beiden bedeutet, daß besagte Rolle nicht den ganzen Lernprozeß sozialer Rollen durchschritten hat und im ersten Abschnitt des Gedächtnisses festgehalten worden ist. Die Schraffierung um die Pseudo-Rolle, etwas entfernt vom Psychologischen Selbst, soll heißen, daß der soziale Druck sie aufrechterhält.

Die Pseudo-Rolle bleibt unverbunden mit dem Ich, weil sie den Lernprozeß sozialer Rollen nicht vollzogen hat, sie ist kein Teil des Ich, da sie nicht seine allgemeinen und besonderen Eigenschaften besitzt, d. h., sie ist nicht gemäß der Strukturformel des Ich strukturiert.

Die Pseudo-Rolle ist nur registriert und ist deshalb dem Gedächtnis und der Information des Ich nicht einverleibt, während Rollen zu Ich-Teilen werden. Der Unterschied zwischen beiden ist derselbe wie zwischen Information und Formation.

Dank der Pseudo-Rolle kann sich das Ich bestimmten Bedingungen anpassen, die das soziale Milieu von ihm fordert, aber es ist unfähig, seine Reaktion zu verändern und auf neue Bedingungen einzustellen. Die Pseudo-Rolle, die kein Ich-Anteil ist und nicht über die der lebendigen Materie eigene Spontaneität, Kreativität verfügt, ist deshalb durch ihre Stereotypie gekennzeichnet.

2.5 Das Psychologische Selbst

Dies ist die psychische Instanz, die dem exterozeptiven System entspricht und in enger Beziehung zum neurovegetativen System steht. Die Interaktion zwischen beiden Systemen bildet die anatomisch-physiologische Grundlage des Psychologischen Selbst. Diese besondere Interrelation determiniert, daß bestimmte Reize wegen ihrer Eigentümlichkeit oder ihrer Intensität Empfindungen auslösen, die als den ganzen Körper betreffend erfahren werden wegen der neurovegetativen Beteiligung, die damit vermengt ist (z. B. Tachykardie, Erblassen, Schweißausbruch etc.). Diese Empfindungen der physiologischen Ebene werden auf psychologischer Ebene als Emotionen bezeichnet.

Empfindungen und Emotionen sind dem Psychologischen Selbst zugehörende Ausdrucksweisen. Die Interrelation zwischen dem exterozeptiven und dem neurovegetativen System stammt aus der Zeit, in der sich die Psychosomatischen Rollen strukturieren. In diesem Sinne existiert das Ich vor dem dritten Lebensjahr nicht. Die Beziehung des Individuums zur Umwelt ist vom natürlichen Typus wie die der Tiere auch[7].

Das psychologische Feld des Psychologischen Selbst wird von sozialen Spannungen durchkreuzt und unterliegt dem Einfluß personaler, interpersonaler und situativer Faktoren. Diese Einflüsse wirken sich aus über das sensoperzeptive System. Das Psychologische Selbst übt in diesem Sinne Programmiererfunktionen für das Ich aus und konditioniert indirekt seine Reaktionen.

Man kann die Reaktionen des Rollenschemas auf drei Ebenen betrachten: auf der sozialen, der psychologischen und der physiologischen. Auf der ersten finden sie statt bei der Interaktion über die sozialen Rollen. Auf der zweiten betreffen sie das Individuum in seiner Totalität, da es sich um Reaktionen des Psychologischen Selbst oder des Ich handelt. Bei der dritten Ebene schließlich findet eine organische Beteiligung statt, d. h., der Ich-Kern ist daran beteiligt.

Das Psychologische Selbst ist eine dynamische, keine statische Instanz. Es kann sich ausdehnen oder zusammenziehen, je nach den Reizen, denen das Individuum ausgesetzt ist. Wenn diese Streß erzeugen, dehnt es sich so weit aus, daß es sogar die gut entwickelten Rollen übertreffen kann (Abbildung 2)[3]. Wenn die Reize erfreulich sind und Erwärmung erzeugen, zieht sich das Psychologische Selbst zusammen bis zur Berührung mit dem Ich.

Die Dilatation des Psychologischen Selbst entspricht emotionalen Zuständen, die das Individuum in seiner Ganzheit betreffen. Sie können akut oder chronisch sein. Im Akutzustand sind sie Teil der vielfältigen Alarmzustände (Angst, Beunruhigung), denen sich der Mensch täglich ausgesetzt sieht. Im chronischen handelt es sich um psychotische Zustände.

Eine Person mit dilatiertem Psychologischen Selbst reagiert auf dieselbe Weise, wie sie das mit wenig entwickelten Rollen täte, d. h., ihre Reaktionen weisen dieselben Züge auf wie jene, die in einem gespannten Feld stattfinden. In diesen Fällen hat das Ich die Möglichkeit verloren, situationsgerechte Strategien zu entwickeln. Es hat die Fähigkeit verloren, Rollen auszufüllen und die Ereignisse entspannt zu erleben mit der adäquaten, psychologischen Beanspruchung.

Die Dilatation des Psychologischen Selbst trennt das Ich von der Sozialen Struktur ab und erleichtert so die physiologische Auswirkung der psychologischen Spannungszustände. Die Funktion des Ich als psychologischer Filter zum Schutz des Ich-Kerns wird auf ihr geringstes Potential reduziert. Je schwächer das Ich ist, desto größer sind die physiologischen Auswirkungen. Bei vielen Schizophrenen kann man beobachten, daß sie auf Umweltreize physiologisch reagieren, wenn sie den Kontakt zur Sozialen Struktur verlieren, z. B. mit Harnentleerungen.

Ein chronisch Schizophrener reagierte auf Fragen, die man ihm stellte, mit Harnentleerungen. Die Harnmenge war abhängig vom Grad der emotionalen Betroffenheit. Dies änderte sich erst, als die verbale Kommunikation wiederhergestellt war über den Einsatz von Handpuppen als *Intermediär*-Objekt.

Reaktionen auf physiologischer Ebene sind keine Regressionen, genausowenig wie die tägliche Harn- und Stuhlentleerung. Regredieren heißt zurückgehen, und im Leben geht man nie zurück: alles geschieht hier und jetzt und nach vorn gerichtet. Eine fehlerhafte Reaktion auf einen panikerzeugenden Reiz ist nicht Regression, sondern Reaktivierung bestimmter psycho-physiologischer Mechanismen. Diese treten auf, wenn die sozialen Reaktionen (Rollen) und die psychologischen (Psychologisches Selbst-Ich) scheitern. Solche Reaktionen sind die letztmögliche Instanz, zu der der Organismus Zuflucht nimmt, um seine Homöostase wiederherzustellen. Es ist kein kindliches, sondern ein physiologisches Verhalten. Die psychologischen und sozialen Reaktionen sind Schutzmechanismen für die Physiologie, die, um unter den besten Bedingungen funktionieren zu können, die geringstmögliche Menge an Störreizen für ihre Homöostase erhalten darf. Die Physiologie steht nicht im Dienste der Psychosoziologie, im Gegenteil, die Psychosoziologie steht im Dienste der Physiologie.

2.6 Das Physische Selbst

Das Physische Selbst ist der physische Ausdruck des Psychologischen Selbst. Man kann es ermitteln, indem man sechs Personen um eine siebte in einem Abstand, der größer als 1 m sein muß, stellt. Jede der Personen, um die Person im Mittelpunkt, wird nun aufgefordert, sich langsam der Person in der Mitte zu nähern, bis diese sie anhält, aufgrund des unbehaglichen Gefühls, das die physische Nähe bei ihr auslöst. Der so die Person in der Mitte umgebende, entstandene Raum entspricht dem Physischen Selbst: er ist im allgemeinen nicht größer als eine Armbewegung. Innerhalb dieser Grenze hat die Person das Gefühl, daß ihr »Territorium« verletzt wird. Die empfundene Störung entspricht der eines Übergriffs auf den eigenen Körper. Wenngleich die Distanz zum anderen zur psychologischen Sphäre zählt, sagen wir, daß dieses Selbst physisch ist, da es im Experiment konkretisiert werden kann.

Analog dazu können wir das Ich des Rollenschemas als Körper der Person in der Mitte sehen, der Kreis der anderen ist dann die Grenze des Psychologischen Selbst, die zum Kreis ausgestreckten Arme sind die gut entwickelten sozialen Rollen, die Hände die Interaktionszone, in der die Verknüpfung zustande kommt. Die Reaktion darauf, daß eine andere Person die Grenze des Physischen Selbst überschreitet, kann verglichen werden mit der Beziehung Rolle – Psychologisches Selbst, die das Individuum in seiner Totalität beansprucht. Der Mangel an Betroffenheit und Alarmreaktion beim Kontakt mit einem ungefährlichen Gegenstand kann verglichen werden mit dem *Intermediär*-Objekt. Es ist nicht dasselbe, ob man von einer Hand oder einem Gegenstand berührt wird.

Das Physische Selbst ist immer präsent, es kann aber vom Ich beeinflußt sein. Eine Person kann z. B. ein genügend großes Physisches Selbst haben, um viel Distanz zwischen sich und ihren Gesprächspartnern aufrechtzuerhalten und um keine Annäherung über diese Grenze hinaus zu dulden. Trotzdem muß diese Person in einem öffentlichen Verkehrsmittel die Nähe und sogar die physische Berührung ohne Störung aushalten können, andernfalls wäre ihr soziales Leben ernsthaft gestört durch ähnliche Situationen, denen sie täglich begegnen kann.

2.7 Das Ich

Im Rollenschema ist das Ich das Bewußtsein von sich selbst. Es erscheint als Ergebnis der Integration der sechs Elemente, die an der Strukturierung des Ich-Kerns beteiligt sind wie eine neue und von ihnen unterschiedene Instanz; d. h., daß das Ich sich unterscheidet von den sechs Elementen, die den Ich-Kern bilden (Rolle des Aufnehmenden, Rolle des Defäkators, Rolle des Urinators, Milieubereich, Körperbereich, Geistbereich) (Abbildung 1)[7].

Die erste Manifestation des Ich in bezug auf den Beginn der Schließmuskelkontrolle ist offensichtlich die motorische Unruhe (Strampeln): sie entspricht dem willentlichen Widerstand gegen den Austritt des Inhalts der Harnblase.

Das Ich ist eine neue Instanz, die zunehmend den Ich-Kern vom Psychologischen Selbst trennt (siehe Tafel 1). Es wird von diesem auf doppelte Weise beeinflußt und kann beide Informationen unabhängig voneinander handhaben. Die physiologische Basis des Ich entspricht der

Schließmuskelkontrolle und seiner natürlichen Äußerung, der motorischen Unruhe.

Das Ich befindet sich also im Besitz der gesamten Information, die während der Strukturierung des Ich-Kerns gespeichert wurde. Andererseits ist es eingebettet in die vielfältigen sozialen Reize der sozialen Struktur. Mit dem sozialen Lernen integriert das Ich die doppelt erhaltene Information in die gelernten sozialen Rollen. So bleibt das Ich im Besitz zweier wichtiger Informationsquellen, der biologischen und der sozialen.

Die neurovegetative Auswirkung der durch die Soziale Struktur und allgemein durch die Umgebung kommenden Reize wird durch das Ich fortlaufend modifiziert. Dies geschieht dank der Mechanismen, die das Ich mit den aus der Umwelt erhaltenen Informationen entwickelt. So lernt das Ich Situationen ohne neurovegetative Beteiligung bestehen, es schützt so seine Physiologie und mit ihr den Ich-Kern. (Beispiel: Durch phobische Situationen ausgelöste Tachykardien bringen das Ich dazu, solche Situationen zu meiden, um nicht die kardialen Folgen ertragen zu müssen.)

Bei seiner Entwicklung stellt das Ich neue Mechanismen zwischen das exterozeptive und das neurovegetative System, ohne diese je ganz trennen zu können. Es bietet einfach einen »locus minoris resistentiae«, der die Ableitung eines Reizes in psycho-soziale Formen erlaubt, die auf der Grundlage des Systems des Beziehungslebens entwickelt sind. So entwickelt das Ich seine Fähigkeit als psychologischer Filter. Die aus dem exterozeptiven Feld stammenden Informationen werden auf der Ich-Ebene entschlüsselt. Die Reaktion hängt ab von der Art des erhaltenen Signals und den möglichen gespeicherten Antworten.

Das partielle oder totale Auffangen der Signale durch das Ich bestimmt den Grad der neurovegetativen Beteiligung. Zugleich hängt die Fähigkeit des Ich zum Auffangen vom vorausgegangenen sozialen Lernen und von der Intelligenzleistung, Antworten auszuwählen oder zu kombinieren, ab. Wenn diese fehlen, überschwemmt die neurovegetative Reaktion den gesamten Organismus, und der Ich-Kern informiert das Ich von seiner totalen Beanspruchung. Dies wird als Angstzustand erlebt, der sich im Rollenschema als Ausdehnung des psychologischen Selbst auswirkt.

Das Wertvollste, das der Ich-Kern dem Ich auf der Handlungsebene bietet, ist der Umgang mit den Daten, die der Beziehung des Körpers zu seiner physischen Umgebung entstammen. Die fleißige Ausdauer des Kindes hat diesem erlaubt, sich Begriffe zu erwerben für Raumbeziehungen, Formen, Gewichte, Oberflächen, Volumen usw., und vor allem für die Schwerkraft, die ihm und seiner Umgebung eine unumstößliche Ordnung auferlegt. Sein aufgerichteter Körper, um den es sich nicht kümmern muß, ist eine konstante Präsenz dieses Erwerbs und seiner effektiven Verbindung mit der Umgebung. Das Ich greift also auf den Ich-Kern zurück, der es ihm ermöglicht, andere neue Dinge zu integrieren, sei es, daß es sie in ihrer Totalität übernimmt, sei es, daß es sie einfach analysiert und den sich bietenden Umständen anpaßt. Die neuen Handlungen können aus der Integration partieller Aspekte anderer, früher gelernter Handlungen hervorgehen.

Das Handeln ist nicht nur Beziehung Körper–Umwelt, sondern darüber hinaus ein Register, eine mnestische Spur, die vom Handeln an sich immer unabhängiger wird und potentiell die Beziehung Geist–Umwelt einschließt. Man kann eine Handlung denken, ohne sie auszuführen.

Das Ich erhält alle diese Informationen und integriert sie in komplexe Strukturen, sowohl auf der Handlungsebene als auf der Denkebene. Der Ich-Kern ist die Infrastruktur des Ich, die sozialen Rollen seine Suprastruktur.

3. Die Dynamik des Rollenschemas

Wie wir aus der Grafik ersehen können, entspricht das Rollenschema einer hypothetischen Situation, da das Individuum in keinem Augenblick mehrere Rollen simultan übernehmen kann. In Wirklichkeit werden Rollen nacheinander gespielt. Wenn wir ein Individuum im Ruhezustand betrachten, müßte die Grafik einen inneren Kreis (das Ich) und einen äußeren Kreis (das Psychologische Selbst) enthalten. In diesem Fall ist das Ich mit sich selbst verbunden, es ist in sich gekehrt. Das psychologische Selbst funktioniert als Spiegel des Ich, in ihm spiegelt es sich, mit ihm reflektiert es.

Jeder Stimulus aus der Umwelt wird vom psychologischen Selbst aufgenommen und von ihm dem Ich übermittelt. Die Antwort auf den decodierten Stimulus geschieht über eine Rolle, die dem angebotenen Stimulus komplementär ist. Wenn wir z. B. bei dunkler Nacht eine Straße entlang gehen und eine Person ausmachen, informiert das psychologische Selbst das Ich von der Anwesenheit dieses Stimulus. Beim Näherkommen wird die Information mit identifizierenden Zügen ausgestattet oder nicht. Im ersten Fall erhält das Ich keine alarmierenden Stimuli mehr, das Psychologische Selbst zieht sich zurück, und das Ich bereitet die möglichen Rollen vor. Im zweiten Fall spitzen sich die alarmierenden Stimuli zu, das psychologische Selbst dehnt sich aus und versucht, mehr identifikatorische Stimuli aufzufangen; es kann sich um einen harmlosen Spaziergänger oder um einen Angreifer handeln. Vor der Zweideutigkeit bereitet sich das Ich darauf vor, »in toto« zu reagieren. Die Lage, in die es versetzt ist, beansprucht es als Individuum.

Im ersten Fall erhält das Ich immer mehr Informationen über die näher kommende Person, bei der definitiven Identifikation bleibt die Rolle gestaltet und ist in der Lage, mit der Komplementärrolle in Kontakt zu treten. Die Beanspruchung besteht jetzt nur auf der Ebene der Rolle, die gespielt wird.

Dies sind die beiden häufigsten Arten, mit denen sich das Individuum auf die Umgebung bezieht, oder, in anderen Worten, das Rollenschema auf die Soziale Struktur. Die dritte gehört dem Ich an. Sie tritt bei zwei grundlegenden Situationen auf, die körperliche Beteiligung erfordern: beim Sexualverkehr und beim physischen Kampf. Um erfolgreich zu sein bei der totalen Auslieferung an den Akt, benötigen diese eine entsprechende Anwärmung.

Wir haben gesehen, daß das Psychologische Selbst der sensitive Teil des Rollenschemas ist und das Ich der motorische Teil. Wenn die Interaktionen über das Psychologische Selbst stattfinden, beanspruchen sie zugleich das Individuum in seiner Totalität, wenn sie jedoch über die Rollen stattfinden, ist die Beanspruchung nur partiell und begrenzt. Dieser letzte Beziehungstyp läßt die Verknüpfung entstehen.

Da die Stimuli soziale, psychologische, physische und physiologische sein können, können auch die Antworten des Rollenschemas von dieser Art sein. Außerdem legt das strukturelle Funktionieren des Schemas in der Beziehung mit der Umwelt eine gewisse Strategie der Antworten fest, unabhängig von der Qualität des erhaltenen Stimulus. In Wirklichkeit ist das Rollenschema ein System zum Schutz des Ich-Kerns, d. h. der Physiologie. Die soziale Ebene schützt besser und verursacht geringere Ausgaben im psychischen Haushalt. Darauf folgt die psychologische Ebene und als letzte die physiologische, die die letzte Instanz ist, wenn die vorhergehenden gescheitert sind. Eine physische Bedrohung kann auf der sozialen Ebene das Ingangsetzen einer Rolle auslösen, auf der psychologischen eine Krise oder Panik und auf der physiologischen etwa den Verlust der Schließmuskelkontrolle.

Von der Rolle und der Verknüpfung können bestimmte alarmauslösende Botschaften ausgesandt werden, die beim Psychologischen Selbst eine Ausdehnung bewirken und die soziale Beziehung in eine Psychologische umwandeln. Dasselbe kann geschehen, wenn parallele Umstände eingeführt werden, die die Situationsbedingungen verändern, in denen sich die Verknüpfung entwickelt.

Die neurovegetative Beteiligung ist möglicherweise der alarmauslösende Faktor ›par excellence‹ für das Ich. Seine wiederholte Präsenz kann das Ich in eine total von dieser Quelle abhängige Instanz verwandeln zum Nachteil der Stimuli in seiner Umgebung. Dies ist die Basis der Hypochondrie. Das durch die neurovegetativen Stimuli ausgedehnte Psychologische Selbst weckt im Ich das ständige Gefühl von Gefahr. Da sich die erwartete Auflösung nicht einstellt, macht sich das Ich auf die Suche nach Mitteln, um diese Empfindungen zu drosseln. Auf dieser Suche kann es finden, daß die physische oder intellektuelle Aktivität es beruhigen. Wenn es dem Ich auf diese Weise gelingt, sein inneres Gleichgewicht wiederherzustellen, kann es seine Tendenz für den Rest seines Lebens festlegen.

4. Das Intermediär-Objekt und das Rollenschema

Es ist, so hoffen wir, durch unsere theoretischen Ausführungen die Funktionsweise des I. O. deutlich geworden. Wie wir weiter oben nämlich sahen, hängt die Möglichkeit, die unterbrochene Kommunikation wiederherzustellen, von der Anzahl der kommunikativen Botschaften ab, die dem Patienten geboten werden. Im Rollenschema wird dies grafisch dargestellt durch das Eindringen des I. O. etwas oberhalb des psychologischen Selbst in eine der Sozialen Rollen des Patienten (Abbildung 2)[8].

Die partielle Wiederherstellung der Kommunikation – so klein sie auch sei – hat auffallende Wirkungen im Patienten. Wenn wir uns den Vergleich mit den eingeschlossenen Bergleuten noch einmal vergegenwärtigen: Das kleinste Anzeichen einer Rettung von außen (für die Bergleute) legt die Fokussierung der Aufmerksamkeit auf diesen Reiz fest. Auf der anderen Seite wird die Rettungsmannschaft durch die Beantwortung ihrer Stimuli orientiert und geleitet. Für den Psychotiker ist das I. O. der Retter von außen, der ihn aus seinem In-sich-gekehrt-Sein herausholen kann.

Die auftretenden Veränderungen zeigen sich im Rollenschema durch einen Rückzug des Psychologischen Selbst an. Der Grad des Rückzugs zeigt sich klinisch im Verhalten, das der Patient während der Psychodrama-Sitzung entwickelt[4], und spezifischer noch während des Spiels.

Der in sich gekehrte Patient, der auf keinerlei verbale Stimuli antwortet, entspricht im Rollenschema dem chronisch erweiterten Psychologischen Selbst. Das Psychologische Selbst ist umgewandelt, es ist nicht mehr der sensitive Teil des Rollenschemas, sondern eine Kapsel, die das Ich von der sozialen Struktur entfremdet.

157

Mit dem Ich Kontakt aufnehmen zeigt sich an durch eine Fokussierung der Aufmerksamkeit des Patienten auf das I. O. Die Empfindung, die sich beim Beobachter einstellt, gleicht der Verzückung.

Die Beteiligung des Ich wird durch die verbalen oder körperlichen Antworten deutlich, die den Patienten oft zur physischen Kontaktaufnahme mit dem I. O. veranlassen.

Wenn man an dieser Stelle die Kommunikation von Angesicht zu Angesicht fortsetzen will, kehrt der Patient in sein In-sich-gekehrt-Sein zurück.

Wenn man den auf das I. O. aufgebauten therapeutischen Prozeß weiterführt, wird die gerade begonnene Interrelation nach und nach reicher. Der Patient wird jedesmal aktiver als Ausdruck seiner fortschreitenden Anwärmung. Wenn der Patient anfängt, seine Aufmerksamkeit auf das Hilfs-Ich zu richten, die das I. O. bewegt, ist dies das Zeichen, daß sein Psychologisches Selbst sich nahe bei den Sozialen Rollen befindet und daß er in der Lage ist, eine größere Anzahl von kommunikativen Botschaften zu decodieren. In einem solchen Moment können wir ein Psychodrama-Spiel versuchen.

Ein Patient, mit dem wir gerade die Kommunikation wiederhergestellt hatten, war bereit zu spielen. Das ausgewählte Thema war seine Arbeit als Bauer. Er erinnerte sich an sein Pferd, mit dem er den Acker bearbeitete, und sagte, daß er Lust hätte, diese Szene zu spielen.

Wir gehen mit ihm auf die Spielfläche und bitten ihn, zu erzählen, auf welche Weise er mit dem Pferd pflügt. Der Patient sieht umher und sagt, daß das nicht gehe, weil ihm das Pferd fehle. Wir sagen ihm, er solle jemanden auswählen, damit er die Rolle des Pferdes spiele. Er ist dagegen und erklärt mit Nachdruck, daß hier kein Pferd sei.

Und er hat recht. Er wendet die Logik des Psychotikers an. Die Dinge sind oder sie sind nicht. Es gibt kein Als-ob.

Dieser Patient nimmt über sein Psychologisches Selbst Beziehungen auf, was bedeutet, daß er total beansprucht ist.

Es geht um alles oder nichts in einer Art von Hyperrealismus.

Wenn die Anwärmung fortschreitet und das Psychologische Selbst sich weiter zurückzieht und der Patient in Kontakt mit einigen Sozialen Rollen kommt, etwa in die Situation der Mittelmäßig entwickelten Rollen (Abbildung 2)[10], dann ist es möglich, daß er als Protagonist eine Rolle übernehmen kann.

In einer Sitzung, bei der es sich um Elternbeziehungen drehte, wollte einer der Teilnehmer ein Gespräch spielen, das er mit seiner Mutter gehabt hatte. In einem bestimmten Moment war ein Rollentausch angezeigt, damit der Protagonist die besonderen Aspekte seiner Mutter zeigen konnte. Der Patient tauschte mit dem Hilfs-Ich den Platz, konnte aber die Rolle nicht spielen. Als man ihn fragte warum, sagte er, weil er nicht seine Mutter sei; wiederum die Logik des Psychotikers.

Ein Patient, der eine Rolle spielen, aber keinen Rollentausch vollziehen kann, d. h. die Komplementärrolle nicht spielen kann, beweist offenkundig die Nähe des Psychologischen Selbst zur Rolle. Der Protagonist kann seine Rolle spielen, aber nicht die Komplementärrolle, weil dieser Rollentausch immer einen gewissen Alarmzustand auslöst, der das psychologische Selbst ausdehnt. Er befindet sich in einem Zustand, wo bereits diese kleine Ausdehnung genügt, um die Beziehung von Rolle zu Rolle in eine von Psychologischem Selbst zur Rolle zu verwandeln (Abbildung 2)[6].

Mit fortschreitendem Zusammenziehen des Psychologischen Selbst können seine normalen Grenzen erreicht werden, wo gut entwickelte Rollen ohne Schwierigkeiten gespielt und getauscht werden können. Auch das »als ob« kann ohne Schwierigkeiten stattfinden. Wenn jetzt Alarmzustände auftauchen, die das Psychologische Selbst ausdehnen, oder wenn man dies verhindern will, können verschiedene *Intermediär*-Objekte eingesetzt werden, genau wie auch bei neurotischen Patienten. So haben wir mit Malerei, mit Handpuppen, mit Musikinstrumenten, Bewegung und Körperausdruck, Tönen und Musik gearbeitet. Beim Gebrauch dieser Mittel bestand das Ziel nicht darin, ein Bild zu malen, eine Puppe zu haben oder eine Melodie zu improvisieren. Dies waren nur einfache Mittel zur Erreichung des Hauptziels, der Wiederherstellung der unterbrochenen Kommunikation durch die *Intermediär*-Objekte.

Literatur

1. *Rojas-Bermúdez, J. G.*, El Objeto Intermediario. *Cuadernos de Psicoterapia*, Vol. II. No. 2, pp 25–32. Ediciones Genitor. 1967 Buenos Aires.
2. *Rojas-Bermúdez, J. G.*, Títeres y Psicodrama, Puppets and Psychodrama. Editorial Genitor. 1970. Buenos Aires.
3. *Rojas-Bermúdez, J. G.*, El uso de la Sicodanza y de los títeres en Sicoterapia. Trabajo presentado en el VI Congreso Mundial de Siquiatría, Honolulu, USA 1977.
4. *Rojas-Bermúdez, J. G.*, ¿Qué es el Psicodrama? Ediciones Genitor. Tercera edición. 1975. Buenos Aires.

5. *Rojas-Bermúdez, J. G.*, El Núcleo del Yo. *Cuadernos de Psicoterapia*, Vol VI No. 1. 1971. Buenos Aires.

6. *Eibl-Eibesfeldt, I.*, Amor y Odio. Siglo XXI Editores. 1972. México.

7. *Rojas-Bermúdez, J. G.*, Núcleo del Yo. Ediciones Genitor. 1979. Buenos Aires.

8. *Bally, G.*, El juego como expresión de libertad. Fondo de Cultura Económica. 1958. México.

9. *Rojas-Bermúdez, J. G.*, Indoducạo ao Psicodrama. Mestre de Jou, segunda edición. 1977. Sao Paulo.

10. *Moreno, J. L.*, Psicodrama. Editorial Hormé. 1961. Buenos Aires; dtsch. Junfermann, Paderborn 1983.

11. *Waddington, C. H.*, El animal ético. Eudeba. 1963. Buenos Aires.

12. *Rojas-Bermúdez, J. G.*, La Máquina. Proceedings. Japón.

13. *Rojas-Bermúdez, J. G.*, La Música como Objeto Intermediario. *Cuadernos de Psicoterapia* Vol IV, No. 2–3, pp 33–40. Editorial Genitor. 1969. Buenos Aires.

14. *Rojas-Bermúdez, J. G.*, De los títeres al Sicovideodrama. *Cuadernos de Psicoterapia* Vol XI–XII, pp 213–224. Editorial Genitor. 1976/77. Buenos Aires.

15. *Rojas-Bermúdez, J. G.*, Técnicas de comunicación estética con sicóticos crónicos. *Cuadernos de Psicoterapia* Vol. VII–VIII, No. 1–2, pp 97–118. Editorial Genitor. 1973. Buenos Aires.

16. *Petzold, H. G., Mathias, U.*, Rollenentwicklung und Identität, Junfermann. 1983. Paderborn.

(Der erste Artikel über dieses Thema wurde in der Zeitschrift *Cuadernos de Psicoterapia*[1] 1967 veröffentlicht.)

II. Das Puppenspiel in der Kindertherapie

Madeleine L. Rambert

Das Kasperlspiel – Eine neue Technik in der Kinder-Psychoanalyse*

Während der ersten Psychoanalysen, die ich mit Kindern machte, war ich oft durch Schwierigkeiten gehemmt, auf die jeder Anfänger stößt: Schwierigkeiten, an das Problem heranzugehen, und Schwierigkeiten mit der Übertragung.

Meine psychopädagogischen Beratungen und meine Arbeit im Erziehungsheim in Chailly-sur-Lausanne boten mir Gelegenheit, systematische Versuche mit der Umerziehung der Kinder zu machen. Von vornherein schien mir der verbale Ausdruck einfach nicht zu genügen. Beim Kleinkind stößt man immer wieder auf eine Logik, die nicht der unseren entspricht, man stößt auf realistische Gedanken und auf animistische und »artifizialistische« Schemata (Piaget). Die Worte haben für das Kleinkind nicht immer den gleichen Sinn noch die gleiche Tragweite wie für uns. Außerdem fühlt und weiß das Kind undeutlich vieles, was es nicht mit Worten auszudrücken vermag.

Das Buch von Anna Freud »Einführung in die Technik der Kinderanalyse« sowie ihre Artikel hatten mich in ihre Methode der Kinder-Psychoanalyse eingeführt, die auf dem Spiel beruht. Demzufolge habe ich mich dem Spiel zugewandt, das die natürliche Ausdrucksweise des Kindes ist. Im Spiel ist das Kind einfacher, spontaner. Das Interesse am Spiel setzt, wie man weiß, die Selbstzensur des Kindes herab.

Mir kam der Gedanke, ein Kasperlspiel zu benutzen, und ich war überrascht festzustellen, welchen Nutzen man daraus ziehen kann. Es ermöglicht eine außerordentlich mannigfaltige und gewandte Ausdrucks-

* Aus: Rev. Franc. Psychanal. 10 (1938) S. 51–65.

weise, die sich dem Kind anpaßt, mehr als das Kind sich ihr anpaßt. Die von den Kindern erfundenen Szenen werden nicht nur von ihrem Alter bestimmt, sondern mehr noch von ihrer Persönlichkeit. Das Kasperlspiel trägt der Individualität des Kindes Rechnung. Jedes Kind hat eine ihm eigene Stimmung und Spielart. Außerdem ist es ein Spiel, das sowohl für Jungen als auch für Mädchen bis zu 14 Jahren, von einigen Ausnahmen natürlich abgesehen, einen Anreiz besitzt.

Hier die Figuren der Kasperl-Familie, die sich übrigens je nach den Bedürfnissen vervollständigt: Eine Figur stellt die Mutter dar, andere die Tante, die Lehrerin und das Dienstmädchen. Die drei oder vier männlichen Figuren sind für das Kind der Anwalt, der Pfarrer, der Arzt, der Lehrer, der Handwerker, der Arbeiter oder der Bauer, je nach dem Beruf des Vaters oder den jeweiligen Interessen des spielenden Kindes. Zahlreiche Puppen stellen Kinder dar, Jungen und Mädchen jeden Alters. Ersatzkleider ermöglichen es dem Kinde, nach Bedarf das Geschlecht der Puppe zu verändern. Zum Schluß gibt es noch die archetypischen Figuren, den Polizisten, den Teufel, den Tod, die Hexe und einige Tiere.

Das Kind lernt schnell und mit viel Spaß alle diese Puppen kennen. Manchmal spielen wir zusammen eine erste Szene durch, damit das Kind lernt, mit den Kasperlfiguren umzugehen. Sehr schnell wählt das Kind selbst Figuren aus, flüstert mir meine Rollen zu und weist mich zurecht, wenn es meine eigene Phantasie und meine eigenen Wünsche sind, die mich sprechen lassen.

Mit drei Fingern, die das Kind in die Ärmel und in den Kopf seiner Kasperlpuppe steckt, bewegt es sie nach Belieben und belebt sie mit den Gefühlen, die es selbst bewegen. In diesem Zusammenhang ist es interessant, die lebendige Beschreibung anzuführen, die *George Sand* in ihrem Roman »L'homme de neige« (Der Schneemann) (S. 148) gibt: »Die Puppe folgt meiner Laune, meiner Eingebung, meiner Begeisterung . . . alle ihre Bewegungen entspringen den Gedanken, die mir einfallen, und den Worten, die ich ihr in den Mund lege . . . sie ist ich, mit einem Worte, sie ist ein Wesen und keine Puppe.«

Das Halblebendige, Halbunwirkliche im Wesen der Kasperlpuppe macht genau ihren großen Wert in der psychoanalytischen Technik aus.

Die Puppe ist lebendig genug, um die Illusion zu vermitteln, daß sie ein Wesen ist, mit dem man sprechen kann, das antwortet und sich bewegt. Bei Familienbesuchen meiner kleinen Kranken war ich oft überrascht, Stimmen und Töne, die ich schon gehört hatte, Gesten und Haltungen, die ich während der psychoanalytischen Sitzungen schon gesehen hatte, wiederzufinden. Ich erkannte die Familie wieder, als ob ich sie schon gesehen hätte. Das Kind hatte sie mir in seinen Spielen geschildert.

So kann man durch Gebärden und durch die erfundenen Szenen die psychologische Situation der Familie begreifen (zumindest so, wie das Kind sie begreift) ebenso wie die Beziehung, die das Kind mit seinen Eltern und Geschwistern hat. Durch das Spiel kann das Kind seine Situation viel genauer und feiner darstellen als mit Worten und Erklärungen, die ihm seine Umgebung auferlegt.

Dazu möchte ich ein Beispiel geben. Ein kleines zwölfjähriges Mädchen spielt mit Hilfe von Kasperlfiguren folgende Szenen: Ein kleines Mädchen spielt mit seinem Bruder, dann streiten sie und prügeln sich schließlich; das kleine Mädchen beklagt sich bei seinem Vater. Die Mutter unterbricht das Spiel häufig mit Zwischenrufen: »Seid still, Vater arbeitet.« Das kleine Mädchen ist sehr gereizt durch die Schreibarbeiten des Vaters. Die Kinder toben schreiend im Garten herum und sind sehr traurig, wenn sie auf Zehenspitzen wieder ins Haus kommen müssen. Danach machen sie ihre Hausaufgaben; das kleine Mädchen unterbricht dauernd den Vater, um ihn um Hilfe zu fragen, denn es gibt vor, nichts allein fertigzubringen. Dann liest es eine Zeitung. Seine Mutter ruft es: »Du hast deine Spielsachen nicht aufgeräumt.« Wütend räumt es auf. Die Mutter ruft es noch einmal: »Du hast deine Schuhe und Strümpfe herumliegen lassen.« Das kleine Mädchen murmelt: »Wann läßt man mich endlich zufrieden!« Noch einmal ruft die Mutter: »Komm, du mußt noch Literatur lernen.« – »Literatur langweilt und ärgert mich.«

Die Darstellung des Kindes ist natürlich viel lebendiger und farbiger. Man bemerkt in dieser Geschichte die Unruhe des kleinen Mädchens. Die Arbeit des Vater löst in ihm eine fast unerträgliche nervöse Spannung aus: es muß raus, um zu schreien und zu toben. Unfähig, die Eifersucht auf die Bücher, die der Vater schreibt, zu ertragen, unterbricht das Kind ihn dauernd, wenn es das Recht dazu hat, nämlich wenn es Hausaufgaben macht. Es rechnet absichtlich falsch und gibt vor, die Rechtschreibung der gebräuchlichsten Wörter nicht zu kennen. Es ist ein erbitterter, weil nutzloser Hilfeschrei.

Die Haltung der Mutter gegenüber ist sehr charakteristisch. Das Mädchen verbreitet Unordnung und ist gegen den Literaturunterricht. Es scheint zu sagen: Kann man von Literatur reden, wenn man innerlich von Eifersucht gequält wird, wenn man in seinen Erwartungen enttäuscht wird, wenn man durch Fragen, die man nicht zu stellen wagt und auf die man die Aufmerksamkeit ziehen möchte, wütend gemacht wird? So wird die

Symbolik der Strümpfe und Handschuhe verständlich. Die Aggressivität des Mädchens hat negative Folgen: es wird bestraft, weil es lärmt und unordentlich ist.

In einem anderen Beispiel erfindet ein dreizehnjähriges Mädchen folgende Szenen: Sie stellt eine Familie dar. Der Vater und vor allem die Mutter werden von den Kindern windelweich geschlagen. Die Eltern küssen sich, was dem Mädchen unerträglich ist. Wütend wirft sie ihre Mutter in eine Ecke. Danach bringt sie die Kinder zu Bett. Der Vater und die Mutter befinden sich in einem anderen Zimmer und tanzen miteinander. Sie legen sich nebeneinander und schlagen mehrere Purzelbäume. Das Kind unterbricht sie heftig, springt rittlings auf den Rücken des Vaters. Dann sagt es: »Nein, nicht so«, und bringt die Mutter und die Töchter in ein Zimmer, den Vater und die Söhne in ein anderes. Dann sagt sie nochmals »nein« und bringt Vater und Mutter wieder zusammen. Dann stellt sie ihre Schwester neben sie. In diesem Moment unterbricht sie das Spiel und schaut mich an. Sie scheint mich zu fragen: »Verstehen Sie?«

Da ändere ich ihre Inszenierung. Ich setze die Kasperlpuppe, die sie selbst darstellt, an die Stelle ihrer Schwester. Ein Kampf entsteht, bei dem die Schwester einen Fuß verliert, aber der Vater und die Mutter nehmen diese beschützend in ihre Mitte und flüchten in ein anderes Haus, um den Quälereien des Mädchens zu entgehen.

Das ganze Drama dieses Mädchens drückt sich in diesem Spiel aus: ein Ödipuskomplex, der sich auf die Schwester überträgt.

Interessant ist hier das Schuldgefühl, das ihr Ödipuskomplex ihr vermittelt und das sich in Gesten und Worten ausdrückt: auf der einen Seite die Frauen, auf der andern die Männer. Sie wendet sich vom Vater ab und würde auch gerne die Mutter entfernen, ohne daß ihr dies jedoch gelingt. Neben ihren Vater setzt sie die Figur ihrer Schwester, die, glaubt sie, von ihrem Vater mehr geliebt wird als sie. Ihre Aggressivität überträgt sich am meisten auf die älteste Schwester. Am Anfang dreht das Problem sich vor allem um sie. Das Puppenspiel zeigt deutlich die Verschiebung des Problems von der Mutter auf die Schwester. Der Kampf mit der Schwester ist erbittert. Das Schuldgefühl des Mädchens ist so groß, daß es das Gefühl hat, die Liebe der Eltern nicht zu verdienen, denn es ist seine Schwester, die mit den Eltern fortgeht; es selbst wird wegen seiner Boshaftigkeit bestraft. Als ich in der folgenden Sitzung mit ihr über diese Geschichte sprach, behauptete sie, sie sei es gewesen, die mit ihren Eltern fortgegangen sei, was beweist, daß ihre Schuldgefühle etwas abgenommen hatten.

Das Puppenspiel ermöglicht es, die unbewußten Beweggründe des Patienten und die Gründe des Familiendramas zu erforschen, das das Trauma ausgelöst hat.

Hier eine Geschichte, die ein siebenjähriger Junge mir vorspielte, als ich ihn das dritte Mal sah: Er richtet zwei Wohnungen ein, eine für seinen Vater, die andere für seine Mutter. Dazu gibt er folgende Erklärungen: »Mama wohnt in einer anderen Wohnung als Papa, der zu bösartig ist. Zuallererst bleibt der Junge bei seinem Vater, und es geht ihm gut. Dann schlägt der Vater plötzlich das Kind, und dieses läuft weg. Anschließend macht der Vater der Mutter eine Szene, das Kind bietet dem Vater die Stirn und wird dafür geohrfeigt.

Dann gehen alle schlafen. Die Eltern haben ein großes Bett, und ein sehr kleines Bett für das Kind steht in einer Ecke. Alle schlafen. Dann will der Vater über die Mutter hinwegsteigen, und dabei stolpert er. Sie umarmen und küssen sich. Der Junge wacht auf und schreit, bis er ins Bett der Eltern darf. Der Vater schimpft mit ihm und möchte, daß er sich wieder in sein Bett legt. Auch ist er böse, weil der kleine Junge jeden Morgen in sein Bett kommt. Der kleine Junge (immer noch von der Puppe dargestellt) ist wütend, weil er immer der Schwächere ist und weil er seine Mutter nicht umarmen und küssen darf. Der Vater sperrt ihn in den Keller ein und sagt zu seiner Frau: »Der Kleine hat mir meine Krawatte und meine Hose abgeschnitten, und ich habe ihn in den Keller gesperrt.« Dann schlägt der Vater seinen Sohn wieder und schneidet ihm die Ohren ab.

Dies alles ist klar, unzweideutig und ... treuherzig. Ich weise nur auf das so ausdrucksvolle, aggressive Verhalten zum Schluß der Geschichte hin, wo das Kind die Krawatte und die Hose abschneidet und die darauffolgende Strafe einer Kastrierung gleichkommt. Man hatte dieses Kind übrigens zu mir gebracht, weil es stotterte.

Wenn Probleme auf diese Art dargestellt werden, wird verhindert, daß der Psychoanalytiker ungeschickte Fragen stellt oder sie falsch interpretiert. Auch wird so die Gefahr vermieden, daß der Psychoanalytiker suggestiv vorgeht. Hat man die Situation sozusagen vom Innern her gesehen, so kann man im Gespräch die dem Kind eigenen Worte und Bilder verwenden. Das Puppenspiel ermöglicht es auch, auf eine sehr natürliche Art auf verschiedene Punkte und Probleme einzugehen. So rief ein kleines Mädchen, als es ein papierenes Schiff in der Schublade fand, in der meine Kasperlpuppen liegen: »Oh, eine Badewanne! Wir werden die Puppen baden.« »Welch eine gute Idee!« Die Szenen, in denen das kleine Mädchen die Puppen auszieht und badet, sind sehr typisch und drücken deutlich aus, wo die Interessen des Kindes liegen. Während wir eine Puppe baden, fangen wir an, miteinander zu reden. »Badest du auch mit deinem kleinen Bruder zusammen« usw. Auf ganz natürliche Weise reden wir vom Unterschied zwischen den Geschlechtern.

Ein anderes zwölfjähriges Mädchen streichelt eine Viertelstunde lang den Schwanz des Hundes. Immer wieder streichelt sie den Hund. Sie gibt zu, daß das Geschlechtsorgan ihres Bruders sie sehr neugierig macht und beunruhigt und daß sie es sehr gerne berühren möchte. Die Szenen, die das Familienmilieu sehr genau wiedergeben, sind eher selten, und besonders bei den größeren Kindern verschleiert die Selbstzensur mehr oder weniger ihre unbewußten Gefühle. Dann müssen die Szenen wie Träume ausgelegt werden, indem der Psychoanalytiker nach den Vorstellungen fragt, die sich daran anknüpfen. Die Kasperlpuppe ist ein kostbares Übertragungsmittel, das es dem Kind erleichtert, seine unbewußten Gefühle auszudrücken. Die Kasperlpuppe kann, weil sie ein sehr einfaches Mittel ist, sehr vielfältig verwendet und allen Träumen des Kindes angepaßt werden.

Die Kasperlpuppe ist gewissermaßen der feste Körper, auf den das Kind seine Träume projiziert. Sie belebt sich, wenn das Kind mit ihr spielt, und nimmt bei jedem Kind und bei jedem Spiel eine andere Seele und ein anderes Wesen an.

Ein zehnjähriger Junge erzählt folgende Geschichte. Die Hauptfigur, die bei anderen Gelegenheiten Clown, geliebter oder verhaßter Bruder, Flugzeugpilot, einziger Sohn und Erbe, Wächter, Gefangener, Prinz war, wird jetzt zum Straßenkehrer:»Ein Mann und eine Frau schlafen in ihrem Schlafzimmer. Jeden Morgen weckt der Straßenkehrer sie auf, indem er aus vollem Halse singt, denn er findet, daß es Zeit zum Aufstehen ist. Die Schläfer ärgern sich und benachrichtigen einen Polizisten, der dem Straßenkehrer auflauern und ihn festnehmen soll. Dieser ist jedoch ein äußerst geschickter Läufer, und es gelingt ihm immer wieder zu entkommen. Schließlich begegnen alle Personen einander und sprechen sich aus. Sie überlegen sich alles, und schließlich wird ihnen klar, daß sie sich alle lieben. Von jetzt an singt der Straßenkehrer nur noch, um den beiden eine Freude zu bereiten. Dann tritt er bei ihnen als Kammerdiener in den Dienst. Der Kammerdiener liebt jedoch die Frau, und der Mann ist sehr eifersüchtig und wütend. Die Frau weist alle Annäherungsversuche des Kammerdieners zurück, und das erbost den Kammerdiener. Nur einmal antwortet sie ihm: »Ja, ich liebe Sie!« und das macht den Kammerdiener sehr glücklich. Danach reden sie miteinander und leben sehr glücklich zusammen.

Das Kind hat sich mit einem Straßenkehrer identifiziert, um seine Eltern morgens stören zu können. Aber das genügt ihm nicht, es will in ihr Schlafzimmer und in ihre Intimität eindringen. So wird der Straßenkehrer einfach zum Kammerdiener. Bemerkenswert ist die Aggressivität, die sich in Spöttelei äußert, und die körperliche Rivalität. In der Tat gelingt es dem Polizisten nicht, den äußerst schnellen Läufer einzufangen.

Das Kind denkt über seinen Konflikt nach, hat aber noch nicht die richtige Lösung gefunden, denn die einzige Lösung, die es momentan zufriedenstellen würde, ist keine gute Lösung, denn es sind die Erwachsenen und nicht es selbst, die sich verändern. Das Kind denkt nach, gibt aber noch nicht auf. Interessant ist auch die körperliche Rivalität, die sich auch auf andere Ebenen ausdehnt. Eines der wichtigsten Interessen dieses Kindes sind die Wettbewerbe, und es nimmt an allen teil.

Öfters sind die Gefühle des Kindes viel verschleierter. Die Kasperlpuppe ist, wie schon gesagt, ein halb unwirkliches Wesen, das uns weit die Türen des Märchenlandes öffnet. Alles ist möglich in diesem Wunderland, und die Phantasie des Kindes hat freien Lauf. Das Kind begibt sich ins Land der Liliputaner, es ist ein Königssohn, es ist selber König oder Kaiser, jeder wirft sich vor ihm nieder, ihm gehören die Erde und alle Schätze, die sie birgt, es besitzt einen Zauberstab, es lebt bei den Feen, die die Mädchen um Mitternacht in Jungen verwandeln, es begegnet der bösen Hexe und dem Teufel, diesem furchterregenden und doch so wichtigen Paar in der Psychoanalyse, und in diesem Land steht die Polizei auf seiten der Kinder, und der Tod ist eine gerechte Strafe.

Die Kasperlpuppe kann das tun, was dem Kinde verboten ist, ohne Schuldgefühle auszulösen: sie kann jemanden schlagen, sogar windelweich schlagen, sie kann ihren Partner regelrecht zum Teufel schicken oder ihn vom Tod festnehmen lassen, sie kann ihn Höllenqualen erleiden lassen usw. Der Sadismus der Spielpuppe ist schier unglaubhaft. Es wäre schwer, alle ersonnenen Grausamkeiten hier wiederzugeben. Ich werde nur einige Beispiele aufzählen, ich verzichte jedoch darauf, zu beschreiben, welch heftige Qualen das Kind seinen Feinden in der Phantasie zufügt: es sticht ihnen die Augen aus, schneidet ihnen die Ohren ab, prügelt, kastriert, vierteilt, verbrennt oder ertränkt sie. Wo sind die heilige Unschuld und die primitive und natürliche Gutherzigkeit des Kindes?

Hier ein Beispiel von einem zehnjährigen Jungen, der folgende Szene spielt: Ein Junge benachrichtigt seinen Vater, daß ein Telephonanruf gekommen sei und ihn nach Paris zu seinen Geschäften zurückrufe. Es ist eine List, um den Vater zu entfernen. Der Vater reist ab. Als er nach Hause zurückkehrt, ist er wütend auf seinen Sohn und sperrt ihn für drei Wochen in ein finsteres Gefängnis ein. Während der ersten Wochen befiehlt ein Polizist dem Vater, seinen Sohn aus dem Gefängnis zu entlassen. Der Vater will aber nicht. Also kommt der Tod und ersetzt den Sohn im Gefängnis. Als der Vater die Tür öffnet, um seinem Sohn Nahrung zu bringen, findet er den Tod vor, der ihm sagt: »Du wirst sterben . . ., du kannst noch auf dein Büro zurückgehen und alles in Ordnung bringen, und in zwei Stunden wirst du sterben.« Der Vater stirbt.

Das Kind nimmt sich jetzt jedoch zurück und beendet die Geschichte anders. Der Sohn, auch durch eine Puppe dargestellt, erscheint jetzt und will den Tod töten. Es gelingt ihm jedoch nicht, und so nimmt er dem Tod das Versprechen ab, die ganze Familie dreihundert Jahre leben zu lassen.

Es ist unmöglich, das Mienenspiel des Kindes, das die Angst des Vaters vor dem Tode widerspiegelt, hier in der niedergeschriebenen Geschichte wiederzugeben.

Es war das Kind selbst, das den Tod fürchtete, weil es sich gewünscht hatte, sein Vater sollte sterben. Jetzt kehrt es die Rollen um. In seiner Phantasie ist der Vater durch alle möglichen Gründe mit dem Tod verbunden. Das Kind besitzt jedoch die Macht, ihn für seine aggressiven Gefühle mit dem Tode zu bestrafen. In der Geschichte ist es der Vater, der so schlecht handelt, daß der Tod und der Polizist sich mit dem Kind verbinden. Der Wunsch, der Vater möge sterben, wird so gerechtfertigt. Aber das Schuldgefühl bleibt und drückt sich zum Schluß der Geschichte aus, wobei jedoch der Sohn der Stärkere ist. Das Kind fühlt, daß sein Tod ebenfalls eine Strafe für den Vater bedeuten würde.

Die folgende Geschichte gibt dem Konflikt mit dem Vater eine leicht andere Tönung. Ein zehnjähriger Junge spielt diese Szene. Zu meiner größten Überraschung reproduziert dieser Junge die Ödipusgeschichte, indem er sie dramatisch so darstellt, daß sie sehr viel Ähnlichkeit mit der Geschichte des Sophokles hat. Dabei war es kaum möglich, daß der Junge diese klassische Tragödie kannte, nach dem Milieu zu urteilen, in dem er lebte.

Hier nun die Geschichte, so wie er sie mir vorgespielt hat: Er wählt eine Reihe Spielpuppen aus, die er in zwei Lager einteilt, und weist jedem Lager einen König, eine Königin, einen Erbprinzen, einen Sklaven, einen Soldaten und einen Hund zu. In meiner Sammlung habe ich keine Spielpuppe, die einen König oder eine Königin darstellt. Das Kind nahm dafür beliebige Puppen, und es war nur die Phantasie des Kindes, die sie zum König und zur Königin werden ließ.

Als der Junge den Prinzen eines Lagers bestimmt, spricht er in der ersten Person:»Ich werde kämpfen.« Er identifiziert sich mit dem Sohn des Königs, »der gerne König werden möchte«. Die beiden Lager beginnen einen Krieg. Natürlich gewinnt das Lager, dem der kleine Junge angehört. Aber sein Vater, der König, stirbt im Kampf. Der Junge sagt:»Die Königin trauert um den König, der Prinz müßte auch um ihn trauern.« Der Junge nimmt ein schwarzes Kleid und will es dem Prinzen anziehen. Dabei sagt er:»Der Prinz ist traurig, weil sein Vater tot ist.« Aber kaum hat er der Kasperlpuppe einen Ärmel des schwarzen Gewandes angezogen, als er es weglegt und sagt: »Nein, der Prinz ist nicht traurig, er ist sehr fröhlich.« Der Junge fängt an zu pfeifen und fährt dann fort:»Der Prinz ist König, und er wird seine Mutter, die Königin, heiraten, die die schönste aller Königinnen ist.« Er singt:»Der König ist tot, der König ist tot, ich bin der König, ich habe die Königin geheiratet.« Aber als er die Kleider des Königs anziehen will, hält ihn ein Schuldgefühl zurück:»Es ist nicht mein Lager, das den Krieg wollte, es ist nicht meine Schuld, wenn der König tot ist. Er hat gekämpft und ist im Kampfe umgekommen.« Danach ist er wieder fröhlich.

Im Mythos des Altertums hat Ödipus seinen Vater selbst, ohne es zu wissen, umgebracht. Hier ließ das Kind seinen Vater von Feinden töten, was nun aber trotzdem in ihm ein Schuldgefühl hervorruft, gegen das es sich wehrt, indem es laut seine Unschuld verkündet.

Alle Elemente des klassischen Dramas finden sich in einer fröhlichen und kindlichen Form wieder.

Ein anderes Beispiel ist die von einem dreizehnjährigen Mädchen gespielte Geschichte. Es geht um einen sehr reichen Mann und seine Frau, die zwei Töchter und zwei Söhne haben. Die Hexe und der Tod kommen abends, um den Kindern Angst einzujagen. Der Vater ruft die Polizei, und der Polizist lauert im Hinterhalt, erwischt die Hexe und den Tod und schneidet ihnen wütend den Kopf ab. Im Kampf verliert der Polizist einen Arm. Dann setzt er sich auf einen Strauch, dessen Dornen ihn in den Hintern stechen. Der Tod und die Hexe wachen auf und gehen zum Arzt, damit er ihnen ihren Kopf wieder anbringe. Der Tod ärgert den Polizisten und versucht, ihm die Beine auszureißen. Dann rauben der Tod und die Hexe die Kinder, was die Mutter sehr traurig macht. Der Vater tröstet sie, und der Polizist bringt den Eltern die Kinder zurück. Das kleine Mädchen wiederholt noch einmal dieselbe Szene, die aber diesmal mit dem Tod der Hexe und des Todes endet.

Mit ziemlicher Leichtigkeit gelingt es dem Kind, sich seiner Konflikte bewußt zu werden, wenn es sie so im Spiel ausdrückt. Daher fragte ich das kleine Mädchen, das wiederholt der Hexe eine verhängnisvolle Rolle zugeteilt hatte, welche Frau in seinem Leben diese Rolle gespielt hatte und auf wen es so böse sei.

Zögernd antwortete es: »Nein, nicht auf meine Mutter . . .«, mit einem überraschten und fragenden Unterton in der Stimme. Die Mutter konnte tatsächlich im Unterbewußtsein des Kindes die Rolle der Hexe oder des Todes spielen, denn sehr lange hatte es geglaubt, seine Mutter habe es kastriert. Bezeichnend ist ebenfalls die sehr symptomatische Aggressivität dem Polizisten gegenüber, der sich mit dem Hintern in die Dornen setzt und dem Arme und Beine ausgerissen werden. Zu bemerken ist auch, daß in der Geschichte zwei Jungen und zwei Mädchen mitspielen, während es in Wirklichkeit nur einen Jungen und ein Mädchen gibt. Genau wie in den Träumen können Personen sich in zwei spalten und verschiedene Rollen spielen.

Es kommt häufig vor, daß das Kind zwei Rollen in demselben Spiel darstellt, so z. B. das ideale Elternpaar und das Hexe-Teufel-Paar. Diese beiden Figuren spielen eine sehr interessante Rolle. Auf der einen Seite stellen sie die »bösen« Eltern dar, die man, ohne sich schuldig zu fühlen, auf jede erdenkliche Art quälen kann. Auf der anderen Seite verkörpern sie auch sehr häufig alle Aggressionen des Kindes, das glücklich ist, magische Kräfte zu besitzen, die es ihm ermöglichen, seine Umgebung zu beherrschen und ihr Leid zuzufügen.

Ein kleines siebenjähriges Mädchen versuchte eine halbe Stunde lang, den Teufel zu töten. Als ich sie fragte, woran dieses Spiel sie erinnere, antwortete sie mir: »An die schlechten Gefühle, die ich in mir habe. Die sind jetzt tot.« Diese Antwort gab sie mir gegen Ende der Behandlung. In der darauffolgenden Sitzung wollte das Kind die Hexe, deren Rolle ich spielen sollte, auf eine so aggressive Art umbringen, daß ich Angst hatte, sie würde mir mit dem Messer in die Hand schneiden. Ich schlug vor, die Hexe hinter einem Baum niederzulegen. Die Hexe kam auf sadistische Weise um, und meine Hand war wirklich in Gefahr gewesen, da das Verbrechen der Hexe darin bestanden hatte, die Hand der Schwester der kleinen Puppe, die das Mädchen festhielt, abgeschnitten zu haben.

Handelte es sich hier um Aggressionen der Mutter gegenüber, die sie verstümmelt hatte? Ich fragte das kleine Mädchen: »Was sagt die Tochter der Hexe dazu?« – »Sie weint heftig, weil sie ihre Mutter sehr liebhat.« – »Ja, aber ihre Mutter verlangt doch manchmal recht langweilige Dinge von ihr.« – »Das Mädchen tut diese Dinge aber gerne.« – »Ja, aber die Mutter redet doch den ganzen Abend nur mit ihrem Vati, und das Mädchen ist eifersüchtig.« – »Ja, das stimmt. Oh, aber nachher ist dann das Mädchen sehr glücklich und singt: die Hexe ist tot, die Hexe ist tot.« Von dieser Szene ausgehend, wurde das Mädchen sich seiner manchmal ambivalenten Gefühle der Mutter gegenüber sehr schnell bewußt, und der Konflikt wurde aus der Welt geschafft.

Wie ich schon vorher gesagt habe, gibt es einen Unterschied zwischen dem Spiel der größeren und dem der kleineren Kinder. Im allgemeinen spielen die größeren Kinder erfundene Geschichten oder *Tagträume*; die kleinen Kinder identifizieren sich sehr viel häufiger mit ihrer Spielpuppe und erleben das Spiel sehr intensiv. Manchmal dauern ihre Spiele sehr lange, und wenn man dann fragt, wie die Geschichte endet, antworten sie: »Das weiß man nicht, man wird zum Schluß feststellen, wer der Stärkere ist.« Der Psychoanalytiker erkennt schließlich immer den Wunsch des Kindes. Diese scheinbar sehr langsame Art zu spielen ist recht interessant, denn sie läßt das Kind frei, sich in seinem Rhythmus zu bewegen und seine Erfahrungen zu sammeln. Wenn das Kind sich mit einer Kasperlpuppe beschäftigt, die die Rolle eines kleinen Bruders spielt, auf den es eifersüchtig ist, so spielt es diese Rolle längere Zeit, ohne sich stören zu lassen, bis es von sich aus findet, daß diese Rolle nicht sehr befriedigend ist, und so sucht es dann andere Mittel und Wege. Ab diesem Punkt kann der Analytiker das Spiel des Kindes mitspielen und es klärend leiten. Es braucht nicht hervorgehoben zu werden, daß es falsch ist, Erklärungen abzugeben, bevor sie vom Kind als Antworten auf seine Fragen erwünscht sind.

Die aufeinanderfolgenden Fixierungen der Libido werden ebenfalls durch das Spiel verdeutlicht. So z. B. ruft ein kleines Mädchen aus, das von der Hexe entführt worden ist: »Wer wird mich von der Hexe befreien? Vater? Der hat keine Zeit.« Eine ganz kleine Kasperlpuppe, der Bruder des kranken Mädchens, tritt als Held auf: »Ich werde dich befreien.« Da sage ich: »Wieso kann er dich befreien, er ist doch so klein!« Sie antwortet mir: »Er ist ein Mann.«

Von ihrem Vater enttäuscht, wendet sie sich ihrem Bruder zu. Später überträgt sie ihre Liebe auf einen Hund, was sie folgendermaßen in einem Spiel ausdrückt: »Ein Bruder und seine Schwester flüchten vor einer bösen Hexe. Da verwandelt die Hexe den Bruder in einen Hund. Das kleine Mädchen jedoch liebt den Hund sehr und spielt mit ihm.«

Das Material, das das Kasperlspiel mit sich bringt, ermöglicht es, sich Rechenschaft abzulegen über den Zustand und die Fortschritte des Kindes.

So spielte mir eines Tages ein Mädchen von dreizehn Jahren, das immer äußerst grausame und blutige Kampfszenen vorgespielt hatte, die folgende Szene spontan vor.

»Ein kleiner Junge und dessen Schwester haben sich im Wald verirrt.« Alles hat sich verändert, was man schon beim ersten Satz der Geschichte feststellen kann. Es herrscht eine friedvolle, geheimnisvolle Stimmung, das Gesicht des Kindes ist entspannt, seine Gesten sind ruhig und seine Stimme ist sanft.

Die Kinder leben in einer mit Moos bedeckten Höhle (dargestellt durch die Knie der kleinen Erzählerin). Sie wissen nicht mehr, wie sie dahin gekommen sind. Ein König, der im Wald spazierenreitet, hört Stimmen. Er hat zwei Kinder verloren, die Purpurrose und Hans hießen. Der König schwingt sein Schwert, da er glaubt, es mit Räubern zu tun zu haben. Die Kinder haben Angst, doch der König beruhigt sie und fragt sie nach ihren Namen: Purpurrose, die ein gutes Herz hat, und Hans aus den Wäldern. Purpurrose heißt »gutes Herz«, weil sie die Tiere des Waldes pflegt. Sie ist krank und liegt auf dem Boden. Der König hebt die Kinder auf sein Pferd und nimmt sie mit auf sein Schloß, wo auch die Königin lebt. (Das kleine Mädchen sucht zwischen den Kasperlpuppen und sagt: »Nein, nicht die Hexe, die Mutter will ich.«)

Der König erklärt der Königin, daß er die Kinder bei sich behalten möchte. Er spricht nicht alle seine Vermutungen aus, da er die Königin nicht zu sehr aufregen will. Diese möchte die Kinder sehen, die dann von ihrem Leben im Walde erzählen, bevor sie zu Bett geschickt werden. Dann sagt der König: »Es sind sicherlich unsere Kinder.« Der Junge wird wieder geholt, und er erinnert sich an einiges aus seiner Kindheit, die er in einem Schloß zugebracht hat. Die Eltern erkennen ihren Sohn wieder. Diese gute Nachricht darf der Schwester noch nicht mitgeteilt werden, da die zu große Aufregung sie noch kränker machen würde. Zusammen begeben sie sich ans Bett der Schwester und fragen sie, wie sie im Wald gelebt habe. Die Mutter betrachtet das Kleid des Mädchens und murmelt: »Ja, es ist dasselbe Kleid, wenn es auch abgetragen ist.« Die Augen des kleinen Mädchens ähneln sehr denen der Mutter. Mutter und Tochter finden sich in einem Freudenausbruch wieder: »Welch ein Glück, eine Mutter zu haben!« Die Kinder sitzen auf den Knien der überglücklichen Eltern.

Diese Erzählung enthält so viel Rührung, die Stimme sowie manche Bewegungen sind so frisch, so erwartungsvoll, so spontan, daß ich das Kind, ohne ein weiteres Wort zu sagen, aus der Sitzung entlasse. Ich weiß, daß es »seine Mama wiederfinden wird«. Aber da ich weiß, daß das Kind bis jetzt zu Hause ziemlich unmöglich war, benachrichtige ich die Mutter über den Wechsel, der sich in ihrer Tochter vollzogen hat, und über ihren aus dem Spiel ersichtlichen Wunsch, sich abends im Bett mit ihrer Mutter auszusprechen.

Gewisse charakteristische Züge sind zu bemerken: der König und die Königin, das ideale Elternpaar, die Überschätzung der frühen Kindheit, die Krankheit des kleinen Mädchens, die ihre Neurose ausdrückt, ihre Verletzbarkeit und Empfindlichkeit, die man in diesem Moment schonen muß, ihre Anhänglichkeit an Tiere; sie hat die Liebe, die sie ihrer Umwelt nicht geben konnte, auf die Tiere übertragen und möchte danach beurteilt werden und nicht nach den Beziehungen, die sie mit ihren Familienmitgliedern unterhält. Das alte Kleid, das ihre Mutter ihr gegeben hat, und ihre Augen, die jenen der Mutter sehr ähneln, scheinen auszudrücken, daß sie sich physisch und moralisch wieder mit ihr verwandt fühlt. Ihre Mutter ist keine Hexe mehr, sondern ihre richtige Mutter.

Was ich bis hierhin zeigen wollte, ist der Wert des Kasperlspiels als Ausdrucks- und Untersuchungsmittel; diese Beispiele ermöglichen es jedoch kaum, den Gefühlswert der Übertragung auszudrücken.

Um diesen Wert zu verstehen, muß man das Kind beim Spiel beobachten, seine Gesten sehen, die Intonationen seiner Stimme heraushören, seine Haltungen und Blicke sowie die Leidenschaft und Heftigkeit mancher Aggressionen verstehen.

Das Spiel mit den Kasperlpuppen wird vom kleinen und vom großen Kind immer mit viel Echtheit und Aufrichtigkeit und manchmal mit viel Erregung erlebt; das ganze Wesen des Kindes schwingt mit, drückt sich aus. Im Alltag drücken seine intimen Konflikte sich in unangepaßten Handlungen aus, und sein Verhalten führt dazu, daß es ausgescholten wird, denn es stiehlt, lügt, faulenzt und ist jähzornig. Wenn es nun aber über ein Material verfügt, das es ihm erlaubt, seine Konflikte mit der dazugehörenden schweren Gereiztheit und seine quälende Aggressivität auszudrücken, fühlt es sich erleichtert.

Übrigens hat jede psychoanalytische Technik zum Ziel, die tiefen persönlichen Probleme zu äußern und zu verstehen. Was mir am Kasperlspiel interessant erscheint, ist der kathartische Wert der Gebärde.

Verschiedene Psychologen, vor allem *Carr,* haben den kathartischen Wert des Spiels beim Kind hervorgehoben. *Claparède* behält diese Theorie bei, wobei er jedoch annimmt, daß es nicht bestimmte Tätigkeiten sind, die auf diese Weise verrichtet werden, sondern daß es Gefühle sind, die so – aber nur vorübergehend – abreagiert werden*.

---

* *Psychologie de l'enfant,* S. 445.

Dazu ein Beispiel: Ein kleines siebenjähriges Mädchen spielte mit zwei Kasperlfiguren, die es selbst sowie seinen Bruder darstellten. Der Bruder ging nicht zur Schule, und das kleine Mädchen stellte ihn im Garten in ein Spiel vertieft dar, während es selbst arbeitete. (Die Einzelheiten der Inszenierung waren entzückend: Der Bruder kletterte einen Baum hinauf und hinunter, während sie selbst in der Schule ... unter einem Stuhl saß. Welch ein Spielverderber!) Dem Bruder jedoch widerfuhren viele Mißgeschicke. Er stürzte mehrmals zu Boden, war voller blauer Flecken und Beulen und schließlich rollte sein Kopf davon! Als das Kind nach Hause kommt, sagt es zu seiner Mutter: »Heute war es fabelhaft bei Frau R., mein Bruder ist gefallen und hat lauter blaue Flecken und Beulen, usw.« Die Mutter fragt überrascht: »Wieso war es fabelhaft?« – »O ja«, antwortet das Kind strahlend, wie es schien, »weißt du, er hat sich sehr weh getan, aber weißt du, jetzt bin ich fast nicht mehr böse auf ihn, nur noch ein klein wenig.«

Nicht alle Kinder besitzen diese Selbstbeobachtungsgabe, aber der Analytiker und die Eltern werden sich klar über die Erleichterungen, die so in den Sitzungen erzielt werden können.

Das Kind könnte unendlich lange mit den Kasperlpuppen spielen und würde wahrscheinlich eine vorübergehende Erleichterung verspüren, ohne daß jedoch seine Konflikte aus der Welt geschafft würden, wenn der Analytiker ihm seine Spiele und das Warum der verschiedenen Szenen nicht erklären würde. Auch genügt die Erklärung allein nicht immer, um die Konflikte aus der Welt zu schaffen. Die innere Befreiung sowie die Veränderung im Verhalten werden leichter zustande gebracht durch die durch das Spiel ausgelösten und verstärkten Gefühlsausbrüche. Nach einem wohlbekannten Gesetz der Psychologie »drückt jede etwas größere Gefühlsregung sich in den Bewegungen des Körpers sowie durch den Ton der Stimme aus, und umgekehrt reagieren der Ausdruck des Körpers und der Stimme auf die Gefühle und erhöhen diese.« Natürlich entsteht diese Gefühlsregung nicht einfach aus den Bewegungen des Kindes, sondern aus der Tatsache, daß es die Gefühle, die es bewegen, auf die Kasperlpuppen projiziert. Wie wäre es sonst zu erklären, daß ein kleiner Stoffetzen, ein Kopf aus Holz oder Zellulose solche Ausbrüche von Aggressivität und Sadismus hervorrufen, oder auch eine solch intensive, die Gesundheit fördernde Gemütsbewegung, die das Kind dazu bringt, Dinge anzunehmen oder mit Schmerz darauf zu verzichten.

Die durch das Spiel deutlich gewordene Projektion ist, scheint mir, durch den Realismus, der den Gedanken des Kindes zugrunde liegt, sehr viel leichter möglich. *Piaget* hat gezeigt, daß das Kind sehr lange sein Ich und die Außenwelt vermischt. *Piaget* sagt auch, daß selbst beim Erwachsenen Nachahmungen, Ängste und Wünsche realistisch geprägt sind. Die Kasperlpuppe, ein Wesen der Außenwelt, das jedoch vom Kind aus seinen Impulsen und Wünschen heraus bewegt wird, ist ein Symbol. Für den Spieler ist dieses Symbol gewissermaßen mit den Dingen und Wesen, die es darstellt, verwandt. Vor allem in den Spielen der Kleinen stellt man diese Verbindung ziemlich unzweideutig fest. Häufig gehörte Sätze, wie z. B.: »Man weiß nicht, wer gewinnen wird, der Stärkere wird gewinnen, und wir werden es zum Schluß des Spieles sehen«, wurden schon angeführt. Ein kleines neunjähriges Mädchen, das sehr eifersüchtig auf seinen Bruder war, hat mir eines Tages folgende Szene vorgespielt: Sie schrieb den Namen ihres Bruders auf den Kopf und den einen Fuß der Kasperlfigur, die sie quälen wollte. Dann schimpfte sie mit ihrem Bruder, schlug ihn, wickelte ihn ein und steckte ihn ganz unten in meinen Papierkorb, der »den Keller darstellte, wo er drei Wochen, ohne zu essen und zu trinken, bleiben sollte«. Dann nahm sie die Puppe, die ihren Bruder darstellte, wieder aus dem Papierkorb, schlug sie wieder und warf sie schließlich weit weg. Ich bemerkte: »Man könnte ihn töten.« Das Mädchen antwortete mir darauf: »Nein, denn man darf den Menschen nichts Schlechtes wünschen.«

Die Verbindung zwischen der Spielpuppe und der Realität scheint mir klar aus diesem Beispiel hervorzugehen. Ein anderes Beispiel ist das schon angeführte von dem kleinen siebenjährigen Mädchen, das der Kasperlpuppe, die seinen Bruder darstellte, Beulen und blaue Flecken zufügte. Es kann in diesem Zusammenhang ebenfalls hervorgehoben werden.

Bei den größeren Kindern hängt das Symbol nicht so sehr mit den Dingen zusammen, aber die Intensität des Wunsches bringt diesen Bezug wieder hinein. So hat ein Mädchen von ungefähr 13 oder 14 Jahren mir einmal überraschend deutlich eine vollständige Szene vorgespielt, wie es seinen Bruder, symbolisch durch die Kasperlpuppe dargestellt, kastriert.

Folglich ist das Kasperlspiel, im Hinblick auf die Analyse, kein einfaches Spiel. Infolge der realistischen Gedanken des Kindes wird die Spielpuppe zu einem mehr lebendigen als unwirklichen Wesen. Darin liegt wahrscheinlich die Ursache dafür, daß dieses Spiel manchmal so heftige und kathartische Gefühlsausbrüche herbeiführt.

Zu bemerken wäre dazu, wie *Lévi-Brühl* in seinem Buch »Le surnaturel et la nature dans la mentalité primitive« (S. 128) sagt, daß bei den

Urmenschen das Symbol auf Grund einer solchen Verbindung wirklich das Wesen oder Ding ist, das es darstellt.

In einer im Jahr 1933 auf dem Kongreß für Psychoanalyse vorgestellten Arbeit hebt ein Arzt, Monsieur *de Saussure*, den Wert von *Piagets* Arbeiten hervor, die dazu beitragen, in die Denkweise und Logik des Kindes vorzudringen.

Die Psychoanalyse erklärt, warum in bestimmten Momenten des Lebens beim Kind verschiedene neurotische Symptome aufgetreten sind. *Piagets* Theorien über die Logik beim Kind helfen uns verstehen, wie ein solches Symptom entstanden ist.

Es erscheint mir interessant, verschiedene Beispiele anzuführen, wo sich die realistische oder synkretistische Denkweise des Kindes und seine mit äußeren Ansätzen verbundene Logik äußert.

Ein Beispiel dazu ist die schon erwähnte Geschichte des zehnjährigen Jungen, der, weil er seinem Vater den Tod gewünscht hatte, Angst davor hatte. Nun sagt *Piaget*, daß bis zum Alter von etwa 11 Jahren ungefähr bei den Kindern »der Gedanke eben nur ein Ding ist, das hauptsächlich dazu dient, auf Personen oder Dinge, an denen das Kind interessiert ist, materiell einzuwirken«.

Das Kind vermischt den Gedanken und das, woran es denkt. Demzufolge ist der Wunsch, sein Vater möge sterben, für das Kind, das sich in dem Stadium befindet, etwas sehr Erhebliches und Bedenkliches, denn es heißt für das Kind, daß es eine Einwirkung auf den Tod hat. Es heißt ebenfalls, daß der Gedanke an den Tod den Tod auslöst. Das Kind spürt das Nahen des Todes, denn es hat ihn herbeigeführt. Dadurch erhöhen sich seine Schuldgefühle und sein Gefühl der Unterlegenheit der Kraft des Vaters gegenüber, und aus eben diesem Grunde steigert sich sein Angstgefühl. Ich glaube, daß es gut ist, dem Kind diese Denkweise zu erläutern, denn das erlaubt ihm, andere schwache Stellen in seiner Logik, die sich um einen neurotischen Kern kristallisiert haben, zu erkennen.

Es ist interessant, diesen Denkprozeß der Kinder mit der von *Lévi-Brühl* als charakteristisch bezeichneten Denkweise der Naturvölker gegenüberzustellen.

In den menschlichen Anlagen wie Wut, Eifersucht und Wunsch sehen die Naturvölker »den schlechten Einfluß, den solche Anlagen allein dadurch, daß sie sichtbar werden, ausüben. Auch ordnen sie sie nicht als psychologische Anlagen des Menschen ein, wie wir es tun, sondern zählen sie zu diesen unsichtbaren Kräften oder Einflüssen, die, obwohl sie übernatürlich sind, doch dauernd in unseren Lebenslauf eingreifen« (S. 63).

Ein dreizehnjähriges Kind spielt eine Geschichte von einer Hexe vor, die alle Menschen verzaubert. Es ist unmöglich, sie zu töten, denn sie ist unverwundbar und kommt immer wieder zurück. Während sie schläft, öffnet ein Polizist den Bauch der Hexe und findet drei magische Knöpfe: der erste Knopf dient dazu, die Menschen zu verzaubern und sie in Tiere zu verwandeln; mit dem zweiten Knopf vermag die Hexe die Menschen taubstumm zu machen; der dritte Knopf ermöglicht es, alles zu wissen und zu kennen und die Menschen für eine begrenzte Zeitdauer zu töten. Die drei Knöpfe werden aus dem Bauch der Hexe entfernt, dann wird die Hexe so zurückgelassen. Die Hexe ist jetzt waffenlos, und die Möglichkeit besteht, sie zu töten. Ein kleiner Junge sagt dem kleinen Mädchen, daß es zur Hexe werde, wenn er ihm die drei »weißen Dinger« in den Bauch stecke. Es geht klar aus dem Zusammenhang hervor, daß die drei magischen Knöpfe Symbole sind. Der erste Knopf ist das Symbol für die Sexualität und im besonderen für die Schwangerschaft, der zweite Knopf stellt die verborgene Mutterschaft dar, und der dritte Knopf ist das Symbol für das unbekannte Baby im Mutterleib. Hier wird die magische Kraft der schwangeren Frau angesprochen. Wichtig ist, wenn dem Kind hierzu Erklärungen abgegeben werden, sich daran zu erinnern, daß für das Kind die Dinge nicht nur materiellen Charakter, sondern auch psychische Eigenschaften besitzen, zwischen denen das Kind keinen Unterschied macht. So ist die Sexualität in der realistischen Denkweise des Kindes gleichzeitig etwas Konkretes und etwas Magisches.

Dieses Mädchen war aus schulischen Gründen in ein Internat geschickt worden, ungefähr zu dem Zeitpunkt, als sein Bruder geboren wurde, was bei ihr Eifersuchts- und Aggressivitätsgefühle ausgelöst hatte. Ihrem Unbewußten nach hat man sie zur Hexe geschickt. Dazu erklärt sie: »Es war eine Strafe dafür, daß ich gemein war, und es war, um mich noch gemeiner zu machen.«

Die Hexe hat sie zu einem bösen Menschen gemacht. Diese Überlegung wird nur verständlich, wenn die Logik des Kindes miteinbezogen wird. Für das Kind ist die Boshaftigkeit zugleich ein psychisches und ein körperliches Phänomen. *Piaget* zitiert den Fall eines Jungen, der sich jedesmal die Hände wusch, wenn er mit einem Faulpelz in Kontakt war. Die Boshaftigkeit ist ebenfalls einfach durch Berührung ansteckend. Der Aufenthalt des Mädchens bei der Hexe hat es gezwungenermaßen angesteckt, es ist verhext. Die Hexe, die Vorsteherin des Internats, besaß die magische Kraft, alles zu wissen, was das Mädchen tat, dachte und sagte. Vergleicht man diese Geschichte mit der vorhergehenden, so versteht man, daß im Unbewußten die Hexe bald die Mutter, bald die Internatsvorsteherin ist. Das Mädchen hat eine passive und fatalistische Haltung angenommen, denn gegen Hexerei kann es nichts ausrichten, und es reagiert auch nicht auf die Schwierigkeiten, die das Leben ihm auferlegt. Dieser Glaube steigert den Groll gegen die Eltern beträchtlich. Nun ist dieses Mädchen aber 13 Jahre alt. Zu dem Zeitpunkt, wo der Konflikt ausgelöst wurde, war es 6 oder 7 Jahre alt. Seine Logik war auf dem eben beschriebenen Entwicklungsstand angelangt. Von da an entwickelten sich seine Gedanken auf anderen Gebieten völlig normal, und nur bei diesem Konfliktpunkt blieb es jahrelang stehen.

In einem ähnlichen magischen Entwicklungszustand verbleiben manche kleinen Mädchen, die kleinere Diebstähle begehen, um stellvertretend in den Besitz eines männlichen Geschlechtsorgans zu gelangen. Ein kleines Mädchen, das sehr oft kleine Tiere gestohlen hat, erzählte mir, das sei ein kleines Ding, das man in seiner Tasche haben kann und mit dem man, sooft man will, spielen kann. Für sie waren die Tiere nicht einfach ein Symbol, sondern sie verstand dieses Ding als zur Natur der Sache gehörig. Das Mädchen war überzeugt, daß das in ihrer Tasche verborgene Objekt ihr eine ebenso große Kraft wie ihrem Bruder verlieh und daß man sie genauso liebte wie ihn.

In der schon angeführten Arbeit setzt *de Saussure* den von *Piaget* beschriebenen »Artificialisus« und die Tatsache, daß das kleine Mädchen glaubt, es seien seine Eltern gewesen, die es kastriert hätten, zueinander in Beziehung. Beispiele dieser »artefizialistischen« Überlegung waren häufig, unter anderem kann an das Beispiel des kleinen Mädchens, das die Hexe töten wollte, weil sie die Hand der Schwester der Kasperlpuppe abgeschnitten hatte, erinnert werden.

Wie schon bemerkt wurde, stößt man, wenn man die Konflikte des Kindes rein intellektuell lösen will, auf die ungeheure Schwierigkeit, daß die kindliche Logik nicht der unseren entspricht und daß manche Einzelheiten uns entgehen.

Das Kasperlspiel ist ein Mittel, diese Schwierigkeiten zu überwinden, da das Kind durch das Spiel sehr aktiv wird und dem Analytiker so die Gelegenheit geboten wird, seine autistische Logik lebensnah zu begreifen.

Als Schlußfolgerung möchte ich nochmals auf die Vorteile des Kasperlspiels in der Kinderpsychoanalyse hinweisen: Das Puppenspiel ist ein schnelles Explorationsmittel, das den Analytiker von vornherein vor die Schwierigkeiten des Kindes, vor das Familiendrama, das es verwirrt, oder vor die unbewußten Reaktionen des Kindes stellt.

Dadurch, daß das Kasperlspiel ein Spiel ist, wird es für das Kind zu einem seiner Natur, seiner eigenen Sprech- und Denkweise angepaßten Ausdrucksmittel.

Dieses Mittel bietet dem Kind unbegrenzte Möglichkeiten, seine Gefühle zu äußern. Eben aus diesem Grund nimmt diese Technik Rücksicht auf die Persönlichkeit und den inneren Rhythmus des Kindes und ermöglicht es dem Analytiker, das Kind in der ihm eigenen Denkweise zu begreifen.

Schließlich ist das Kasperlspiel ein Übertragungsmittel von echtem Wert, denn die kathartische Handlung wird durch die Gebärden und die dabei ausgelösten Gefühle des spielenden Kindes erhöht.

Indem ich dieses neuartige Arbeitsmittel vorstellte, habe ich keineswegs zu beweisen versucht, daß es alle anderen Techniken ersetzen kann. In den Psychoanalysen, die ich selbst mit Kindern durchführe, mache ich ebenfalls, je nach den Umständen, Gebrauch von anderen Techniken, die sich bewährt haben, wie z. B. Zeichnen oder Knetgummi.

Ich hoffe, daß es mir gelungen ist, durch die angeführten Beispiele den therapeutischen Vorteil und den dokumentarischen Wert dieser Methode darzulegen.

(Übersetzt aus dem Französischen von *Gen Leik*.)

Adolf G. Woltmann

Die Verwendung von Puppenspiel als projektive Therapiemethode in der Kindertherapie

Einleitung

»Hau ihn!« – »Bring ihn um!« – »Paß auf, er lebt immer noch. Gleich bringt er dich um!« – »Rasch, dreh dich um. Er ist hinter dir her. Gleich beißt er dich!« – »Hau ihn noch mal und bring ihn um!« – »Lauf lieber heim zu deiner Mutter. Hier ist es nicht sicher!« – »Bring ihn um!«
Erregte Kinderstimmen füllen den Saal. Manche Kinder stehen mit erhobenen Fäusten da, bereit zur Rettung des kleinen Akteurs auf der Bühne. Andere sitzen ganz still, jedoch verraten die roten Wangen und der schwere Atem ihre angespannte Gefühlslage. Einige verbergen den Kopf in den Händen, als hätten sie Angst davor, den Kampf zwischen der kleinen Puppe und dem Krokodil mitanzusehen. Der Kampf auf der Puppenbühne geht weiter. Mit einem Stock, der zweimal so groß ist wie er selbst, bezwingt der kleine Puppenjunge das wilde Puppenkrokodil und macht ihm scheinbar den Garaus. Das Tier liegt nun ausgestreckt und leblos auf der Bühne, sobald sich der Puppenjunge aber umdreht, reißt es den drohenden Rachen wieder auf, hebt den Kopf und jagt den kleinen Jungen über die ganze Bühne. Eine neue Schlacht folgt. Das Krokodil wird erneut geschlagen und getötet, doch nur um wieder zum Leben zu erwachen und den kleinen Jungen zu quälen, bis endlich der Puppenjunge den Sieg über das wilde Tier davonträgt. Diesmal ist sein Tod endgültig. Das Krokodil wird von der Bühne geworfen. Der Puppenjunge verbeugt sich und empfängt den stürmischen Beifall seines verständnisvollen Publikums. Die angespannte Erregung hat sich gelegt und die Atmosphäre ist nun entspannt. Die Kinder sind froh, daß ihr beliebter Puppenakteur unversehrt aus diesem Kampf auf Leben und Tod hervorgegangen ist.
Eine Untersuchung von Szenen wie dieser wirft etliche Fragen auf. Wie kommt es, daß manche Kinder wild nach Tötung schreien, während andere den Kopf einziehen? Wie kommt es, daß manche mit den Händen fuchteln, als müßten sie selbst den animalischen Angreifer auf der Bühne bekämpfen, während andere vor solcher Aggressivität zurückschrecken und der Puppe raten, wegzulaufen und im sicheren Heim in Mutters Gegenwart Sicherheit

und Schutz zu suchen? Warum entspannen sie sich, sobald ihr Puppenheld den Sieg davonträgt? Warum bedrängen einige Kinder das Krokodil, die Puppe doch aufzufressen? Ganz offensichtlich haben diese Puppen für jedes Kind eine eigene Bedeutung. Wie kommt es nun zu dieser Bedeutung, und was sagt sie über das kindliche Denken, seine Reaktionen und Anteilnahme aus?

Es wird angenommen, daß jedes Kind sich auf eine ihm eigene Weise mit den Puppen und den von ihnen dargestellten Handlungen identifiziert. Weiter wird angenommen, daß diese Identifikation zu Projektionen führt in dem Sinne, daß jedes Kind eigene Gefühle, Sehnsüchte, Wünsche und Erwartungen auf das Puppenspiel projiziert.

Puppenstücke

Es ist genauso schwer oder leicht, ein gutes Handpuppenspiel zu schreiben wie ein Kinderbuch. Der große Unterschied liegt in der Tatsache, daß die Personen in einem Buch niemals spielen. Das Skript für ein Puppenspiel muß in Handlung übersetzbar sein. Gleich wie die Niederschrift einer Partitur den Tonumfang eines jeden Instrumentes beachten muß, so muß ein Stück für Handpuppen den Aktionsradius der Handpuppe klar vor Augen stellen.

Bevor wir uns mit den positiven Aspekten befassen, müssen ein paar Worte darüber gesagt werden, was man unterlassen sollte. Damit Puppen spontan wirken, sollten sie eine gewöhnliche Sprache verwenden. Verse und Reime mögen für besondere Gelegenheiten nützlich sein, unsere alltägliche Sprechweise stellen sie aber nicht dar. So klingt ein Puppenspiel in Versen, besonders wenn es vor einer Gruppe von Kindern gespielt wird, sehr gestelzt und unwirklich. Es langweilt die Kinder, anstatt ihnen zu helfen. Monologe sollten, wenn irgend möglich, vermieden werden. Kinder sind viel aktiver als Erwachsene; ein gutes Puppenspiel sollte daher viel Handlung enthalten. Das lockert die Dominanz des gesprochenen Wortes auf, unterstreicht körperlich, was die Puppen zu tun versuchen, und entspricht der eigenen Art der Kinder, mit gewissen Situationen fertig zu werden. Um ein Puppenspiel wirkungsvoll zu gestalten, sollte die Bühne nicht mit Puppen überfüllt sein. Diese wichtige Tatsache sollte man im Kopf haben, wenn man ein Puppenspiel für Kinder schreibt; man vermeide Verwirrung und Interferenzen durch Handlung.

Ein gutes Handpuppenspiel sollte einen Plan oder ein zentrales Thema haben. Die Entwicklung eines zentralen Konfliktes sollte so offensichtlich sein, daß sie leicht von den Kindern verstanden wird. Um dem jungen Publikum eine Chance zu geben, an dem Puppendrama teilzuhaben, sollte ein gutes Puppenspiel ein Textgerüst haben, das Änderungen, Unterbrechungen, Improvisationen und Diskussionen zwischen den Puppen und den Kindern erlaubt. Dies macht die Puppenschau lebendig und gibt dem Kind das Gefühl, mit dabei zu sein; therapeutische Ziele können so viel leichter erreicht werden. Wenn die Interaktion zwischen Skript und Puppenhandlung besprochen wird, wird darüber noch mehr gesagt werden. Hier genügt es, daß die Grunderfordernisse für ein gutes Handpuppenspiel eine Betrachtung der Natur des Konfliktes, der gezeigt wird, der allgemeinen Verständnisebene der Kinder, für die die Schau vorbereitet wird, und das absolute Minimum an notwendigen Puppen, die die beabsichtigte Handlung spielen sollen, miteinschließen. Wenn die Handlung einmal niedergeschrieben ist, sollte der Schreiber nur noch puppenspielgemäß denken. Damit ist gemeint, daß er sich den Platz jeder Puppe auf der Bühne, die Auftritte und Abgänge sowie die Handlungen, die stattfinden sollen, vorstellen sollte. Es sollte darauf geachtet werden, daß durch das ganze Stück hindurch eine gute Balance zwischen Worten und Handlungen erreicht wird. Auch sollte Umgangssprache benutzt werden. Die Dialoge sollten kurz und knapp sein. Die Beispiele, die später in diesem Kapitel gegeben werden, veranschaulichen diese theoretischen Aussagen.

Die psychologischen Grundzüge der Puppenspielerei

Die folgenden Hinweise sind für ein tieferes Verständnis der therapeutischen Anwendung des Puppenspiels sachdienlich. Die Puppenspielerei kann, ungeachtet der geographischen Lage und Art, bis in die Anfänge der Menschheit zurückverfolgt werden. Die Puppenspielerei hat, wie das Volkslied, der Volkstanz und die Architektur, ihre Ursprünge in religiösen Ritualen. Sie ist kein Kunstprodukt wie das Radio oder Kino. Gemeinsam mit den anderen erwähnten Kulturgütern hat das Puppenspiel Geburt und Fall von Nationen und Rassen überlebt. Es ist zwar von gegenläufigen kulturellen Strömungen verwandelt, aber niemals völlig ausgelöscht worden; sein Überleben bis zum heutigen Tag bezeugt gut seine dauerhafte Kraft und allgemeine Beliebtheit.

Durch ihre ganze lange Existenz hindurch hat sich die Handpuppenspielerei einen sehr wichtigen Zug bewahrt, den die Marionette verloren hat: Das Handpuppenspiel setzt immer noch *Charaktere* ein, im Gegensatz zu *Rollen*, die für ein bestimmtes Stück entwickelt werden. Diese Charaktere entwickelten sich in verschiedenen Kulturen und wurden innerhalb jener Kulturen abgewandelt, so daß heutzutage der Charakter bestehen bleibt, obwohl der ursprüngliche Archetyp verschwunden sein mag.

Innerhalb der engen Grenzen dieses Kapitels ist es unmöglich, einen vollständigen geschichtlichen Überblick über die Entwicklung der Puppentypen zu geben, bei der Besprechung jedes wichtigen Puppentyps werden in die Beschreibung aber kurz geschichtliche Daten eingeschlossen.

Der Held all der Puppenspiele, die in den therapeutischen Puppenstücken im Bellevue Hospital[3,8] verwendet wurden, ist ein Junge namens Kasper. Seine Zipfelmütze und sein vielfarbiges Kleid lassen ihn ohne Alter erscheinen, so daß er leicht Kinder zwischen sechs und zwölf darstellen kann. Die Ursprünge dieses Typus gehen zurück auf die Zeit um 5000 v. Chr., als er auf der ostindischen Schattenbühne als Diener eines reichen Herrn erschien. Im Grunde genommen ist er ein Narr, der bewirkt, daß sein Herr in alle möglichen verfänglichen Situationen verwickelt wird. Den gleichen Typus findet man auch auf der griechischen und römischen Bühne, entweder als lebenden Schauspieler oder als Puppe. Als der englische Punch wurde er weltberühmt, nachdem er zur Zeit der Königin Elisabeth von italienischen Gauklern in Großbritannien eingeführt wurde. In Frankreich kam er unter dem Namen »Guignol« zur Blüte, in Rußland als »Petruschka«, und die deutschen Kinder unterhielt er anfangs als »Hanswurst«, später als »Kasper«. Die türkische Schattenpuppe »Karagöz« gehört zur gleichen Familie. Im Grunde repräsentiert dieser Typus den kleinen Mann auf der Straße mit all seinem Ehrgeiz, seinem Bemühen und seinen Wünschen. Vorrangig legt er Gewicht auf die irdischen und materiellen Dinge im Leben. Wie wir alle bewegt er sich zwischen Mut und Feigheit. Er ist selten um Worte verlegen und benutzt häufiger, als daß er es unterläßt, körperliche Kraft, um sich zu verteidigen oder einen Streit zu beenden. Er ist sowohl schlau wie naiv, voller Hoffnung und tief verzweifelt, vertrauensvoll und abweisend. Da er ja nur eine Puppe ist, kann er die innersten Wünsche und Sehnsüchte seines Publikums darstellen.

In den Puppenspielen des Bellevue Hospitals wurde dieser Typus als Hauptdarsteller benutzt. Die Natur der therapeutischen Ziele und die Altersverteilung machten es notwendig, ihn von einem Mann in einen Jungen zu verwandeln. Gleich von Anfang an bemerkten wir die große Popularität, die er bei den Kindern genoß. Eine Untersuchung der kindlichen Antworten und Reaktionen über einen Zeitraum von mehreren

Jahren gab uns nützliche Hinweise über seine Popularität. Wir merkten, daß die meisten Kinder sich sehr eng mit ihm identifizierten. Er schien ihre Wünsche und Sehnsüchte auszudrücken, und seine Kombination von Worten und Handlungen war eine echte Demonstration für sie, wie Probleme behandelt und gelöst werden konnten.

Kasper und seine Puppenkameraden können nicht einfach mit psychoanalytischen Begriffen erklärt werden, es ist aber keine Frage, daß die unterschiedlichen Seiten der psychischen Gesamtstruktur von verschiedenen Puppen unterschiedlich widergespiegelt werden. Kasper ist der Ausdruck starker kindlicher Wünsche, die nach Befriedigung verlangen. Er weiß, daß er sein Treiben den Forderungen der Realität anpassen muß. Dies befriedigt die Forderungen des Über-Ich. Daher müssen wir in Kasper etwas vom *Freud*schen »Ideal-Ich« sehen, das nach der Wirklichkeit greift, ohne mit dem »Es« oder Lustprinzip in Konflikt zu sein. Der Affe, der einen wichtigen Part in einigen der Stücke spielt, bekommt leicht seine Belohnungen und entspricht in vielerlei Weise dem »Es«, welches nicht eingeengt wurde . . . Kaspers Eltern haben die Rolle des Über-Ich. Wir glauben, daß das Kind die Eltern als dualistische Personen sieht. Der Gute Vater und die Gute Mutter lieben und schützen das Kind, nähren es und beweisen ihm Zuneigung. Der Böse Vater und die Böse Mutter behindern die lustvollen Impulse des Kindes und bringen ihm Manieren bei, mit denen es nicht immer einverstanden ist[8].

Um die Überich-Funktionen des Vaters herauszustreichen, ließen wir ihn als Geheimpolizisten auftreten, der mit dem Polizeirevier in Verbindung steht. So vertritt er nicht nur die Autorität im Familienleben, sondern personifiziert auch die Kontrollkraft, durch die Gesetz und Ordnung in der Gemeinschaft aufrechterhalten werden. Die Böse Mutter wird im Puppenspiel von der Hexe verkörpert. Als solche braucht sie keine besondere Einführung, denn die Kinder spüren unmittelbar, was Kasper oder jede andere Puppe von ihr zu erwarten hat. In einem unserer Stücke verweigert sie Kasper Essen und Schlaf, läßt ihn hart arbeiten und schätzt all seine Versuche, ihr zu gefallen, gering, indem sie verbal aggressiv zu ihm ist. In einem anderen Stück hilft sie Kasper, seine kleine Schwester zu beseitigen. »Der Part des Bösen Vaters wird durch den Riesen, den Zauberer und teilweise auch von den Menschenfressern verkörpert. Der Riese ist durch seinen enormen Leib für Kasper eine körperliche Bedrohung. Der Zauberer ist durch seine Zauberkraft und sein schlaues Ränkeschmieden dem Kasper intellektuell überlegen.«[8] Die Menschenfresser sind dem Kasper feindlich gesinnt und drohen mit verbalen Aggressionen. Sie möchten ihn gern kochen und fressen. Auf der europäischen Puppenbühne erschienen Menschenfresser vor ungefähr 200 Jahren, wahrscheinlich im Gefolge des Merkantilismus und der

Kolonisation, die Europa in Kontakt mit primitiven Kulturen brachten.
Eine sehr wichtige Rolle in einem guten Puppenspiel spielt das Krokodil oder der Alligator. Das Tier vergegenwärtigt in zweierlei Weise orale Aggression. Jene Kinder, die das Krokodil mögen, identifizieren ihre eigene orale Aggression mit dem großen Maul und den scharfen Zähnen. Häufig sieht sich das Kind in der eigenen oralen Aggression gegen die Welt mit Gegenaggression konfrontiert, welche von der Umgebung gegen das Kind gerichtet wird. Daher drücken diejenigen Kinder, die sich sehr vor dem Krokodil fürchten, für gewöhnlich ihre eigenen Ängste vor solcher Gegenaggression aus. Denn dies erscheint ihnen wahrscheinlich als Bestrafung und als Furcht vor den strengen, versagenden Mächten der sie umgebenden Welt. Gelegentlich werden Kinder von der eigenen Aggression überwältigt. So kann die Furcht vor dem Krokodil mit den Worten eines achtjährigen Jungen ausgedrückt werden, der in einer Gruppendiskussion über ein Puppentheater meinte: »Ich fürchte mich vor dem Krokodil. Es könnte mich ja selbst auffressen.« Das Krokodil bzw. der Alligator erschien auf der europäischen Puppenbühne gemeinsam mit den Menschenfressern.

Die Figur des Teufels ist eine weitere Puppenrolle, die schon lange Bestand hat. Wie die Hexe ist er ein Produkt aus Folklore und Märchen, dem noch theologische Bedeutung hinzugefügt wurde. Er braucht keine besondere Einführung, da jedes Kind unmittelbar weiß, was er darstellt. Das Beispiel eines sechsjährigen Jungen mag veranschaulichen, wie intensiv die Projektion von Kindern in einer Puppenschau sein kann. Als der Teufel plötzlich und ohne jede vorherige Warnung auf der Bühne auftauchte, stürzte der Junge aus dem Zimmer und schrie: »Kasper, bete für Jesus Christus. Der Teufel ist da.«

Diesen Hauptdarstellern sind Nebenrollen hinzugefügt, die dazu dienen, das jeweilige Stück abzurunden. Billy, der schlechte Junge, erscheint in einem unserer Stücke mit seiner Mutter. Billy ist der negative Kasper in dem Sinne, daß er jede Autorität völlig ablehnt, seiner Mutter das Leben schwermacht und sie haßt, den Kasper verhaut und sehr fordernd und unerträglich ist. Der Kontrast zwischen dem guten Kasper und dem schlechten Billy führte zu vielen aufhellenden Gesprächen über unterschiedliche Familienkonstellationen, Haltungen den Eltern gegenüber und den Folgen, die entstehen können, falls das Kräftespiel zugunsten des Kindes verschoben ist. Ein anderer Rollentyp, der General »Hieb-und-Stich von Bauz-und-Plauz«, dient als Kaspers Premierminister und Obervollstrecker, nämlich wenn Kasper versucht, eine Kinderregierung aufzubauen, und es zweckmäßig findet, Beaufsichtigung und Autorität von Erwachsenen abzuschaffen.

Diese Aufzählung von Puppentypen mag genügen, um zu betonen, daß Puppen fähig sind, gewisse Persönlichkeiten entweder direkt oder indirekt zu vertreten oder gewisse Seiten oder Aspekte von Persönlichkeiten zu verkörpern. Mit einer solchen Reihe von Charakteren sind der Darstellung von Problemen kaum Grenzen gesetzt.

Darüber hinaus gibt es außer der Flexibilität, die durch die Anordnung der verschiedenen Puppentypen entsteht, weitere psychologische Faktoren, die das Handpuppenspiel zu einem idealen Medium für die Bewältigung und Lösung von Problemen machen.

Puppenspielerei ist eine Als-ob-Angelegenheit. Eine Puppe besteht lediglich aus einem Kopf und einem Gewand. Erst die Hand und die Stimme des Puppenspielers geben ihr ein Pseudoleben. Eine Puppe kann man schlagen, wahren Schmerz fühlt sie aber nicht. Man kann sie töten, zunächst besteht sie aber aus leblosem Material, und das Töten ist niemals echt, sondern nur simuliert. Die Situationen mögen noch so bedrohlich sein, die Puppenspielerei beinhaltet aber die beruhigende Versicherung, daß alles auf der Bühne nur eine Als-ob-Angelegenheit ist. Dies schmälert aber überhaupt nicht die Wahrhaftigkeit, mit der Kinder die Handlung verfolgen, sich mit dieser oder jener Rolle identifizieren und ihre eigenen Wünsche in das Spiel projizieren. Die Als-ob-Natur des Puppenspiels gestattet es, die Grenzen des biologischen Lebens zu überschreiten. Es ist völlig normal, daß jemand Böses wie das Krokodil getötet wird, wieder zum Leben erwacht, wieder getötet wird usw. Kinder sorgen sich nicht um das Töten, sondern sie schreien nach der Beruhigung, die sie jedesmal erhalten, wenn die böse und bedrohliche Person umgebracht wird. Problemlösungen müssen immer wieder erfahren werden, bis sie beherrscht werden. Falls schwer neurotische oder psychotische Kinder sich jedoch durch das Spiel bedroht fühlen, kann man sie leicht beruhigen, indem man sie hinter die Bühne führt, wo sie mit eigenen Augen sehen können, daß die Puppen nicht wirklich lebendig sind, sondern nur puppenhafte Personen, die vom Puppenspieler geführt werden.

Dieser Als-ob-Charakter der Puppenspielerei wird weiterhin durch die Kombination der benutzten Puppen ausgedrückt. Ein Puppenspiel, in dem nur realistische Personen auftreten, ist zu logisch und erlaubt keine Abschweifung in die Phantasie. Hingegen ist ein Puppenspiel, in dem nur Phantasiegestalten auftreten, zu unwirklich und phantastisch und gestattet keine Identifikation auf der Wirklichkeitsebene. Ein gutes Puppenspiel sollte daher wie ein Märchen realistische und phantastische Anteile enthalten. Diese Mischung aus Realität und Phantasie erleichtert es dem Kind, sich in das Wesen eines dargestellten Problems zu vertiefen, und hilft bei der Identifikation. Da Teile des Spiels oder manche der Puppen (wie die Hexe, der Teufel, der Riese usw.) symbolischer Ausdruck von Haltungen sind, fühlt das Kind sich selbst frei, die eigenen Einstellungen ins Spiel zu projizieren.

Kinder lassen sich im großen und ganzen schnell auf den Als-ob-Charakter eines Puppenspiels ein. Es kann jedoch geschehen, daß sehr gestörte und psychotische Kinder gegen ein Puppenspiel sind, weil ihr eigenes Hauptproblem in dem ernsten Kampf besteht, den Realitätsbezug zu wahren und sich den eigenen Täuschungen hinzugeben. Ein psychotischer Junge stand unter dem Zwang, nicht nur die Puppen, sondern auch die Bühne zu waschen. Er meinte nachdrücklich, die Puppen und alles, was mit ihnen in Verbindung komme, sei schmutzig und müsse gesäubert werden. Schmutz verkörperte für dieses Kind den drohenden Wahnsinn, während Sauber und Weiß für Wirklichkeit stand. Eine andere unserer kleinen Patienten sträubte sich gegen das Puppenspiel, weil es zu mechanisch sei, und nannte mich den »Mechaniker-Mann«. Dieses kleine Mädchen durchlief gegen Ende seines Aufenthalts auf der Station eine Phase rascher Verschlechterung und zog sich jedesmal, wenn ein Puppenspiel stattfand, in ein Versteck zurück. Diese und ähnliche Erfahrungen lehrten uns, daß schwer psychotische Kinder die Puppenschau in ihrem Bemühen, in der Realität zu bleiben, als Bedrohung empfinden. Diese Kinder waren sich des Als-ob-Charakters der Puppenspiele viel deutlicher bewußt und reagierten daher besonders stark. Sie fühlen sich bedroht und hatten den heftigen Wunsch, sich gegen ein solches Als-Ob zu wehren.

Eine weitere wichtige Voraussetzung für ein gutes Handpuppenspiel ist die *enge Interaktion zwischen Publikum und Puppen*. Noch vor einigen Jahrhunderten war es für die Schauspieler auf der richtigen Bühne ganz normal, manche ihrer Zeilen, und sogar ad-hoc-Improvisationen direkt ans Publikum zu richten, welches dann wiederum antwortete. Auf der echten Bühne wird diese Form der Anteilnahme nicht mehr praktiziert, auf der Puppenbühne wurde sie aber am Leben erhalten. Es wird den Kindern, bevor das Stück beginnt, mitgeteilt, man erwarte von ihnen, daß sie in das Stück eingreifen, indem sie den verschiedenen Puppen sagen, was sie machen sollen, ihnen Handlungsvorschläge unterbreiten, sie vor drohender Gefahr warnen und den Spielern verbal so viel helfen, wie sie können. Umgekehrt sprechen die Puppen direkt mit den Kindern. Der Kasper zum Beispiel kann die Zuschauer fragen, ob er wohl die Schule schwänzen soll. Er stellt sich dumm, erzählt den Kindern, er habe so etwas noch nie gemacht, und bittet sie, ihm zu erklären, wie er es anstellen solle. Es versteht sich von selbst, daß die Antworten, die Kasper erhält, wertvolle Hinweise auf die Denkweise und die Erfahrungen der Kinder enthalten. Auf diese Art und Weise erhalten wir Material, das in einem Einzelgespräch nur extrem schwer zu bekommen wäre. Die Kinder selbst bemerken die Tatsache nicht, daß sie selbst Hinweise auf das eigene Verhalten geben. Im Gegenteil, sie sind hochgradig geschmeichelt, daß der Kasper sie ins Vertrauen zieht. Sie haben wirklich das Gefühl, selbst das Stück zu steuern. Dies verdeutlicht noch unsere Aussage, daß ein gutes Puppenspiel ein gerüstähnliches, flexibles Skript haben sollte, denn solche Improvisationen und Interaktionen mit dem Publikum könnten sonst nicht stattfinden. Es ist daher nicht ungewöhnlich, daß die Puppen zeitweise von ihrer Vorlage abweichen, etwa um Vorschlägen des Publikums zu folgen, um dann zu angemessener Zeit zum vorgeschriebenen Text zurückzukehren und weiterzuspielen, bis eine erneute Unterbrechung ein weiteres Abweichen zur Folge hat.

Puppenspiel ist eine Gruppenaktivität. Dies rückt therapeutische Faktoren in den Vordergrund, die außerhalb der willentlichen Kontrolle des Puppenspielers liegen. Das Kind, das Zeuge eines Puppenspiels ist, ist ja nicht allein, sondern macht als Mitglied einer Gruppe eine Vielzahl emotionaler und sozialer Erfahrungen. Die zahlenmäßige Stärke gibt dem Einzelwesen Schutz. Es kann die eigenen Gefühle ausdrücken, weil andere das gleiche tun. Das Kind lernt auch wahrzunehmen, daß andere um es herum an der dramatischen Aufführung interessiert und beteiligt sind und daß die eigenen Probleme daher nicht ausschließlich die eigenen sind, sondern daß andere ähnliche Probleme haben. Das ist eine sehr beruhigende Einsicht.

Am Beginn der Puppenarbeit am Bellevue Hospital machten die Teammitglieder reichlich Notizen und versuchten, die unterschiedlichen Reaktionen der Kinder auf Papier festzuhalten. Sie merkten bald, daß die meisten Kinder in den Geist eines Stückes so vollständig eindrangen, daß sie sogar die eigene Teilnahme erinnerten. Während der nachfolgenden Gruppengespräche und Einzelinterviews erzählten die Kinder, was sie gesagt hatten, was andere Kinder vorgeschlagen hatten und wie jedes Kind auf das Stück reagiert hatte. Das Team gab es daher auf, während der Aufführung Notizen zu machen, da sämtliche Reaktionen in der Folgezeit leicht hervorzulocken waren.

Ein außerordentlich aufschlußreicher Einfall zum Studium der kindlichen Reaktion auf ein Puppenspiel ist die sogenannte »Halb-Schau«. Das Kind sieht, wie der Beginn eines Problems entwickelt wird, das sich in recht dramatischer Weise verwickelt und nach einer Lösung verlangt. Wenn der Konflikt auf dem Höhepunkt ist, wird das Stück mit dem Versprechen unterbrochen, es werde ein andermal fortgesetzt. Dann befragen wir Kinder in Gruppen und einzeln, was wohl passieren sollte. Welche Art von Lösung würden sie für die Probleme der Puppen vorschlagen? Die verschiedenen Lösungen sind durch die eigenen Probleme des Kindes und seine Fähigkeit gefärbt, die Tragweite eines bestimmten Problems intellektuell und emotional zu erfassen. Obwohl jedes Kind versucht, den Konflikt im Hinblick auf die eigene Beteiligung, seinen Hintergrund, seine Familienkonstellation und den eigenen Reifegrad zu lösen, ist ihm nicht bewußt, daß es über sich selbst spricht. Beim Reden über Puppen und deren Probleme wird ihm die Scheu genommen, über sich selbst zu sprechen. Auf diese Weise wird relevantes Material, welches die eigene Dynamik und die Versuche des Kindes, mit seinen Problemen fertig zu werden, enthüllt, leicht an die Oberfläche gebracht. Kinder, die in Einzelgesprächen abblocken, reden in einem Gruppengespräch ganz frei. Ist das Eis erstmal gebrochen, kann der geschickte Therapeut von den Problemen der Puppen schnell auf die Konflikte des Kindes übergehen. Die einfache Tatsache, daß Kinder ermutigt werden, nach Problemlösungen zu suchen, hat großen therapeutischen Wert, da sie dem Kind klarmacht, daß die eigene schlechte Anpassung kein hoffnungsloser Schlamassel ist, der zu Verhängnis und völligem Versagen führt, und daß nicht nur eine, sondern mehrere Lösungen möglich sind. Solche Einsichten sind ermutigend und treiben die Entwicklung der Wiedereingliederung voran.

Die Inhalte der Puppenspiele

Um der vorangehenden theoretischen Diskussion mehr Bedeutung zu geben, führen wir hier den Inhalt von zwei Puppenstücken als Beispiel dafür an, wie Skript und Handlung in einer Puppenschau ineinanderfließen.

»Kasper in Afrika.« Die Aufführung von »Kasper in Afrika« in synoptischer Form ist einer früheren Veröffentlichung entnommen[8]. Dieses Stück ist bei den Kindern sehr beliebt, da es wenig Wortmaterial enthält

und auf leichtverständliche Handlung Wert legt. Es ist voller Wiederholungen und gestattet von seiten Kaspers eine Menge situatives Ausprobieren.

Wenn der Vorhang aufgeht, erscheint Kasper irgendwo in Afrika. Er ist hungrig und sucht nach etwas Eßbarem. Dann findet er eine Banane, aber bevor er noch Gelegenheit hat, sie zu essen, nimmt der Affe sie ihm weg. Kasper sucht nun nach mehr Bananen, die der Affe ebenso schnell stiehlt. Kasper ist durch das Abhandenkommen seiner Mahlzeit sehr verwirrt, bis er herausfindet, daß der Affe der Übeltäter ist. Natürlich haben die Kinder immer wieder gesagt, was das Tier getan hat, Kasper hat ihre Bemerkung aber nicht beachtet. Immer wenn er in die von den Zuschauern angegebene Richtung schaut, verschwindet der Affe und taucht am andern Ende der Bühne wieder auf. Endlich erblickt Kasper den Affen, und es entwickelt sich ein Kampf. Als Kasper und der Affe erkennen, daß sie, wenn sie zusammenhalten, soviel Essen haben können, wie sie wollen, werden sie Freunde.

Zu Beginn des zweiten Aktes ist Kasper allein auf der Bühne. Er findet ein Schmuckstück. Als er losgeht, um ein Einwickelpapier zu holen, worin er das Schmuckstück seiner Mutter nach Haus senden kann, erscheint ein Alligator und nimmt den Schmuck weg. Kasper beschuldigt nun den Affen des Diebstahls und verprügelt ihn, als er auf die Bühne kommt. Das erneute plötzliche Auftreten des Alligators läßt Kasper erkennen, daß da noch andere Mächte sind, mit denen er in dieser fremden Umgebung rechnen muß. Der Alligator greift Kasper an und bringt ihn fast um, doch der Affe kommt ihm zu Hilfe und hilft ihm, das fürchterliche Ungetüm zu töten.

Bis der Alligator endlich überwältigt ist, ereignen sich viele lustige Wiederholungen. Es kommt vor, daß der Alligator mitten im Kampf davonläuft, und Kasper und der Affe bleiben übrig und verhauen einander. Oder der Alligator scheint tot und erwacht plötzlich, noch während Kasper mit dem Affen spricht, zu neuem Leben und greift die beiden an, worauf der Kampf von neuem beginnt. Sämtliche Wiederholungen ergeben ein erneutes Durchprobieren derselben Situation, und ihre Beherrschung wird erreicht durch Versuch und Irrtum.

Zu Beginn des dritten Aktes sehen wir zwei Kannibalen, die Kauderwelsch reden und wilde Tänze aufführen*. Die Kannibalen fangen Kasper ein und versuchen, ihn zum Kochtopf des Stammes zu schleppen.

---

* *Harry von Borstel*, meinem ersten Assistenten durch viele Jahre, verdanke ich viel von diesem Kauderwelsch und der schaudererregenden Tonqualität der Hexe.

Wieder erscheint der Affe gerade rechtzeitig, um ihn zu retten. Es werden die gleichen Wiederholungen wie im Kampf mit dem Alligator ins Spiel gebracht. Die Kannibalen werden jedoch nicht getötet, sondern mit Kasper zurück nach Amerika gebracht, der meint, sie benötigen Erziehung und Ausbildung.

Im Angesicht der Tatsache, daß die Puppen direkt oder indirekt bestimmte Personen repräsentieren und bestimmte Seiten einer Persönlichkeit hervorheben, kann gesagt werden, daß Kasper in diesem Stück ein ganz kleines Kind in einer fremden Welt darstellt. Sein erstes Gefühl ist Hunger. Bei seinem Versuch, den Hunger zu stillen, kommt er mit dem Affen in Konflikt, der, wie wir zuvor feststellten, bis zu einem gewissen Grade das unbeherrschte Lustprinzip verkörpert. Er begegnet oraler Aggression und überwindet sie. Die Kannibalen mit ihren verrückten Bewegungen und ihrer seltsamen Sprache bilden vielleicht den ersten Eindruck, den das kleine Kind von seinen Eltern hat. Wiederholte Handlung, bestehend aus Aggression und Nachforschung, ist von seiten Kaspers notwendig, bevor er die wahre Natur dieser Kräfte erkennt. Mit anderen Worten, dies Stück beinhaltet einige der grundlegenden Versuche, die ein kleines Kind in seiner Entwicklung unternimmt. Das kleine Kind kann leicht verstehen, was auf der Bühne geschieht, da anspruchsvolle logische Wortstrukturen nicht vorkommen. Einfache, direkte und offensichtliche Handlung herrscht in diesem Stück vor.

»Schlafe, mein Kind, schlaf ein.« Das zweite Stück, das hier wiedergegeben wird, heißt »Schlafe, mein Kind, schlaf ein«. Es wurde ursprünglich für ein Kindergartenkind geschrieben, dessen ungezügelte Geschwisterrivalität zu einer schweren Verhaltensstörung führte. Über die Jahre wurde das Stück dann verändert und umgeschrieben. Die Hinweise für die neuerliche Sichtung entnahmen wir den Reaktionen verschiedener Kinder, bis schließlich das gegenwärtige Skript für die Mehrzahl der Kinder annehmbar erschien*.

Erster Akt

	(Wenn der Vorhang aufgeht, ist die Bühne leer. Kasper tritt auf und wendet sich gleich an die Zuschauer:)
Kasper:	Hallo! Hallo alle miteinander! *(schnell)* Guten Morgen, gute Nacht, guten Tag, guten Morgen, gute Nacht, Hallo!

---

* Der Erfolg dieses Stückes wurde durch die volle, ausgebildete Stimme von Frau *Margaret Greene*, die die weiblichen Rollen in diesen Stücken übernahm, noch erheblich verbessert.

191

Zuschauer:	Hallo Kasper!
Kasper:	Wißt ihr was? Ich bin sooo froh, daß die Schule aus ist. Wißt ihr warum?
Zuschauer:	*(Gemischte Reaktionen. Einige Kinder sagen, er mag die Schule nicht, andere meinen, daß Kasper nach der Schule spielen kann, und so weiter.)*
Kasper:	Nein, das ist es nicht. Ich sag' euch, warum ich froh bin, daß es 3 Uhr ist und ich aus der Schule weg kann! . . . Wißt ihr, jetzt, wo ich aus der Schule bin, kann ich mit meiner Mutter spielen. Die kennt ihr nicht, aber sie ist die beste, liebste und schönste Mutter, die ein Junge haben kann. Laßt mich nach ihr rufen, dann werdet ihr selbst sehen.
	(Kasper ruft seine Mutter, die zuerst hinter der Bühne antwortet, auf sein anhaltendes Rufen aber schließlich auf die Bühne kommt.)
Mutter:	Da bin ich, Kasper. Was rufst du mich? Was willst du?
Kasper:	*(Läuft auf sie zu und umarmt sie):* Hallo, liebe Mutter. Ich hab' diesen Kindern so viel über dich erzählt, daß sie dich kennenlernen sollen.
Mutter:	*(zum Publikum):* Hallo, Kinder! *(zu Kasper)* Kasper, mein Liebling, das Wetter ist so schön, warum gehst du nicht runter und spielst eine Weile mit den Kindern auf der Straße?
Kasper:	Nein, Mutter. Ich will nicht mit den Kindern auf der Straße spielen. Ich will mit dir spielen. Ich bin so froh, daß die Schule aus ist und ich heimlaufen konnte, um mit dir zu spielen.
	(Bevor die Mutter noch Gelegenheit hat zu antworten, packt Kasper sie und wirbelt mit ihr über die Bühne.)
Kasper:	Mutter, wir haben ein neues Lied in der Schule gelernt. Es geht so . . .
	(Kasper singt »Ein Mädchen geht zum Tanze, gar hübsch und fein« und tanzt mit der Mutter herum. Die Mutter protestiert und befreit sich aus Kaspers Umarmung.)
Mutter:	*(leicht außer Atem)* Kasper! Hör auf! Ich kann nicht so herumtanzen.
Kasper:	Na gut, Mutter. Laß uns was anderes spielen. Laß uns Eisenbahn spielen. Ich bin die Lokomotive und du bist der Zug.
	(Kasper pfeift wie eine Lokomotive, packt die Mutter von neuem und schiebt sie über die Bühne, während er tsch-tsch-ähnliche Laute von sich gibt und einen fahrenden Zug imitiert. Wieder bremst die Mutter ihn abrupt ab.)
Mutter:	Schau, Kasper, ich hab's dir schon mal gesagt und sag's jetzt noch mal: Hör auf mit diesem wilden Spiel. Ich kann so nicht spielen.
Kasper:	Also gut. Laß uns was anderes spielen. Laß uns Räuber und

	Gendarm spielen. Ich bin der Gendarm. *(Mit lauter Stimme)* He, du! Du wirst überfallen! Du bist verhaftet!
Mutter:	Kasper, das kann ich nicht mitspielen. Mir ist nicht wohl, ich bin müde. Außerdem muß ich in die Küche zurück und nach dem Abendbrot gucken. Wenn du nicht unten mit den anderen Kindern spielen willst, dann setz dich ruhig an deine Hausaufgaben. *(Mutter geht ab.)*
Kasper:	*(schaut der Mutter nach, wie sie die Bühne verläßt, folgt ihr mit den Augen und schüttelt langsam den Kopf):* Kinder, ich weiß nicht, was das bedeuten soll. Mutter hat doch immer mit mir gespielt. Wir hatten immer so viel Spaß. Aber neuerdings spielt Mami nicht mehr mit mir. Jedesmal, wenn ich mit ihr spielen will, stößt sie mich weg und sagt, meine Spiele sind zu wild. Immer ist sie müde und fühlt sich nicht wohl. Was da wohl los ist . . . Ob Mutter wohl krank ist und einen Doktor braucht?

(An dieser Stelle können unterschiedliche Antworten aus dem Publikum kommen. Manche der Kinder sagen zu Kasper, er solle nicht so aufsässig und so abhängig von der Mutter sein. Sie sagen, er solle nicht mehr daran denken und mit den anderen Kindern spielen. Manche der Kinder scheinen sich um Kaspers Mutter Sorgen zu machen und sagen ihm, er solle lieb zu ihr sein und ihr helfen, anstatt so wild zu sein.)

Kasper:	Also, ich weiß wirklich nicht, was ich sagen soll. Ich denk', vielleicht sollte sie zum Doktor gehen und 'rausfinden, was ihr fehlt.
Mutter:	*(tritt wieder auf)* Kasper, mein Liebling, das Abendessen ist fast fertig. Papa wird bald zu Haus sein. Geh ins Bad, wasch Hände und Gesicht und vergiß nicht, aufs Klo zu gehen.
Kasper:	Ach, liebe Mutter. Wieso sollte ich mich plötzlich selbst waschen. Du wäscht mir doch immer Hände und Gesicht. Warum denn heute nicht?
Mutter:	Nein, Kasper. Du wirst jetzt ein großer Junge und mußt lernen, diese Dinge allein zu tun. Nun lauf los.
Kasper:	Ich will nicht. Komm mit. Mach du mir die Hosen auf, setz mich aufs Klo und wasch mich dann. Bitte!
Mutter:	Kasper, ich wundere mich über dich. Lauf schon und tu, was ich dir gesagt habe. Papa wird bald zu Haus sein, und wir wollen doch beide fertig sein, wenn er kommt.
Kasper:	*(benimmt sich wie ein kleines Brüll-Baby)* Ach, komm schon, liebe Mutter. Du hast das doch immer für mich gemacht. Tu's noch mal!

(Gewöhnlich stellen die Kinder im Publikum Kasper an dieser Stelle zur Rede wegen seines babyhaften Benehmens. Sie sagen, wenn er schon zur Schule geht, müsse er für seine Sauberkeit selbst sorgen und sich selbst waschen können. Was die Zuschauer sagen, gefällt Kasper gar nicht, und er meint zu den Kindern, sie seien nur eifersüchtig, weil ihre Mutter nicht so gut für sie sorge. Je mehr er aber fleht, die Mutter möge ihn waschen und aufs Klo setzen, um so mehr widersteht sie seinem Flehen.)

Mutter:	Schau, mein kleiner Liebling. Ich hab dir jetzt mehrfach gesagt, daß du die Dinge selbst tun sollst. Du bist ein großer Junge. Du mußt lernen, die Sachen selbst zu machen.
Kasper:	Ich will aber nicht groß werden. Ich will nicht lernen, die Dinge selbst zu tun. Ich will dein kleiner Junge bleiben, und du sollst meine liebe Mami sein, die alles für mich macht.
Mutter:	*(lachend)* Schau, mein lieber Kasper. Es freut mich zu hören, daß du mich so liebhast. Trotzdem kannst du nicht immer ein kleiner Junge bleiben. Du wirst groß und mußt nun lernen, die Dinge selber zu machen.
Kasper:	Aber warum muß ich das jetzt lernen? Warum kann ich nicht bis nächstes Jahr warten?
Mutter:	*(seufzt)* Also, Kasper, es gibt etwas, was ich dir sagen will, und ich kann es ebensogut gleich jetzt tun. Du hast gemerkt, daß ich in letzter Zeit müde war und mich nicht wohl gefühlt habe und daß ich nicht mehr so viel mit dir spielen konnte wie früher.
Kasper:	Ja, das stimmt. Ich hatte Angst, weil ich dachte, du bist krank und brauchst einen Doktor.
Mutter:	*(lacht und streichelt Kaspers Kopf)* Du brauchst keine Angst zu haben, ich bin nicht krank. Es gibt einen Grund für mein Unwohlsein und dafür, daß ich dir beibringen will, daß du die Dinge selbst tust. Schau mal, nicht mehr lange, und du wirst ein Brüderchen oder ein Schwesterchen haben.
Kasper:	Ein Brüderchen oder Schwesterchen? . . . Was hat das mit dir zu tun?
Mutter:	Nun, ich sag's dir. Ich trage ein kleines Baby unter dem Herzen, und das ist der Grund, warum ich so schnell müde werde und warum ich nicht mit dir spielen kann.
Kasper:	Ist das alles? Das ist einfach. Nimm das Baby einfach unter dem Herzen weg. Dann bist du nicht mehr müde und kannst wieder mit mir spielen!
Mutter:	*(lachend)* Nein, Kasper, so einfach ist das nicht. Das Baby muß da bleiben, bis es fertig ist, um herauszukommen . . . Aber wie redest denn du . . . bist du nicht froh, ein Brüderchen oder Schwesterchen zu bekommen?

Kasper:	*(schmollend)* Nein, ich freu' mich nicht. Hier soll sonst keiner mehr sein. Mutter, ich will dich und dich ganz allein. Sonst soll hier keiner im Haus sein.
Mutter:	*(umarmt Kasper)* Keine Sorge. Ich bleib' immer deine Mutter und werd' dich immer liebhaben. Ich denke aber, es wird sehr schön für dich sein, einen kleinen Bruder oder ein Schwesterchen zu haben.
Vater:	*(tritt auf)* Hallo, alle miteinander. Hallo Mutter. *(küßt sie)* Hallo Kasper. *(Tätschelt ihm den Kopf.)*
Mutter:	Hallo Vater.
Kasper:	Hallo Vater.
Mutter:	Kasper, lauf schnell nach oben und wasch dich, damit wir essen können.
Kasper:	Komm, Mutter, du wäscht mich.
Vater:	Was hör' ich da? Ein so großer Junge wie Kasper kann sich nicht waschen? Kasper, du wirst ein großer Junge. Willst du nicht mal Detektiv bei der Polizei werden wie dein Vater?
Kasper:	Ja, Papa, aber ich will, daß Mutter mich wäscht.
Vater:	Nun lauf schon und wasch dich, derweil zieh' ich meine Schuhe aus und meine Pantoffeln an. *(Vater geht ab.)*
Kasper:	*(flüstert)* Nun komm, Mutter, wasch mich.
Mutter:	*(mit lauter Stimme)* Kasper, ich hab' dir schon mal gesagt, daß du ein großer Junge wirst. Geh und wasch dich.
	(Vaters Stimme hinter der Bühne): Kasper, sei kein Baby mehr. Geh und wasch dich, bevor ich komme und dich wasche. Ich kann dir ganz schnell beibringen, ein großer Junge zu sein. *(Kasper tritt ab.)*
Vater:	*(tritt wieder auf)* Nun, mein Liebling, wie geht es dir? Du siehst müde aus. Wie wär's mit einem Nickerchen. Ich kümmere mich um Kaspers Abendessen. Du gehst ins Bett und ich bringe dir dein Essen, sobald du drin bist.
Mutter:	Vielen Dank, Liebling. Ich würde mich gern etwas ausruhen, aber nach dem Essen muß ich abwaschen.
Vater:	Darum kümmere dich nicht. Wenn Kasper und ich gegessen haben, waschen wir ab. Geh nur und leg dich hin. Kasper und ich machen den Rest.
	(Mutter küßt Vater, dankt ihm für seine Sorge und geht ab. Vater geht ebenfalls ab. Kasper tritt wieder auf. Er singt mit lauter Stimme »Der Bauer im Tal«. Vater eilt herein.)
Vater:	Kasper! pscht! Deine Mutter fühlt sich nicht wohl. Sie versucht zu schlafen. Sei leise. Mach keinen Krach, sonst weckst du sie auf. Setz dich leise hin und lies, bis ich dich zum Abendessen rufe. *(Vater geht ab.)*

Kasper:	Jaa! Sei leise! Mach keinen Krach! Das ist alles, was ich höre. Mutter kann nicht mit mir spielen. Keiner wäscht mich. Alles muß ich selbst machen. Wozu denn? Nur weil da ein Baby in die Familie kommt ... Ich will kein Brüderchen oder Schwesterchen ... Seht ihr, was passiert? Keiner hat Zeit für mich, keiner kümmert sich um mich. Warum muß ich denn jetzt groß werden? Warum kann ich denn nicht Mutters Baby bleiben?
Vater:	*(hinter der Bühne)* Kasper, komm ins Eßzimmer, das Essen ist auf dem Tisch!
Kasper:	Ja, gut! *(Tritt ab. Vorhang zu, Ende des 1. Akts.)*

Zweiter Akt

(Wenn der Vorhang aufgeht, ist die Bühne leer. Hinter der Bühne hört man die Mutter singen »Schlafe, mein Kindchen, schlaf ein«. Sie kommt noch singend auf die Bühne und hält ein kleines Baby im Arm. Während sie das Lied beendet, legt sie das Baby sanft in ein kleines Puppenbett auf der Bühne. Das Bett ist wichtig, weil die Kinder, wenn es fehlt, die Mutter schnell kritisieren, sie lege das Baby ja auf den Boden.)

Mutter:	Hallo, Kinder! Dies ist Kaspers Schwesterchen. Ist sie nicht süß? Ach, wir sind soo glücklich, daß wir sie haben. Sie ist ein wahrer Engel. *(schaut aufs Baby)* Oh, mein Kleines ist müde und möchte schlafen ... Mutter wird sich darum kümmern. *(zu den Kindern)* Kinder, wollt ihr mir einen Gefallen tun und helfen, daß das Baby einschläft? ... Danke, das ist sehr nett von euch. Laßt uns alle singen »Schlafe, mein Kindchen, schlaf ein«[2]. *(In der Regel singen die Kinder mit der Mutter.)*
Mutter:	Vielen Dank, meine Kinder. Nun schläft mein Baby tief. Pscht! Macht keinen Krach; laßt uns ganz leise sein, damit mein Baby schlafen und ich meine Hausarbeit machen kann. *(Mutter tritt ab. Das Publikum ist leise. Kasper kommt herein und singt, so laut er kann: »Alle Vögel sind schon da.« Mutter eilt herein und packt Kasper.)*
Mutter:	Kasper, sei leise. Das Baby schläft.
Kasper:	Hallo, Mutter. *(und schnell)* Hallo, hallo. Guten Morgen, gute Nacht, guten Abend, guten Tag, guten Morgen, gute Nacht, Hallo!
Mutter:	Kasper! Hör auf mit dem Unsinn und sei ruhig. Kannst du denn nicht sehen, daß das Baby schläft?
Kasper:	Nun, das ist gut, daß das Baby schläft. Nun hast du Zeit, um mit mir zu spielen. *(Kasper packt seine Mutter und wirbelt mit ihr über die Bühne, dabei singt er »Ein Mädchen ging zum Tanze so hübsch und fein«. Die Mutter unterbricht ihn.)*

Mutter:	Kasper, wie oft muß ich dir noch sagen, du sollst nicht so wild sein. Ich habe keine Zeit, um mit dir zu spielen. Ich habe Arbeit zu tun.
Kasper:	Ach, komm schon, Mami, nur ein kleines Spiel. *(flehend)* Laß uns »Räuber und Gendarm« spielen. Ich bin der Gendarm. *(mit lauter Stimme)* Du bist überfallen. Du bist verhaftet!
Mutter:	Ich sag' dir, hör auf. Hör sofort auf. Das Baby schläft, und ich habe keine Zeit, mit dir zu spielen. Wenn das Baby schläft, kann ich endlich meine Arbeit tun. Du weißt das . . . Wie wär's, wenn du selbst ein Schläfchen machtest.
Kasper:	Wer? Ich? Ein Schläfchen machen? Was glaubst du, wer ich bin, ein kleines Baby? Ich will nicht schlafen. Ich will spielen.
Mutter:	*(mit freundlicher Stimme)* Nun komm schon, mein kleiner Junge. Du weißt, daß Mutter es besser weiß. Mach ein Schläfchen und ruh dich aus.
	(Kasper weigert sich, zu folgen und sich hinzulegen. Die Mutter drückt ihn sanft in eine liegende Position.)
Mutter:	Mach die Augen zu und schlaf ein wie ein braver kleiner Junge.
Kasper:	Muß ich beide Augen schließen oder kann ich eins aufbehalten?
Mutter:	Mach beide zu.
Kasper:	*(setzt sich auf)* Muß ich mich hinlegen, oder kann ich im Sitzen schlafen?
Mutter:	*(drückt ihn wieder in eine liegende Position)* Kasper, ich möchte, daß du schläfst. Bitte sei leise. Mach die Augen zu und schlaf!
	(Kasper bleibt still liegen. Die Mutter schaut auf ihre beiden Kinder und wendet sich dann ans Publikum.)
Mutter:	*(mit sanfter, fast flüsternder Stimme)* Kinder, meine beiden Lieblinge schlafen jetzt. Seid bitte leise, damit ihr sie nicht aufweckt. Laßt uns alle leise sein, damit ich meine Hausarbeit beenden kann.
	(Mutter geht ab. Kasper hebt ein wenig den Kopf und schaut sich um. Als er sieht, daß Mutter gegangen ist, steht er auf und brüllt mit lauter Stimme.)
Kasper:	Hallo, hallo!
	(Als die Mutter auf die Bühne eilt, legt Kasper schnell den Kopf wieder hin.)
Mutter:	Wer hat den Krach gemacht? Wer versucht, meine Kinder aufzuwecken?

(In der Regel bleibt das Publikum unverbindlich. Die Mutter warnt die Kinder, leise zu sein, und geht ab. Sobald sie die Bühne verlassen hat, steht Kasper wieder auf und macht Krach, indem er ein Kinderlied singt. Als er sieht, daß die Mutter auf die Bühne eilt, legt er sich schnell wieder hin.)

197

| Mutter: | *(etwas verärgert)* Kinder, hab' ich euch nicht gesagt, ihr sollt keinen Krach machen? Ihr weckt bestimmt meine Kinder auf. |

(Das eine oder andere Kind im Publikum mag der Mutter wohl sagen, daß Kasper der Übeltäter ist, die Mutter schaut aber nach Kasper und meint zu den Zuschauern, das sei unmöglich, da ihr Sohn schlafe. Die Szene erhält einen besonders lustigen Anstrich, als Kasper, noch während seine Mutter mit den Zuschauern spricht, hinter ihr aufsteht. Kasper tanzt herum, doch sobald sich die Mutter von den Zuschauern ab- und ihm zuwendet, legt er sich schnell wieder hin, so daß die Mutter ihn nie in Aktion sieht. Das Zusammenspiel zwischen den beiden Puppen wird mittels eines einfachen Tricks erreicht. Derjenige Puppenspieler, der den Kasper spielt, drückt eines seiner Knie gegen das Bein des Puppenspielers, der die Mutter spielt. Nachdem Kasper den Kopf wieder auf die Bühne gelegt hat, wird der Druck vermindert, und der andere Puppenspieler weiß, daß die Mutter nun Kasper den Kopf zuwenden kann. – Noch während die Mutter damit beschäftigt ist, mit dem Publikum zu reden, und die Kinder nachdrücklich von der Wichtigkeit überzeugt, leise zu sein, fängt das Baby an zu schreien.)

| Mutter: | Seht ihr, Kinder, nun habt ihr meinen Babyschatz aufgeweckt. *(sanft, zum Baby gewendet)* Was ist los, mein Liebling? Kannst du nicht schlafen? *(nimmt das Baby hoch und lacht leise)* Ach, das ist es. Mein Baby braucht eine neue Windel. Das ist in Ordnung. Mutter wird sich darum kümmern. Nicht schreien. Mutter gibt dir eine schöne neue Windel. *(Mutter geht ab. Kasper steht auf.)* |
| Kasper: | Kinder, habt ihr das gehört? *(macht Mutter nach)* Jaa, das ist in Ordnung. Mutter bringt das schon in Ordnung. Mutter gibt dir eine neue Windel . . . *(in seiner normalen Stimme)* Jaa, wenn das Baby Klein und Groß in die Windel macht, dann ist das in Ordnung. Ich sollte es mal wagen, Klein und Groß in meine Hosen zu machen. Das fände Mutter nicht in Ordnung. Ich würde Haue kriegen. Alles, was das Baby macht, ist in Ordnung. Sie schreit nachts, ihre Windeln verpesten das Haus, immer kommt sie zuerst. Jeder hat für sie Zeit, aber keiner hat Zeit für mich . . . He, ich hab' eine Idee. Wißt ihr noch, wie schnell Mutter das Baby hochnahm, als das kleine Biest schrie? . . Ich hab's. Ich fang' auch an zu schreien, dann wird Mutter hereinkommen und sich um mich kümmern. *(Kasper fängt an zu schreien, doch seine Mutter kommt nicht.)* |

(Abweichend von der ursprünglichen Niederschrift ließen wir die Mutter doch manchmal hereinkommen und nach ihrem Sohn schauen. Sobald sie merkt, daß sein Geschrei nichts anderes als ein Aufmerksamkeitsspielchen ist, schimpft sie mit ihm und nennt ihn einen Schreihals. Sie sagt ihm ebenfalls, sie sei viel zu beschäftigt, um

ihn wie ein kleines Baby zu behandeln, und tadelt ihn, da er ihr unnütze Arbeit mache. In der ursprünglichen Handlung schreit Kasper, aber die Mutter kommt nicht.)

Kasper: *(mit weinender Stimme)* Seht ihr, Kinder, wie lieb mich meine Mutter hat? Wenn das Baby schreit, unterbricht sie die Arbeit und kümmert sich sofort darum. Ich bin auch ihr Kind, aber kommt sie und guckt nach mir? *Nein!* Ich kann mir die Augen ausweinen, aber das kümmert sie gar nicht . . . Ich hasse dies kleine Biest von Schwester. Bevor sie kam, war alles in Ordnung, doch schaut mal jetzt das Durcheinander. Jeder macht ein Aufhebens von ihr und sagt, sie sei hübsch . . . Jaa! Hübsch! Sie hat keine Haare auf dem Kopf, keine Zähne im Mund und kann nicht mal reden . . . Ich kann reden. Ich kann meinen Namen schreiben. Ich kann sogar einen Purzelbaum machen, aber schaut je einer nach mir? . . . Oh, da kommt Mutter. Ich tu' lieber so, als ob ich schlafe.

(Kasper legt, als Mutter mit dem Baby im Arm hereinkommt, schnell den Kopf wieder nieder.)

Mutter: So, mein kleiner Liebling. Nun ist alles wieder unter Kontrolle. Mutter hat dir eine schöne neue Windel gegeben, und nun kannst du noch ein bißchen schlafen.

(Mutter geht ab. Den Kopf noch unten, fragt Kasper die Kinder, ob die Mutter weg ist. Als er hört, daß sie fort ist, steht er auf und geht zum Baby hin.)

Kasper: Na, du kleiner Stinker. Fühlst du dich nun besser mit frischen Windeln . . . Das ist alles, wofür du gut bist, Klein und Groß in die Windeln machen. Mutter kann nicht mit mir spielen, weil sie immer deine Windeln wechseln und waschen muß. Schau mich nicht so an, du Blöde. Warum sagst du nichts? Warum bist du überhaupt hergekommen? Hast du gewußt, daß ich zuerst hier war? Warum gehst du nicht wieder dahin, wo du herkommst? Ich hasse dich. Hörst du mich? Schau mich nicht so blöd an. Ich hau' dich gleich.

(Kasper redet sich in Wut und schlägt seine Schwester. Das Baby fängt an zu schreien. Als die Mutter auf die Bühne eilt, legt Kasper schnell den Kopf hin.)

Mutter: *(nimmt das Baby hoch)* Was ist denn nun wieder, mein Liebling. Nein, die Windeln sind noch trocken . . . Warum weinst du denn, mein Liebling?

(An dieser Stelle gibt es immer ein paar Kinder im Publikum, die der Mutter sagen, daß Kasper seine Schwester geschlagen hat. Da Kasper aber so tut, als ob er schläft, glaubt die Mutter nicht, was die Kinder ihr sagen.)

Mutter:	Siehst du, Liebling, nun ist alles vorbei. Nun schlaf wieder. *(Mutter legt das Baby wieder in die Wiege.)*
Mutter:	Mmmmh! Fast hätte ich es vergessen. Ich muß noch was fürs Abendbrot einkaufen. Soll ich Kasper losschicken? Nein, er ist noch zu klein, all die Dinge zu kaufen und zu tragen, die ich brauche. Ich geh' besser selbst und laß Kasper auf sein Schwesterchen aufpassen . . . Kasper, wach auf! *(Kasper rührt sich nicht. Die Mutter geht zu ihm hinüber und schüttelt ihn vorsichtig.)*
Mutter:	Komm, Kasper, Lieber. Es ist Zeit zum Aufstehen.
Kasper:	*(gähnt)* Mutter, ich will heute nicht zur Schule gehen. Laß mich noch etwas schlafen.
Mutter:	*(lacht)* Komm schon, du kleiner Dummkopf. Jetzt ist nicht Zeit für die Schule. Es ist spät am Nachmittag. Mutter muß noch was einkaufen und möchte, daß ihr großer Junge auf das Schwesterchen aufpaßt, während Mutter weg ist. *(Kasper steht auf.)*
Kasper:	Gut, ich pass' auf sie auf.
Mutter:	So ist's recht. Du paßt auf, wenn ich weg bin. Falls das Baby aufwacht und anfängt zu schreien, gib ihm die Flasche. Du findest seine Milchflasche im Eisschrank. Ich bin nicht lange weg. Auf Wiedersehen. *(Mutter geht ab. Kasper schaut in die Richtung, wo sie abging, als ob er sie beobachte. Nachdem er sicher ist, daß sie das Haus verlassen hat, wendet er sich dem Baby zu.)*
Kasper:	Vater arbeitet und Mutter ist aus dem Haus. Jetzt ist die Gelegenheit, mit dir abzurechnen. Ich hab' ja gesagt, daß ich dich hier nicht haben will. Jetzt hab' ich die Chance, dich loszuwerden. *(zu den Kindern)* Kinder, was soll ich mit dem Balg von Schwester machen? . . .

(Nun ist es Zeit für die Kinder, den eigenen aggressiven Gefühlen voll Ausdruck zu geben. Über die Jahre haben wir einige Vorschläge gesammelt, wie zum Beispiel die, das Baby mit dem Messer umzubringen, es aus dem Fenster zu werfen, es im Ofen zu verbrennen oder in die Toilette zu werfen. In jedem Publikum gibt es aber auch Kinder, die sich mit dem Baby identifizieren und den Kasper anflehen, dem Baby nichts zuleide zu tun. »Wenn du ein Baby wärest und deine Schwester an deiner Stelle, dann würdest du das auch nicht wollen«, ist gewöhnlich ihr stärkstes Argument. Während die verschiedenen Vorschläge von den Zuschauern kommen, hört Kasper zu.)

Kasper:	Danke, Kinder, daß ihr versucht, mir zu helfen. Ich würde gerne tun, was ihr sagt, aber ich kann nicht. Ihr wißt doch, daß mein

Vater Detektiv ist. Wenn ich mein Schwesterchen umbringe, werden er und all die andern Detektive ganz schnell herausfinden, daß ich es war, und dann müssen sie mich ins Gefängnis stecken. Und wenn ich ins Gefängnis gehe, kann ich nicht bei meiner Mutter sein und gewinne gar nichts. Es muß noch einen anderen Weg geben . . . Mal nachdenken . . . Ich hab's. Früher hat Mutter mir immer Märchen über Hexen und so erzählt. Wie wär's, wenn ich die Hexe rufe! Wenn sie kommt, gebe ich ihr das Baby, und dann wird keiner merken, was mit ihm passiert ist. Keiner weiß dann, wo das Baby ist. Meine Mutter wird das Baby vergessen und dann bin ich wieder ihr Kind und sie spielt wieder mit mir. Ja, das mache ich. Hexe . . . *Hexe!* . . . *Hexe!*
(Die Hexe tritt auf.)

Hexe:	Wer ruft mich?
Kasper:	Oh, hallo, liebe Hexe. Ich hab' dich gerufen.
Hexe:	Was willst du?
Kasper:	Komm her und schau mal. Siehst du dies Baby? Es ist ein Nichtsnutz und eine Pest. Ich möchte, daß du das Baby mitnimmst, damit niemand weiß, wo der Balg ist.
Hexe:	Ich nehme keine Babys mit. Warum willst du denn dein Schwesterchen weggeben?
Kasper:	Ich will dir ein Geschenk machen. Bitte nimm sie. Wir brauchen sie nicht. Sie ist eine Pest. Sie verstänkert das ganze Haus mit ihren Windeln. Sie schreit nachts. Sie ist für meine Mutter zu viel Arbeit. Bitte nimm sie. Wir brauchen sie wirklich nicht.
Hexe:	Nein, ich nehme keine Babys.
Kasper:	Bitte, bitte, nimm sie. Ich geb' dir all meine Lutscher und mein wöchentliches Taschengeld.
Hexe:	*Mmmmmh!* Ich sehe, du willst das Baby loswerden. Ich nehme keine Babys mit, aber ich kann was anderes tun. Wo ist die Milchflasche des Babys?
Kasper:	Sie ist im Eisschrank. Ich hol' sie dir.
	(Kasper geht ab und kommt mit der Milchflasche zurück.)
Hexe:	*(bewegt die Hände über der Flasche und dem Baby.)* Hokus, Pokus, eins zwei drei, lustig ist die Hexerei. Milch fürs Baby ist im Trank. Sie ist sauer, nun wird's krank! Hah, haha, hahahahaa! *(Die Hexe verschwindet. Kasper und das Baby sind allein auf der Bühne.)*
Kasper:	He, Hexe! Wo bist du? Was soll ich denn mit dieser Milch tun? . . . Die Hexe ist weg, aber sie hat die Milch verhext. Ich geb' dem Baby die Milch und schau mal, was passiert.

(Kasper füttert das Baby mit der Milchflasche. Das Baby fängt an zu schreien. Kasper hört, wie die Mutter in die Wohnung zurückkommt, und versteckt schnell die Milchflasche. Die Mutter eilt herein und nimmt das Baby hoch.)

Mutter: *(ängstlich)* Mein Liebling, was ist passiert? Warum schreist du so? Ach, du meine Güte. *(Mutter fängt selbst an zu weinen)* Das Baby ist ja ganz blau. Was ist passiert? Mein Baby ist krank. Ich muß es sofort ins Krankenhaus bringen. Wenn meinem Liebling etwas passiert, werde ich mir nie verzeihen. Warum bin ich nur nicht bei ihm geblieben!
(Mutter eilt, immer noch weinend, mit dem Baby im Arm von der Bühne. Kasper hat still daneben gestanden und die Reaktionen der Mutter beobachtet.)

(An dieser Stelle lassen wir gewöhnlich den Vorhang fallen und fragen die Kinder, was als nächstes passieren soll. Um der Kontinuität willen geben wir hier das ganze Stück wieder.)

Kasper: *(nach einer kurzen Zeit der Stille)* Kinder, habt ihr gehört, wie meine Mutter weinte? Sie ist schrecklich aufgeregt. Was soll ich nun tun? Wenn die Ärzte im Krankenhaus herausfinden, was passiert ist, wird meine Mutter mir nie verzeihen. Wenn sie weiß, daß ich versucht habe, mein Schwesterchen umzubringen, wird sie nie mehr mit mir reden, mich nie mehr liebhaben. Kinder, schnell, helft mir. Was kann ich machen, damit mein Schwesterchen nicht stirbt. Sie muß leben, oder meine Mutter wird mich nie mehr liebhaben. Vielleicht könnte meine Mutter mich sogar ins Gefängnis schicken oder in eine besondere Schule, und dann werde ich sie nie wieder sehen.
(Gewöhnlich schlagen die Kinder vor, daß Kasper die Hexe zurückruft.)

Kasper: Das ist eine gute Idee. Ich ruf' sie und bitte sie, den Fluch wieder wegzunehmen . . . Hexe! . . . Hexe! . . . *Hexe!*
(Die Hexe tritt wieder auf.)

Hexe: Wer ruft mich denn nun?

Kasper: Ich habe dich gerufen.

Hexe: Was willst du denn jetzt?

Kasper: *(halb weinend)* Ich habe einen schrecklichen Fehler gemacht, als ich dich das Baby verfluchen ließ. Bitte, laß es meinem Schwesterchen wieder besser gehen.

Hexe: Du bist ein verrückter Junge. Erst willst du, daß ich dein Schwesterchen krank mache, und jetzt willst du, daß ich sie wieder gesund mache. Was ist das für ein Unsinn? Glaubst du, daß ich meine Zeit verschwende und nur rumrenne und Babys

	krank und gesund mache? Hahaha! Nein, junger Mann, ich mache keine Babys gesund. Ich mache sie nur krank … und wenn sie einmal krank sind, dann *sterben* sie! Hahahahahahah!
Kasper:	Du willst wirklich sagen, daß mein Schwesterchen stirbt?
Hexe:	Ganz recht.
Kasper:	Bitte laß es nicht sterben! Ich geb' dir mein ganzes Spielzeug und alle Süßigkeiten, die ich je bekomme, und mein Taschengeld auch, aber bitte, laß meinem Schwesterchen nichts geschehen. Es tut mir soo leid, was ich gemacht habe.
Hexe:	*(sehr brüsk)* Quatsch. Du hast gehört, was ich gesagt habe. Dein Schwesterchen wird sterben.
	(Kasper geht ab und kommt schnell mit einem Stock wieder.)
Kasper:	Wenn mein Schwesterchen stirbt, dann stirbst du mit ihr.
	(Kasper verprügelt die Hexe. Die Hexe fleht um Gnade, doch Kasper schlägt sie ohne Erbarmen. Immer mal wieder unterbricht er und fragt, ob sie nun bereit sei, den Fluch zurückzunehmen. Solange sie sich weigert, verprügelt er sie weiter, bis sie endlich verspricht, den Fluch zurückzunehmen. Sobald die Hexe dann einige Zauberformeln gesagt hat und Kasper sicher ist, daß sein Schwesterchen leben wird, schlägt er die Hexe von neuem und bringt sie diesmal um.)
Kasper:	Holla! War das 'ne Arbeit. Ich mußte sie töten, denn falls sie mir entkommen wäre, hätte sie einen neuen Fluch über das Baby aussprechen können, und dann wäre das Baby gestorben. Sie hätte auch über uns alle einen Fluch aussprechen können, und dann wären wir alle gestorben. So ist sie nun tot und kann uns allen nichts mehr anhaben … Ich kann die tote Hexe hier im Haus nicht herumliegen lassen. Ich werd' sie lieber los, bevor Papa nach Haus kommt. Kinder, haltet ihr zu mir oder werdet ihr mich an meine Eltern verraten?
	(Nachdem Kasper beruhigt ist, daß die Kinder nichts über ihn sagen werden, hebt er die Hexe auf und geht ab. Der Vater tritt auf.)
Vater:	Hallo, Mutter, hallo, Kasper … Wo seid ihr alle? Es scheint keiner zu Haus zu sein …
	(Bevor noch einige Kinder die Gelegenheit haben, dem Vater zu sagen, was passiert ist, kommt Kasper zurück.)
Kasper:	Hallo, Papa.
Vater:	Hallo Kasper. Wo ist Mutter? Ich kann sie nirgends sehen.
Kasper:	Du kannst sie nicht sehen! Sie ist ins Krankenhaus gegangen.
Vater:	*(Völlig überrascht)* Ins Krankenhaus? In welches? Wer ist krank? Wo ist das Baby?

Kasper:	Das will ich dir ja gerade sagen. Das Baby ist krank geworden, da hat Mutter sie schnell ins Krankenhaus gebracht.
Vater:	Das klingt ja furchtbar. Hoffentlich ist es nichts Ernstes. In welches Krankenhaus ist Mutter denn gegangen? Ich werde selbst hingehen und nachschauen.
	(Als der Vater abgeht, begegnet er der Mutter, die mit dem Baby im Arm zurückkommt.)
Vater:	Oh, hallo Mutter. Gerade war ich auf dem Weg ins Krankenhaus, um herauszufinden, was passiert ist.
Mutter:	Oh, hallo Vater. Hallo Kasper. Keine Sorge, dem Baby geht's gut, aber es war ganz schön aufregend ...
Kasper:	Hallo Mutter.
Vater:	*(unterbricht)* Gib her, laß mich das Baby halten, und du setzt dich und erzählst uns.
	(Die Mutter reicht dem Vater das Baby hinüber.)
Mutter:	Ich ging zum Einkaufen. Als ich zurückkam, schrie das Baby und wurde völlig blau, da hab' ich es sofort ins Krankenhaus gebracht. Die Ärzte dort haben es untersucht und gemeint, es habe sich den Magen verdorben, wahrscheinlich von schlechter Milch. Sie haben dem Baby eine Arznei gegeben und es hörte sofort auf zu schreien. Seine natürliche Farbe kam zurück, die Temperatur sank wieder auf normal, und jetzt schläft es ein wenig. Aber als ich es zuerst sah, bin ich richtig erschrocken.
Vater:	Da bin ich aber froh, daß nichts Ernsteres war. Aber woher hat das Baby die schlechte Milch?
Mutter:	Ach, ich weiß nicht. Vielleicht muß unser Eisschrank repariert werden. Vielleicht war die Milch auch alt und ich hab's nicht bemerkt. Ich hab' auf dem Heimweg frische Milch gekauft, und ich hab' noch was hier. Kasper, Liebling, bist du nicht froh, daß es deiner Schwester gutgeht?
Kasper:	Ja, Mutter, das bin ich. Als ich dich zuvor weinen sah, hatte ich Angst.
Mutter:	Hab keine Angst mehr. Nun ist alles in Ordnung. Kasper, ich hab' dir eine Überraschung mitgebracht. Rate mal, was es ist!
Kasper:	Noch eine Babyschwester?
Mutter:	*(lachend)* Aber nein, so schnell nicht. Geben wir dieser Kleinen hier erst mal Gelegenheit, groß zu werden. Ich geb' dir 'ne Hilfe. Es hat was mit Erdbeeren zu tun.
Kasper:	Erdbeermürbekuchen?
Mutter:	Nein!
Kasper:	Erbeerhartkuchen?
Mutter:	Nein, Kasper, es ist Erdbeereis.
Kasper:	*(umarmt seine Mutter)* Danke, liebe Mami. Das ist so süß von dir, daß du an mich gedacht hast.

Mutter:	Warum denn nicht? Ich bin so glücklich, daß meine beiden Kinder gesund sind, daß mir nach einer kleinen Feier ist.
Kasper:	Mutter, darf ich das Schwesterchen auch halten?
Mutter:	Natürlich, mein Tierchen. Papa, gib Kasper das Baby und hilf mir bitte, das Eis in der Küche zurechtzumachen.

(Vater gibt Kasper das Baby, der es in die Arme schließt. Vater und Mutter gehen ab. Kasper ist mit dem Baby allein auf der Bühne.)

Kasper:	Kinder, ich bin so froh, daß alles gut ausgegangen ist. Wenn ich die alte Hexe nicht umgebracht hätte, wäre mein Schwesterchen jetzt tot und wir wären vielleicht alle krank. Von jetzt an will ich ein braver Junge sein. Kleine Babys sind noch klein, noch nicht so groß, wie ich bin. Sie können noch nichts allein tun und brauchen eine Mutter, die sich um sie kümmert. Solange Mutter mit mir einverstanden ist, will ich ein braver Junge sein. Ich werde Mutter helfen, damit mein Schwesterchen groß werden kann . . . Ihr seid doch nicht mehr mit mir böse, Kinder, oder? . . . Das ist gut . . . Oh, meine kleine Schwester gähnt. Sie will noch weiterschlafen. Kinder, bitte tut mir einen Gefallen und helft mir, sie in Schlaf zu singen. Wir wollen alle singen »Schlafe, mein Kindchen, schlaf ein«.

(Als das Lied beendet ist, fällt der Vorhang, und man hört Mutters Stimme hinter der Bühne, wie sie Kasper zum Eisessen ruft.)

Die therapeutische Aufarbeitung

Dieser vollständige Text mag den einen oder anderen Leser ermutigen, das Stück vor einer Gruppe von Kindern zu spielen. Jeder, der eine solche Aufgabe unternimmt, sollte sich bewußt sein, daß er mit Dynamit hantiert, das im falschen Moment explodieren kann. Dies Stück rührt Ängste auf und bringt Feindseligkeit und verdrängte Phantasien auf eine bewußte erreichbare Ebene, und damit umzugehen erfordert berufliches Geschick und Verständnis für die Probleme von Kindern im allgemeinen. Man sollte das Stück nur aufführen, wenn der Puppenspieler ein ausgebildeter Therapeut ist oder wenn er ausgebildete Leute bei sich hat, die fähig sind, die Inhalte mit den Kindern zu diskutieren und zu analysieren. Jedes Kind, das die Aufführung gesehen hat, sollte Gelegenheit haben, sich aus-zusprechen und einen bestimmten Teil, der ihm Sorgen bereitet, soweit als möglich auszuagieren. Falls die Gruppen- oder Einzelbesprechung nicht ausreicht, kann man ein Kind ermutigen, Bilder über die Aufführung zu malen, Szenen aus Plastilin zu modellieren oder einige der Inhalte, entweder mit Puppen oder mit anderen Kindern, nachzuspielen.

Am Beginn unserer Puppenarbeit im Bellevue spielten wir das ganze Stück in etwas abgewandelter Form. Aufgrund der Reaktionen und Vorschläge der Kinder im Publikum wurden dann reichlich Änderungen vorgenommen. Unter anderem fanden wir heraus, daß das Ende ziemlich flach war. Die Kinder waren nicht vollständig beruhigt, daß Kaspers Mutter ihren Sohn wirklich liebte. Etliche Kinder gaben an, daß ihre Mutter jedesmal, wenn sie wahre Liebe und Zuneigung zeigen will, Eis mit nach Hause bringt. Dieser Hinweis wurde mit gutem Erfolg in den Schluß eingebaut. Von da an zeigte sich unseren Kindern wirklich, daß Kaspers Mutter, wenn sie Eis mit nach Hause brachte, keine Abneigung gegen ihren Sohn hegte. Wir führen dieses kleine Ereignis an, um aufzuzeigen, daß die meisten Puppenstücke für Kinder, so kunstvoll sie auch geschrieben sein mögen, nicht perfekter scheinen, wenn Kindergruppen nicht Gelegenheit haben, verschiedenartige Möglichkeiten zu diskutieren und den Inhalt neu zu gestalten. Dieses Vorgehen kann mehrfach wiederholt werden, bis am Ende ein Stück herauskommt, das für Kinder verschiedener Altersgruppen annehmbar erscheint.

Die sogenannte *Halb-Schau* gab uns ausgezeichnet Gelegenheit, diese Puppenspiele als wirklichen psychotherapeutischen Maßstab anzulegen. Es wurde schon angedeutet, daß der Vorhang in der *vollständigen Aufführung* dann fallen könnte, wenn Kaspers Mutter mit ihrem kranken Baby ins Krankenhaus eilt. Wir sagen den Kindern, der richtige Schluß werde ein andermal gespielt. Anstatt das Stück nun an dieser Stelle zu beenden, fragen wir die Kinder, was ihrer Meinung nach passieren könne, solle oder werde. Diese Besprechungen können mit der ganzen Gruppe geführt werden. Wir fanden es jedoch zweckmäßig, unser Publikum aus annähernd 50 Kindern im Alter zwischen 3 und 11 Jahren in Kleingruppen aus fünf bis acht Kindern etwa gleichen Alters aufzuteilen.

In einer typischen *Gruppendiskussion* gibt der Therapeut zuerst eine kurze Zusammenfassung des Stückinhalts bis hin zu der Stelle, wo die Aufführung abgebrochen wurde. Dann wird jedes Kind gebeten, mit eigenen Worten zu erzählen, was nach seiner Meinung nun passieren solle. Diese Schlüsse werden aufgenommen. Nachdem jedes Kind dann seine Geschichte erzählt hat, folgt eine mehr allgemeine Besprechung. Wir fragen die Kinder: »Wird Kaspers Mutter wissen, daß Kasper für die Erkrankung des Babys verantwortlich war?« Und falls sie es weiß, »wird sie ihm verzeihen?« Und falls sie ihm nicht verzeiht, »welche Strafe wird Kasper von seiner Mutter erhalten?« »Wird der Vater wissen, was passiert ist?«

»Wird er Kasper bestrafen, oder wird er ihm verzeihen?«»Tat Kasper recht daran, sein Schwesterchen zu hassen?«»Hatte Kasper recht, die Hexe zu töten?« Die Geschichten, die die Kinder erzählen, und die Antworten, die sie auf verschiedene Fragen geben, führen dann automatisch zur Formulierung neuer Fragen.

Obwohl die Puppenspiele selbst schon stark kathartischen Wert besitzen, liegt das wirklich therapeutische Wesen der Puppenspielerei in dem, was danach folgt. Hier erst wird jedes Kind Kaspers Probleme besprechen, indem es sie auf die eigene Kenntnis und Einsicht, die eigene Familienkonstellation, die eigenen Probleme und mangelnde Anpassung bezieht. Während es über die Probleme der Puppen redet, wird dem Kind die Verlegenheit erspart, über sich und die eigene Familie zu sprechen*. Während es andern zuhört, merkt es, daß es mehrere Lösungen für ein Problem gibt. Es lernt auch, und das manchmal mit großer Überraschung, daß es nicht der einzige ist, der Schwierigkeiten hat. Der Gedankenaustausch in der Gruppe bringt die Kinder einander näher und schmiedet sie zu einer Einheit zusammen, in der versucht wird, einige sehr grundlegende menschliche Probleme zu lösen. Die meisten Kinder sind verwundert, wenn sie erfahren, daß es mehr als eine Lösung für ein Problem gibt und daß Probleme überhaupt gelöst werden können. Sie stellen weiterhin fest, daß es ganz in Ordnung ist, abweichendes Benehmen offen zu besprechen. Das Material, das in diesen Gruppendiskussionen gewonnen wird, gibt auch gute Ansatzpunkte für eine nachfolgende Einzeltherapie.

Bislang sind in diesem Beitrag Puppenstücke *für* Kinder besprochen worden. Was geschieht nun, wenn die Kinder selbst ein Puppenstück *aufführen?* In der Erziehung ist der Wert des Puppentheaters für den Lehrplan erkannt worden. In deren Bestrebungen wird die Puppenspielerei zum Gruppenprojekt, an dem die ganze Klasse teilnimmt. Die Puppen werden angefertigt, die Geschichten ausgewählt und eingeübt, und die Schlußaufführung stellt das krönende Ergebnis vielleicht eines Halbjahres dar. Diese Puppenaufführungen haben sicherlich einen ganz bestimmten Wert, ihnen fehlt aber eine Voraussetzung, die sie zu einer wirklich therapeutischen Erfindung machen würde, nämlich die Spontaneität. Das Memorieren von Zeilen und das sorgfältige Einüben der Handhabung der Puppen läßt keinen Raum für eine spontane dramatische Darstellung. Sollen Puppen therapeutisch angewendet werden, dann sollte ein Kind

---

* Es ist zu beachten, daß die Gelegenheit, die Probleme der Puppen zu besprechen, vereinbar ist mit dem Nachdruck, der in der Einzeltherapie mit Kindern auf die Anonymität der Puppen gelegt wird.

oder eine Gruppe von Kindern nur ein Minimum an Instruktionen erhalten, und dann sollten die Kinder ausagieren, was immer sie mögen. In der Kleinkindergruppe wird man viel aggressives Verhalten finden. Nur zu einem Minimum werden gesprochene Worte vorhanden sein, hingegen werden die Puppen sich einem endlos wiederholten Hauen und Schlagen hingeben. Je älter das Kind, um so ausgewogener wird seine Darstellung werden. Unter keinen Umständen sollte man von einer Kindergruppe erwarten, daß sie ein Stück aufführt, das sich an eine dramatische Syntax und die Entwicklung eines Problems hält. Da wir es mit spontanen dramatischen Aufführungen zu tun haben, sollte man den Inhalt der Schau analysieren und nicht die Kinder wegen Auslassungen, dem Fehlen oder Mißlingen der Entwicklung einer dramatischen Handlung kritisieren.

Bei den Puppenaufführungen, die die Kinder des Bellevue Hospitals machten, waren wir immer wieder verblüfft darüber, daß diese Kinder nur selten Teile des Stückes wiederholten, das sie gesehen hatten. Im Gegenteil, gewöhnlich spielten sie Szenen, die gar keine Beziehung zu den Stücken hatten, die von den Puppenspielern aufgeführt wurden. Eine sorgfältige Analyse dieser Kinderstücke offenbarte in jedem Einzelfall, daß die Kinder ihre eigenen Probleme ausagierten.

Puppenspielerei ist im wahrsten Sinne des Wortes eine Gruppenaktivität. In dramatischer Form liefert sie einer Gruppe von Kindern grundlegende menschliche Probleme, allerdings wird das Kind, anders als im Film oder im Theater, selbst Teil des Stückes. Seine Vorschläge werden von der Gruppe als wertvoller Beitrag akzeptiert. Anstatt gezwungen zu sein, ganz allein eine dramatische Erfahrung zu machen, wird es von der Gruppe um sich herum beschirmt und beschützt. Dieser Schutz der Gruppe ist nicht nur in der Kindheit wertvoll, sondern scheint auch in den Jahren des Erwachsenseins ein beruhigender Faktor zu sein. Der Autor hat die wahre Bedeutung hiervon für Erwachsene bereits beschrieben[11]. Das Kind fühlt sich im Freiraum der Gruppe frei, sich auszudrücken, ohne ausgesondert zu werden. Außerdem ist es Zeuge, wie andere um es herum an den gleichen Problemen interessiert und in unterschiedlichem Ausmaß am dramatischen Geschehen beteiligt sind.

Die motorische Spannung in der Gruppe mag sich steigern. Es kann dann sein, daß die Kinder untereinander uneins sind und das gleich auf der Stelle ausfechten. Andere Kinder mögen wohl zur Bühne laufen und einer Puppe helfen, eine andere zu verprügeln. Wieder andere mögen von den Stühlen springen, die Muskeln beugen und die Aktionen auf der Bühne nachmachen. Für die nachfolgenden Befragungen und die therapeutischen Diskussionen ist die Beobachtung dieses Verhaltens sehr wertvoll.

Die therapeutische Anwendung des Puppenspiels ist, wie die so vieler anderer projektiver Techniken, statistisch nicht auf seinen Wert und seine Verläßlichkeit ausgewertet worden. Künftige Experimente mögen einen wissenschaftlichen Beweis für die Umstände liefern, die bisher nur klinisch eingesetzt wurden. Auf empirischer Grundlage hat sich gezeigt, daß das Puppenspiel zum Verständnis der Herkunft von kindlichen Anpassungsschwierigkeiten extrem hilfreich ist. Es stellt auch eine sehr wertvolle therapeutische Technik bereit, durch die Kindergruppen lernen können, die Vielfalt abweichenden Verhaltens zu verstehen und Lösungen zu finden, die eine harmonische Zukunft versprechen.

Literatur

1. *Batchelder, M.*, The Puppet Theatre Handbook, Harper & Brothers, New York u. London, 1947.
2. *Beaumont, C. W.*, Puppets and the Puppet Stage, The Studio Publications, Inc., New York, 1938.
3. *Bender, L.*, und *Woltmann, A. G.*, The use of puppet shows as a psychotherapeutic method for behaviour problems in children. *Am. J. Orthopsychiat.*, July 1936, 6, 3, S. 341–354.
4. –, Puppetry as a psychotherapeutic measure with problem children, New York State A. *Occup. Therapy*, 1937, 7, 1–7.
5. –, Play and psychotherapy, *The Nervous Child*, Winter 1941–42, 1, 17–42.
6. *Jenkins, R. L.*, und *Beckh, E.*, Finger puppets and mask-making as media for work with children, *Am. J. Orthopsychiat.*, April 1942, 12, 2, S. 294–300.
7. *Rambert, M. E.*, Une nouvelle technique en psychanalyse infantile: Le jeu de guignols. *Revue Française Psychanalyse*, 1938, 10, 1.
8. *Woltmann, A. G.*, The use of puppets in understanding children, *Mental Hygiene*, July 1940, 24, 3, S. 445–458.
9. –, Puppetry as a means of psychotherapy, in *Encyclopedia of Child Guidance*, The Philosophical Library, New York, 1943.
10. –, Therapeutic Aspects of Puppetry, in *Paul Mc-Pharlin* (Hrsg.), *Yearbook of Puppetry* 1942–43, Detroit 1944, Copyright bei The Puppeteers of America.
11. –, Life on a target, *Am. J. Orthopsychiat.*, Januar 1945, 15, 1, S. 172–177.

(Übersetzt aus dem Amerikanischen von Dr. *Gabriele Ramin*.)

Wolfgang Zierl

»Scenodrama« – Therapeutisches Rollenspiel im Sceno-Test*

Der Sceno-Test mit seinem spezifischen Anforderungscharakter »Darstellung der menschlichen Beziehungen zu den nächsten Umweltpersonen« verlangt eine dynamische Interpretation. Das Bauen einer Szene ist ›actio‹, es kommt etwas »ins Spiel«, was das Kind zentral bewegt, und das will nach Fertigstellung der Szene fortgespielt und nicht fortinterpretiert werden.

Für viele Kinder bedeutet denn auch die nachfolgende Befragung zu dem Gebauten eine Ernüchterung, ein Herausgerissenwerden aus der Spielstimmung, eine Konfrontierung mit der Realität, in der man Auskunft und Rechenschaft geben muß über etwas, das man auf Bewußtseinsebene nicht preisgeben kann oder nicht preisgeben möchte.

Wir haben dann wohl unter Umständen wertvolle diagnostische Hinweise gewinnen können, aber die emotionale Dynamik der gebauten Szene ist verebbt, die aus dem unterbewußten Erleben des Kindes gespeiste Dichte der Spielatmosphäre am Ende des Scenobaues ist verraucht und zerronnen und therapeutisch nicht voll ausgeschöpft worden.

Ausgehend von der Beobachtung, daß manche Kinder im Scenospiel ihre Problematik mit lebhaftem Affekt in Rede und Gegenrede abhandeln, haben wir darin eine Möglichkeit gesehen, die Dynamik der Szene im Wege eines gezielten Rollenspieles zwischen Versuchsleiter und Kind fortzuführen, dramatisch auszubauen und therapeutisch nutzbar zu machen.

In ähnlicher Weise wird das therapeutische Rollenspiel, das als »jeu de guignols« von *M. Rambert* schon vor langem in der psychoanalytischen Kinderbehandlung eingebürgert wurde, von zahlreichen Kindertherapeuten heute mit dem Material des hierfür besonders geeigneten Scenotests durchgeführt. Zur Demonstration der von uns geübten Methodik bringen wir den Fallbericht eines ausschließlich mit dem therapeutischen Rollenspiel behandelten, selektiv mutistischen Kindes:

* Herrn *Prof. Ph. Bamberger* in dankbarer Verehrung zum 60. Geburtstag. Aus: *Praxis der Kinderpsychologie und Kinderpsychiatrie* 4 (1959) S. 113–129. Mit freundlicher Genehmigung des Verlages Vandenhoeck und Ruprecht.

Die 7¼jährige Inge wird uns von ihrem Vater gebracht, weil sie in der Schule wie auch im Umgang mit Fremden kein Wort spricht. Zu Hause sei sie dagegen recht munter, eher frech, im Umgang mit dem Personal (Vater ist Gastwirt) besonders schnippisch und hochfahrend. Inge habe schon immer etwas gefremdelt, habe sich aber im ganzen normal entwickelt, im Kindergarten sei sie gerne gewesen. Die Eltern, beide in der eigenen Gastwirtschaft stark in Anspruch genommen, haben wenig Zeit für die Kinder. Auf die Geburt des jetzt 16 Monate alten Schwesterchens sei keine auffällige Reaktion erfolgt.

Inge wurde mit 6 Jahren erstmals eingeschult, war damals nicht mutistisch, bekam aber mit 6¼ Jahren Keuchhusten und versäumte so viel Schule, daß sie von den Eltern herausgenommen wurde. Zu Hause war sie dann unauffällig, mit 7 Jahren wurde sie erneut eingeschult. Nach kurzer Zeit beklagte sich die Lehrerin (nach Angaben des Vaters eine »alte Jungfer«), das Kind gebe in der Schule keine Antwort, es spreche überhaupt nichts und habe furchtbare Hemmungen. Sie könne sich nicht mehr mit dem Kind abgeben, an eine Versetzung in die 2. Klasse sei auf gar keinen Fall zu denken. – Außerdem habe Inge jede Nacht »Angstanfälle mit Schreien und so . . .«

Inge ist ein äußerst schmächtiges, graziles Kind, sie trägt starke Brillengläser. Bei der Erstvorstellung gibt sie dem Arzt mit abgewandten Augen flüchtig die Hand und setzt sich dann mit starrem Gesicht und leicht verkniffenem Mund auf den Schoß ihres Vaters. Freundliche Fragen und Aufforderungen, etwas zu zeichnen oder zu spielen, beachtet sie überhaupt nicht. Der Vater verhält sich bemerkenswert geduldig und beherrscht. Während er sich mit dem Arzt unterhält, schaut Inge starr und unbewegt zum Fenster hinaus, nur gelegentlich haftet ihr Blick auf einem kleinen Stoffaffen an der Wand.

Als sie wieder einmal hinblickt, nimmt der Arzt den Affen vom Haken, stülpt ihn über die Hand, läßt ihn ein paar Mal mit dem Kopf wackeln, sich hinter dem Ohr kratzen und dabei mit hoher Stimme sprechen: »Guten Tag, ich heiße Zuzugamuschi, ich bin ein kleiner Affe und muß den ganzen Tag an der dummen Wand hängen und jetzt habe ich schon einen ganz steifen Hals davon« (reibt sich den Hals). »Übrigens ich heiße Zuzugamuschi, wie heißt denn du?« (streckt Inge das rechte Händchen hin, sie zuckt etwas unschlüssig mit dem rechten Arm und gibt schließlich zögernd dem Affen die Hand [»warming-up«], sagt aber kein Wort). »Oh, da bin ich aber ganz traurig, wenn du mir nicht sagen magst, wie du heißt« (der Affe reibt sich weinend die Augen) »Wart, ich habe eine Idee, du sagst mir's ganz leis ins Ohr« (der Affe wird mit abgespreiztem Ohr vor Inges Mund geführt). Sie flüstert tonlos und mit völlig unbewegtem Gesicht: »Inge.« »Inge? O, das ist aber ein feiner Name! Und wie alt bist du denn schon, Inge?« Das Kind formt tonlos: »Sieben.« »Sieben Jahre schon, wo bist du denn her?« Inge flüstert ganz leise: »Heidelberg.« »Aus Heidelberg! Ich komme aus Amerika. Du, da habe ich was Feines mitgebracht, das muß ich dir zeigen, komm mal mit!« (er zupft Inge an der Hand, sie steigt vom Schoß des Vaters herunter und läßt sich zum Spieltischchen führen, wo der Affe den Deckel vom Scenotestkasten abhebt). »Schau mal, da kannst du was Schönes mit bauen, ich setz mich dahin und schau dir zu.«

Inge fängt zögernd an zu bauen, errichtet dann aber verhältnismäßig geschickt hinter einer Mauer eine Art Theke, hinter die sie eine Vaterfigur stellt. Seitlich davon baut sie einen Tisch mit 2 leeren Stühlen, auf den Tisch stellt sie ein Glas, will aufhören zu bauen. Auf die Fragen des Affen erklärt sie leise, aber recht bestimmt: »Das ist unsere Theke und da gehören die Gläser hin und da ist ein Tisch für die Gäst' und das ist der Papa, der muß Bier ausschenken.«

Versuchsleiter (VL) holt eine weitere Vaterfigur aus dem Kasten: »Paß auf, jetzt kommt ein Gast!« – läuft mit ihm zur Theke und sagt: »Ich möchte ein Bier.« Inge bedient den Gast, der nun ein Gespräch mit dem Wirt anfängt, auf das Inge sofort eingeht. Der Gast erkundigt sich nach der Frau des Wirts – Inge stellt sie vor, und als der Gast auch die Kinder sehen will, nimmt sie sämtliche Kinderpuppen und setzt sie linksseitig an den Spielfeldrand, während sie sich in der Rolle des Wirts mit dem Gast weiter unterhält. Dieser erkundigt sich schließlich auch danach, was die Kinder in der Schule machen.

Auf dieses Stichwort baut Inge die Szene sofort zu einem Schulzimmer um, die Großmutterfigur steht als Lehrerin vor der Kinderschar, ein Mädchen steht in der Ecke.

»Die böse alte Lehrerin hat die Monika Eckestehen lassen und die hat doch gar nichts gemacht!« VL empört sich sofort in der Rolle des Vaters, Inge sagt: »Der muß jetzt zum Direktor.« VL beschwert sich nun beim Direktor (Großvaterfigur = GV). Inge stellt gleich noch eine Direktorin (2. Mutterfigur = M 2) daneben. Nachdem VL seine Beschwerde vorgebracht hat, wird die alte Lehrerin durch Inge in der Rolle des Direktors sofort »hinausgeschmissen«. – VL fragt nun in der Rolle eines Buben ein Mädchen: »Was wir wohl jetzt für eine kriegen?« – »Jetzt tät eine junge, gute Lehrerin kommen« (M 2). – Inge erlaubt in der Rolle der guten Lehrerin, daß die Kinder spielen dürfen. Nachdem VL spontan in der Rolle der neuen Lehrerin Fragen stellt, löst sie einfache Rechenaufgaben, singt ein Kinderliedchen und sagt ein kleines Gedichtchen auf. Dann läßt VL die alte Lehrerin wieder in die Schule kommen, worauf Inge sofort einen Polizisten holt, der sie in einen rasch errichteten Käfig einsperrt. Die Kinder dürfen mit Erlaubnis des Polizisten die Lehrerin verprügeln, diese wird zu diesem Zweck über einen Klotz gelegt und nachdrücklich mit dem Teppichklopfer bearbeitet. Darauf kehren die Kinder in die Schule zur neuen Lehrerin zurück, es herrscht eitel Harmonie, VL beendet Spielsitzung, die übrigens im Beisein des Vaters durchgeführt wurde, mit einem Schulglockenzeichen.

2. Spielsitzung: Acht Tage später erscheint Inge in Begleitung des Vaters. Sie ist wieder sehr scheu, spricht kein Wort, geht aber mit todernstem Gesicht unverzüglich zum Spieltisch, nimmt den Deckel vom Scenokasten ab und baut sofort wieder ein Schulzimmer mit mehreren Bänken und der vor der Klasse stehenden neuen Lehrerin auf. Außerhalb der Spielfläche errichtet sie eine Art Theke, hinter der diesmal die Mutterfigur M 1 postiert wird. VL eröffnet mit einigen Fragen in der Rolle der Lehrerin das Rollenspiel, Inge beantwortet die Fragen, singt wieder ein Liedchen, die Lehrerin lobt sie, stellt sie als Vorbild hin. Inge läßt aber dann plötzlich einen Jungen aus der Schule hinausgehen (»Der geht jetzt in das Wirtshaus und trinkt ein Bier!«). VL wendet sich (Rollentausch) in Gestalt Monikas an die

Lehrerin: »Frau Lehrerin, darf ich auch zum Biertrinken?« – »Nein.« Als VL in der Rolle Monikas auf seinen Wunsch besteht, wird die Lehrerin böse und droht mit Eckenstehen. Darauf wird VL in Monikas Rolle bockig und erklärt: »Dann red ich überhaupt nichts mehr mit dir.« Inge lächelt bei diesem Kommentar triumphierend. VL wendet sich sofort in der Rolle eines anderen Kindes an Monika und bewerkstelligt somit den erneuten Rollentausch. Inge verhält sich in Monikas Rolle mutistisch auf alle Fragen der nun wieder vom VL übernommenen Lehrerin und sagt nebenhin: »Die geht nicht gerne in die Schule, und jetzt wird sie rausgenommen, das hat mir jemand gesagt . . .« Als VL in der Rolle eines anderen Kindes zu Monika sagt, da würde sie ja nichts lernen und dumm bleiben, meint Inge ganz trocken: »Das macht der gar nichts aus.«

VL läßt daraufhin den Polizisten auftreten, Inge als Lehrerin erklärt: »Die Monika müssen wir aus der Schule raustun, weil sie nichts redet, der machts auch gar nichts aus, wenn sie dumm bleibt.« Der Polizist antwortet: »In eine Schule muß sie aber trotzdem, dafür ist sie schon viel zu groß, alle Kinder müssen in die Schule, wenn's nicht anders geht, muß sie dann in die Schule für die Kinder, die nicht so gescheit sind.« Aber Monika will nicht in die »Dummenschule«, und die gute Lehrerin muß rasch sagen, daß Monika »ja jetzt zuletzt geredet hätte«.

Das Problem läßt sie aber nicht ruhen, also wird gemeinsam eine »Dummenschule« etabliert, wobei Inge den Sitz Monikas mit einem Fellchen polstert. Während sie damit beschäftigt ist, führt VL schnell eine beschädigte Großmutterfigur als Lehrerin ein. »Das ist die Lehrerin, die ist noch älter als die alte.« Monika verläßt fluchtartig das Lokal und kehrt reumütig in die Normalschule zurück, unterwegs gibt sie ihr Fellchen an die Mama hinter der Theke außerhalb der Spielfläche ab und sagt dazu in bedauerndem Tonfall: »Die hat soviel zu tun in der Wirtschaft, wenn die immer da wäre, täte das Kind reden.« Darauf packt sie die Wirtin und setzt sie in den Lehrersessel: »Das ist jetzt die neue Lehrerin.« VL übernimmt deren Rolle, Monika ist jetzt sehr artig, gibt prompt Antwort, singt Liedchen und löst auch etwas schwierigere Rechenaufgaben. Sie wird dafür von der Lehrerin sehr gelobt. VL läßt nochmals das Mädchen Bier trinken gehen, Inge als Lehrerin schimpft tüchtig, Monika bockt, und Inge bemerkt beiläufig: »Wenn die Mutter das Kind tüchtig verschlagen tät', dann tät's rede.« Schließlich wird vom VL wieder die alte Lehrerin in die Klasse eingeführt, die inzwischen (Kommentar Inge) »bräver geworden ist, weil sie arg krank war von dem Prügeln«. Die Spielstunde wird wieder mit dem Schulglockenzeichen beendet.

Acht Tage später bei der 3. Spielsitzung übernimmt Inge sofort die Initiative, VL als Vater muß die Monika zum Essen rufen, aber diese will nicht und läuft davon. Der Vater erwischt sie nicht und bittet einen Zauberer (Zwerg) um Hilfe. Inge: »Jetzt tät die Polizei komme und die Monika hole und den Zauberer einsperre.« Nach Ausführung dieser Regieanweisung sagt Inge: »Die Monika kriegt nichts mehr, weil sie weggegangen ist.« VL übernimmt Monikas Rolle: »Dann lauf ich eben wieder weg« und geht mit Monika aus der Spielfläche. Inge in Elternrolle: »Da bestelle wir uns dafür ein anderes Kind, ein bräveres . . .« Monika (VL) geht in den Wald, da führt Inge Großvater und Großmutter daher: »Wir sind aber fremde Leut und nicht die Großeltern.« Monika darf bei ihnen bleiben, sie möchte aber nicht in die Schule gehen. Inge: »Du mußt aber.« VL: »Ich mag aber nicht, die Lehrerin ist so bös.« Inge: »Wir haben auch gemußt.«

Inge agiert nunmehr völlig solo mit Rede und Gegenrede, sie gibt neue Regieanweisungen: »Der Mann tät die Frau arg verschlage, der hat 'n Rausch« – prügelt die Großmutterfigur und geht dann mit ihr zum Doktor, den sie fragen läßt: »Wolle Sie net bei mir bleibe?« – »Ja« – »Da tät sie bleibe und jetzt tät das Töchterle wiederkomme ...« (Arzt wird als Vater adoptiert). »Die habe dann ganz viele Kinder.« – Monika verschwindet plötzlich, wird durch die Polizei gesucht, die den Eltern ein kleines Kind, die Gabriele, bringt. Auch Monika wird im Wald wieder aufgefunden, sie hat dort Kinder gesucht: »Da täte noch Kinder verkauft werden.« Inge kauft ein Baby und zwei andere Kinder, weiter werden noch Dienstmädchen und Kindermädchen zum Verkauf angeboten: »Zum Kinderhüten, weil die Eltern keine Zeit haben.« Monika rückt erneut aus, stört den Nachtwächter, der sie suchen soll, aus dem Schlaf, dieser schimpft, daß die Leute so schlecht auf ihre Kinder aufpassen: »Die sollte man doch nicht so laufen lassen, sondern in die Schule schicken.« (Kommentar beiseite:) »Morgen geht sie in die Schule.« – Das wird sofort vom VL in die Tat umgesetzt, die Mutter bringt Monika zur Schule: »Ich möchte mein Kind anmelden.« Monika wird in die erste Reihe gesetzt, Inge singt ein Liedchen in der Rolle des anderen Kindes Gabriele. »Die Monika singt nicht, die war ja schon im Kindergarten, jetzt tät sie Eckenstehen müssen und dann tät sie weglaufen.« Als das ausgeführt ist, sagt Inge plötzlich in der Rolle der Mutter: »So, die Monika wird rausgestellt aus der Schule und kommt in die Kinderschule.« – Es wird vereinbart, hier das nächste Mal weiterzumachen.

Zu Beginn der 4. Spielstunde baut Inge zunächst einen Kindergarten mit Schaukel, Rutsche, spielenden Kindern und der Krankenschwester. Sie spielt wiederum von Anfang an sämtliche Rollen in Rede und Gegenrede allein: »Da tun die Eltern ihre Kinder in den Kindergarten, so machen die des.« – Baut ab und sagt: »Jetzt wird die Schule gebaut, ja nix sagen, daß die Kinder noch im Kindergarten ware – sagt die Schwester Anni, – des is nämlich die Tonangeberin.« Ein Schulzimmer mit 3 Bänken voll Kinder und mit Pult wird errichtet – »die Eltern haben erlaubt, daß die Kinder in den Kindergarten kommen, – tät e andere Lehrerin kommen (nimmt die alte Lehrerin = Großmutter) und die tät sage: Wie seid ihr da reingekomme, ihr seid doch noch zu klein« (zu Gabriele und Monika). »Ihr zwei werdet rausgestellt in den Kindergarten, das ist die 5. Klasse, ihr gehört in die erste Klasse.« De facto unterbleibt die Herausstellung, dafür sagt nun die Lehrerin: »Wolle wir jetzt mal was spiele, wir brauche nichts lerne, wir sind noch sooo klein ..., ich zeig euch die Spielsachen« (zeigt das Krokodil), »das ist nicht bös, das wird zugemacht, daß es nicht rauskommt« (baut einen Käfig um das Krokodil. »Die 5-Kläßler die haben kei Angst ..., wir lernen noch nicht, wir sind noch zu klein dafür, – jeder kriegt jetzt was« (alle Kinder bekommen ein Holztier).

Hier bemerkt VL beiläufig: »Das Kind will wohl nicht in die Schule, will klein sein?« Inge antwortet sofort und mit Nachdruck: »Das muß aber *doch groß* werden!« und fährt dann fort: »*Die Monika war arg bös, ist immer fortgelaufe. Die*

Lehrerin hat geschimpft, wollte sie gar nicht haben, – dann ist sie in den Kindergarten, dann ist sie wieder in die Schule und dann in den Kindergarten, – hat sie der Teufel spreche wolle, ist sie fortgesprunge, ist sie wieder in die Schule. Da war sie bös, da kam sie in einen dunklen Keller . . .
Die Mutter holte sie raus. Die Kinder verspotteten sie und dann wurde sie ein Jahr alt, kam ins Steckkissen.«

Nach diesem Zwischenmonolog läßt Inge die Kinder noch etwas mit den Tieren spielen, worauf VL mit dem Schulglockenzeichen die Spielstunde abschließt.

Anschließend berichtet der Vater, daß Inge bereits seit der letzten Stunde wieder Antwort gebe in der Schule, auch sonst sei sie deutlich aufgeschlossener, sie lerne recht schön mit einer Studentin, die ihr Nachhilfe gebe, die Behandlung könne wohl dann abgeschlossen werden.

In der folgenden 5. Spielstunde baut Inge endlos und unter häufigen Um-gruppierungen eine große Tafelrunde und erzählt während des Bauens: »... hab gestern das erste Mal in einem ganz fremden Bett schlafen müssen, habe ich ganz schlecht geschlafe und geträumt, daß *mein Schwesterchen überfahren worden wär, es war im Grabe drin, . . . von einem Auto überfahren . . .*« – spricht dann halblaut während des Bauens weiter: »Die Mutter von dem einen Kind ist gestorben . . . – hab bei meiner Mama im Bett schlafen müsse, weil meine Oma hier ist zum schaffe und die schläft jetzt dauernd in meinem Bett, das ist ein großes Bett, wie e Frau . . . Mein Schwesterchen darf in ihrem Bett, die hat ein Bettchen, daß sie nicht rausfällt, sonst (offenbar wenn das Schwesterchen an Stelle Inges bei der Mutter schlafen müßte) verdrückt die Mama die Kleine . . .«

Inge berichtet dann auch spontan von der Schule, sie würde jetzt wieder mit der Lehrerin reden. Nur als sie neulich ein Kind »gewatscht« hätte, sei sie ganz still gewesen und habe »ganz bös geguckt«. Zu ihr sei die Lehrerin nicht mehr bös, Inge hat sich auch schon öfter selbst gemeldet und vorgelesen, sie sei auch öfters was gefragt worden und habe es gewußt.

Die vorläufig letzte Sitzung fand 8 Wochen nach Behandlungsbeginn statt, Inge baut eine Schulklasse; in jeder Bank sitzen Kinder, die am Rande der Bank von einer Elternfigur behütet werden. Vorne die Lehrerin, die dann wieder von der »Mama« abgelöst wird. – Plötzlich ist alles ein Kindergarten, alle Kinder müssen aufs Klo, dürfen dann auf dem Krokodil (das lieb ist und nicht beißt) und auf der Kuh reiten. Die Eltern stehen daneben . . ., schließlich sind die Kinder müde, es werden Betten gebaut und alle Kinder schlafen gelegt.

Inge führt wieder selbständig Regie, ergreift abwechselnd Rede und Gegenrede, beherrscht und bestimmt das ganze Spiel, VL agiert nur passiv und übernimmt die zugedachten Rollen.

Da das Kind seit der 2. Sitzung zunehmend seinen Mutismus in der Schule aufgab und auch das nächtliche Aufschreien seltener wurde, betrachtete der Vater die Behandlung als abgeschlossen. Wir waren nicht so zuversichtlich und rieten dringend zur Weiterbehandlung, aber die Eltern brachten das Kind nicht mehr. Eine 9 Monate später im Hausbesuch erhobene Katamnese ergab, daß der Behand-lungserfolg tatsächlich angehalten hat. Inge gibt in der Schule prompt Antwort, allerdings spreche sie ziemlich leise. Sie ist in die 2. Klasse versetzt worden, obwohl sie 3 Wochen vor Schulende wegen Scharlach zu Hause bleiben mußte. Das Kind sei zwar immer noch recht schüchtern, aber im ganzen wesentlich aufgeschlossener, es sei kein Vergleich mit früher. Das nächtliche Aufschreien kommt noch 2–3mal in der Woche vor (früher jede Nacht). – Wir konnten den Vater überreden, die Behandlung wieder aufnehmen zu lassen bis zur endgültigen Beseitigung auch der Pavorsymptomatik.

Epikritisch ist zu sagen, daß es sich um einen reaktiven selektiven Mutismus gehandelt hat. Das übersensible, in seinem Selbstwertgefühl durch den Augenfehler ohnehin beeinträchtigte Kind regredierte unter dem Eindruck eines Schockerlebnisses in der Schule (Eckenstehen) auf eine vorsprachliche Entwicklungsstufe und folgte damit einer doppelten Finalität: Einerseits Flucht vor den Umweltforderungen der Schule, ein Weg, der durch die nach der Pertussiserkrankung veranlaßte Zurückstellung bereits vorgebahnt war, andererseits Erzwingen vermehrter Zuwendung von seiten der beruflich überlasteten, das Kind vernachlässigenden Eltern. Ein weiteres Problem war die Geschwistereifersucht mit Todeswünschen (siehe Traum) und konsekutiven Schuldgefühlen, die für die Pavorsymptomatik als wesentlicher Bedingungsgrund in Frage kommen.

Wie der Behandlungsverlauf zeigte, bestehen weiter recht ambivalente Einstellungen gegen die Mutter, weil sie das Zuwendungsverlangen der Kinder frustriert, gegen den Vater, weil er das Kind überfordert und einseitig unter dem Leistungsaspekt beurteilt. Das mutistische Verhalten in der Schule wurde aufgegeben, nachdem die Aggressionen gegen die alte Lehrerin im Spiel abreagiert werden konnten und nachdem dem Kind der Ausweg »Sichdummstellen und nichts reden« in der Spielverarbeitung verstellt worden war. Die regressiven Tendenzen wurden stellvertretend für die Realität in den Rollenspielsitzungen 3–5 vom Kindergarten bis zum Steckkissen ausgespielt und ausgelebt. Zugleich wurden die intensiven Wünsche nach mütterlicher Zuwendung im Spiel verwirklicht (»wenn die Mama nicht soviel in der Wirtschaft zu tun hätte, würde das Kind sprechen . . .« – Mama anschließend als Lehrerin eingesetzt), weiter kam die Rivalität zur Schwester (Eltern bestellen sich das bravere Kind Gabriele, das dann in der Schule mitarbeitet, während Monika sich querstellt, – dazu die Traumerzählung) sowie angedeutet die Sexualneugierde (Monika sucht Kinder im Wald, Kinder werden verkauft, Vater mißhandelt die Mutter) ins Spiel.

Die Katamnese zeigt, daß ausschließlich im Wege des Sceno-Rollenspiels – trotz vorzeitigem Abbruch der Behandlung durch die Eltern – eine dauerhafte Symptomheilung und eine hinreichende Realitätsanpassung erreicht werden konnte.

Dieser Behandlungsbericht ist ausführlich wiedergegeben, weil er charakteristisch erscheint für eine Technik des therapeutischen Rollenspiels, die sich bei uns in den letzten 3 Jahren zunehmend bewährt hat.

Zunächst war rein empirisch aufgefallen, daß der Sceno-Test vielfach diagnostisch ergiebiger wurde, wenn man anstatt oder zu der üblichen Befragung dem Kind eine Anweisung im Sinne des T. A. T. gab, es solle zur gebauten Szene nun eine Geschichte erfinden. Das Kind verbleibt damit in der projektiven Ebene und erhält in ihr ein zusätzliches Ausdrucksfeld. Gelegentlich spielten wir dann auf dem Kastendeckel die vom Kind erzählte Geschichte mit verteilten Rollen als »Theaterstück« und wurden durch die lebhafte Beteiligung der Kinder ermuntert, diese Richtung weiter zu verfolgen.

Bekanntlich besteht bei vielen Kindern die Neigung, ihr Spiel unentwegt fortzusetzen, weshalb ja auch die Anweisung, anzugeben, wann der Szenenaufbau als beendet angesehen wird, ihre gute Berechtigung hat – was die diagnostische Verwendung des Sceno-Tests anlangt.

Die therapeutische Wirkung des Scenospiels wird hingegen durch diese Anweisung sicherlich etwas gebremst. Wir suchten darum – unter bewußtem Verzicht auf die (diagnostisch) exakt wissenschaftliche Versuchsanordnung – einen Weg, die »heilenden Kräfte« im Scenospiel zu aktivieren. Die wesentlichste Anregung empfingen wir dabei von den Kindern selbst aus der Beobachtung, daß nicht ganz selten während des Scenobaues von den Probanden ein echtes Rollenspiel mit Rede und Gegenrede durchgeführt wird, wobei es sich regelmäßig um Szenen mit emotionalem Tiefgang handelte.

Die ersten Versuche, während oder nach dem Scenobau in ein improvisiertes Rollenspiel mit dem Kind einzusteigen, verliefen ermutigend, zumal uns ähnliche Praktiken aus Kasperlespiel und »Knettheater« (= Rollenspiel mit vom Kind selbst gekneteten Tieren und Menschen) vertraut waren. Das Verfahren wurde weiterentwickelt und erwies sehr bald seine therapeutischen Qualitäten.

V. *Staabs* hat die zielgerichtete Hypnose im Anschluß an den Sceno-Test benutzt, um die affektbesetzten Konflikte im Sinne einer Verarbeitung »von innen her« anzurühren, gelegentlich auch als ein Mittel, sich direkt durch Rede und Gegenrede mit den tiefsten Schichten der Persönlichkeit in Rapport zu setzen, ein Vorgehen, das sich offenbar recht gut bewährt hat.

Wir glauben aber, daß ein solcher Rapport auch ohne den – nicht allen Kindertherapeuten sympathischen – Umweg über die Hypnose im dramatisierenden Rollenspiel mit den Sceno-Puppen möglich ist und können das an Hand zahlreicher Fallstudien auch belegen.

Insbesondere aggressive Impulse, Todeswünsche gegen Eltern, Geschwister usw. werden in diesem Sceno-Rollenspiel vehement und affektgeladen ausgelebt und verarbeitet – darüber hinaus aber die ganze Skala vorbewußter und unbewußter Inhalte: Geltungs- und Machtansprüche, ödipale Konflikte, Angstvorstellungen, Zärtlichkeitswünsche, verdrängte

Sexualphantasien, Schuldgefühle, Selbstbestrafungs- und Wiedergutmachungstendenzen, ambivalente Einstellungen usw.

Wertvolle Anregungen zu dem von uns als »Scenodrama« bezeichneten Verfahren wurden aus dem »Psychodrama« *J. L. Morenos* gewonnen. Hier fanden wir ein ganzes Arsenal bewährter Techniken vor – zugleich die Nomenklatur, die wir trotz mancher Abweichungen, die sich aus unserem nicht gruppentherapeutischen Ansatz ergaben, für das »Scenodrama« übernommen haben.

Die mit der Eigenveranlagung des Therapeuten gesetzten Grenzen und Determinierungen in der Wahl der Behandlungsmittel werden am »Psychodrama« besonders deutlich. Diese Therapieform trägt den Stempel ihres sehr eigenwilligen, sehr spontanen und intuitiven Autors – man kann sie im Grunde nicht erlernen, man muß sie in sich haben. Wer selbst nicht zu einem guten Teil Darstellungsmensch ist, wird auch seine Patienten nur schwer dazu bringen können, ihre Konflikte schau»spielerisch« auszuleben.

Die Bereitschaft zu solchen psychodramatischen Projektionen der eigenen Problematik ist nun dem Kindesalter im besonderen Maße eigen. Die Spiele des Kindes haben vielfach echten Mitteilungscharakter – »das Kind ist geradezu genötigt, sich selbst und der Mitwelt im Spiel zu begegnen« *(Sänger).*

Darauf basiert denn auch die heute vorzugsweise geübte reine Spieltherapie *(Zulliger).* Sie setzt die dramatisch agierende Abwandlung und Lösung des einmal erkannten pathogenen Konflikts im Spiel als Ziel. Dieses wird durch wohl dosierte Abwandlung der Spielpraktiken im Wege immer kultivierterer Triebbefriedigungen erreicht, wobei sich aus den Spielen zugleich Richtung und Ansatzpunkte für die meist sehr nötige parallele Elternberatung ergeben.

Für den Spieltherapeuten ist es eine selbstverständliche Notwendigkeit, sich mit den Besonderheiten kindlichen Denkens, Fühlens und Erlebens vertraut zu machen. Vor allem aber muß er selbst spielen können, er ist gehalten, miteinzutauchen in die Spielwirklichkeit des Kindes, um als »Mitspieler« (bei *Moreno:* »auxiliary Ego«) seine therapeutischen Chancen nutzen zu können. In diesem Mitagieren und Mitschwingen, auf das er sich unentwegt einlassen muß und das sich sehr häufig in den Formen eines echten Rollenspiels abwickelt, wird er immer wieder aus seinem intellektuellen Neutralitätsbunker herausgelockt. – Am Rande ist zu diskutieren, daß das im allgemeinen liebenswerte, unverstandene, unverschuldet in seelische Not geratene Kind meist einen stärkeren Stimulus zur Gegenübertragung gibt als der in seinen Verstrickungen nicht immer erfreuliche, erwachsene Analysand.

Funktionelle und methodische Analogien zwischen Spieltherapie und »Psychodrama« sind nicht zu übersehen. Wir fanden es darum nicht abwegig, gesichertes Erfahrungsgut und technische Hilfsmittel des »Psychodramas«, soweit sie sich uns aus eigener Empirie bewährt hatten, unabhängig von Grundkonzeptionen theoretischer Art in die Spieltherapie einzubauen.

Als ideale »Kleinbühne« für ein solches Unterfangen bot sich der Sceno-Test an. Denn in der vom Kind gebauten Szene ist die schauspielerische Auseinandersetzung mit den Bezugspersonen der Umwelt ja schon intentionaliter angelegt. Der Start in die »spontane Improvisation« ist verhältnismäßig leicht herbeizuführen, denn wir haben es mit einem Kind in der Spielsituation zu tun und dürfen schon ein gehöriges Maß »spontaneity« voraussetzen.

Die Aufgabe besteht im wesentlichen darin, das Kind aus *einer* Spielform (Bauen, evtl. schon Agieren mit dem Scenotest) in eine naheliegende andere (Fortsetzung der Spielintentionen im agierenden Rollenspiel mit den Scenopuppen) hinüberzuleiten. Das gelingt ohne lange Vorreden am besten, wenn der Therapeut (»auxiliary Ego«) einfach mit irgendeiner, freilich mit Bedacht gewählten Puppe eine dem Kind vertraute Alltagssituation zu agieren beginnt und das Kind in dieser Rolle zu einer Antwort oder Spielreaktion provoziert. (Z. B.: Vater kommt nach Hause und fragt, ob das Essen schon fertig ist – Mutter ruft ein Kind zum Einkaufen – Kind fragt Mutter, ob es zum Spielen darf – ein Kind lädt das andere zum Spielen ein usw. –, entsprechend harmlose Eröffnungen lassen sich natürlich auch mit Tierfiguren bewerkstelligen.)

Mit der ersten Teilnahme des Kindes am Dialog oder an der Spielhandlung kommt der Prozeß des »warming up« *(Moreno)* mit seinen physiologischen und psychodynamischen Korrelaten in Gang, die das Kind emotional einstimmen auf die agierende Belebung seiner Eigenthematik. Es läßt sich allermeist sehr schnell und mit rapid wachsendem Affekt auf das spontan improvisierte Rollenspiel ein und befindet sich binnen kurzem in einem außerordentlich lebhaften Spielrapport mit dem »Hilfsego«.

Und nun kann der Therapeut die jeweilige, zuvor aus Elternanamnese und diagnostischem Testverfahren weitgehend abgeklärte Konfliktthematik des Kindes in der Spielsituation anonym entfalten und zur Verarbeitung bringen, wozu ihm neben den aus dem Psychodrama bekannten Techniken (Konfrontierung mit geläufigen, gemiedenen, gewünschten, peinlichen Situationen, Zwischenschaltung von Widerständen, Monolog, Rollentausch, Spiegelerlebnis usw.) noch das weite Feld magischer Praktiken, kindlichen Wunsch- und Märchendenkens – und damit die »Überspielung« der Realitätsschranken offensteht.

Die 8jährige Ulrike ist das einzige, offensichtlich unerwünschte Kind eines beruflich überlasteten, nach 30 Jahren Dienstzeit zu seinem Leidwesen immer noch nicht beförderten Banksekretärs. Aus den anamnestischen Angaben läßt sich abstrahieren, daß das Kind durch die nörgelige, oft aufbrausende, ewig einschränkende, niemals bejahende »Erziehungsarbeit« des Vaters extrem gehemmt, selbstunsicher und kontaktschwach geworden ist. Ulrike hat Nabelkoliken, allabendlich Angstausbrüche, sie schläft schlecht. Vater: ». . . und dann stochert sie im Essen herum, daß man es nicht mitansehen kann, – Kinder haben zu schlafen, zu essen und ruhig zu sein, dann hat man sie auch gern, aber die, die bringt mich in Wut, die ist nicht wie andere Kinder, ganz komisch veranlagt . . . wenn sie nur 20% von ihrer Freundin hätte, das ist aber auch die Tochter vom Dr. X, aber mit der geht sie nicht gern, – die ist ganz ungezwungen und natürlich, sagt immer: Das tut man nicht Ulrike, das gehört sich nicht . . . usw.« – Mutter: ». . . und dann schreit mein Mann mit ihr, mein Mann ist so empfindlich, – der sieht aber auch alles, er will halt Ruhe und Ordnung haben, da muß ich sie ermahnen . . . ich hab ja die größere Geduld, aber mitunter wundere ich mich nicht, er kommt heim und ist abgearbeitet . . ., sie kann sich auch nicht verspielen, bleibt bei nichts . . . usw.«

Ulrike baut folgende Szene, wobei das Kind (Pz), das zunächst mit gesenktem Kopf vor der Vaterfigur (V 2) aufgebaut wurde, schließlich durch den schwarzen Pudel ersetzt wird (»das ist der Gisela ihr Hund, der bellt den Vater an«), während Pz seitlich zu stehen kommt. Hinter dem Vater die Mutter (= Dienstmädchenfigur!) mit einem Baby am Rockzipfel. Die Spielfläche ist durch eine Autobahn längsgeteilt.

Das Rollenspiel wird vom VL eröffnet mit dem Pudel (Spielhandlungen des VL im folgenden zur Übersicht kursiv gesetzt), *der den Vater anbellt* . . . Ulrike lacht über das ganze Gesicht und läßt den Vater rund um das Spielfeld flüchten. *Der Hund verfolgt ihn lauthals bellend und fragt zwischendurch Gisela* »wuf, wuf, soll ich ihn beißen?« Das »Ja« kommt sehr spontan und kräftig, *der Hund beißt den Vater,* Ulrike setzt ihn schließlich in einen Sessel. *VL übernimmt im Rollentausch Gisela und fragt, ob sie spielen dürfe,* »nein«, sie will 10 Pf. *für Bonbon* – »nein« – *sie will ein Stück Brot* – es ist keines da – in dieser Weise frustriert Ulrike die »Gisela« (sich selbst) in den Rollen des Vaters und der Mutter fast 10 Min. lang, ohne von dieser Linie auch nur ein Jota abzuweichen. Sie läßt den Vater schließlich schimpfend über das »unnütze Kind« ins Büro abziehen. *VL holt sich von Ulrike in der Rolle des Pudels die Regieanweisungen hinsichtlich der Wünsche Giselas* (z. B. *»was soll ich denn jetzt noch fragen, Bello?«* »Frag mal, ob wir im Wohnzimmer spielen dürfen«) *VL kommt in der Rolle des Vaters räsonierend vom Dienst heim,* Gisela »hat schon gegessen«. *Vater meckert herum* (*»wieder kein Staub gewischt«* und ähnliche *Details, die aus der Anamnese der Mutter bekannt sind). Als er an den angeblich schmutzigen Fenstern reibt,* läßt Ulrike die Scheibe hinausfallen und die Mutter schimpfen. – Beim Essen: Gisela schmeißt den Teller herunter, *Eltern schimpfen,* da nimmt Ulrike mit plötzlichem Entschluß Gisela vom Tisch weg und läßt sie samt dem Pudel davonlaufen: »Ich hau ab, geh überhaupt nicht mehr heim, der Vater will mich ja doch nicht haben«, sie geht außerhalb der Spielfläche in den Wald, *da begegnet ihr der Zauberer Fitzliputzli (Zwerg), unterhält sich freundlich mit ihr und schenkt ihr dann ein Stückchen Buntkarton als »Zauberspiegel«. »Wer darein guckt, der wird in ein Tier verwandelt«, damit verabschiedet sich der Zauberer.* Gisela unterhält sich noch ein wenig mit dem *Pudel* und schickt ihn dann fort, den Vater holen . . . Denn: »Der wird in eine Maus verwandelt und dann geben wir ihn der Katz!« (Märchen vom gestiefelten Kater!) *Der Pudel bringt den Vater, der in den Spiegel gucken muß und in eine Plastilinmaus verwandelt wird, die der VL in Eile geknetet hat. Die Plastilinmaus winselt und bittet Gisela, zurückverwandelt zu werden.* Gisela ist recht hartnäckig und kostet ihre Überlegenheit aus, verwandelt die Maus schließlich doch wieder in den Vater, nachdem sie ihm zuvor das Versprechen abgenommen hat, nicht mehr soviel zu schimpfen. Als die Rückverwandlung erfolgt ist, übernimmt Ulrike spontan die Rolle des Vaters und beginnt wütend zu schimpfen und zu schreien. *Gisela droht mit dem Spiegel,* worauf sich der Vater rasch beruhigt, Gisela kehrt mit dem Pudel im Triumph zur Mutter zurück, die sie freundlich empfängt . . . »und die hätte jetzt ganz viele Kinder gekriegt« – 4 Kinderpuppen werden ins Spielfeld gelegt. *An dieser Stelle wird die Spielsitzung beendet.*

Dieses kurze Protokoll einer Einzelsitzung ist recht instruktiv. Es zeigt einmal die Gesamtsituation des Kindes, das sich von seinen Eltern abgelehnt und frustriert empfindet, seine Zärtlichkeitswünsche auf die Mutter (Baby am Rock der Mutter), seine Aggressionen auf den Vater zentriert. Die Aggressionen sind auch im Spiel zunächst sehr vorsichtig und mittelbar – der Hund bellt den Vater nur an (sie selbst fährt dem Vater öfters mit der Hand gegen das Gesicht, was ihn maßlos erbost) –, werden aber sofort lustvoll und mit starkem Affekt ausgelebt, als vom »Hilfsego« ein magisches »Ermächtigungsgesetz« ergeht. Am Ende steht der Wunsch, nicht mehr abgelehnte Einzige zu sein.

Bei dem intensiven Spielrapport stört es in keiner Weise, daß die Mutter im Hintergrund der Spielsitzung beiwohnt. Diese war nach dieser Vorführung merklich betroffen. »Genau so ist es bei uns«, sagte sie zu den Frustrationsszenen. Der Notwehrcharakter von Ulrikes Fehlhaltungen ist ihr anschließend ohne weiteres einleuchtend zu machen. Sie begreift die familiäre Situation aus der Sicht des Kindes und sieht auch den eigenen Anteil an dessen Fehlentwicklung ein: »Mein Mann hat das Kind nicht haben wollen, er wird das nie zugeben, aber es war schlimm, wie sie unterwegs war, er ist ein Egoist, will nur seine Ruhe und Ordnung . . . Und dann später, ich glaub, ich hab selber manchmal gedacht, es wäre besser, die Ulrike wäre nicht gekommen . . . Gespielt habe ich wenig mit ihr, das kann ich nicht recht. Ich mußte sie immer ermahnen, weil er immer gleich zornig wurde, bei jeder Kleinigkeit . . .« Die in ihrer Ehe nicht sehr glückliche Frau erkennt, daß das Kind für sie Aufgabe und Inhalt werden kann, und ist für eine positive Mitarbeit gewonnen.

Das Scenodrama ist also unter Umständen auch ein wertvolles Hilfsmittel in der Erziehungsberatung und hat sich uns in einigen 20 Fällen – bei schwer zugänglichen, für die psychische Realsituation des Kindes wie für eigene erzieherische Fehlhaltungen blinden Eltern – vorzüglich bewährt.

Kernstück einer solchen »Elterntherapie« ist die Bewußtmachung, die Interpretation des Spielgeschehens in Zusammenschau mit dem Realverhalten von Eltern und Kind, wobei uns die emotionale »Aufwärmung« und Auflockerung, die das Miterleben einer solchen dramatischen Rollenspielsitzung bewirkt, sehr zustatten kommt. Wir sehen diese Nebenverwendung des Scenodramas nicht als unwesentlich an, denn Erfolg und Mißerfolg unserer Bemühungen am Kind sind ja weitgehend abhängig von einer adäquaten Mitarbeit der Eltern.

Beim Kind wird dagegen auf jede ausgesprochene Interpretation verzichtet, das Schwergewicht liegt auf der erlebensmäßigen, agierenden, spielenden Verarbeitung der angerührten Konflikte, die aufgesucht und im Spiel in immer neuen Abwandlungen zur Diskussion gestellt werden. Es ist dabei wichtig, vor Beginn einer Scenodrama-Behandlung die wesentlichsten mitmenschlichen Relationen, die mutmaßliche pathogene Thematik und strukturellen Besonderheiten des Kindes soweit als möglich abzuklären – Überraschungen bleiben dann ohnehin nicht aus. Neben der ausführlichen Anamnese von beiden Eltern kommt eine »Testbatterie« zur Anwendung, an unserer Klinik meist die Kombination Baumtest, Familienzeichnung, *Behn-Rorschach*test sowie wechselweise CAT, Despertfabeln und *Thomas*-Erzähltest zur indirekten Exploration der aktuellen Konfliktthematik. Gegebenenfalls sind auch Träume recht aufschlußreich. Die direkte Befragung unterlassen wir, um dem Kind im Scenodrama ausschließlich als Mit-*Spieler* und nicht als Mit-*Wisser* zu begegnen.

Gelegentlich sind kleine typische Familienszenen, die nach den Schilderungen der Eltern kopiert werden, eine gute Starthilfe. In anderen Fällen bewährt sich die dramatisierende Belebung einer vom Kind zur selbstgebauten Szene frei erfundenen Geschichte. Bisweilen muß der Therapeut auch einige Takte im Alleingang ausspielen, bis das Kind »anspringt«. Ist es aber dann in Fahrt gekommen, so wird sich der Therapeut soweit als angängig aus der Initiative schleichen und dem Kind die für den Fluß des Geschehens tragenden Rollen zuschieben, dabei aber doch Sorge tragen, daß die Problemlage im Spiel und damit in der Verarbeitung bleibt. Im Idealfall kann man erreichen, daß das Kind in seiner Spielbegeisterung spontan sämtliche Rollen praktisch im Alleingang übernimmt (siehe Fall 1) und dem »Hilfsego« allenfalls eine dienende Funktion zuweist. Hierbei bewährt sich in besonderem Maße die kathartische Funktion des »Scenodramas«: Die Kinder spielen und erledigen ihre Konfliktthematik auf Symbolebene bzw. in enger Anlehnung an die tatsächlichen Verhältnisse quasi im Zeitrafferstil und mit einer Intensität, die geradezu bestürzend ist.

Wir referieren als Beispiel einige Spielsitzungen mit einem 8³/₄jährigen Jungen, der sich in der ödipalen Ambivalenz zum Vater befindet und wegen rezidivierendem acetonämischen Erbrechen zur Behandlung kam.

Der sehr aufgeweckte, 8³/₄ Jahre alte Armin J. ergreift schon in der 2. Rollensitzung weitgehend die Alleininitiative und gibt dem VL seine Regieanweisungen. Er entwickelt eine eigene Technik des häufigen Szenenwechsels, die es ihm ermöglicht, seine unbewußte Problematik in immer neuen Bildern weiterzureichen. So wird in der 2. Sitzung nacheinander durchgespielt: Die Krankenhausentlassung eines tonsillektomierten Kindes, ein Autounglück eines unartigen Jungen, die Verurteilung und nachfolgende Flucht eines Räubers, der ein Mädchen in ein Gebüsch geschleppt und ihm ein Messer in den Bauch gesteckt hat, »weil sie so frech war«, – weiterhin die Flucht eines unartigen Jungen in den Zauberwald (»Hans versteckt sich vor dem Vater im Zauberwald, er darf nicht heim, sonst kriegt er sie« [nämlich: die Prügel]. Hans lernt bei dem »großen alten Zauberer Hakulibimbus« zaubern. Dieser wird anschließend vom Krokodil totgebissen und Hans ist alleiniger Herrscher im Zauberwald).

Zu Beginn der folgenden (3.) Spielsitzung ruft Armin: »Heute spielen wir wieder Theater, brauchen nix aufbauen, nur das Zauberkrokodil, den Hans, den Vater und die Mutter!« Er ist gleich mitten im Agieren: Hans will wieder in den Zauberwald, um zaubern zu lernen. Als VL in der Rolle der Mutter Bedenken äußert: »Dazu bist du doch wohl noch zu klein«, schießt er sie verschmitzt lachend mit einer Luftbüchse in den Bauch und geht erst recht in den Wald. VL muß in der Rolle des Vaters nach ihm suchen und vor dem Krokodil flüchten. Dieses beißt anschließend den Jungen ins Bein. Die Eltern kommen klagend herbei, das Krokodil bedroht sie. Der Engel kommt zum Schutz. Das Krokodil beißt schließlich doch alle drei tot (»die werden vom Engel weggebracht in den Himmel und jetzt machen wir was anderes«). Szenenwechsel: Das große Zauberkrokodil im Wald verwandelt sich nacheinander in einen Ochsen, in eine Schlange, in einen Affen, in ein Schwein und wieder in das Krokodil zurück; dabei Zwiesprache und rechthaberische Streiterei mit dem kleinen Krokodil (als solches wird der Fuchs verwendet). Das große Zauberkrokodil wird dann von dem »kleinen, ganz giftigen Krokodil« getötet und aufgefressen. Der Storch pickt es noch ein zweites Mal tot und dann wird das große Zauberkrokodil über einem echten Feuer (VL muß dazu ein Streichholz anzünden) geröstet und vom Storch und dem giftigen kleinen Krokodil gemeinsam verzehrt. Diese Totem-Mordszene wird in immer neuen Variationen 5–6mal mit großem Affekt wiederholt. Konsequent melden sich danach die Sühnetendenzen: »Jetzt machen wir was anderes, eine Gerichtssitzung.« Szenenwechsel. Der Räuber und sein Sohn sollen vor Gericht kommen. Richter ist die Arztfigur. Den Sohn des Räubers »hat man schon«, da wird ihm übel, er erbricht und kommt in einen sargähnlichen Käfig. Dann wird der Räubervater von der Polizei gefangen und in den Käfig gesperrt. Hernach wird auch die Räubermutter als »Mitschuldige« eingesargt, wozu der Käfig erheblich vergrößert werden muß. VL läßt die Gefangenen kräftig rumoren und Ausbruchsversuche unternehmen, da kommt ein Schwein und erbricht in den Käfig hinein, und zwar dorthin, wo der Vater liegt. Die Gefangenen geben auch weiterhin keine Ruhe, worauf das Gefängnis vom Richter (Doktorfigur) und vom Nebenrichter (Vaterfigur 2) zusammengeworfen wird. Vater und Mutter sind tot, der Junge bleibt allein übrig und macht sich nun in wilden Aggressionen über den Nebenrichter (V 2) her, der brutal zerquetscht, erschossen, mit Bomben in die Luft gesprengt und immer wieder zusammengeschlagen wird. Als VL in der Rolle des Richters einschreiten will, bekommt er mit einem Klotz »eine aufs Dach« und muß umfallen.

In beiden Sitzungen also die gleiche Thematik: Aggressionen, die auf das Schwesterchen bzw. auf den »Bauch der Mutter« gerichtet sind, Rückzug vor dem strafenden, übermächtigen Vater, Aggression gegen diesen, Aufnahme des Konkurrenzkampfes und Sieg – in der 2. Sitzung bis zur Totemmahlzeit fortgeführt. Dazu je nach Spielverlauf passend die Gerichtssitzungen und Selbstbestrafungen eingestreut.

In der nachfolgenden 4. Scenodramasitzung wird der Konkurrenzkampf um die Zauberkraft und die »Totemmahlzeit« das in immer neuen Variationen bearbeitete Hauptthema: Der kleine Zauberer Hokulibimbus (Zwerg) ist mächtiger als der große Hakulibimbus (Schneemann). Er verwandelt sich in verschiedene Tiere und zaubert sich ein ganzes Schwein, das er allein aufißt, wonach er Leibschmerzen bekommt und sich im Wald erbrechen muß. Der Fuchs (VL) beschwert sich über die Schweinerei, da verzaubert Hokuli das Erbrochene in lauter Kandiszucker für die kleinen Tiere. Hernach verzaubert der kleine Hokulibimbus den großen Hakulibimbus in einen Pfannkuchen, den er verzehrt, wodurch er »ebenso groß und mächtig wird wie der Hakulibimbus«. Umgekehrt verwandelt sich Hokuli in immer neue Speisen, die er dem Vater anbieten läßt, um dann mit Freudengeheul zu verkünden: »ätsch, du hast ja mich aufgefressen«, worauf sich der große Zauberer jeweils erbrechen muß.

VL sondiert aus diesem Spielzusammenhang heraus vorsichtig auf Geburts- und Zeugungsphantasien. Darauf berichtet Armin freimütig folgendes: »Ungefähr einen Monat, bevor mein Schwesterchen gekommen ist, hat meine Mutti gesagt, daß die Kinder erst immer ganz klein sind und dann im Bauch von der Mutter immer größer werden, manchmal wird der Bauch aufgeschnitten, daß es rauskann, gelt? Die Mutti hat damals auch immer gebrochen, und das kommt von den langen Haaren, wo meine Schwester gehabt hat, hab ich gedacht, wenn die langen Haare im Bauch sind, daß da das Essen nicht so richtig runterkommt. *Ich hab, wie das Brechen bei mir angefangen hat, auch schon Haare im Mund gehabt,* die hab ich dann aber wieder rausgenommen. Meine Mutti hat damals auch gebrochen, wie's bei mir angefangen hat, und ich hab gedacht, das wär nur Bauchweh. Aber mein Vati hat auch immer so Bauchweh, weil er drauß' bei den Bauern so fette Wurst ißt, war ich oft mit, Rebläus totmachen, weil die die Traube wegfresse . . . und vorher hab' ich Erbse gegesse und 5 Stunden später hab ich Bauchweh gekriegt, die Mutti hat auch Bauchweh gehabt, da hab ich breche müsse, – die Mutti hat sich aber nicht viel um mich gekümmert, weil die Kleine (Schwesterchen) immer so Sache angestellt hat, die Milch umgeschüttet und so . . . und da hab ich immer so gewürgt und dann hab ich alle 5 Minuten brechen müssen.« VL: »Hast du da ein bißchen dazugeholfen?« Armin listig zwinkernd: »Ja, die habe mir nämlich nie glaube wolle, daß es so schlimm ist.«

Die Fehlvorstellungen wurden im Rahmen eines Aufklärungsgespräches bereinigt, das Spannungsfeld »Vater–Sohn« in 2 weiteren Spielsitzungen entladen. An Hand des Sprichworts: »Ganz recht geschiehts meinem Vater, wenns mich an die Händ friert«, gelangte der sehr aufgeweckte frühreife Bub zu einem bewußten Verzicht auf die Krankheit als Kampfmittel. Die seitherige Entwicklung ist durchaus erfreulich und normal.

Wie aus den angeführten Fallbeispielen ersichtlich ist, wurde das »Scenodrama« vorzugsweise in Einzelsitzungen und im wesentlichen nach den Konzeptionen der Spieltherapie angewandt. Das Verfahren intensiviert und beschleunigt die deutungsfreie Erlebnisverarbeitung durch die im dramatisierenden Rollenspiel provozierbaren Affekte und Emotionen und ermöglicht gelegentlich eine direkte Zwiesprache mit den Tiefenschichten des Kindes.

So erleben wir es nicht selten – und hier liegt u. E. ein wesentlicher Vorteil des Scenodramas –, *daß das Kind sich im Spiel spontan in Trieb-Ich und Über-Ich aufteilt* und diese beiden »Ichs« in verschiedenen Rollen gegeneinander agieren läßt, wobei als Über-Ich-Instanzen gerne Engel, brave Kinder und die introjizierten Gegenspieler (Vater- und Mutterfiguren, Richter, Polizisten usw.), aber auch zur Selbstbestrafung eingesetzte Aggressionstiere zur Verwendung kommen. Das Trieb-Ich repräsentiert sich vorzugsweise in bösen Kindern, Aggressionstieren, Zauberern usw. Im Fall Ulrike S. hatte der von uns dem Standardmaterial beigefügte schwarze Pudel diese Funktion.

Ein besonders eindrucksvolles Beispiel für die Ichspaltung (gutes böses Ich-Alternative) ist die folgende Spielsitzung eines 10jährigen Jungen (Klaus P.) mit Pavoranfällen und Tic nerveux, dessen praevalente Konfliktthematik, eine exzessiv gesteigerte Vaterangst (Kastrationsangst) und Eifersucht auf die bevorzugte Schwester, zuvor aus Rorschach-Test und anderen projektiven Verfahren einwandfrei diagnostiziert werden konnte.

Der Junge baut eine Szene und erzählt dazu folgende Geschichte: »Der Vater sitzt im Sessel, neben ihm sein Stock, – nämlich den braucht er sehr gut, wenn sein Bub böse ist. Und die Mutter beschützt ihn immer und das Kind ist immer bei der Mutter, weil es da sicher ist, geht nie zum Vater, weil es da Angst hat. Und wenn *sie* (!) den Vater was fragte, sagte er ›nein‹, ging sie zur Mutter, sagte sie ›ja‹.

Das Kind hatte eine Schwester und einen Bruder, die zankten immer (in Wirklichkeit hat der Bub nur eine Schwester) – der Fritz wollte immer auf den Spielplatz, der war sehr groß und sehr schön, aber er durfte dort gar nicht immer . . . Und der Vater hatte ein Auto, freute er sich, konnte überall hinfahren. Der Fritz durfte bei ihm alles machen, nur die Helga nicht und da ärgerte die sich sehr (Umkehrung der Realsituation, die in der vorangegangenen Scenodramatisierung ausführlich ausgespielt worden war).«

Ausgehend von der Dramatisierung dieser Geschichte kommt rasch ein flüssiges Rollenspiel in Gang, wobei VL die Initiative sehr bald an Klaus abtreten kann und in ausführenden Rollen die Absichten des Jungen verwirklicht. Klaus vollzieht dabei eine Spaltung seiner Identifikationsfigur in den »braven Fritz« (= Mädchen! im Schlafanzug!) samt seinem guten schwarzen Hund und in den »bösen Willi«, dem der böse Affe beigegeben ist. VL muß den bösen Willi übernehmen, der nicht gehorcht, von zu Hause ausreißt und lieber spielen will als Schulaufgaben machen. Willi wird von den Eltern und auch von Fritz immer wieder verprügelt und beschimpft und mehrmals von dem Pudel gebissen. Fritz bekommt 10 Pf von den Eltern, um den Eintritt in den Spielplatz zu bezahlen, und verspottet Willi, der von den Eltern kein Taschengeld erhält. Als Willi sich schließlich doch die 10 Pf von der Mutter erbettelt hat, verteuert sich der Eintrittspreis für ihn von 10 Pf auf 10 000 DM und er kann wieder nicht auf den Spielplatz. (Dazu anamnestisch: Klaus hat nur dreimal von seinem Vater Schläge bekommen, dann aber so, »daß der Stock auf seinem Popo kaputtging«. Erstmals geschah das im 8. Lebensjahr, als er der Mutter 10 Pf aus dem Geldbeutel genommen hatte. Zum zweiten Mal, als er den Hasenstall des Nachbars öffnete, so daß die Hasen in den Garten konnten, das dritte Mal, als er in einen kleinen Bach gefallen war und durchnäßt heimkam.)

Fritz kann auch auf höhere Bäume klettern als Willi, übertrifft ihn im Autofahren – es gibt mehrere Zusammenstöße – und erhält, um Willi im Auftrag der Eltern zu züchtigen, wiederholt den »großen Stock« (= Teppichklopfer) des Vaters ausgeliefert. VL wird in der Rolle Willis auch einige Male gegen das Schwesterchen aggressiv, was von Klaus jeweils lächelnd geduldet wird.

Der Vater wird im Gegensatz zur vorhergegangenen Spielsitzung nicht überstreng dargestellt, die meisten Züchtigungen des bösen Willi erfolgen durch den braven Fritz und seinen schwarzen Pudel. Als dieser wieder einmal Willis frechen Affen beißen soll, zwickt er ganz beiläufig und aus Versehen den Vater ins Bein (ein therapeutisch bedeutsamer Augenblick, die 1. Aggression wird gewagt). Das ist der Anfang einer Reihe von mittelbaren Aggressionen auf den Vater, der schließlich nach einem Autozusammenstoß auf Klausens Anweisung vom Polizisten (VL) ins Zuchthaus gesteckt wird.

Der brave Fritz befreit den Vater, indem er den wachhabenden Polizisten (= Vaterfigur im Straßenanzug) mit einem großen Klotz niederschlägt. Vom Vater sagt Klaus dann aber: »Der hat aber im Zuchthaus Geld gestohlen.« Klaus verrät das in der Rolle des schwarzen Pudels der Polizei, die den Vater mit seinem eigenen Stock verprügeln und erneut ins Zuchthaus abschleppen muß. Wieder ist es Fritz, der ihn durch List befreit. Darauf fährt jedoch das rote Auto mit Fritz am Steuer nacheinander Schwesterchen Helga, Vater, Mutter und den Affen um, »die sind alle schwer verletzt«. Der Vater wird überdies noch von Fritzens Pudel gebissen, worauf das rote Auto sofort den Pudel überfährt.

VL wiederholt im Rollentausch das Beißen des Vaters mit dem Pudel, worauf Klaus diesen umfährt und plötzlich behauptet: »Der ist so schwer verletzt, dem müssen wir das Bein abschneiden.« VL in Willis Rolle mit der Exekution beauftragt, erklärt, das könne er nicht, worauf die Operation von Klaus in der Rolle des Vaters vorgenommen wird. Als VL in Willis Rolle fragt, warum man denn das Bein unbedingt abschneiden müsse, erklärt Fritz (= Mädchenfigur im Schlafanzug!), daß das Bein sonst ganz dick würde. Später könnte es übrigens vielleicht wieder nachwachsen . . . (Kastrationsthematik!).

Nachdem der Vater und der Affe nochmals von dem roten Auto umgefahren worden sind, wird die Spielsitzung beendet.

Hier ist zur Einleitung des Scenodramas die dramatisierende Reprise der vom Kind zur selbstgebauten Szene frei erfundenen Geschichte angewandt, die sich uns als Starthilfe in vielen Fällen bewährt hat.

Die symbolische Ausspielung prozeßhafter Antinomien des Unterbewußten im Scenodrama wird an diesem Beispiel evident. Wir haben damit eine Möglichkeit, auf Symbolebene direkt mit dem Unterbewußten des Kindes ins Gespräch zu kommen. Aus dem lebendigen Spielfluß heraus können wir die Projektionen der unterbewußten Konfliktlage entwickeln und provozieren und sie hernach wiederholen bzw. nach den neuen Variationen des Kindes selbst im Spiel und damit in der Verarbeitung halten. (Siehe oben: Wiederholung der Aggressionen des Pudels gegen den Vater im Wege des Rollentausches führt zur Ausspielung der Kastrationsszene.) Durch das aus dem »Psychodrama« übernommene, im »Scenodrama« gehäuft und tragend eingesetzte Kunstmittel des Rollentausches wird das Kind mit der Darstellung des Gegenspielers unvermutet vor die Aufgabe gestellt, »seine eigene projektive Identifikation mit diesem zu erleben, sie dadurch aber zugleich in ihrer Abwehrfunktion in Frage zu stellen« (Lebovici). In eben dieser Identifizierung mit den Gegenspielern (Über-Ich-Instanzen wie Eltern, Lehrer, Schutzengel »Richter«, »Polizei« usw.) ist das Kind gehalten, direkt mit seinem Über-Ich zu seinen eigenen, vom »Hilfsego« im Spiel kopierten und evtl. überzeichneten Fehlhaltungen kritisch, wertend und handelnd Stellung zu nehmen. Diese im Spiel agierten Stellungnahmen erfolgen mit starkem Affekt und emotionaler Resonanz und haben für das nachfolgende Realverhalten des Kindes eine erhebliche Prägekraft, da ja Spielwirklichkeit und Wirklichkeit lange nicht so scharf voneinander abgehoben sind wie im Erwachsenenalter. Das Kind sieht sich genötigt, sich spielend mit der eigenen Problematik auseinanderzusetzen, diese wird dadurch zwangsläufig bewußtseinsnäher und eigener Reflexion zugänglich, ohne daß über das symbolische Spielgeschehen hinaus ausgesprochene Deutungen erforderlich wären. Die fixierte Symptomatik gerät durch die dramatisierende Bearbeitung in Fluß und nun kann durch fortschreitende Konfrontierung mit den objektiven Realverhältnissen im »Scenodrama« oder in zweckdienlichen Sublimationsspielen schrittweise die Neuverwendung der bisher in der Symptomatik unfruchtbar gebundenen Kräfte angebahnt werden.

Die immer wiederholte Konfrontierung mit der eigenen Fehlhaltung im Scenodrama ist vor allem dort nützlich, wo schon eine etwas differenziertere Über-Ich-Struktur angenommen werden darf und wo Ehrgeiz und sozialer Geltungsanspruch des Kindes Ansatzpunkte für die Sublimierung der in der Symptomatik fehlinvestierten Triebimpulse bieten.

Ein Fall dieser Art war der 9jährige Horst-Dieter L., ein von einer überbehütenden und überängstlichen Mutter abhängiges, verwöhntes, gegen jeden möglichen Umweltschaden abgeschirmtes Einzelkind. Gegen diese ständige, sanfte Bevormundung rebellierte der starke Geltungsanspruch des Jungen, ohne daß es ihm gelungen wäre, sich auf bubenhafte Art in seiner Welt leistend zu behaupten und durchzusetzen. Das immer neue Erleben eigenen Versagens führte zur Regression in eine hartnäckige Enuresis nocturna, weiter hatte Horst-Dieter einen heftigen Blinzeltic und war auf Grund seiner inneren Unsicherheit übernervös und zappelig. Mit Gleichaltrigen fand er ausgesprochen schlecht Kontakt. Wir behandelten den Jungen stationär mit Gruppenspieltherapie, ließen ihn Schwimmen lernen und versuchten ihn auch sonst auf jede Art in seiner Selbständigkeit und seinem Selbstwertgefühl zu stützen und zu bestätigen. Es wurde damit zwar eine wesentliche Beruhigung und ein selteneres Auftreten des Tics erreicht, aber das allnächtliche Einnässen (öfters mehrmals in einer Nacht) erwies sich noch nach 9 Wochen als therapieresistent.

Nachdem auch mehrere Sceno-Drama-Einzelsitzungen die Symptomatik nicht durchbrechen konnten, verschafften wir dem Jungen die Gelegenheit, seinen Ehrgeiz und seine mit großem Affekt im Rollenspiel ausgespielten Geltungswünsche vor »seinem« Publikum abzureagieren. Als weiteres »Hilfsego« wirkte also von nun an neben dem Therapeuten das ebenfalls überbehütete, forciert »erzogene«, in einem regelrechten Zaun von Tabus eingepferchte Einzelkind Peter W. in den Scenodrama-Sitzungen mit, dessen Symptomatik (Schwindelanfälle, Erbrechen, Schlafstörungen, Tic nerveux, affektive Gehemmtheit, andressierte Überbravheit) übrigens in der Gruppentherapie schon weitgehend abgeklungen war.

Bei der ersten Gemeinschaftssitzung nehmen die Buben vis-à-vis voneinander Platz und bauen auf Anregung Horst-Dieters Haus und Garten der Familien Maier und Schmidt. Jeder versucht, da nur ein Sceno-Testkasten zur Verfügung steht, die attraktivsten Puppen und Ausstattungsstücke zu ergattern, wobei sich Horst-Dieter als durchsetzungskräftiger erweist.

Die beiden treten nach kurzer »Einspielung« durch den VL sofort in intensiven Rollenspielkontakt, Horst-Dieter nennt seinen Schuljungen (J) »Peter Maier«, während Peter W. seinen kleinen Jungen (j) »Werner Schmidt« tauft. VL läßt das Krokodil hungrig herumschleichen, es wird von beiden Jungen zunächst totgeschlagen, dann aber, als es »nur eine Kirsche« haben möchte, als Freund akzeptiert. »Peter« und »Werner« steigen nun auf verschiedene Bäume (»ich kann viel höher als du . . .«), worauf die Mütter (die wechselweise von VL, Horst-Dieter und Peter W. übernommen werden) schimpfend und ängstlich jammernd herbeieilen, um sie herunterzujagen. VL in der Rolle von Vater Schmidt nimmt für die Jungens Partei (»ein richtiger Junge muß auf Bäume klettern«), was Frau Schmidt und Frau Maier aber nicht an weiterer Obstruktion und Schimpferei hindert.

Da hat Peter W. einen Einfall: »Ich steig jetzt auf die Pappel, und das Krokodil versteckt sich unten und wenn die Mutter kommt und will mich runterjagen, dann beißt sie das Krokodil.« Horst-Dieter macht begeistert mit, die Mutter wird zum Baum gelockt, hinter dem das Krokodil lauert, und so lange ins Bein gebissen, bis sie schwört, daß sie dem Jungen nun alles erlauben würde. Sie kommt in Horst-Dieters improvisiertes Krankenhaus und ist nach ihrer Rückkehr auf die erneute Drohung mit dem Krokodil duldsam und nachgiebig zu den Buben.

Indessen läßt VL das Schweinchen in eine Pfütze fallen. Horst-Dieters »Peter« nimmt sich seiner sofort liebevoll an und wäscht es mit Hingabe. In der Folge fällt das Schweinchen noch etwa 20mal in die Pfütze – jeweils dann, wenn Horst-Dieter gerade mit besonderen Heldentaten brilliert –, ohne daß »Peter« wesentlich ungeduldig wird. Er schimpft zwar immer und sagt: »Das nächste Mal wirst du ganz bestimmt geschlachtet, du böses Schweinchen du«, aber er nimmt sich des Schweinchens doch jedesmal wieder an, trocknet es mit einem Stoffmuster und legt es auf das Fellchen.

Währenddessen spielt »Werner« (= Peter W.) unentwegt im Alleingang verschiedene Frustrationen durch die Mutter und anschließend seine Lieblingsszene: Die Mutter wird von dem Jungen zum Schimpfen provoziert und dann von dem hinter dem Baum versteckten Krokodil so lange gebissen, bis sie feierlich verspricht, dem Jungen das Bäumeklettern zu erlauben. Peter W. wird dann auch langsam gegen Horst-Dieters »Reich« aggressiv, schließlich zerstören beide alles, was aufgebaut ist, wobei Horst-Dieter »die Schlumpel« (= Mutterfigur ohne Bein) als Zerstörerin einsetzt. Nachdem ein gründliches Chaos hergestellt ist, bekommen beide pazifistische Anwandlungen, sie erkennen, daß das Wiederaufbauen mehr Zeit braucht als das Umwerfen, und wollen Frieden halten, wobei sich wieder Horst-Dieter als der konsequentere Pazifist erweist: »Jetzt machen wir aber keinen Krieg mehr, da geht ja alles kaputt!«

Zum Schluß wird das Schweinchen von Horst-Dieter eingesperrt, während Peter W. seine Mutter noch einmal mit Krokodilsbissen ins Krankenhaus verfrachtet. Dann packt Horst-Dieter plötzlich die Mutterfigur, stülpt ihr den Rock hoch, dreht sie im Kreis (frühere Spielsitzung: Kinoaufführung mit Storch und Baby, Doktor und »Peter« als Zuschauer, wobei der Doktor dem Jungen die Aufklärung verspricht, die inzwischen erfolgt ist) und schreit dazu aus Leibeskräften: »Ihr Leute guckt mal, was ich für eine Mutter hab, guckt mal, wie die da aussieht!« In dieser Weise werden dann weiter Großmutter, Schulmädchen und die beiden Mutterfiguren ausgerufen. VL versucht, Peter W. in Vaterrolle als »moralische Instanz« ins Spiel zu bringen, der übernimmt das dann auch, aber, selbst lachend und sehr angetan, mit spürbar wenig Nachdruck. Am Ende der Spielsitzung gemeinsames, gewissenhaftes Einräumen. – Horst-Dieter war nach dieser Sitzung nach langer Zeit erstmals wieder trocken.

In der 2. Gemeinschaftsspielsitzung wird tags darauf neben Peter W. noch der 12jährige Heinz S. als »Publikum« mit einem Steckbaukasten im Hintergrund postiert.

Horst-Dieter L. und Peter W. nehmen wieder gegenüber Platz, verwenden dieselben Figuren wie bei der ersten Sitzung und bauen ihre Häuser. Horst-Dieter besteht ausdrücklich darauf, daß VL wieder das Schweinchen und das Krokodil übernimmt. Peter W. baut zusätzlich noch außerhalb der Spielfläche ein Dorf und will unbedingt eine Kirche dabei haben. Hier meldet sich der bis dahin unbeteiligte mit seinem Steckbaukasten beschäftigte Heinz und bemerkt mit ziemlichem Affekt: »Du mit deiner Kirch, was willste denn bloß mit deiner blöden Kirch?« (Heinz ist wegen Opferstockdiebstahl vom Jugendamt eingewiesen. Er hat eine schizophrene Mutter mit religiösen Wahnvorstellungen, die ihn zu täglichem Besuch der Frühmesse zwang.)

»Peter« und »Werner« freunden sich dann erneut mit dem Krokodil an, das wieder nur ein paar Kirschen will. »Werner« (= Peter W.) lockt wie am Vortag die Mutter zu dem Baum, hinter dem das Krokodil lauert, sie wird gebissen und von »Peter« (= Horst-Dieter) mit Stanniol eingegipst. »Peter« ist überhaupt sehr stark, kann alles, besteht siegreich Gefechte mit wilden Tieren usw.

Peter W. und VL lassen nun abwechselnd das Schweinchen in eine Pfütze fallen, die sich aus geschmolzenem Schnee am Fußboden gebildet hat. Horst-Dieter hält lange Moralpredigten, droht dem Schweinchen mit Schlachtung, trocknet es aber trotzdem 5–6mal mit einem kleinen Stoffmuster liebevoll ab. Das Schweinchen entschuldigt sich: »Du bist so groß und stark, aber ich bin doch nur ein armes kleines Schweinchen und kann doch gar nichts dafür.« Schließlich wird es Horst-Dieter aber zu bunt und er wirft das Schweinchen von den Knien des VL in den Abgrund: ». . . so da bleibst du jetzt unten, du böses Schweinchen du.« Anschließend wieder Kriegsspiel, alles wird zerstört und am Ende gemeinsam eingeräumt.

Tags darauf 3. Spielsitzung mit Horst-Dieter und Peter W. Die beiden beziehen sofort die alten Positionen, Peter braucht etwas lange zum Aufbau seiner »Burg«, er reagiert zunächst nicht auf die lautstarken Versuche Horst-Dieters, ihn ins Spiel zu bringen, bekundet aber zeitig die Absicht, heute Krieg zu führen. Horst-Dieter besteht darauf, daß VL das Krokodil und das Schweinchen sowie das Ferkel übernimmt, denn »das Schweinchen hat inzwischen ein Junges gemacht«. Die alte Szene wird mit dem jungen Schweinchen wiederholt, bis Horst-Dieter nach 7–8 Waschungen der Sache müde wird. Peter W. beteiligt sich an dem Schweinchenspiel mit sichtbarem Vergnügen und spielt zwischendurch immer wieder »seine« Szene mit dem Krokodil. Dann möchte er Krieg führen, aber Horst-Dieter will keinen Krieg. Er schlägt statt dessen sehr zeitgemäß Mondraketenfahrten vor, die dann auch sofort mittels zweier leerer Farbstiftschachteln als »Sputniks« gestartet werden. VL hat dabei die Stehlampe zu bedienen und »Tag und Nacht« zu machen (die Sitzung findet in der Abenddämmerung statt), später improvisiert er durch rasches Ein- und Ausknipsen der Lampe auch ein »Gewitter«. Es kommt zu zahlreichen Abstürzen, Zusammenstößen, die Buben steigen johlend aufs Fensterbrett, Tisch und Schreibtisch, jeder will am höchsten fliegen können. Die Eltern Schmidt und Maier stehen abwechselnd jammernd und schimpfend bzw. bewundernd und staunend vor den Heldentaten ihrer Söhne, Peter und Werner.

VL praktiziert indessen tückisch das kleine Ferkel in Horst-Dieters Flugschachtel. Als dieses nach der Ankunft auf dem Mond dort wieder in eine Pfütze fällt, wird es von Horst-Dieter kurzerhand ausgesetzt: »Da, auf dem Mond kannst du dich naß machen, wir müssen weiterfliegen.« Schließlich kommen die Raumflugzeuge in die Flughalle (= Tischschublade) und der Scenokasten wird gemeinsam eingeräumt. Diese Sitzung findet am vorletzten Tag der stationären Behandlungszeit statt.

Horst-Dieter blieb auch nach der 2. und 3. Doppelsitzung trocken. Damit war erstmals ein Einbruch in die bis dahin therapieresistente Enuresissymptomatik des Jungen gelungen, indem die Dissonanz seiner Macht und Geltungsbedürfnisse mit seinen Behütungswünschen und kleinkindhaft regressiven Tendenzen im Schweinchenspiel apostrophiert und immer wieder zur Bearbeitung angeboten wurde.

Wir übertrugen diesen im Sceno-Drama angekurbelten Verarbeitungsprozeß durch den – früher mehrfach ohne Effekt versuchten – nunmehr sinnvoll gewordenen »Erfolgskalender« auf die Bewußtseinsebene. Nach einem kurzen initialen Rezidiv in der häuslichen Umgebung nahm die Zahl der »trockenen« Tage langsam zu. Bei der ersten ambulanten Sceno-Drama-Einzelsitzung blüht wiederum die Raumschiffahrt, während das große Schwein das Ferkelchen sorgfältig bewacht, daß es sich nicht naß machen kann. 14 Tage später, in der nächsten Spielsitzung, sagt Horst-Dieter: »Das große Schwein will ich nicht mehr, das kannst du haben.« Das kleine Ferkelchen gibt er zur Bewachung zwischen zwei kleine Babys, die am Rande des Spielfeldes im Sessel sitzen und »Peters« Höhenflüge staunend bewundern.

Die übrigens recht einsichtige Mutter äußerte sich sehr zufrieden über Horst-Dieter: Er sei gar nicht mehr nervös, nur neuerdings hin und wieder etwas ungezogen. Der Tic sei völlig verschwunden. Seine Schulaufgaben mache der Junge selbständig und ordentlich. Das Einnässen würde zusehends seltener, der Erfolgskalender sei völlig korrekt.

In diesem Fall wie in vielen anderen Fällen erwies sich die fortgesetzte Konfrontierung mit der eigenen regressiven Fehlhaltung als Weg zum Heil. Der Junge, zur Auseinandersetzung mit seinem »Schweinchen« gedrängt, verwirklichte in der Rollenspielsituation zunächst seine projektive Identifikation mit der Mutter – das Schweinchen wird gehegt, gepflegt und liebevoll immer wieder gewaschen. Als aber (in Analogie zur Realität) das Schweinchen immer wieder eingesetzt wird, um das lustvolle Ausleben seiner Selbstwert- und Geltungswünsche im Spiel zu stören und zu beeinträchtigen, tritt Horst-Dieter ihm aktiv gegenüber, überwindet es und verbannt es dahin, wo es hingehört: zu den Säuglingen, in eine Phase, die »man« hinter sich hat.

Wie im Psychodrama wird die dynamisch-ökonomische Funktion des Symptoms – hier Behütungswunsch und Dominanz durch Nichtleisten – vorübergehend ins Spiel übernommen und dort saturiert, so daß der Bub realiter nicht einzunässen braucht. Zugleich werden Gegenimpulse – hier Geltungsdrang und Dominanzanspruch in positiver, leistender Version – ins Spiel gebracht und damit eine innerseelische Auseinandersetzung angeregt, die in die Realität hinüberwirkt.

Der vorliegende Fall ist aber auch aufschlußreich für eine weitere Anwendungsmöglichkeit des »Scenodramas«: die Doppelsitzung, in der neben dem Therapeuten noch ein Mitpatient als zusätzliches »Hilfsego« einbezogen wird. Es hat sich dabei als zweckmäßig erwiesen, sich möglichst auf die Nöte und Probleme *eines* Kindes zu konzentrieren, das andere aber mehr oder weniger als Gegenspieler einzusetzen und seine Initiative zu begrenzen. Wie im »Psychodrama« muß die Auswahl des Mitspielers natürlich der Eigenart und den besonderen Schwierigkeiten des zur Behandlung stehenden Kindes angepaßt werden. Man kann sich dabei oft recht gut auf die Eigenwahl des Pat. verlassen.

Dem VL fällt die Aufgabe zu, das Rollenspiel in Gang zu bringen und es in Fluß zu halten in *den* Rollen, die die Situation eben erfordert. Weiterhin ist er, einige Wendigkeit vorausgesetzt, auch in der Lage, besonders interessante und therapeutisch ergiebige Spielabschnitte zu prolongieren und wiederholend auszuloten – dazu obliegt ihm natürlich, unerwünschte Reaktionen des kindlichen »Hilfsegos« unauffällig zu unterbinden. Das ist nicht immer ganz leicht, weil gewöhnlich über kurz oder lang die Eigenthematik des kindlichen Spielpartners lebhaft anklingt.

Wir wählen darum die Spielpartner gerne unter dem Aspekt verwandter Grundkonflikte aus und erreichen damit, daß die Kinder sich wechselseitig als »Hilfsegos« bedienen, woraus dann für beide ein therapeutischer Nutzeffekt resultiert. In den oben angeführten Gemeinschaftssitzungen war das der Fall. Die Weltraumflüge wie auch die Szene, in der die Mutter das Bäume-Klettern untersagt und dafür vom Krokodil gebissen wird, waren für die beiden überbehüteten Einzelkinder in gleicher Weise befreiend, sie dienten sich gegenseitig als Publikum und »gleichwertige« Konkurrenz. Besonders für Horst-Dieter war ein gleichaltriger Bub als »Publikum« entscheidend wichtig, da ja sein Geltungsdrang gerade die Anerkennung im Kameradenkreis intendierte. Der VL in der Rolle des Krokodils mußte allermeist die Aggressionen gegen die Mutter ausführen, wodurch eine teilweise Schuldabwälzung ermöglicht war.

»Moralische Haltung« findet sich ohnehin im kindlichen Rollenspiel verhältnismäßig selten. Rücksichtslosigkeit und Brutalität gegen dargestellte Gegenspieler (vor allem auch Eltern) sind Trumpf und demonstrieren eine Seite der seelischen Wirklichkeit des Kindes. Das Ausmaß der Aggressionen im Scenodrama gibt häufig Anlaß zu staunender Verwunderung, so erinnern wir uns an einen 13jährigen, sehr intelligenten und wohlerzogenen Jungen, der sich 1½ Stunden lang ununterbrochen damit vergnügte, Bruderfiguren an die Wand zu schmettern, zu foltern, zu zertrampeln usw. Wir haben einen entsprechenden Verschleiß an Scenopuppen und halten für derartige Fälle einen Vorrat an beschädigten Figuren bereit.

Auch in den Doppelsitzungen versucht der Therapeut, soweit als angängig dem spielenden Kind die Initiative zu überlassen, und zwar vornehmlich demjenigen, auf dessen Konfliktsituation die scenodramatische Sitzung vorzugsweise abzielt. Es empfiehlt sich, wie schon erwähnt, als Spielpartner möglichst Kinder mit ähnlichen familiären Grundsituationen auszusuchen (etwa: beide haben überbehütende Mutter, überstrengen Vater, vernachlässigende, überbeschäftigte Eltern und dergleichen mehr), weil eine weitgehende Übereinstimmung der Rollenauffassungen hinsichtlich der Bezugspersonen die gemeinsame Konfliktbearbeitung sehr erleichtert.

Regelmäßig zeigt sich eine Tendenz, die handelnden Figuren zu typisieren und an diesen Typen dann recht konsequent festzuhalten. Wir benutzen diesen empirischen Tatbestand, um die Rollenauffassungen initial von dem Kind prägen zu lassen, dessen Problematik im Scenodrama bearbeitet werden soll.

Unterschiede des Spieltemperaments, der Aggressionsfreudigkeit, der Affektstabilisierung und Kontaktbereitschaft fallen weniger ins Gewicht, sie lassen sich bei adäquat unaufdringlicher Zügelführung vom Therapeuten ausgleichen, zumal gerade gehemmte Kinder im Scenodrama das Beispiel der Partner gern nachahmen und sich in dieser Weise rasch freispielen.

Im Anfang besteht bei solchen Kindern noch oft eine Neigung, die Aggressionen per Regieanweisung von »den andern« ausführen zu lassen (Schuldabwälzung). Der affektive Druck, der hinter diesen Aktionen sitzt, bewirkt aber sehr bald, daß das Kind »in eigener Sache« selbst aggressiv wird.

Die Doppelsitzungen stellen an den Versuchsleiter erhöhte Anforderungen, weil er nach zwei Seiten mitdenken und mitfühlen muß und auf therapeutisch für das eine oder andere Kind weniger erwünschte Spielentwicklungen blitzschnell zu reagieren hat.

Scenodrama-Sitzungen mit mehr als zwei Kindern würden bereits eine völlig veränderte Grundkonzeption erfordern und gegenüber den gebräuchlichen gruppentherapeutischen Methoden kaum Vorteile bieten.

Das »Scenodrama« ist eine Form der Einzelspieltherapie und wird auch in den Doppelsitzungen in diesem Sinne eingesetzt. Es ist ein Versuch, die psychodynamische Exacerbation, die sich mit den empirisch bewährten Techniken aus dem »Psychodrama« *J. L. Morenos* ermöglichen läßt, konsequent in die deutungsfreie Spielanalyse einzubauen.

Als Ausgangspunkt dient eine Eigenprojektion des Kindes, die selbstgebaute Szene im *von-Staabs*-Test. In ihr ist eine mehr oder weniger unbewußte Auseinandersetzung des kleinen Patienten mit seiner Umwelt bereits angelegt, die nun unmittelbar aus der projektiven Stimmung heraus im Rollenspiel fortgesponnen, verdichtet und emotional angereichert zum Erleben gebracht wird.

Der Therapeut übernimmt dabei als »Hilfsego« die jeweils erforderlichen Rollen und manövriert die Spielhandlung zunächst vorsichtig in die Nähe der mutmaßlich pathogenen Problematik, deren Ausspielung er dann aber weitgehend dem Kind selbst überläßt. Er bleibt lediglich darauf bedacht, durch Wiederholung der Spieleinfälle des Kindes im Rollentausch, durch Einschaltung von Widerständen, »magischer Ermächtigungsgesetze« u. dgl. mehr die Konfliktthematik in Fluß zu halten, und spielt nach den Regieanweisungen des Kindes bzw. dessen Eigenintentionen folgend seine Rollen aus.

Um dazu in der Lage zu sein, muß er sich zuvor, wie schon erwähnt, aus Fremdanamnese und Testdiagnostik über die charakterologische

Struktur des Kindes, über seine Umweltrelationen und seine spezifischen seelischen Engpässe ins Bild gesetzt haben. Durch die Anwendung verschiedener, im »Psychodrama« bewährter Techniken (spontane Improvisation mit häufigem Rollentausch, Konfrontierung mit vertrauten, angenehmen, peinlichen Situationen, Erlebnis der Identifikation mit den realen Gegenspielern, Zwischenschaltung von Widerständen, Rollenspiel im Monolog) gelingt es, unter steigender affektiver und emotionaler Beteiligung des Kindes dessen Problematik im Spiel zur Diskussion zu stellen und erlebend gestalten zu lassen. Ein nachhaltiger innerseelischer Verarbeitungsprozeß wird damit eingeleitet.

Bei Verwendung ausgesprochen kindgemäßer Denkkategorien (Märchendenken und Magie-sprechende-Tiere, Engel, Hexen und Zauberer, aber auch technisch-utopische Phantasien) kann der Machtbereich des Kindes im Spiel wesentlich erweitert und die symbolische Verwirklichung der jeweiligen Konflikte sehr erleichtert werden. Die Möglichkeit, Über-Ich- und Triebimpulse des Kindes durch fortlaufenden improvisierten Rollentausch im »Scenodrama« direkt und personifiziert miteinander ins Gespräch zu setzen, bedeutet einen besonderen Vorteil des Verfahrens, zumal diese Auseinandersetzungen – dosiert wiederholt und immer wieder provoziert – in Gang gehalten werden können. Der Therapeut tritt dabei wechselnd bald als Über-Ich, bald als Es-Repräsentant auf, mit gebotener Behutsamkeit und in Wiederholung der jeweils letzten Stellungnahmen des Patienten in diesen Rollen. Er übersieht aus den Variationen und Abweichungen schließlich einen recht breiten Ausschnitt der »Schicht-Dialektik«, welche bei diesem Vorgehen außerordentlich belebt und intensiviert werden kann.

Wie weit das Kind reif ist für eine Konfrontierung mit der eigenen Fehlhaltung und deren Bewältigung aus dem Über-Ich-Bereich, das ergibt sich ohne weiteres aus dem Spielverlauf: wenn es ausweicht, »abblendet«, die Richtung wechselt, soll man warten, bis es spontan die Thematik wieder aufgreift und zu gegebener Zeit selbst fortführt. Außerdem besteht ja stets die Möglichkeit, die Therapie in anderer Weise fortzusetzen, wobei wir aber häufig schon bald wieder in irgendeiner Form vom Kind in ein dramatisierendes Rollenspiel verwickelt werden. Denn nachdem das Kind den engen Spielrapport mit dem Therapeuten im »Scenodrama« einmal erlebt hat, sucht es ihn immer wieder auf.

Unsere fortlaufenden »Scenodrama«-Behandlungen ergaben sich dergestalt allermeist ohne eigenes Zutun einfach aus der Befolgung der Grundregel, dem Kind in der Behandlungsstunde freie Wahl des Spielmaterials zu lassen – weil eben die Mehrzahl der kleinen Patienten, einmal mit dem »Scenodrama« vertraut, über längere Perioden gar nichts anderes mehr spielen wollte und von sich aus auf der Fortsetzung des Scenorollenspiels bestand. Das mag einerseits an der Attraktivität des v.-Staabs-Testmaterials liegen – die meisten Kinder spielen doch lieber mit »echten« Puppen –, andererseits finden sie aber auch auf dieser »Kleinbühne« in der Rollenbegegnung eine ideale Möglichkeit für die spielerische Bewältigung ihrer ureigensten Probleme und Nöte, denn auf diese hin wird die »Scenodrama«-Situation ja speziell zugeschnitten und gesteuert.

Dabei werden die Spielhandlungen nicht gedeutet – sie werden aber dort, wo sie spezifische Konfliktsituationen beinhalten, in Variationen wiederholt und immer wieder zur Verarbeitung angestellt. Man sollte sich auch dann nicht zu Deutungen verleiten lassen, wenn sich die Konflikte des Kindes im »Scenodrama« so realitätsähnlich präsentieren, daß sie dem rationalen Verstehen auch des Kindes greifbar nahe erscheinen.

Denn das wirkende Agens ist, wie in jeder Spieltherapie, die emotionale Resonanz, sind die starken Affektbeträge, die im Spiel investiert werden. Daß diese Wirkungen durch die Anwendung verschiedener Methoden aus dem »Psychodrama« gezielt gesteigert und gehäuft reproduziert werden können – das scheint uns die Ursache zu sein für den oft überraschend frühzeitig einsetzenden therapeutischen Effekt.

Im Agieren und gezielten Mitagieren wird dem Kind wohl auch öfters seine Konfliktsituation so bewußtseinsnahe, daß im »Scenodrama« eine regelrechte *indirekte* Aussprache mit dem Therapeuten zustande kommt. Damit soll man es aber dann bewenden lassen, denn eine ausdrücklich formulierte Interpretation ist danach nicht nur überflüssig, sondern oft sogar schockierend und dem weiteren Spielrapport abträglich.

Das »Scenodrama« hat sich uns bei reaktiven neurotischen Fehlhaltungen verschiedenster Genese ausgezeichnet bewährt. Aus der Symptomatik entstehen kaum Gegenindikationen, nur bei besonders schweren Sprachstörungen wird man das Verfahren nicht anwenden können, wohingegen leichtere Stottererfälle recht gut ansprechen. Auf die Nebenverwendung in der Elternberatung und als »Doppelsitzung« wurde bereits hingewiesen. Das »Scenodrama« vermittelt in relativ kurzer Zeit einen umfassenden Überblick über die jeweilige Konfliktthematik und ermöglicht zugleich deren durchdringende, gezielte therapeutische Bearbeitung. Der oft überraschend bald eintretende Behandlungserfolg erklärt sich aus der starken, mittels bestimmter psychodramatischer Techniken noch erheblich intensivierbaren affektiven und emotionalen Beteiligung des Patienten.

236

Als therapeutische Methode bleibt das »Scenodrama« eine Form der deutungsfreien Spielanalyse, die allein oder in Verbindung mit anderen Verfahrensweisen vorzügliche Behandlungsergebnisse in relativ kurzer Zeit ermöglicht[7].

Literatur

1 *Moreno, J. L.*, »Psychodrama«, 1951.

2 *Lebovici, S.*, Diatkine R. u. H. Danon/Boileau, *Zschr. f. Psychosomatische Medizin* III, 3, 1957.

3 *Rambert, M. L.*, La vie affektive et morale de l'enfant, Delachaux & Niestlé, Neuchâtel.

4 *Sänger, A.*, Spieltherapie, *Praxis der Kinderpsychologie und Kinderpsychiatrie*, 2. Jg. 1953, S. 92–98.

5 *Staabs, G. v.*, Affektiver Kontakt durch Scenotest-Gruppentherapie kombiniert mit autogenem Training und Hypnose. Intern. Kongr. über Psychotherapie, Leiden, Holland, 1951.

6 *Zulliger, H.*, Heilende Kräfte im kindlichen Spiel, 2. Aufl., Klett-Verlag Stuttgart, 1954.

7 Vgl. jetzt *Pritz, A.*, Der Gruppenszeno – der Szenotest als Diagnose- und Therapieinstrument in der Gruppenpsychotherapie Erwachsener, *Integrative Therapie* 1 (1983) 55–61.

Katharina Sommer

Puppenspiel und therapeutische Märchen

Einleitung

In diesem Beitrag möchte ich zunächst einige Aspekte des Puppenspiels in der Therapie mit Kindern darlegen. Im weiteren geht es um archaische Inhalte. Themen, die die inneren Konflikte und Bedürfnisse der Kinder darstellen. Dazu eine kurze Diskussion um die überlieferten Märchen, und Beispiele, wie veränderte und neue Märchen in der Therapie entstehen können. Dies sei zum Schluß am Thema der Reise genauer aufgezeigt.

Spiel mit Puppen

Puppen sind figürliche Abbildungen menschlicher und tierischer Wesen. Material und Formen sind sehr unterschiedlich. Sie sind teilweise genau in der Abbildung und Typisierung, z. B. bei den Handpuppen Polizist und Räuber. Manchmal sind sie weniger festgelegt und neutral im Ausdruck, wie viele Gelenkpuppen. Puppen sind zum Anfassen, harte und weiche Körper, nackt, bekleidet, mit Fell, bunt.

Da sie Abbildungen menschlicher und tierischer Figuren sind, sind sie leicht »lebendig« zu machen. Wie im Theater öffnet sich dem Kind eine Welt, die es im Unterschied dazu nicht nur betrachten, sondern in der es auch agieren kann.

Meine Grundlagen des therapeutischen Puppenspiels beziehe ich aus den Lehren von *Moreno* (1946). Es werden die psychodramatischen Techniken eingesetzt, wie sie z. B. *Straub* (1972), *Rojas-Bermúdez* (1982) und *Petzold, Geibel* (1972) beschrieben. Im folgenden möchte ich einige Aspekte des therapeutischen Geschehens beim Spiel mit Puppen darlegen.

Grundvoraussetzung

Die grundsätzlich positive Möglichkeit des Puppenspiels besteht darin, daß das Kind sich mit der Puppe identifizieren *kann*, aber nicht *muß*. Konkret heißt das, daß es die Puppe beseelen und mit Interesse unterstützen kann,

238

daß es sie aber auch verlassen und bekämpfen kann. Überhaupt unterliegt die Puppe völlig der Macht des Kindes bzw. des Spielers. Nur durch das Kind lebt die Puppe.

Die Bedeutung der Puppe in anderen Zusammenhängen als Fetisch oder Abbild des Göttlichen oder des Selbst des Menschen taucht in frühern bis in heutigen Kulturen immer wieder auf. Es können auch Steine und Hölzer sein, die eine Seele haben, Figuren sind, puppenähnlich, z. B. die Alraunwurzel (*Franz 1977*, S. 146 ff.).

Wie auch beim Lernen der Gefühle und bei dem Ausprobieren der Beziehungen ist die Puppe ein Vorreiter des Kindes, das damit durchlebt, was ihm selbst nicht oder noch nicht möglich ist. Das ist für die Technik des helfenden Fragens eine wichtige Voraussetzung. Wenn ich als Therapeut die Puppe frage, frage ich im Grunde das Kind und das Kind antwortet mir aus der Position der Puppe und spricht damit über sich selbst. Dies könnte es bei einer direkten Befragung nicht leisten. Das Kind beherrscht noch nicht oder nur bis zu einer gewissen Grenze die Möglichkeit, über sich selbst zu sprechen. Wenn es durch die Puppe spricht, kleidet es seine Situation in symbolische Bilder. So in etwa: Wenn ich diese Puppe wäre, würde ich dort leben und das denken, denn so geht es mir im Moment.

Erlernen, Begegnung mit Gefühlen

Die Puppe ermöglicht den Umgang mit Gefühlen und bietet damit einen Rahmen, in dem agiert und gelernt werden kann. Dies sei am Beispiel der Aggression verdeutlicht. Gerade ängstliche Kinder machen im Puppenspiel wichtige Lernschritte in der Auseinandersetzung mit Aggression. Ein ängstliches Kind versucht zunächst, die aggressiven Figuren ganz zu vermeiden. Es kommt schließlich zu einer Annäherung auf zwei verschiedenen Wegen. Der eine Weg geht über die Auseinandersetzung mit dem »Bösen« als Objekt. Das Kind bekämpft die bösen Figuren, und immer wieder will es Siege über die Bösen, die anderen Puppen (z. B. des Therapeuten) erleben. Damit wird dem Bedürfnis des Kindes Rechnung getragen, das sich wehren und aus der passiv gelähmten Haltung gegenüber der Angst heraus will.

Im Rollentausch mit den Puppen des Therapeuten ergibt sich die zweite Möglichkeit der Auseinandersetzung mit dem Bösen. Diesmal geht es um das Agieren des Bösen als Subjekt. Die Puppe des Kindes ist die Verkörperung der Aggression, z. B. der Wolf, und es erlebt nun in der Auseinandersetzung mit den anderen Figuren das gefürchtete Verhalten von »innen« und nicht mehr als Erleidender von »außen«. Das gibt dem Kind die Möglichkeit, verdrängte Affekte auszuleben und Verhaltensweisen zu üben, die ihm bisher nicht zur Verfügung standen. Der therapeutische Erfolg geht über das rein Kompensatorische hinaus. Das Kind kann nach der Entladung seiner Gefühle Reaktionen mit diesen Gefühlen lernen, die es befähigen, sich mit seiner Umgebung adäquat auseinanderzusetzen. Dabei seien die begleitenden Gespräche mit den Eltern erwähnt, da es sicher sehr schwer möglich ist, daß ein Kind sich von Verhaltensfixierungen löst, ohne daß die Eltern mitgehen. Das erfordert auch von ihnen, Erwartungen zu verändern und Verhaltensfixierungen aufzulösen.

Im Spiel heißt das konkret, daß der böse Wolf sich auch durchsetzen darf und erst zu einem späteren Zeitpunkt, wenn das Kind bereit dazu ist, eine Vermischung von gut und böse innerhalb der Personen und Figuren stattfinden kann. Die häufig vorkommenden Kämpfe im kindlichen Spiel haben nicht zuletzt diese Bedeutung: das Ausleben von aggressiven Auseinandersetzungen. Der Abstand zum an sich leblosen Gegenstand Puppe ermöglicht es dem Kind auszuprobieren, was es mit anderen Kindern, dem Therapeuten und nicht zuletzt mit sich selber nicht gewagt hätte. Bildhaft wäre das wie der Stock, der das Eis vorher prüft, um zu sehen, was es tragen kann.

Bei aggressiven Kindern ist dieses Eis die Trauer, Angst, Zuneigung usw., Gefühle, die sie gelernt haben zu vermeiden.

Ausprobieren von Beziehungen

Wie schon angedeutet, ist das Vortasten auch in bezug auf andere Menschen möglich. Die Erfahrungen mit anderen Menschen werden vom Kind im Spiel dargestellt und können auch weiterentwickelt werden. Dies sei am Beispiel eines Mädchens aufgezeigt, in dem gleichzeitig Lernen am Körperschema der Puppe deutlich wird.

Ein 8jähriges depressives Mädchen stellt im Scenokasten immer wieder eine Geburt dar. Die Mutterpuppe muß sehr leiden unter der Geburt. Erst mit der Zeit werden die Geburten in der Wiederholung leichter. Das Spiel stellt die Beziehung des Kindes zur eigenen Mutter dar: »ich mache der Mutter eine schwere Geburt« oder »die Mutter leidet sehr unter mir«. Weiterhin geht es um eine Auseinandersetzung mit der Frauenrolle. Das Mädchen spielt Meinungen über Geburt und seine eigenen Erwartungen an die Frauenrolle, das Muttersein. Das Spiel mit der Puppe und dem Therapeuten hat die Bedeutung, neue Verhaltens- und damit Lebensmöglichkeiten auszuprobieren, zu unterstüzen und, wenn nötig, anzuregen. Dabei ist das Medium der Bearbeitung nicht nur die Beziehung der Puppen untereinander. Ebenso ist die direkte Beziehung zwischen Therapeut und Kind wichtig. Auch sie drückt sich oft im Spiel aus.

Mitagieren

Das Puppenspiel in der Therapie ist ein breiter Boden, auf dem Therapeut und Kind zusammen spielen können. Ein Mitagieren und eine Gleichstellung des Therapeuten mit dem Kind wird ermöglicht. Auch für den Therapeuten ist die Puppe die Verlängerung seiner selbst, eine Verlängerung, mit der das Kind zunächst besser umgehen kann: es prügeln sich die beiden Puppen, nicht der fremde Erwachsene wird verletzt.

Symbolische Bilder

Im Spiel mit den Puppen sind die Inhalte der Gefühle, die Beziehungen, das Erleben des eigenen Körpers alle in eine symbolhafte Sprache gekleidet. Der Therapeut kann diese Sprache für seine Arbeit nutzen. Dazu muß er sie übersetzen. Er findet universale Symbole, die in seiner Kultur allgemein ähnliche Bedeutungen haben, beispielsweise Feuer und Wasser (siehe dazu *Fromm* 1980). Weiter muß er die spezielle Symbolsprache des Kindes lernen. Die persönliche Zuordnung von Dingen und bestimmten Gefühlen zu bestimmten Situationen kann gehört und gefühlt werden. Dies sind Hilfen für das therapeutische Spiel. Verbale Deutungen gegenüber dem Kind sind selten möglich, d. h., das Kind versteht sie nicht oder erschrickt über Übersetzungen seines unbefangenen Spiels. Jedoch gibt es hierzu verschiedene Ansichten (siehe dazu *Berna* 1973 oder *Zulliger* 1967).

Märchen und überhaupt viele überlieferte Geschichten sind eine Ansammlung symbolischer Bilder zu menschlichen Problemen und Fragen. Puppen eignen sich zum Agieren und Erfinden von Märchen, und umgekehrt sind die Märchen in den Therapien im Puppenspiel als Hilfsmittel sehr gut geeignet. Dabei kommt die Frage auf, welche Märchen für welches Kind und wann? Die Auswahl überläßt man zunächst, wenn möglich, dem Kind. Die meisten Kinder kennen Märchen, und sie wählen sich solche Märchen, die ihre Konfliktlage und überhaupt ihrem Interesse im Moment entsprechen. Ganz gleich um welches Märchen es sich handelt, interessant dabei ist nur, welchen Schwerpunkt das Kind in diesem Märchen hat und setzt. Das kann durchaus dem ursprünglichen Märchen widersprechen oder aus ihm herausführen (*Lückel* 1971). Deshalb sei im weiteren Verlauf nach der Diskussion um die überlieferten Märchen die Entstehung neuer und veränderter symbolischer Bilder beschrieben.

Überlieferte Märchen

Es ist interessant und für die Verwendung der Märchen auch in den Therapien wichtig, etwas über die Entstehung und Geschichte der Märchen zu wissen.

Die Märchen unserer Kinderzimmer sind vorwiegend die Zaubermärchen der *Gebrüder Grimm*. Sie sind eine Auswahl aus Geschichten, die die *Gebrüder Grimm* Anfang des 19. Jahrhunderts zusammentrugen. Es waren Geschichten, die von Märchenerzählern vorwiegend der ländlichen Bevölkerung erzählt wurden. In ihrem Inhalt waren sie auf das »Tagwerk« dieser Erwachsenen abgestimmt und sind in diesem Sinn auch historische Abbilder jener Zeit. Andere Märchenforscher filtern Grundstrukturen aus den Märchen heraus, die im Vergleich mit den Bildern der Höhlenzeichnungen die Märchen bis in früheste Epochen der Menschheit zurückdatieren (*Nitschke* 1976). Durch die *Gebrüder Grimm* bekamen die Märchen Form und Inhalt, die sie in einer Weise veränderten, daß sie die ursprüngliche Form verloren. Zunächst war das Festschreiben ein Eingriff in das lebendige Märchen, das sich von Erzähler zu Erzähler verändert hatte und auch durch die Reaktionen der Zuhörer im Inhalt den gesellschaftlichen Problemen immer wieder angepaßt wurde. Noch einschneidender war die Veränderung, die *Wilhelm Grimm* durch die Bearbeitung der Märchen vornahm. *Wilhelm Grimm* veränderte die Märchen im Sinne der aufkommenden »Kindertümelei« des Bürgertums. Er schrieb die Märchen speziell für ein kindliches Publikum mit Veränderungen, die er für kindhaft oder kindgemäß hielt. Aus den Märchen für alle wurden Märchen für die Kinder. Die Kinder waren nicht mehr bei »allen«, sondern bekamen eine eigene Welt zugeschrieben, somit auch eine eigene Kultur, Literatur usw. Inhaltlich sind es die folgenden Veränderungen:
– Er verniedlicht die Figuren und Lebensumstände,
– die Geschichten werden rund gemacht, d. h. ergänzt,

– die christliche Religion und Ethik finden ihren Eingang in Form von z. B. Schlüssen im Märchen, die der etablierten Moral entsprachen,
– die patriarchalischen Normen werden verstärkt.

Die Märchen wurden Erziehungsmaterial in den bürgerlichen Kinderstuben und waren in den Erziehungsheimen der proletarischen Kinder verboten. Die Phantasie in den Märchen sollte in diesen Kindern nicht unnötige Wünsche wecken. Dort war die Erziehung zur Arbeit und Pflicht vorrangig. Im weiteren Verlauf wandelte sich die Bedeutung der Märchen, und im Moment sind es eher wieder konservative Kräfte, die die Bedeutung der Märchen hervorheben. Warum dieser Sinneswandel?

War die Phantasie früher gefährlich, weil sie Wünsche und Widerstand wecken konnte, sollte sie nun das Gegenteil bewirken. Sie sollte Kompensationsmöglichkeit sein für die Widerstände der Kinder. Sie sollte ein Traumland schaffen für ihre Aggressionen und Wünsche, sie sollte sie dazu bringen, ahistorisch das wirkliche Leben nicht zu sehen.

So wird die Phantasie gleichzeitig verantwortlich gemacht für aktive Auseinandersetzungen mit der Welt oder passives Hinnehmen des Schicksals. Sicher sind es aber maßgebliche andere Faktoren, die bestimmen, ob ein Kind sich gegen Unterdrückung wehrt oder ob es passiv erduldet.

Für die therapeutische Arbeit mit den Kindern können die alten Märchen wichtige Auseinandersetzungsmöglichkeiten bieten. Dabei ist die eindeutige Interpretation der Märchen, z. B. mit psychoanalytischem Hintergrund, nicht das Wichtigste. Da sieht *Bettelheim* (1977) im Rotkäppchen die Thematik einer Auseinandersetzung mit der männlichen Sexualität, und *Fromm* in Rotkäppchen eine männerhassende Frau. Wahrscheinlich stimmt von beiden ein Stück, und deshalb erfreut sich dieses Märchen so großer Beliebtheit. Inzwischen gibt es ein neues Buch mit verschiedenen Interpretationen des Rotkäppchens und ihrem Eingang in Werbung und Politik (*Ritz* 1981).

Für die Therapie ist es wichtig, wie das Kind, speziell dieses Kind, das Rotkäppchen erlebt und wie es das Märchen nach seinen Bedürfnissen formt.

Dabei kann der Therapeut die oben beschriebenen Veränderungen des *Wilhelm Grimm* im Hinterkopf haben. Sehr viele Märchen, auch bei den von *Grimms,* sind nicht verändert, und in den größeren Märchensammlungen fehlt es auch nicht an Märchen, die sich bürgerlichen Normen nicht unterwerfen, sie im Gegenteil angreifen, wie z. B. »Die kluge Bauerntochter«, »Doktor Allwissend«, »Das kluge Gretel« usw. (Märchen der

Gebrüder Grimm 1937, vgl. zu diesem Abschnitt *Gmelin* 1977; *Richter, Merkel* 1974, *Richter, Vogt* 1974).

Veränderte Märchen – Rumpelstilzchen

Zunächst eine Bemerkung zum Begriff »Märchen«. Bei den veränderten und neuen Märchen handelt es sich nicht um Märchen im eigentlichen Sinn, die durch eine lange Tradition der Überlieferung gekennzeichnet sind (*Nitschke* 1976). Trotzdem möchte ich den Begriff etwas weiter fassen, da die in der Therapie entstandenen Geschichten der Kinder vieles vom Charakter der Märchen besitzen: der Held macht eine Veränderung durch – die Geschehnisse und die Umgebung des Helden sind oft phantastisch, irrational – die Märchen enden mit positivem Schluß für den Helden. Letzteres ist eine Besonderheit, die sich durchgängig in den europäischen Märchen findet (*Nitschke* 1977).

Die Inhalte der erfundenen Geschichten sind nicht völlig neu und unbekannt in ihren Inhalten. Auch sie tragen durch ihre archetypischen Themen Traditionen weiter fort. Im Abschnitt über die neuen Märchen wird das beispielhaft deutlich.

Als Beispiel für ein verändertes altes Märchen sei die Geschichte eines 8jährigen Jungen genannt. Er wird von der Mutter wegen Schulschwierigkeiten gebracht. Nebenbei äußert sie, daß der Junge so klein sei, daß sie schon an Zwergwuchs gedacht habe. Sie selbst und der Vater sind klein und der Junge fällt da nicht aus dem Rahmen, aber die Mutter beobachtet sehr ängstlich sein Wachstum. Im Scenokasten spielt er mit den Puppen Familie, und einmal träumt einer der Jungen vom Rumpelstilzchen. Als das Rumpelstilzchen das Kind der Königin abholen will, fällt dem Kind ein, daß »das Rumpelstilzchen gar nicht immer so klein war«. Daraus entstand die Geschichte vom Rumpelstilzchen.

Rumpelstilzchen

Die Geschichte mit dem Rumpelstilzchen kennt ihr sicher:
Er hat dem Mädchen das Stroh zu Gold gesponnen, sie wurde Königin und er wollte ihr erstes Kind. Er bekam's dann nicht, denn sie wußte seinen Namen, das hatte er nicht gedacht. Er ärgerte sich fürchterlich und einige meinten sogar, er hätte sich in der Mitte zerrissen.
Was war da eigentlich vorher und nachher? Denn
– – – das Rumpelstilzchen war nicht immer klein und häßlich.

Früher lebte es mit seinen Eltern. Der Vater war ein bekannter Zauberer, die Mutter eine berühmte Hexe. Sie hatten viele Kinder und eines davon war eben dieses Rumpelstilzchen. Eigentlich hieß es Stilzchen, aber es machte immer fürchterlichen Lärm und Krach und wurde deshalb Rumpel-Stilzchen genannt.

Er kam in die Jahre selber zu zaubern, war ein schlaues Kind und konnte deshalb schon bald dazwischenhexen. Er war natürlich noch nicht so ganz in Übung und die Mutter ärgerte sich öfter mal über Pfannen, die vom Herd sprangen, Türen, die nur aufgingen, wenn man sie zumachte.

Der Vater verbot ihm die Zauberei, denn er hatte viel im Kopf. Arbeit über Arbeit. Der eine brauchte Regen für seine Ernte, der andere wollte Sonne für die Trauben, der dritte wünschte seinem bösen Nachbarn Hagel an den Hals. Da blieb mal eine Kuh im Sumpf stecken und mußte herausgezaubert werden, dort klebte ein Junge im Nußbaum und kam nicht mehr herunter. Er kam mit der Arbeit überhaupt nicht mehr nach.

Das Rumpelstilzchen dachte nie an die Verbote und spielte und zauberte weiter, bis eines Tages

– – – der Vater wieder mal über ein Wundertier in der Stube stolperte und schrie: »Jetzt reicht's mir aber« und das Rumpelstilzchen in einen kleinen häßlichen Zwerg verwandelte.

Der war sehr erschrocken und lief sofort aus dem Haus und die Straße hinunter und über das Feld und über den Bach und immer weiter und immer weiter. Dann verzog es sich still in den Wald, lebte ganz einsam, kochte für sich allein und sah keine Menschenseele. Dann war es ihm aber langweilig, denn Krach machen traute es sich nicht mehr und zaubern schon gar nicht.

Einmal traf er das Mädchen, das da Stroh zu Gold spinnen wollte und damit fing die Geschichte an. Er dachte sich dabei, daß es das Kind der Königin dann haben könnte, damit er nicht so alleine war und er wollte das Kind aufziehen und auf die Schule schicken und was man halt so alles mit einem Kind macht.

Also stand der Vertrag und das Rumpelstilzchen freute sich sehr auf das Kind. So kam also der Tag, an dem er das Kind holen wollte und die Königin seinen Namen wußte und er das Kind nicht haben durfte.

Jetzt könnt ihr vielleicht verstehen, warum er so ärgerlich war, daß er sich fast in der Luft zerrissen hätte. Er schrie und tobte und tanzte (mehr noch als in den Zeiten, als er noch richtig rumpelte).

Er stürzte aus dem Schloß, rannte über das Feld, über den Bach und die Straße hinauf und kam plötzlich zuhause an.

Dann schrie es seinen Vater an, die ganze Wut der vielen einsamen Jahre und weinte und tobte. Der Vater war sehr erschrocken und alle hatten sich schon nach dem Rumpelstilzchen gesehnt. Es war damals so schnell aus dem Haus gelaufen, wurde nicht mehr gesehen und die Eltern und Geschwister waren ganz traurig darüber. Gemeinsam zauberten sie ihn zurück.

Er war ein ganzes Stück gewachsen in der Zeit. Jetzt lebte er wieder mit den Eltern und Geschwistern, machte viel Lärm und Radau und war wieder fast ganz das alte Rumpelstilzchen. Er zauberte allerhand Unsinn und die Eltern regten sich auf, aber sie wurden auch gescheiter und auch das Rumpelstilzchen wurde größer. Ganze 1 Meter und 63 Zentimeter, genau so groß wie seine Schwester.

Nur manchmal fühlte er sich wieder klein und häßlich, aber ging nie wieder so weit in den Wald zurück.

Neue Märchen – Die abenteuerliche Reise

Ein Märchen kann in einer therapeutischen Sitzung entstehen oder aber in Fortsetzung in einer Reihe von Sitzungen. Im Grunde ist jede Geschichte, die das Kind z. B. mit den Handpuppen erfindet, sein eigenes Märchen. Gerade die Handpuppen bieten ein reichhaltiges Sortiment an Figuren: Tiere und Fabelwesen, wie Engel, Zwerge usw. Eine weitere Möglichkeit ist das Malen der Figur. Dabei fällt der körperliche Aspekt des Lebendigmachens in der Hand weg. Es bleibt aber die Kommunikation der Figuren. Die Aktion findet in der Phantasie statt und wird parallel dazu gemalt. In solchen Szenenbildern entstehen oft Zusammenhänge der Geschichten, da sie immer wieder vorliegen und daran angeknüpft werden kann.

Es gibt viele Themen, zu denen Kinder Geschichten erfinden. Im folgenden sei ein Thema herausgenommen, das immer wieder auftritt: »Die abenteuerliche Reise«. Es ist ein Thema, das auch in vielen überlieferten Märchen eine Rolle spielt und einen Prozeß der Selbstfindung und Auseinandersetzung mit der Welt – der inneren und äußeren – darstellt. Schwerpunkte einer Reise seien am Beispiel der fünf Szenenbilder eines 10jährigen Mädchens herausgearbeitet.

Isolation

Das erste Szenenbild zeigt eine Riesenfrau und ein Krokodil in einem Wald. In diesem Wald lebt die Riesenfrau zunächst ganz allein in einer Höhle, denn »meine Mutter meinte, ich solle da drin bleiben, da die Welt so gefährlich ist«.

Ausgangspunkt des Kindes ist oft eine einsame Person oder eine Figur, die durch Besonderheiten von den anderen isoliert ist. Diese Isolation ist gleichzeitig Schutz und Gefängnis. In einem anderen Spiel war es ein Prinz auf einer Insel, die niemand ohne seine Erlaubnis betreten durfte und die er selbst selten verließ. Das Bild zeigt deutlich die innere Einsamkeit des Kindes, seine Ängste vor den anderen, seine Schwierigkeit, in realen Kontakt mit anderen Menschen zu treten, eine Einsamkeit, die sich auch oder gerade auf die eigene Familie bezieht. Sie muß nicht durchgängig sein und kann auch Ärger und Wunsch nach Trennung ausdrücken. Bei beginnender Loslösung von der Familie empfindet sich das Kind als eigenständige Person in der Familie und getrennt von ihr. Je nach seinem Kontakt zu anderen Personen seiner Außenwelt kann das für das Kind sehr bedrohlich sein. Wenn die Mutter meint, die Welt sei gefährlich (die muß es ja wissen!), bleibt dem Kind zunächst nichts anderes übrig, als alleine in seiner Höhle oder auf seiner Insel auszuharren.

Freund

In diesem Wald lebte aber nicht nur die Riesenfrau alleine, sondern auch noch ein kleines Krokodil, drachenähnlich, das wegen seiner Gefräßigkeit ständig mit dem Jäger des Waldes in Konflikt lag.

Die zweite Figur wurde zunächst vom Therapeuten eingeführt, d. h., das Mädchen malte in einer Ecke die Riesenfrau, ich auf der anderen Seite des Bogens das Krokodil. Im Rollentausch mit dem Kind und im Verlauf des Spieles gewinnt auch diese Gestalt Form und Farbe, mitbestimmt durch die Wünsche und Ängste des Kindes.

Es ist nicht möglich, die Isolation des Kindes sofort aufzulösen. Das Kind braucht diesen Schutz. Ein erster Freund in der Isolation bedeutet einen ersten Schritt nach draußen. Der Freund der isolierten Hauptfigur hat meist selbst Merkmale, die nicht einer normalen Person entsprechen; oft ist es ein Tier. In unserem Beispiel bleiben beide zunächst im Wald, da die Dorfbewohner erschrecken würden beim Anblick einer Riesenfrau und eines Krokodils. So haben sie ein gemeinsames Schicksal und können sich darin auch gefühlsmäßig unterstützen. Durch die Auseinandersetzung mit den Eltern wird der Therapeut erkennen, ob die Erfahrung der Isolation und des fehlenden Freundes die Gesamtsituation des Kindes darstellt oder sich auf Teilbereiche seines Lebens bezieht. Im therapeutischen Spiel bringt sich der Therapeut als Wegbegleiter und Freund ein.

Erste Begegnung, erste Kämpfe

Die erste Begegnung findet im Walde statt. Der Jäger möchte lieber den Wald abholzen lassen, als ihn diesen beiden zu geben, da sie so viel Unordnung im Wald machen. Die erste Begegnung ist deutlich die innere Auseinandersetzung des Kindes. Der Jäger steht für die Ordnungsmacht, die eher eine Vernichtung des Waldes und der beiden in Kauf nehmen würde, als eine Verwilderung, in welcher Form auch immer, zuzulassen. Hier bestand die therapeutische Intervention darin, den Jäger in seiner Meinung zu mildern. Es wäre möglich gewesen, in einem Kampf eine der beiden Seiten gewinnen zu lassen. Für das Kind waren beide Seiten wichtig, also mußte es zu einer Einigung kommen. Das war nur möglich bei einer größeren Toleranz des »Überichs«. Diese erste Begegnung ist wie das Tor zur Welt, erst danach kommen die beiden heraus.

Das zweite Szenenbild zeigt die beiden großen Figuren auf der Hauptstraße eines Dorfes im Kampf mit den Marsbewohnern. Zunächst wollen Riesenfrau und Krokodil nicht in das Dorf, da sie meinen, die Bevölkerung würde vor ihrer Größe und Gefährlichkeit erschrecken. Dies ist ein weiteres Hindernis auf dem Weg nach draußen: Kann ich mich in meiner ganzen Schrecklichkeit der Welt zeigen, mit meinem Mut und meinen Schwächen, usw.? Sie wurden von der Bevölkerung zu Hilfe gerufen, als diese von den Marsbewohnern angegriffen wurde.

Mit dem Jäger wurde noch ein Kompromiß ausgehandelt, und der war auch notwendig. Bei den »unmenschlichen« Marsmenschen (sie werden zu Menschen zerdrückt von der Riesenfrau) kann der Kampf ganz offen geführt werden, und es tobt eine richtige Schlacht.

Wie schon beschrieben, ist das spielerische Ausleben von Aggressionen ein wichtiger Verhaltensschritt, um aus der Bewegungsstarre der Angst loszukommen, eine Bewegungsstarre, die sehr oft durch die Verdrängung der aggressiven Impulse entstanden ist. Das Austoben ist wie das Öffnen eines Stausees: es kann danach der Fluß wieder fließen.

Stark und schwach, männlich und weiblich

Noch auf dem zweiten Szenenbild überragen Riesenfrau und Krokodil die Menschen weit an Größe. Schon beim dritten und vierten Szenenbild sind die Größenverhältnisse nicht mehr so unterschiedlich. Es findet eine Annäherung statt.

Das ängstliche Kind hat sich eine Figur gewählt, die die Stärke und Macht hat, die es sich selbst nicht zuschreibt. Riesenfrau und Krokodil bekommen ihre Macht hauptsächlich, indem sie anderen Personen und Tieren helfen. Das Muster des Kontakts ist einseitig festgelegt. Es gibt die Hilfs-bedürftigen, Schwachen und Starken. Im Verlauf der Therapie werden aber nicht nur Riesenfrau und Krokodil kleiner, die Hilfsbedürftigen werden auch einmal weggeschickt oder an ihre eigenen Möglichkeiten und Kräfte erinnert. Durch die stärkere Mischung innerhalb der Personen von stark und schwach können sie autonomer werden. Die Schwachen sind nicht mehr ganz so angewiesen auf die Starken, und die Starken können andere Verhaltensebenen erleben. Daran wird auch deutlich, wie sehr das Verständnis der Rollenverteilung der Geschlechter das Spiel beeinflußt. Das Mädchen konnte eine starke Frau phantasieren. Ihre Stärke war vor allem im Helfen und Befreien von anderen begründet (das alte Ritterthema). Durch die *gemeinsame Reise* wurde es in ihrer Stärke und Wichtigkeit unterstützt, war aber nicht in dieser Weise festgelegt. Die Riesenfrau und das Krokodil erlebten Freude am Essen, Baden, Zugfahren. Es war ein Versuch, das Leben zu genießen, nicht den Sinn nur im Aufopfern für die anderen zu sehen.

Durch die Vermischung der sonst geschlechtsspezifisch zugeordneten Eigenschaften wie stark und schwach ist mehr Verhaltensspielraum gegeben. Auch die strikte Trennung der Geschlechter und die damit verbundene Angst vor dem anderen kann leichter aufgelöst werden. Die Tiere sind zunächst neutral und haben sicher in diesem Sinne auch wichtige Funktionen.

Die Lebensrealität der männlichen und weiblichen Kinder kann durch die Therapie allerdings wenig verändert werden.

Verwandlung und Rückkehr

Das letzte Szenenbild zeigt ein Mädchen und einen Jungen, wie sie auf einer Fahrradmaschine von Indien nach Hause fliegen. Schon während der Reise fand eine Annäherung der beiden an die anderen Menschen statt. Sie waren nicht mehr so viel größer. Mit einem dritten Wunsch, den die beiden übrig hatten, verwandeln sie sich in ein Mädchen und einen Jungen. Die Verwandlung der Person ist nicht immer so eindeutig auszumachen wie in diesem Beispiel. In den überlieferten Märchen sind die Menschen nach ihrer Reise erwachsen, oft reicher und schöner. Sie heiraten und übernehmen das ganze Königreich.

In unserem Beispiel war es die Rückkehr in ein kleines Haus am Dorfrand. Die Reise als Beispiel der Verselbständigung und Lösung von den Eltern bedeutet nicht immer eine reale Situation, in der der Jugendliche das Haus verlassen will. In jeder Entwicklungsstufe, d. h. immer wieder, erarbeitet sich das Kind ein Stück weiter Unabhängigkeit von und mit den Eltern. Diese Entwicklung kann natürlich auch in vielfältiger Weise gestört werden. Bei dem 10jährigen Mädchen mit Riesenfrau und Krokodil war es ein kleinerer Bruder, der Neid, Ärger und Eifersucht in bezug zu den Eltern auslöste. Dies war ein Teil der Hindernisse auf ihrem Weg in die Welt.

Die Rückkehr von der Reise ist ein Wiederaufsuchen der alten Umgebung. Das Kind findet einen Platz und kann ihn in neuer Weise besetzen.

In archaischen Kulturen findet sich häufig eine ähnliche Auffassung: Ohne eigenen Platz irrt die Seele herum und muß erst mühsam gesucht und befreit werden, wie in den schamanistischen Therapien. Der Schamane begibt sich auf die Reise, um die verlorene Seele zu suchen. Nach vielen abenteuerlichen Kämpfen mit den Geistern kann er sie befreien und seinem »Patienten« zurückbringen (*Ellenberger* 1975, S. 26 ff.). Das Verschwinden der Seele entspricht der Verwandlung und Isolation der Personen des Märchens. Die Reise mit ihren Abenteuern durchlebt der Schamane, der Patient nimmt in passiver Aktivität daran teil.

Auch in den überlieferten Märchen gibt es die Reise und ähnliche Themen. Sie kommen manchmal in unterschiedlicher Reihenfolge vor. Bei Zwerg Nase z. B. ist die Verwandlung und Isolation die zweite Episode der Geschichte. Bei Aschenputtel ist die Isolation Anfang und Ausgangspunkt des Märchens. In beiden Märchen kommen Tiere als Freunde und Helfer vor. In beiden Märchen gibt es die Verwandlung und Rückkehr zu den Menschen am Ende der Geschichte. Konkreter noch findet sich das Thema der Reise, der Selbstfindung und des Erwachsenwerdens in den verschiedenen Versionen über die drei Brüder, die ausziehen, ihr Glück zu finden und einen Beruf zu erlernen oder verschiedene Aufgaben zu erfüllen.

In allen diesen Märchen sind die Reise, die Verwandlung und die Abenteuer Mittel zu einer Integration der verschiedenen Gefühle und inneren Strebungen.

Die vorgestellte Reise ist ein typisch europäisches Märchen. Ohne es zu wissen, haben das Kind und ich als Therapeutin ein Verhaltensmuster gewählt, das schwerpunktmäßig in europäischen Märchen zu finden ist. *Nitschke* (1977) beschreibt das Muster der Autodynamik. Es bedeutet eine Veränderung für den Helden durch das Einwirken seiner eigenen Kraft, sein Durchsetzungsvermögen gegenüber äußerlichen Feinden, eine Betonung der relativen Unabhängigkeit.

Die Verhaltensmuster außereuropäischer Länder sind in Abgrenzung dazu gekennzeichnet durch die Heterodynamik: Die Veränderung wird durch positives Einwirken auf die Kraft anderer hervorgerufen, die stärker sind als der Held (z. B. die Natur). Eine Betonung der relativen Abhängigkeit. Ein weiteres Verhaltensmuster ist die Transformation: die

Veränderung geschieht durch die Umwandlung der Person. Die Idee der Wiedergeburt in immer neuen Ebenen ist ein Beispiel dafür. Im vorgestellten Märchen läßt sich auch die Transformation finden in der Umwandlung von Riesenfrau und Krokodil in Mädchen und Junge. Grundsätzlich ist jedoch das erstgenannte Verhaltensmuster im Vordergrund.

Die Psychoanalytiker benutzen ihr Wissen um die persönliche Beteiligung des Therapeuten an der Therapie, um im Rahmen der Übertragung und Gegenübertragung daran zu arbeiten. Das ebengenannte Beispiel verdeutlicht, daß wir in den Therapien auch das kulturelle Erbe und die damit verbundenen Probleme weitertragen. Wir sollten es wenigstens wissen, eine Änderung ist nicht so einfach und schwierig zu beurteilen.

Ein Schlußwort: Über den Zaun schauen

Über das Puppenspiel kamen wir auf die symbolischen Bilder und auf die Bedeutung der Märchen. Die »irrationalen« Erlebnisse und Gefühle der Kinder, die in der Therapie Ausdruck finden, sind Teile ursprünglicher Wildnis. Duerr (1978) beschreibt einen Zaun, auf dem die Hexen sitzen. Jenseits des Zaunes ist das Irrationale, Unbegreifliche, Animalische des Menschen. Er zeigt den Prozeß der Zivilisation, der den Zaun dichter werden ließ und die Hexen verbrennen.

Die Rationalität als ein Teil der Zivilisation dient der Beherrschung der Natur. Mit einem Naturgeist mußte man sich noch anfreunden, mit einem physikalischen Geschehen nicht. Das hat Vor- und Nachteile. Sicher ist wohl, daß wir nicht mehr zu den Geistern zurückfinden wollen.

Das andere Extrem ist die rücksichtslose Ausbeutung der Welt und der Menschen aufgrund der emotionalen Distanz, der Entfremdung, die zu beiden sich aufbaut.

Es wäre traurig, wenn die Therapien »zoologische Gärten« werden würden, in denen »vom Aussterben bedrohte Gefühlsarten noch überleben und sich sogar vermehren dürfen . . .« (Schmidtbauer 1981). Dann hätten die Therapien, wie heute schon manche Sekten, nur noch kompensatorische Funktion zum Ausgleich für die Belastungen des Menschen in der Gesellschaft, die im normalen zwischenmenschlichen Bereich nicht mehr bearbeitbar sind.

Dieser Trauer möchte ich mich doch noch nicht anschließen.

Literatur

Berna, J., Kinder beim Analytiker, Piper, München 1973.

Bettelheim, B., Kinder brauchen Märchen, Deutsche Verlags Anstalt, Stuttgart 1977.

Dürr, H. P., Traumzeit, Syndikat, Frankfurt 1978.

Ellenberger, H. F., Die Entdeckung des Unbewußten, Band I., Huber, Bern 1975.

Franz, M. L. v., Das Weibliche im Märchen, Bonz, Stuttgart 1977.

Fromm, E., Märchen, Mythen, Träume, Deutsche Verlags Anstalt, Stuttgart 1980.

Gmelin, O. F., Böses aus Kinderbüchern und ein roter Elefant, Haag und Herchen, Frankfurt 1977.

Grimm, Gebr., Märchen der Gebrüder Grimm, Knauer Droemer, Berlin 1937.

Lückel, R., Integrative Arbeit mit Märchen, Junfermann, Paderborn 1979.

Moreno, J. L., Psychodrama, vol. I, Beacon House, Beacon 1946; dtsch.: Psychodrama, Junfermann, Paderborn 1983.

Nitschke, A., Soziale Ordnungen im Spiegel der Märchen, Band 1: Das frühe Europa, Fromann und Holzboog, Stuttgart 1976.

Nitschke, A., Soziale Ordnungen im Spiegel der Märchen, Band 2: Stabile Verhaltensweisen der Völker unserer Zeit, Fromann und Holzboog, Stuttgart 1977.

Petzold, H., Angewandtes Psychodrama, Junfermann, Paderborn 1972.

Petzold, H., Geibel, Chr., Komplexes Kreativitätstraining in der Vorschulerziehung durch Psychodrama, Puppenspiel und Kreativitätstechniken, in: *Petzold* (1972) S. 331–344.

Richter D., und *Merkel, J.*, Märchen, Phantasie und soziales Lernen, Basis Verlag, Berlin 1974.

Richter D. und *Vogt J.* (Hrsg.), Die heimlichen Erzieher: Kinderbücher und politisches Lernen, Rowohlt, Reinbek 1974.

Ritz, H., Die Geschichte von Rotkäppchen. Ursprünge, Analysen, Parodien eines Märchens, Muriverlag, Emstal 1981.

Rojas-Bermúdez, J., Die Puppen und Medien als Intermedias-Objekt, *Integrative Therapie* 2 (1982).

Schmidtbauer, M., Der Psychoanalytiker und das Irrationale, in: Der Wissenschaftler und das Irrationale, *Duerr, H. D.* (Hrsg.), Syndikat, Frankfurt 1981.

Straub, H., Über die Anfangsphase psychodramatischer Kinderbehandlung mit Puppentheaterfiguren, in: *H. Petzold* (1972) S. 218–231.

Zulliger, H., Heilende Kräfte im kindlichen Spiel, Klett, Stuttgart 1967[5].

Wolfgang Stuckenhoff

Handpuppenspiel mit Vorschul- und Grundschulkindern
Neuroseprophylaxe – Konfliktlösung – Kreativitätsförderung

1. Die charakteristischen Merkmale des Figurenspiels und seine Bedeutung für Konfliktlösung und Neuroseprophylaxe

Das Spiel mit Spielfiguren ist von eminent großer Bedeutung sowohl in pädagogischer als auch in psychologischer und psychotherapeutischer Hinsicht.

Um dies in seiner ganzen Wertigkeit zu erfassen, muß man sich das Charakteristische des Spiels mit Spielfiguren vor Augen führen: Zunächst gilt es, sich der Tatsache bewußt zu sein, daß das Spiel mit Spielfiguren, als welche wir Handpuppe, Stab- und Stockpuppe, Marionette und Flachfigur als Grundtypen sowie ihre Variationen zu sehen haben, die mittelbare Form des darstellenden Spiels gegenüber der unmittelbaren ist, bei der sich der Spieler keines Mediums bedient, sondern sichtbar und unmittelbar eine Rolle darstellt. Gerade die Mittelbarkeit der spielerischen Darstellung aber ist aus psychologischer sowie pädagogischer Sicht das bedeutsamste Charakteristikum des Figurenspiels, weil es dem mehr oder weniger unbewußten Bestreben vieler Menschen entgegenkommt, sich über ein Medium und nicht unmittelbar und direkt auszusagen. Dahinter können entwicklungspsychologisch bedingte und damit sehr vorläufige Hemmungen, aber auch neurotische oder psychopathologische Zustände stehen, für deren Behebung, mindestens aber Linderung das Figurenspiel hervorragend geeignet ist.

Fügen wir als weiteres Charakteristikum hinzu, daß das Kind in den ersten Lebensjahren eine unübersehbare Disposition zum Spiel als einem zentralen Adaptionsinstrumentarium hat, die sich in der Art und Weise zeigt, wie es sich die Umwelt erobert, dann wird die Bedeutung vor allem der spielerischen Auseinandersetzung mit Menschen und Situationen und den sich dabei immer wieder ergebenden Problemen sinnfällig.

Man muß, gerade wenn man die psychische Entwicklung des Kindes im Auge hat, noch einen Schritt weitergehen: Wenn das Kind sozusagen aus sich selbst heraus die Auseinandersetzung mit der Umwelt auf der spielerischen Ebene sucht, hier also seine guten und schlechten Erfahrungen macht, dann kann daraus geschlossen werden, daß auf dieser Ebene auch bewußte wie unbewußte Konflikte und pathologische Zustände zu lösen sind. Das Gesagte gilt für das Spiel insgesamt, d. h. für das Spiel, verstanden als die Summe aller denkbaren Spielformen.

Aufgrund einer ähnlichen Erkenntnis hat *Hans Zulliger,* den man den »Pionier der Kinderpsychologie« nennt, die Meinung vertreten, daß mit der »reinen Spieltherapie« ohne die von den Vertretern der Psychoanalyse propagierte Deutung des Unbewußten psychisch kranke Kinder zu heilen sind: »... nun wird man sich fragen, ... wieso Heilungen überhaupt zustande kommen können ohne das Bewußtmachen der pathogenen unbewußten Konflikte ... Wenn ein Kind beim Kasperlespiel den König totschlägt oder vom Krokodil auffressen, vom Polizisten verhaften läßt, dann ist für es wirklich Rache genommen am Vater ...« (*Zulliger* 1970, S. 91–92).

Der qualitative Unterschied im Verständnis solcher Akte zwichen dem Erwachsenen und dem Kind ist der, daß der Erwachsene diesen Vorgang als einen symbolischen Akt betrachtet, während ihn das Kind als Wirklichkeit erlebt, ein Ergebnis des magischen Denkens des Kindes in dieser frühen Entwicklungsphase und ein weiteres Charakteristikum des Spiels im allgemeinen und des Figurenspiels im besonderen: »Um aber ein Kind von seelischen Störungen heilen zu können, müssen wir jene Schicht seiner Psyche erreichen, in der das Kind lebt. Diese ist die magische, die prälogische, die noch nicht intellektuell gewordene, oft noch nicht einmal zu Wortvorstellungen gewordene Sprache« (*Zulliger* 1970, S. 92). Es muß erläuternd hinzugefügt werden, daß das Magische im Denken des Kindes vor allem in jenen Spielen zum Ausdruck kommt, die das Kind selbst erfunden, mindestens aber, unbeeinflußt von außen, selbst ausgewählt hat. Das wiederum soll deutlich machen, daß nicht erst das psychisch kranke Kind der Vorteile einer Therapierung durch das Spiel teilhaftig werden kann, sondern daß dem kindlichen Spiel eine heilende Wirkung immanent ist. Damit wird angedeutet, daß das Kind bedrückende Erlebnisse, z. B. beim Arztbesuch, nachträglich in entsprechenden kleinen Rollenspielen mit und ohne Puppen harmlos ableitet, übrigens ohne das Problem überhaupt intellektualisiert zu haben, ja, es hat diese intellektuelle Fähigkeit noch gar nicht entwickelt. Gerade im Alter bis zur Einschulung werden Konflikte welcher Art auch immer meistens über Spielprozesse mit zum Teil stark dramatischem Akzent aufgearbeitet. – Wenn also seitens der Eltern in dieser Hinsicht ein Angebot an die Kinder gemacht wird, sie also von den Eltern an das Rollenspiel oder Figurenspiel herangeführt werden, dann kann das einer Neurosebildung entscheidend vorbeugen.

Neben der spieldramatischen Aufarbeitung des Konfliktes, also dem natürlichen spielenden Abbau psychischer Belastungen, können solche dramatischen Spiele, als welche wir alle Formen des Rollenspiels ohne und mit Spiel-Medien (z. B. Spielfiguren) zu verstehen haben, auch gezielt von Pädagogen und Psychologen angeboten werden, um erstens vermutete Konflikte aufzudecken, und zweitens milieubedingte Defizite, z. B. im Sozialverhalten, oder milieubedingte Neurosen zu erkennen und mit Hilfe solcher Spiele einer Heilung zuzuführen. Eine Therapierung kann selbstverständlich nur von einem Spezialisten durchgeführt werden. Immerhin wird man durch die aufmerksame Beobachtung kindlicher Spielprozesse gerade im Bereich der Rollenspiele etwaige Störungen feststellen und könnte dann vielleicht schon frühzeitig eine Behandlung in Gang setzen lassen.

Mit dem Hinweis auf *Zulligers* »reine Spieltherapie« wird nun aber nicht ausschließlich dieser Therapie-Richtung das Wort geredet. Es kann sich durchaus als empfehlenswert erweisen, z. B. im Figurenspiel wieder erlebte Konflikte in einem anschließenden Gespräch zwischen Therapeut und Kind zu intellektualisieren. Das kann aus Gründen ganz bestimmter, persönlichkeitsgebundener Aspekte, vor allem aber aus solchen entwicklungspsychologischer Gegebenheiten geschehen. Gerade bei Kindern im Alter ab 10/11 Jahren wird eine Kombination aus Spiel und Gespräch praktisch unumgänglich, weil Kinder dieses Alters ihre Probleme und Konflikte fast ausschließlich intellektuell aufarbeiten wollen und übrigens nicht zuletzt aus diesem Grunde verstärkt das Gespräch mit Erwachsenen suchen.

2. Die Phasen kindlichen (Selbst-)Darstellens und ihre Charakterisierung

An dieser Stelle empfiehlt es sich, die charakteristischen Merkmale spielenden Darstellens der Kinder im entwicklungspsychologischen Wandel aufzuzeigen; denn bei der Initiierung von Rollenspielen, etwa zum Zwecke von Diagnose und Therapie, ist die Berücksichtigung der Entwicklungsphasen eine wichtige Voraussetzung für die notwendigen Erkenntnisse. – In einem Alter von 2–3 Jahren zeigt die Intelligenzentwicklung des Kindes einen Stand, der es ihm ermöglicht, sich auch Abwesendes vorstellen zu können bzw. ein bestimmtes Objekt mit einer ganz anderen Inhaltlichkeit auszustatten, es also umzuwidmen, weil dies beispielsweise für das gerade stattfindende Spiel notwendig ist. Von dieser neu gewonnenen Fähigkeit zu symbolischem Denken und Handeln macht denn auch das Kind von nun an einen immer differenzierteren, variableren Gebrauch.

Das folgende Phasen-Modell enthält die notwendigen Informationen über die einsetzbaren Rollenspiel- bzw. Figurenspiel-Möglichkeiten.

Aufgrund der Tatsache, daß also die Darstellung des Kindes eine symbolische ist, wird die folgende Charakterisierung des Phasen-Modells genau darauf Bezug nehmen (*Stuckenhoff* 1978, S. 20 ff):

1. In einem Alter von etwa 3–5 Jahren lebt das Kind in der *Phase des symbolisch-unmittelbaren Darstellens*. In dieser Phase will es sich noch *unmittelbar* als Akteur selbst darstellen, wobei ihm die Sprache aber noch nicht in dem Maße zur Verfügung steht, wie dies etwa jenseits des 10./11. Lebensjahres der Fall ist. Die dargestellten Tätigkeiten, Handlungen oder konflikthaften Situationen werden aber so plastisch, mit so dynamischer Gestik und Mimik vorgetragen, daß bei entsprechender Beobachtung daraus alle wichtigen Informationen über die psychische Situation des Kindes abgeleitet werden können und das Kind, wie schon betont, auf diesem Wege Belastendes harmlos ableitet. – Trotz der Dominanz unmittelbaren Darstellens ist neben dem ohnehin stattfindenden Spiel des Kindes mit seinen Puppen und Stofftieren das Spiel mit Spielfiguren möglich, was dann allerdings im Zusammenspiel mit einem Erwachsenen erst wirklich erfolgreich ablaufen kann.

2. Die hieran anschließende *Phase des symbolisch-mittelbaren Darstellens* läßt sich so beschreiben: Etwa in die Schuleingangsstufe (1. und 2. Schuljahr) fallend, ist sie in den meisten Fällen gekennzeichnet durch eine mehr oder weniger spürbare Hinwendung des Kindes zu anderen Kindern auf Kosten seines Verhältnisses zu den Erwachsenen, unter anderem zu den Eltern. Das bis hierhin von vielen Kindern aufgebaute Bild der Unfehlbarkeit und absoluten Zuverlässigkeit der Eltern wird mehr und mehr relativiert, weil die Realität mit dem Bild nicht übereinstimmt, was die Kinder nun erkennen, und zwar zusammen mit der sehr schmerzhaften Tatsache der Ohnmacht gegenüber den Erwachsenen. Daraus entsteht Unsicherheit, was sich auf die Identifikation eines solchen Kindes nach

außen auswirkt. Die Spontaneität und Dynamik der vorausgehenden Phase erlebt eine zum Teil recht starke Abschwächung, und das Kind greift nunmehr sehr viel häufiger zur Spielfigur, und dies insbesondere dann, wenn psychische Belastungen in Neurosen umzukippen drohen. Dann sucht das Kind nach der Aussagemöglichkeit über eine Spielfigur, also nach dem »Spiel aus dem Versteck« *(Ignaz Gentges)*. – Diese Entwicklung hängt in ihrer Intensität stark von dem Vertrauensverhältnis ab, das die Eltern zu ihrem Kind aufzubauen in der Lage waren.

Die einsetzbaren Formen des Figurenspiels können alle genannten Grundtypen in *einfachster* Ausführung umfassen, liegen allerdings vorzugsweise bei der *Stabpuppe* und der Handpuppe. – Es ist in diesem Zusammenhang sehr empfehlenswert, die Spielfigur selbst herstellen zu lassen, wobei dieser gestalterische Prozeß einen nicht zu großen Zeitraum umfassen sollte und auch nicht umfassen muß: dem Kind werden lediglich ein Holzlöffel, Kreppapier, Blumendraht und Farben (Plaka oder auch Wasserfarben) mit Pinsel zur Verfügung gestellt. Das Gesicht wird auf den Löffel gemalt, und das Kreppapier mit Blumendraht wird zur einfachen Drapierung des Kleides um den Löffel genommen. Es hat sich in allen beobachteten Prozessen dieser Art herausgestellt, daß die Bindung des Kindes an die selbst erstellte Spielfigur eine sehr starke ist, wodurch auch das Spiel selbst an Intensität und Aussagewert gewinnt.

Es sind also die mehr oder weniger starken Minderwertigkeitsgefühle oder auch Schuldgefühle und nicht selten aufgestaute Aggression, wodurch das Kind dazu kommt, sich in einem Alter unmittelbarer Aussagefreude hinter einer Maske, in welcher Funktion die Spielfigur hier zu sehen ist, zu verstecken, um erst jetzt und noch dazu nicht eben sehr flüssig die belastenden Gefühle sozusagen herauszuspielen. Ab einem Alter von 7–8 Jahren lebt das Kind in der *Phase einer variablen Symbolik mittelbaren Darstellens,* was zuerst einmal besagen soll, daß die Aussageformen an Variabilität zunehmen, sich also differenzieren. Das muß selbstverständlich sowohl auf das fortschreitende geistige Wachstum als auch auf die Erfahrungen in und mit der Umwelt zurückgeführt werden. Das Kind ist nunmehr in sich steigerndem Maße zu analysierendem Denken und kritischer Diskussion fähig, was verstärkt zu einer Intellektualisierung der Konflikte führt. Dies zusammen bedeutet die fortschreitende Verschlüsselung der Probleme, was immer auf Kosten der Deutbarkeit durch Dritte, also auch durch den Therapeuten geht. Auf der einen Seite nehmen Denk- und Erkenntnisfähigkeit zu, wodurch auf der anderen Seite die aus der Erkenntnis der eigenen Unzulänglichkeit resultierende innere Unsicherheit des Kindes verstärkt wird. Es muß nicht betont werden, daß dem Figurenspiel nun eine immer bedeutendere Funktion zuwächst. Die Konflikte und Probleme projiziert das Kind in das Spiel mit der Spielfigur, wodurch sie zu einem bedeutenden Aussageträger wird. Man sollte also dem Kind, will man ihm wirklich helfen bzw. es in seiner Ich-Stabilisierung unterstützen, das Spiel mit der Spielfigur anbieten. – Eine Psychohygiene für das Kind sollte sich unbedingt verstärkt auf das Rollenspiel im allgemeinen und das Figurenspiel im besonderen zur Neuroseprophylaxe und -heilung konzentrieren.

Die Aufschlüsselung der Phasen der symbolischen (Selbst-)Darstellung soll zum einen die wesentlichen entwicklungspsychologischen Aspekte im kindlichen Spielverhalten deutlich machen und zum anderen zeigen, wie sich die Affektivität des Kindes unterschiedliche Wege des Ausdrucks sucht. – Wenn hier nun gesagt wird, daß das Kind seine Konflikte in die Spielfigur projiziert und über sie entweder unmittelbar abbaut oder aber mit Hilfe eines Partners (Therapeut) spielerisch noch einmal erlebt, dann bedeutet das eine Übertragung im *Freud*schen Sinne: Aggressivität, Haß- und Liebesgefühle werden auf das Spiel mit Spielfiguren – also auch und vor allem auf die Spielfigur des Therapeuten – übertragen. – Während im Alter bis 5 und 6 Jahren die sich zum Teil mit eruptiver Energie entladenden, negativen wie positiven Gefühle auf der spielerischen Ebene noch einmal durchlebt werden, intellektualisiert sie das Kind mit zunehmendem Alter, sollte aber auch jetzt noch Gelegenheit zum besagten Spiel bekommen, weil hier letzten Endes die Lösung zu finden ist. Allerdings muß im Gegensatz zur Phase des symbolisch-unmittelbaren Darstellens dem Gespräch ein breiterer Raum gegeben werden. – Die vorstehenden Überlegungen zeigen deutlich die kathartische Funktion gerade des Rollenspiels bzw. des Figurenspiels. Sie zeigen auch, daß sich das Kind ganz instinktiv und ohne Einfluß eines Erwachsenen sozusagen in diese emotionsgeladene Aktivität – eben: das darstellende Spiel – wie in ein heilendes Bad hineinfallen läßt, dem es dann gereinigt wieder entsteigt.

Wenn aus diesen Gründen der Psychotherapeut zum Figurenspiel als Therapiemethode greift, so darum, weil das Kind durch die Möglichkeit der spielerischen Übertragung gerade negativer Energien und anderer psychischer Belastungen auf die Spielfigur dem Therapeuten relativ schnell das Unbewußte erschließt und auf dieser Ebene des Ausspielens der Emotionen zugleich auch die Therapie ermöglicht, die wie eine Katharsis heilend wirkt.

3. Das Figurenspiel und seine Bedeutung für die Kreativitätsförderung des Kindes

Es dürfte klar geworden sein, daß das Figurenspiel für die psychische Hygiene des Kindes von unschätzbarem Wert ist. Hinzu kommt aber noch ein weiteres spielimmanentes Potential: gemeint ist das Kreativität erschließende und fördernde Potential, wobei, bezogen auf das Rollenspiel mit Spielfiguren, besonders die soziale Kreativität gefördert wird. Wenn man allerdings, wie weiter vorn bereits empfohlen, den gestalterischen Aspekt dadurch miteinbezieht, daß man alters- bzw. entwicklungsangemessen die Spielfigur, überhaupt das (improvisierte) Puppentheater mit einfachen Mitteln vom Kind selbst erstellen läßt, dann ist auch darüber hinaus ein gestalterisch kreativierender Effekt zu erzielen.

Die Kreativitätsforschung in den USA, insbesondere durch Wissenschaftler wie *Guilford* und *Lowenfeld* vorangetrieben, hat den Beweis erbracht, daß Kreativität nicht eine Sache der exzeptionellen Begabung, sondern eine persönlichkeitsabhängige Größe ist, die gezielt gefördert werden kann. Die vielleicht wesentlichste Erkenntnis ist diejenige, daß die Forschung die die Kreativität ausmachenden Elemente herauskristallisiert und sie dadurch förderbar gemacht hat.

In der Folge sollen die einzelnen Elemente, bezogen auf das Figurenspiel, charakterisiert werden. Das geschieht auf der Basis der *Lowenfeld*-Theorie (*Landau* 1969, S. 41 ff). Der Hinweis, die Charakterisierung erfolge *auf der Basis* der *Lowenfeld*-Theorie, soll andeuten, daß diese Theorie also nicht ›in toto‹ übernommen worden ist, sondern in der hier darzustellenden und in der Praxis bereits erprobten Konzeption einige Modifikationen erfahren hat:

1. Das erste Element ist die *Sensitivität für Probleme,* die den *intensiven* Zugang zu Menschen und Situationen überhaupt erst ermöglicht und auch aufrechterhält. Damit ist die Fähigkeit angesprochen, sich emotional sowohl in Menschen und Situationen als auch in unterschiedliche Nationalitäten und Kulturen versetzen, einfühlen zu können. Es ist aber auch und vor allem jene Sensibilität gemeint, die sich auf den gesamten Wahrnehmungsapparat als der Basis aller Empfindungsfähigkeit bezieht. Es ist eine *erhöhte* Aufmerksamkeit für alle Formen menschlicher Interaktionen.
2. Das zweite Element ist die *Flexibilität der Einstellung* auf Menschen, Situationen und Ereignisse. Das ist die Fähigkeit, sich nicht nur anpassen, sondern konstruktiv Interaktionen und Situationen weiterentwickeln bzw.

überhaupt erweiternd differenzieren und auch Ereignisse auffangen und Lösungsmöglichkeiten finden und durchsetzen zu können.

3. Die *Offenheit* für das Neue, für ungewöhnliche Wege und Lebensformen, aber auch für das Spezifische eines Menschen und einer Situation ist das dritte Element der Kreativität, das aber auch Mut und Bereitschaft zu eigener Umsetzung beinhaltet.

4. Als weiteres Element wird die *Originalität* genannt. Sie ist ein besonders zu gewichtendes Element und meint die wesenhafte Eigenart eines Menschen, die Unwiederholbarkeit seiner Biographie als einer Basis für das Auffinden eigenwilliger Wege, für ungewöhnliche konstruktive Lösungen von Konflikten.

5. Hinzu kommt die kreative Fähigkeit zur *Umgestaltung* als fünftes Element. Da ist zum einen eine gesteigerte haptische Sensibilität, gepaart mit der Freude an und der Befähigung zu einer Veränderung gegebener Formen, und zum anderen ein immerwährender Gärungsprozeß in einem solchen Menschen, neue Gestaltungsformen zu finden.

6. Als letztes Element ist die *Analysefähigkeit* zu nennen, die bei diesem Verständnis von Kreativität mit der Fähigkeit zur Synthesebildung untrennbar verbunden ist, wo also das eine ohne das andere nicht gedacht werden kann. Damit ist gemeint, daß auf der einen Seite eine besondere Schärfe des Blickes für charakteristische Einzelheiten, aber auch für eine ganzheitliche Schau, und auf der anderen Seite die Fähigkeit gegeben ist, Unverbundenes, (scheinbar) nicht Zusammengehörendes zu etwas Neuem zu verbinden, für gegenläufige Tendenzen eine konstruktive, gemeinsame Basis zu finden.

Die vorstehenden Elemente definieren das Phänomen »Kreativität«. Sie machen zugleich deutlich, daß sie an sich bei jedem Menschen als eine Qualität bei allerdings unterschiedlichem Level vorhanden sein könnten. Grundsätzlich kann gesagt werden, daß jedes einzelne Element durch gezielte Maßnahmen, in diesem Zusammenhang durch spielerische Maßnahmen aufgeschlossen werden kann. Wie bereits weiter vorne angedeutet, ist nun mit dem Figurenspiel insbesondere die soziale Kreativität – aber nicht nur diese – zu entwickeln. Wenn hier zuerst einmal die soziale Kreativität angesprochen wird, dann deshalb, weil sich aus der spezifisch sozialen Dominanz des szenischen Spiels die für jede Kind-Persönlichkeit so wichtige Möglichkeit des spielenden Erlernens sozialer Fähigkeiten ergibt. Jedes der genannten Kreativitätselemente ist ein für die gesellschaftlichen Interaktionen notwendiges Qualifikationsmerkmal. Ob man beispielsweise die Sensitivität für Probleme, also das differenzierte Einfühlungsvermögen in Menschen und Situationen, oder die Umgestaltungsfähigkeit – hier verstanden nicht in einem material-gestalterischen, sondern im Sinne einer Lebensumformung – nimmt: beides bezieht sich auf die Problematik zwischenmenschlicher Beziehungen; und das gilt in gleicher Weise für die anderen Kreativelemente. Nur geht es hier nicht mehr allein um ein Sozialtraining, sondern es geht über diese Zielsetzung hinaus hin zu weitgehender Eigenständigkeit und Mut der Entscheidung für neue Wege und Formen in gesellschaftlichen Inter-aktionsprozessen.

Letzten Endes wird durch solche Formen des die Kreativität fördernden Spiels das Denken in ganz entscheidender Weise geprägt: Während sich die Gesellschaft zu ihrer Erhaltung ein Netz von Normen und Sanktionen gegeben hat, das das einlinige, auf *eine* richtige Lösung ausgerichtete Denken, das sogenannte konvergente Denken, voraussetzt, muß das Ziel einer wie auch immer gearteten Kreativitätsförderung das divergente Denken sein, also ein Denken in verschiedenen Richtungen, das den Menschen bei gegebenen Problemen immer sofort nach verschiedenen Lösungen suchen läßt.

Literatur

Landau, E., Psychologie der Kreativität, Reinhardt Verlag, München 1969.
Stuckenhoff, W., Rollenspiel in Kindergarten und Schule, Schöningh Verlag, Paderborn 1978.
Zulliger, H., Heilende Kräfte im kindlichen Spiel, Fischer Verlag, Frankfurt 1970.

III. Das Puppenspiel in der Arbeit mit Erwachsenen

Wolfgang M. Pfeiffer

Das Spiel mit Handpuppen in der psychiatrischen Therapie*

Gestaltungstherapie

Im Umgang mit Handpuppen treffen mehrere psychotherapeutische Methoden zusammen. Einmal geht es hier um eine Form der Gestaltungstherapie. Wer eine menschliche Figur bildet, der gibt in ihr eigenen Strebungen oder bedeutsamen Aspekten der Welt auf so intensive Weise Gestalt, daß er sich damit identifizieren oder handelnd auseinandersetzen kann. Dies gilt für die Plastik auf weit handgreiflichere Weise als für die stärker abstrahierenden Techniken des Zeichnens und Malens. Ein noch höherer Grad der Lebendigkeit wird erreicht, wenn die Gestalt Bewegung und Sprache erhält. So nimmt es nicht wunder, wenn Puppen kultische Bedeutung erlangen, etwa indem sie helfende oder bedrohliche Mächte verkörpern, wie das im indonesischen Wayangspiel der Fall ist.

* Infolge eines Wechsels in meinem Arbeitsbereich habe ich im letzten Jahrzehnt kaum noch mit dem Puppenspiel Berührung gehabt. Trotzdem fühle ich mich dem Zauber der Puppenwelt auch weiter so sehr verbunden, daß ich gern der Einladung des Herausgebers gefolgt bin, aus meinen alten Aufzeichnungen und Veröffentlichungen einen Beitrag für dieses Buch zu gestalten. Wenn neuere Entwicklungen und Publikationen darin nicht berücksichtigt wurden, so bitte ich um die Nachsicht des Lesers. Der Pharm.-wiss. Abteilung der Firma »Bayer« Leverkusen danke ich für die Erlaubnis, einige Passagen aus meinem Beitrag »Handpuppen in der psychiatrischen Therapie« zu entnehmen, der dort als Heft 2 in der Reihe »Beschäftigungs- und Gruppentherapie« erschienen ist.

Bereits das Modellieren und Bemalen der Puppenköpfe stellt einen Akt der Katharsis und Bemächtigung dar; das gilt nicht minder vom Einkleiden und Aufputzen. So ist es befreiend, mißliebige Autoritätspersonen (Könige, Ärzte und Polizisten) zu karikieren und sie dann nach der eigenen Pfeife tanzen zu lassen. Ähnlich werden durch die Gestaltung innere Mächte verfügbar. So modellierte eine Patientin, die an einer paranoid-halluzinatorischen Psychose litt, eine gespenstische Gestalt; diese hatte sie durch längere Zeit als Vision beunruhigt, blieb aber vom Augenblick der plastischen Konkretisierung an verschwunden.

Nicht weniger wichtig als solche Erfolge individueller Auseinandersetzung sind die Anregungen und Hilfeleistungen, die sich aus der Gruppe ergeben. In unserem Zusammenhang ist das Gestalten freilich nur Vorbereitung. Für den Patienten wird es zwar besonders fruchtbar sein, eine selbstgearbeitete Puppe im Spiel zum Leben zu erwecken. Doch ist die eigene Fertigung keine Notwendigkeit für den therapeutischen Effekt des Puppenspiels. Vielmehr empfiehlt es sich, mit der Zeit eine Sammlung von Puppen anzulegen, welche die wichtigsten Typen umfaßt und den Patienten Gelegenheit gibt, unter den Figuren nach ihrem Geschmack auszuwählen und sich von ihnen zum Spiel anregen zu lassen.

Das szenische Spiel mit Puppen zeigt enge Beziehung zu psychotherapeutischen Methoden, wie Rollenspiel, Psychodrama und Symboldrama. Allerdings weist das Puppenspiel charakteristische Besonderheiten auf: die große Wirklichkeitsnähe des Rollenspiels und des Psychodramas bedeutet zugleich eine Stärke und eine Gefahr. Wenn etwa eine Auseinandersetzung mit dem eigenen Vater auf solche Weise gespielt wird, so erlebt der Patient das als nahezu real; was latent lag, wird aufgewühlt und gegenwärtig, woraus sich entsprechend starke emotionale Reaktionen ergeben. Hieraus folgt, daß die eigentlich intimen Seiten des Lebens – liebende Hingabe wie auch Aggression – der direkten Darstellung nur in sehr begrenztem Umfang zugänglich sind. Aber auch sonst wird man bei den Patienten psychiatrischer Krankenhäuser hinsichtlich der Aktualisierung von Konflikten und der Identifizierung mit fremden Rollen, besonders auch mit destruktiven Impulsen, sehr vorsichtig sein. So liegt es nahe, für derartige Probleme eine Distanzierung durch das Medium Puppe zu suchen.

Nun steht eine ganze Reihe unterschiedlicher Puppenformen zur Verfügung. Die Marionette scheint mir freilich für unseren Zweck wenig geeignet. Sie ist so eigenständig und stellt so hohe technische Anforderungen an den Spieler, daß für dessen individuelle Sorgen wenig Raum bleibt. Anders die Handpuppe, die technisch kaum Schwierigkeiten bereitet und von allen Formen der Puppe dem Spieler am engsten verbunden ist, personifiziert sie doch gleichsam die Gesten der Hand.

Rollenspiel

Mit Hilfe der Puppen lassen sich Rollenspiele auf folgende Weise in die Gruppentherapie einbauen: Eine offene Gruppe von 5 bis 10 Teilnehmern trifft sich zweimal wöchentlich zum Gespräch. Man sitzt zwanglos um den Tisch, spricht über persönliche Probleme, wobei es sich anbietet, vom Leben auf der Station auszugehen. Wenn nun das Gespräch zu unverbindlich und abgehoben bleibt, dann ist es nützlich, zu den Puppen zu greifen, um die angesprochene Situation in Szene zu setzen. Jeder Teilnehmer wählt eine ihm zusagende Figur; auch fällt es nicht schwer, einen Patienten zur Übernahme einer für ihn besonders geeigneten Rolle zu bewegen. Meist gaben wir den Puppen Namen, die aber nicht mit denen der Spieler übereinstimmten, um auf solche Weise von vornherein eine Distanz zwischen Spiel und Realität zu sichern.

Das Spiel mag sich auf eine einzelne Szene beschränken; es könnte auch einen komplexeren Aufbau erfahren, wie etwa in der nachstehend skizzierten Inszenierung einer Visite:

1. Szene: Stationszimmer. Das Personal redet über die Ereignisse auf der Station.
2. Szene: Krankenzimmer. Die Patienten besprechen sich über die bevorstehende Visite. Es lohnt sich, schon in diesem Zusammenhang die einzelnen Figuren deutlich zu charakterisieren, z. B.:
   – Eine neu aufgenommene Patientin, die von der Krankenhaussituation schockiert ist.
   – Eine erregte Patientin, die Schwierigkeiten mit dem Personal hatte.
   – Eine autistische Patientin, die in ihr Krankheitserleben eingesponnen ist.
   – Eine Patientin, die vor der Entlassung steht und dem Leben draußen mit Sorge entgegenblickt.
3. Szene: Die Visite. Entsprechend den verschiedenen Patientenrollen ergibt sich eine Vielzahl von Gesprächssituationen, in denen die individuellen Schwierigkeiten greifbar werden. So lassen sich ungewohnte Verhaltensweisen erproben und üben. Auch wird

es möglich, sonst unterdrückte Impulse (Aggression, Ablehnung der Medikamente) auf sozial akzeptierte Weise auszuleben, was als »schauspielerische Leistung« sogar Beifall findet. Selbst pathologische Erlebnisse, wie Wahn und Sinnestäuschung, werden auf indirektem Wege der Bearbeitung zugänglich.

Eine intensivere Identifikation mit der Rolle läßt sich daran erkennen, daß der Spieler die Puppe vergißt und selbst zu agieren beginnt. Das mag für eine Weile nützlich sein. Wünschen wir aber, die Distanz wiederherzustellen, so genügt meist ein Hinweis auf die Puppe. Häufig ist es angebracht, daß der Gruppenleiter in das Spiel eingreift; sei es, daß er einem Patienten in schwieriger Situation zu Hilfe kommt oder daß er an einem kritischen Punkt einhakt, der sonst übergangen würde. Für solche Interventionen empfiehlt es sich, gleichfalls vom Medium Puppe Gebrauch zu machen; ich selbst wählte gern eine Narrengestalt, durch deren Vermittlung ein freches Wort oder eine Provokation erträglich wurde.

Abschließend gilt es, den Verlauf des Spieles durchzusprechen. Das Verhalten der einzelnen Figuren wird der Kritik unterzogen und gegebenenfalls in erneuter Szene korrigiert. Im Rollenwechsel lernt der Spieler, sich in andere Personen einzufühlen (der Patient in die Situation des Personals, das Personal in die Situation der Patienten), zugleich sieht er sein eigenes Benehmen durch die Puppen gespiegelt. Jedoch werden auch in dieser Besprechung Spieler und Puppen nicht miteinander identifiziert.

Eine Fülle weiterer Themen ergibt sich aus der Kontaktaufnahme zur Welt. Schon der Ausgang in die Stadt bietet dem Genesenden eine ganze Reihe von Problemsituationen: Begegnung mit einer neugierigen Nachbarin, Besuch zu Hause, ein Rendezvous, Bewerbung um einen neuen Arbeitsplatz.

Gewiß erreichen solche Szenen im klassischen Rollenspiel einen höheren Grad von Wirklichkeitsnähe und damit auch von persönlicher Betroffenheit. Doch liegt in der Eigenständigkeit der Puppe und der größeren Distanz des Spielers zur Handlung der Vorteil für die Anwendung bei psychotisch erkrankten Patienten: Gerät eine Figur in Schwierigkeiten, zeigt sie ein Verhalten, das zu den Wünschen des Spielers in Widerspruch steht, so braucht er nur die Puppe zu wechseln, um einen besseren Erfolg zu erzielen. Dabei fällt in die Augen, wie stark die Puppe (vergleichbar einer Maske) den Spieler zu einem Verhalten herausfordert, das ihrer Besonderheit entspricht. Diese verhaltensprägende Kraft der Puppe erleichtert auch den Rollenwechsel: Ein Austausch der Puppen läßt den schüchternen Stellenbewerber in die Rolle des gefürchteten Chefs übergehen. Ebenso ist Raum für andere bewährte Techniken des Psychodramas. Im Doppeln sagt der Spielleiter oder ein Mitspieler der Puppe situationsgemäße Texte ein oder fordert sie durch kontrastierende Äußerungen heraus. Im »Zur-Seite-Sprechen« kann die Puppe monologisch ihre geheimen Wünsche und Gedanken zum Ausdruck bringen. Und jederzeit ergibt sich die Möglichkeit, aus dem Puppenspiel in die höhere Verbindlichkeit des direkten Rollenspieles oder in die größere Abgehobenheit des Gespräches überzugehen.

So ist das Puppenspiel nicht nur ein wertvolles Mittel des Verhaltenstrainings, sondern es erweitert auch die soziale Kompetenz, indem es die Einfühlung in eine Vielzahl von Rollen fördert.

Eigentliche psychotherapeutische Effekte ergeben sich daraus, daß latente Strebungen bewußt und verfügbar werden. Nun mag das Puppenspiel für die Inszenierung früherer Ereignisse aus der individuellen Lebensgeschichte weniger geeignet sein. Wohl aber legt die Typisierung menschlicher und tierischer Gestalten durch die Puppe es nahe, auch typische Situationen zu inszenieren, so wie sie etwa durch die Märchen angeboten werden.

Märchenspiel

Die pädagogische und psychotherapeutische Bedeutung des Märchens wird in einer umfangreichen Literatur immer wieder betont. Hier finden typische Lebenskonflikte und Entwicklungskrisen ihre Darstellung und Überwindung; so die Ablösung von den Eltern, der Weg in die Fremde, das Bestehen von Gefahren, das Auffinden der Prinzessin und des Schatzes. Hinzu kommen Themen, die im psychiatrischen Bereich von zentraler Bedeutung sind: die Erlösung aus Gefangenschaft und Erstarrung, Befreiung zu neuem Leben. Dabei zeigen die Helden des Märchens Haltungen, die für die Kranken besonderes Gewicht besitzen: sie nehmen ihr Schicksal an und bewältigen die Schwierigkeiten durch aktiven Einsatz; vertrauensvoll lassen sie sich von Mitmenschen helfen und sind selbst anderen helfend zugewandt. Das sind Erfahrungen, die dem Kranken im Alltagsleben schwer zugänglich sind, sich im Märchenspiel aber geradezu einüben lassen. Zudem wird in den bösen Figuren destruktives Verhalten herausgefordert, zugleich aber der Gestaltung und der sozialen Einordnung zugänglich gemacht.

Die meisten Autoren lassen das Märchen freilich nur in der Vorstellung meditativ durchleben, oder sie lassen es als Laienspiel aufführen. Sicher ist aber die Puppe zur Vergegenwärtigung von Märchenstoffen besonders geeignet. Der meditativen Vorstellung fehlt die zwischenmenschliche Auseinandersetzung, die das Spiel in der Gruppe so bewegt und spannungsreich werden läßt. Andererseits hätte ich Bedenken, böse Gestalten wie Teufel und Hexe, grausame Szenen wie die Tötung der Stiefmutter unmittelbar von Kranken darstellen zu lassen. In der Distanzierung durch die Puppe verlieren derartige Rollen und Ereignisse ihre Bedrohlichkeit und können damit ihre therapeutische Wirkung voll entfalten.

Die Vorbereitung des Spiels beginnt damit, daß die Gruppenangehörigen im Wechsel das Märchen vorlesen und beraten, wie es in Szene zu setzen sei. Dann werden passende Puppen ausgewählt und die Rollen verteilt. Mancher hat sogleich einen bestimmten Wunsch, während andere des Anstoßes bedürfen, damit sie sich an die geeignete Rolle wagen. Es folgt eine Sprechprobe am Tisch, dann zwei Proben auf einer »Bühne«, die mit Hilfe von Brett und Tuch in einem Türrahmen improvisiert wird. Häufiger sollte nicht geübt werden, denn die therapeutische Wirkung liegt weniger in der technischen Vollendung als in den zaghaften Versuchen des Anfangs, im ersten vollen Ausspielen der Emotion und dann in der Bearbeitung der wachgerufenen Konflikte.

Die Gestaltung des Spiels bleibt im wesentlichen den Patienten überlassen; dem Therapeuten kommt hierbei eine anregende und stützende Funktion zu. So muß er dafür sorgen, daß der Bildgehalt des Märchens tatsächlich greifbar wird und daß emotionsträchtige Passagen nicht vermieden, sondern lebendig gemacht werden. Wesentliche Hilfe bieten einfache Musikinstrumente (Trommel, Flöte, Metallophon), farbiges Licht und Kulissen. Freilich haben wir Kulissen nur insofern eingesetzt, als sie wesentliche Bilder des Märchens gegenwärtig machen, wie z. B. Schloß, Spinnrad, Brunnen und Feuer. Dabei verdienen manche Kleinigkeiten besondere Beachtung: der Schuh Aschenputtels, der goldene Ball der Prinzessin, die helfenden Tauben.

Der Aufbau eines solchen Märchenspiels soll hier am Beispiel des Rumpelstilzchens verdeutlicht werden. Das Spiel beginnt mit einer burlesken Szene vorm Schloß, in welchem der Müller seine Tochter dem König anpreist – eine Prahlerei, welche doch die entscheidende Wahrheit enthält. In der nächsten Szene steht das Mädchen vor der Aufgabe, Stroh zu Gold zu spinnen. Als sie verzweifelt zusammensinkt, bricht die Zauberwelt Rumpelstilzchens herein. Mit geringen Mitteln gelingt es, die entsprechende Stimmung wachzurufen: helle Klänge des Metallophons, dämmrig-blaues Licht, in welchem ein Wergknäuel wirbelt, das hüpfende Männlein rot aufleuchtet und das Gold erglänzt. Das Mädchen bindet sich mit Halsband und Ring immer enger an diese andere Welt. Durch den Tanz des Mädchens mit dem König läßt sich die Hochzeit verbildlichen. Als dann die junge Königin bei ihrem Kinde weilt, dringt der Dämon in ihr scheinbares Glück ein: sie muß ihm das Kind geben oder seinen Namen erraten. In dieser ausweglosen Situation kommt Hilfe in der Gestalt eines Boten, mit der sich der Kasperl ins Märchen einführen läßt: er bezieht die Zuschauer ins Spiel ein, bringt aktuelle Anmerkungen zum Krankenhausleben und führt die Wendung zum Guten herbei.

Für das Puppenspiel kommen wohl alle Volksmärchen in Betracht, soweit sie ausreichend dramatischen Gehalt aufweisen und nicht zu viele Personen erfordern. Schwer darstellbare Passagen lassen sich durch Vorlesen überbrücken. Ein solcher Wechsel zwischen Vorlesen und Spiel schafft eine schwebende Atmosphäre, die der Phantasie Raum gibt; zudem bietet er Aufgaben für einen Patienten, der noch zu befangen ist, um selbst eine Puppe zu führen. Als besonders geeignet haben sich die nachfolgend genannten Märchen erwiesen.

Im »Aschenputtel« gewinnt der Konflikt mit den Geschwistern und der Mutterfigur besonders heftige Ausprägung. So wird der Triumph über diese feindseligen Gestalten und die Erwählung durch den Prinzen mit ausgesprochen kathartischem Affekt durchlebt. Verwandte Züge finden sich in »Jungfrau Maleen« mit der Besonderheit, daß die Heldin aus eigener Kraft die Befreiung aus dem Turm und die Vereinigung mit dem Geliebten erreicht. Das Märchen vom »Froschkönig« zeigt die erotische Reifung eines Mädchens, dem der Mann zunächst als ekles, zudringliches Tier erscheint, das sich dann in den Prinzen verwandelt. Ihr mutiges Zupacken ist es, das für den Prinzen die Erlösung und für sie selbst das Glück bewirkt. Das Märchen vom »Tapferen Schneiderlein« läßt den Schwachen über Intrigen und Gewalt auf so pfiffige Weise triumphieren, daß davon immer aufs neue eine befreiende Heiterkeit ausgeht. Weiter sind Märchen hervorzuheben, wie »Hänsel und Gretel«, »Schneeweißchen und Rosenrot«, »Rotkäppchen« und der »Gestiefelte Kater«. Dagegen empfiehlt sich gegenüber Kunstmärchen und eigenen Schöpfungen Zurückhaltung: Hier geht es oft um eine sehr persönliche Problematik, die mitunter in eine recht neurotisch wirkende Auflösung mündet.

Im übrigen ist die therapeutische Wirkung solcher Märchenspiele keineswegs auf die Protagonisten beschränkt. Gerade auch die destruktiven Rollen führen oft zu eindrucksvollen Effekten. So kam es bei einer Patientin zu schlagartigem Abklingen einer depressiven Reaktion, als sie die Rolle des Rumpelstilzchen in zügelloser Aggressivität gespielt hatte. Besonderes Gewicht kommt von jeher der Gestalt des Narren zu. Er hat die Aufgabe, das Publikum in das Spiel einzubeziehen; durch seine Späße verknüpft er die Welt des Spiels mit der Realität des Alltags. Er kontrastiert und parodiert die Heldengestalten und erweist sich in seiner Narrheit immer wieder als der eigentliche Kluge, der dem Spiel die entscheidende Wendung gibt. So empfiehlt es sich, auch in das Märchenspiel eine Narrengestalt einzufügen. Mitunter kann sie die Hauptrolle übernehmen (so im »Tapferen Schneiderlein«), oft aber bietet sich eine Nebengestalt hierfür an, wie etwa der Bote des Königs im Aschenputtel.

Nach Möglichkeit sollte jeder Spieler mehrere Rollen durchlaufen. So kann ein Patient mit einer destruktiven Rolle beginnen, um danach als Prinz bewundert im Mittelpunkt zu stehen und schließlich als eine helfende Gestalt wieder an den Rand des Geschehens zu treten. Kaum weniger wichtig als die Auseinandersetzung des einzelnen Patienten mit seiner Rolle sind die Beziehungen der Spieler untereinander. Die gemeinsame Aufgabe und der theatralisch gesteigerte Ausdruck lassen in der Gruppe eine besonders lebhafte Interaktion entstehen.

Auch die Betrachter werden oft mit erstaunlicher Intensität in den Bann des Spieles gezogen. Häufig identifizieren sie sich mit den Helden und greifen in das Spiel ein. Nach einer bewegten Aufführung zeigen sich selbst abgekapselte Schizophrene aufgeschlossener und sind einer Gruppendiskussion zugänglich. Vor allem bedürfen aber die Spieler selbst immer wieder der Aussprache, da persönliche Probleme aufgerührt werden.

So wird das Puppenspiel Grundlage weiterer Gruppengespräche, die von den typischen Konflikten des Märchens wiederum zur individuellen Problematik des einzelnen Patienten führen. Dabei vermeide ich – ähnlich wie in der Arbeit mit Träumen – Deutungen der Märchen zu geben, um nicht durch eine solche Rationalisierung die emotionale Spannung abzuschwächen und das Bedeutungsspektrum einzuengen. Statt dessen geht es mir darum, die Bilder des Märchens mit Hilfe des Puppenspiels so eindringlich zum Sprechen zu bringen, daß die Spieler sie unmittelbar erfassen, daß sie die Konflikte selbst mit durchleben und so an der Lösung Anteil gewinnen.

Zusammenfassung und abschließende Überlegung

Es erschiene mir unangemessen, das Puppenspiel als eine selbständige Methode der Psychotherapie isoliert einzusetzen. Wohl aber verdient es einen Platz im Zusammenhang eines umfassenden therapeutischen Programms.

270

So erweist sich das Formen von Handpuppen im Rahmen der Beschäftigungstherapie als eine der anregendsten Gestaltungsaufgaben. Erst recht werden die Puppen aber zum therapeutischen Medium, wenn sie im szenischen Spiel zum Leben erwachen. Hier nehmen sie eine Mittelstellung ein zwischen dem meist abgehobenen Gruppengespräch und dem direkten Rollenspiel. So gibt es Themen, die im Gruppengespräch allzu unverbindlich bleiben (z. B. Alltagssituationen), im Puppenspiel aber einen ansehnlichen Grad von Konkretheit erreichen. Andererseits entzieht sich eine Reihe von Situationen gerade wegen ihrer Intimität dem direkten Rollenspiel, wird aber in der Distanzierung durch die Puppe einer szenischen Bearbeitung zugänglich. Da die Puppe bestimmte Formen des Benehmens dem Spieler abverlangt, macht sie es ihm leichter, nicht gelernte oder unterdrückte Verhaltensweisen zu erproben, sie spielerisch einzuüben und zu gestalten. Zudem bietet das Rollenspiel Raum für bewährte Techniken des Psychodramas, wie Rollenwechsel, Doppeln, Zur-Seite-Sprechen usw.

Der typisierende Charakter der Puppen legt es nahe, auch im Spiel typische Lebens- und Reifungsprobleme aufzuzeigen, wie sie in den Volksmärchen gegeben sind. Bei der Auseinandersetzung mit solchen Stoffen stellen sich weitere Gestaltungsaufgaben, etwa im Anfertigen bedeutungstragender Kulissen oder im Entwickeln der begleitenden Musik. Zudem bietet die Vorführung die Möglichkeit, Patienten, die zum aktiven Spiel noch zu gehemmt sind, in das Geschehen einzubeziehen.

Dank der Bindung an feste Themen und der Distanzierung durch die Puppe stellt das Puppenspiel eine wenig riskante Methode dar, die sich auch zur Anwendung durch nichtärztliche Therapeuten eignet, sofern diese ausreichende psychotherapeutische Erfahrung besitzen. Dabei ist aber stets der enge Zusammenhang mit anderen Formen therapeutischer Arbeit zu wahren, insbesondere mit dem Gruppen- und Einzelgespräch und gegebenenfalls auch mit dem direkten Rollenspiel. Ein besonderer Reiz des Puppenspieles liegt darin, daß es – wie kaum eine andere Methode – reales Leben mit Spiel und Scherz in Verbindung bringt. Hieraus kann sich für den Patienten ein neues Maß an Freiheit und Heiterkeit ergeben.

Literatur

Bernart, E., Das Handpuppenspiel als eine therapeutische Hilfe, Z. *Heilpädagogik* 5 (1954) S. 309–313.

Blajan-Marcus, S., Therapeutisches Puppenspiel, *Puppenspiel-Rundschau* 5 (1954) Nr. 2.

Franzke, E., Der Mensch und sein Gestaltungserleben, Huber, Bern 1977.

Pfeiffer, W. M., Das Spiel mit Handpuppen in der Therapie der Psychosen, Z. *Psychother., med. Psychol.* 15 (1965), S. 135–139.

Pfeiffer, W. M., Handpuppen in der psychiatrischen Therapie, in: Beschäftigungs- und Gruppentherapie, Folge 2, Bayer, Leverkusen, 1966.

Philpott, A. R., Special services and psychotherapy, in: Wall, L. V. et. al.: The puppet book (s. u.).

Philpott, A. R., Das Puppenspiel als therapeutisches Hilfsmittel, Z. *Heilpädagogik* 11 (1960) Nr. 9, S. 450–456.

Ursula Kuypers

Handpuppen in der Behandlung Suchtkranker

Vorbemerkung

Wenn hier über die Einbeziehung von Handpuppen in die Behandlung Suchtkranker berichtet wird, so geschieht das vorrangig auf dem Hintergrund eigener praktischer Erfahrungen im stationären Bereich. Hierbei werden Handpuppen vor allem zur Erfassung von Persönlichkeitseigenschaften bzw. Selbstkonzepten und als Feedback-Medium beschrieben.

Zum anderen wird eine eigene Untersuchung einbezogen, die sich mit dem Einsatz der Handpuppen als Projektionsstimuli bei Alkoholikern beschäftigt. Als Vergleichsgruppe dienen in der Arbeit mit Suchtkranken tätige Helfer (Sozialarbeiter, Psychologen etc.). Die Ergebnisse geben Hinweise auf weitere Einsatzmöglichkeiten der Handpuppen im diagnostischen und therapeutischen Bereich bei Abhängigen.

1. Anfänge und Entwicklung der Arbeit mit Handpuppen bei Suchtkranken

Erste eigene Erfahrungen mit Handpuppen machten wir im Rahmen einer Fortbildung Anfang der siebziger Jahre (*Kuypers, Viefhues* 1978). In der stationären Behandlung von Abhängigen begannen wir bald, Handpuppen in der Beschäftigungstherapie von Patienten selbst herstellen zu lassen. Dabei konnten ähnliche Feststellungen gemacht werden, wie *Pfeiffer* (1965, 1966) und *Franzke* (1977) sie beschreiben: Die Patienten modellierten häufig Puppen, die Aspekte ihrer eigenen Person darstellten, z. B. gewünschte oder abgelehnte Anteile. Die Herstellung von Handpuppen erwies sich auf Dauer als sehr zeitaufwendig, manche Patienten zeigten auch wenig Geduld oder Interesse. Um die sichtbar gewordenen diagnostisch/therapeutischen Möglichkeiten vertiefen zu können, wurden später im Handel verfügbare Handpuppen angeschafft.

Bei der Auswahl und dem Kauf fertiger Handpuppen standen wir sprichwörtlich vor der »Qual der Wahl«. Die im Spielwarenhandel angebotenen Handpuppen waren und sind auch heute noch sehr unterschiedlich in gestalterischer und qualitativer Hinsicht. Für die Einbeziehung von Handpuppen in die Therapie Erwachsener schienen uns verschiedene Voraussetzungen notwendig.

Die Handpuppen sollten

– vom Material und der Gestaltung her ästhetisch ansprechend sein, um das ästhetische Empfinden der Patienten zu fördern, es zumindest jedoch nicht zu verletzen;
– vom gleichen Material oder Design sollte es möglichst viele und vielfältige Handpuppen geben; einerseits ganz typische und spezifische (Polizist, Hexe, Kasper), aber auch unspezifische (Mann, Frau, Kind);
– nicht zuletzt sollte eine gewisse Stabilität und Rustikalität der Handpuppen gegeben sein, damit sie bei der vorgesehenen Verwendung bei erwachsenen männlichen Suchtkranken nicht zu sehr Spielzeug-Assoziationen wecken und vielleicht unnötige Abwehrreaktionen und Widerstände auslösen würden.

Die dann letztlich ausgewählten Handpuppen sind handgemacht, mit geschnitzten, stilisierten (nicht zu abgerundeten, weichen) Holzköpfen, die angemalt sind. Es werden im gleichen Programm zur Zeit insgesamt 43 verschiedene Handpuppen angeboten, darunter 31 Personen- wie auch 12 Tierpuppen. Tierpuppen lassen sich am ehesten auch aus anderen Handpuppen-Programmen (z. B. Steiff) ergänzen. In die therapeutische Arbeit mit Handpuppen in Gruppen werden zumindest gleichzeitig ca. 30 Puppen einbezogen.

2. Methoden der Arbeit mit Handpuppen bei Suchtkranken

Unter den nachfolgend näher beschriebenen Gesichtspunkten können Handpuppen sowohl in die Arbeit mit einzelnen wie auch Gruppen einbezogen werden. Es empfiehlt sich jedoch, die Handpuppen erst dann z. B. im Rahmen einer therapeutischen Gruppe anzuwenden, wenn ein gewisser Vertrautheitsgrad vorhanden ist. Es zeigt sich immer wieder, daß die Einbeziehung nonverbaler und vor allem weniger vertrauter Mittel vorübergehend neue Ängste und Unsicherheiten bei den Patienten auslösen können. Im Rahmen der stationären Therapie ist es bei täglicher Gruppentherapie bereits nach wenigen Wochen möglich, Handpuppen einzubeziehen.

2.1 Handpuppen als diagnostisches und therapeutisches Medium

Entsteht zum Beispiel in therapeutischen Gruppengesprächen bei den Teilnehmern die Fragestellung: »wer bin ich eigentlich«, »welche Eigenschaften habe ich«, »was gehört alles zu mir«, etc., so wäre eine sehr günstige Indikation zur Einbeziehung von Handpuppen gegeben.

Zu Beginn der Sitzung legt der Gruppenleiter alle vorhandenen Handpuppen (Personen- und Tierpuppen) in die Mitte der Runde und bittet Gruppenteilnehmer, sich zum Beispiel eine Handpuppe auszusuchen, die Eigenschaften ausdrückt, die er an sich kennt. Die Handpuppen sollen zuerst in Gedanken ausgesucht werden, damit jeder für sich allein eine Entscheidung fällen kann, ohne durch Aktivitäten in der Gruppe (Aufheben von Puppen etc.) gestört zu werden. Manchmal sehen sich eventuell Patienten zu einer neuen Wahl veranlaßt, wenn die zuerst ausgesuchte Puppe von einem anderen Patienten aus dem Kreis genommen wird.

Es ist wichtig, bei der für die Wahl zur Verfügung gestellten Zeit darauf zu achten, daß die Patienten ihren spontanen Empfindungen nachgeben und nicht zu sehr ins Überlegen kommen. Der Gruppenleiter bittet dann die einzelnen Patienten, die ausgesuchte Puppe zu benennen. Soweit keine Doppelnennungen vorliegen, nimmt jeder seine Handpuppe in die Hände. Bei Doppelbenennungen muß bei der nachfolgenden Vorstellung weitergereicht werden.

Danach stellt sich jeder Patient mit seiner Handpuppe in der Ich-Form vor: »Ich bin der Polizist und passe auf, daß nichts passiert«, »ich bin der Wolf und habe ein ruppiges Fell«, »ich heiße Sepp und mache gerne Späße ...«, etc. Bei der Vorstellung wird sowohl der übliche Name der Handpuppe, eine vom Patienten gewählte Phantasiebezeichnung oder auch der eigene Name benutzt. Nach anfänglichem Zögern, der Überwindung von Fremdheit und Unsicherheit ist es den meisten Patienten möglich, eine Beschreibung ihrer Handpuppe zu geben. Dabei fördert die Ich-Form ein immer stärkeres Hineinwachsen beispielsweise in die Königs-, Kasper- oder Jäger-Anteile der eigenen Persönlichkeit. Vieles kann so auf der Symbolebene deutlich werden, was in anderen therapeutischen Gesprächen kaum ausgedrückt bzw. zugelassen werden könnte.

Der Gruppenleiter, und im Verlauf der Vorstellung unter Umständen auch der eine oder andere Patient, kann mit Fragen weitere Eigenschaften, Eigenarten oder Besonderheiten der vorgestellten Handpuppe erfragen. Nicht selten ergibt sich nach den Vorstellungen oft ein improvisiertes Spiel mit den verschiedenen Handpuppen, das vom Gruppenleiter mit der eigenen Handpuppe den therapeutischen Notwendigkeiten entsprechend forciert, gelenkt oder auch gehemmt werden kann und sollte.

Am Ende jeder Sitzung mit Handpuppen muß auf alle Fälle eine verbale Auswertung stehen: Wie wurde die Sitzung erlebt, welche Gefühle wurden angesprochen, welche eventuellen neuen Einblicke und Verständnisse für die eigene Person waren möglich, usw. Können Patienten von sich aus keine Querverbindungen von der Handpuppe zu eigenen Persönlichkeitseigenschaften herstellen – aus welchen Gründen auch immer –, so kann eine Auswertung auch indirekt »im Symbol bleibend« erfolgen.

Nachdem in der zuvor beschriebenen Sitzung an der Erfassung von Aspekten des Real-Selbstbildes der Patienten gearbeitet wurde, können weitere ähnliche Fragestellungen in den Mittelpunkt gestellt werden:
– »Welche Puppe drückt Eigenschaften aus, die ich mir wünsche?« (Ideal-Selbstbild)
– »Welche Puppe drückt Eigenschaften aus, die ich ablehne?«
– »Welche Puppe drückt Eigenschaften aus, die mir angst machen?« etc.

Gruppensitzungen mit den weiteren Fragestellungen werden ähnlich der zuerst beschriebenen strukturiert. Wenn sich ein Patient nicht nur für eine Handpuppe entscheiden kann, sollte ihm auch die Auswahl von zwei bis maximal drei Handpuppen ermöglicht werden, die dann in ähnlicher Weise in Ich-Form vorgestellt werden.

2.2 Handpuppen als Feedback-Medium

Die Benutzung von Handpuppen als Feedback-Medium bietet sich für zwei Bereiche an; zum einen für die Arbeit mit Ehepaaren und zum anderen für das gegenseitige Feedback in der therapeutischen Gruppe der Patienten.

In Gesprächen mit Ehepaaren taucht zumeist sehr schnell die Frage auf: »Wie erlebe ich meinen Partner?« Dazu kann man das Ehepaar (oder die Ehepaare in einer Ehepaargruppe) bitten, für ihren Partner bzw. Partnerin eine Handpuppe auszusuchen, die am anderen wahrgenommene Eigenschaften oder Eigenarten widerspiegelt. Wählt z. B. der Ehemann für seine Frau eine Katze aus, so stellt er diese in der Ich-Form vor. Dieser Rollenwechsel (im Sinne des Psychodramas nach *Moreno*) ermöglicht in sehr intensiver Weise, Einblicke in die Fremdwahrnehmung der Partner zu geben. In einem nachfolgenden Gespräch zeigt sich dann, wieweit sich Partner und Partnerin mit der Darstellung und Beschreibung des anderen identifizieren konnten oder wo Inhalte abgelehnt werden. Ehepaare betonen häufig, daß sie zuvor noch nie versuchten, sich in den anderen hineinzuversetzen. Auch zeigen sich Ehepartner oft erstaunt, wie gut der andere Partner ihn beschrieben hat.

In der Arbeit mit Ehepaaren bzw. Partnern bietet es sich auf jeden Fall an, auch das gegenseitige Wunschbild (wie wünsche ich mir den Partner) als Handpuppe auswählen zu lassen (welche Handpuppe drückt Eigenschaften aus, die ich mir bei meinem Partner bzw. Partnerin wünsche). Hierbei kommt es nicht selten zu sehr überraschenden Ergebnissen, z. B. wenn Real- und Wunschbild genau gegensätzlich sind oder fast unüberbrückbare Diskrepanzen zwischen den beiden Bildern deutlich werden. Ein Ehepartner suchte für seine Frau zur Beschreibung der Hier-und-Jetzt-Wahrnehmung den Löwen aus, während sie für ihn eine schwarze »Kuschelkatze« auswählte. Beide Partner konnten sich mit der Wahl des anderen gut identifizieren. Beim Wunschbild dagegen wünschte sich die Ehefrau ihren Mann sehr spontan als Löwen und er hätte seine Partnerin am liebsten als »Kuschelkatze«. Über die voraussichtlichen Konflikte in dieser Ehe entstand durch diese kurze Aktion ein sehr eindrückliches Bild.

In der therapeutischen Gruppe können die Handpuppen ebenfalls in verschiedener Weise herangezogen werden. Zum einen können sich die Gruppenmitglieder für einen vorher bestimmten Patienten Handpuppen aussuchen, die an diesem Gruppenmitglied wahrgenommene Eigenschaften ausdrücken. Zum anderen kann ein Gruppenmitglied für alle übrigen der Gruppe charakteristische Handpuppen auswählen und somit ein spontanes nonverbales Feedback geben. Es ist wichtig, die Verteilung bzw. Übergabe der Handpuppen nonverbal durchzuführen. Erst nachdem alle Puppen verteilt sind oder den Gruppenmitgliedern keine passenden Puppen mehr einfallen, wird über die Auswahl der verschiedenen Handpuppen gesprochen. Sind sich Gruppenmitglieder unsicher über die Intention des Feedback-Gebers, so bitten sie um eine kurze Erläuterung.

In gleicher Weise wie für die einzelnen Gruppenmitglieder wird auch dem Leiter ein Handpuppen-Feedback gegeben. Nicht selten beginnt so die erste Auseinandersetzung mit dem Gruppenleiter. Wie reagiert dieser z. B., wenn ihm von einem Patienten der Polizist, König, Professor, Wolf oder ähnliches zugedacht wird? Über erhaltene Handpuppen erhält der Gruppenleiter Hinweise auf Übertragungen, Ängste und Bedürfnisse einzelner Gruppenmitglieder. Zumeist fordern die Patienten den Gruppenleiter auf, auch seinerseits jedem Gruppenmitglied durch eine Handpuppe sein Feedback zu geben.

3. Mögliche Erschwernisse der Arbeit mit Handpuppen bei Suchtkranken

Gehen wir von der durchschnittlichen Zusammensetzung der Therapie-gruppen in unserer Klinik aus, so werden verhältnismäßig viele, eher einfach strukturierte Patienten vorgefunden. Zudem behandeln wir nur erwachsene suchtkranke Männer, die ihre sehr häufig vorhandenen Un-sicherheiten mit »Stärke« überspielen. Bietet man diesen in der Therapie nun Handpuppen an, tauchen sehr schnell ablehnende Reaktionen auf: »ich bin doch kein Kind mehr«, »sind wir jetzt im Kindergarten«, »das ist doch alles lächerlich«, etc. Sobald sich in der Gruppe selber keine ausreichenden Gegenstimmen zur Angstbewältigung finden lassen, muß der Gruppen-leiter die Patienten einerseits ermutigen, sich auf einen Versuch einzulassen, ihnen jedoch andererseits freistellen, erst einmal zuzusehen. Die Erfahrungen zeigen, daß spätestens nach der ersten Sitzung alle bereitwillig mit den Handpuppen weiterarbeiten, vor allem auch weil sie erleben, daß auf »erwachsene Art« damit umgegangen wird. Diese sehr häufig anzutreffende Unsicherheit bewirkt jedoch, daß ein spontanes mit den Handpuppen Ins-Spiel-Kommen nur selten entsteht. Geschieht es trotzdem, so ist es ein Zeichen für eine insgesamt eher selbstsichere und im Gleichgewicht befindliche Gruppe.

Allein die Tatsache, daß die Handpuppen für alle Patienten sichtbar in einem Therapieraum der Klinik aufgestellt sind, bewirkt ein erstes Kennenlernen und Vertrautwerden. Sobald zudem die Anwendung eines bestimmten therapeutischen Mediums Tradition in einer Behandlungsein-richtung erhält und ältere Patienten jüngeren schon ihre Erfahrungen berichten können, ist eine zusätzliche Angstreduktion gegeben. Wird zum erstenmal in einem Behandlungssetting mit Handpuppen gearbeitet, muß daher unter Umständen mit größeren Widerständen gerechnet werden. Letztlich entscheidend dürfte auch dann die Selbstverständlichkeit sein, mit der ein Therapeut die Handpuppen einbezieht. Sobald er sich selber der Möglichkeiten seines Angebotes unsicher ist, wird die Angst der Patienten verstärkt werden.

Der zuvor beschriebene Rollenwechsel bei Ehepaaren hat sich außerdem als sehr gute Vorübung für ein psychodramatisches Arbeiten in der Therapiegruppe herausgestellt. Wenn einzelne Patienten bei der direkten Übernahme einer fremden Rolle Schwierigkeiten zeigten, so gelang ihnen dies fast immer über das Medium der Handpuppe. Es entstehen nicht selten Situationen, in denen Patienten von sich aus wieder auf die Einbeziehung einer Handpuppe zurückgreifen, um verbal nicht ganz faßbare Inhalte zu beschreiben. Der Symbolcharakter der Puppen spielt dabei sicherlich eine sehr zentrale Rolle. In anderen Situationen jedoch wird gerade diese indirekte (symbolhafte) Aussagekraft der Handpuppen von den Patienten erspürt und löst gelegentlich Abwehrreaktionen aus.

Nach längerer Zeit der praktischen Erfahrung mit Handpuppen beschäftigte uns immer öfter die Frage, ob und in welchem Umfang Handpuppen von Erwachsenen, ähnlich wie von Kindern, eine symbolhafte Bedeutung zugesprochen wird bzw. die Handpuppen auch bei Erwachsenen als Projektions-Stimuli wirken. Die Beantwortung dieser Fragestellung wurde als Teil einer umfassenden Untersuchung von Handpuppen versucht und soll nachfolgend dargestellt werden.

4. Handpuppen als projektive Stimuli bei Alkoholkranken

Bei der Arbeit mit Handpuppen in Alkoholikergruppen entstand mehrfach die spontane Frage nach der »angenehmsten Handpuppe« der Patienten. Oft war es sehr auffällig, wie verschieden die ausgewählten »angenehmsten« Handpuppen von den für das Real- bzw. Ideal-Selbstbild ausgewählten Puppen waren. Aufgrund von Beobachtungen in mehreren Gruppen drängte sich die Hypothese auf, daß die Patienten bei der Frage nach den »angenehmsten« Handpuppen Puppen aussuchten, die Hinweise auf ihr projiziertes Ideal-Selbst gaben, also auf unbewußte Bedürfnisspannungen im Sinne der psychoanalytischen Theorie hinwiesen. Im Rahmen einer umfangreichen Untersuchung über Dimensionen in der Wahrnehmung von Handpuppen wurde auch eine Überprüfung der zuvor beschriebenen Hypothese versucht. Im weiteren wird nur auf diesen Teil der Untersuchung näher eingegangen werden. Die Studie bezog insgesamt 14 Personen-Handpuppen ein, zu denen in der Literatur Hinweise auf ihren psychoanalytischen Bedeutungskontext gefunden wurden: Großvater, Kasper, Seppl, Clown, Hexe, Teufel, Gretel, Jäger, Polizist, König, Zauberer, Räuber, Prinzessin und Indianerin.

Im folgenden sollen wenigstens kurz – zum besseren Verständnis der Untersuchungsergebnisse – einige Hinweise auf die Symbolbedeutung der wichtigsten Handpuppen gegeben werden (*Ellwanger, Grömminger,* 1978):

Kasper

Vor allem für Kinder ist der Kasper da, wo er in ein Spiel einbezogen wird, das am meisten affektbesetzte, aber auch ambivalente Projektionsobjekt.

Der Kasper wird als »unfertiger Mensch«, als ein Symbol des werdenden Menschen verstanden. Die ihm zugesprochenen Verhaltensweisen enthalten zumeist Hinweise auf vielfältige Möglichkeiten, jedoch auch Hindernisse einer Persönlichkeitsentwicklung.

Teufel

Aus der Sicht der Entwicklungs- und Tiefenpsychologie stellt der Teufel als Gegenspieler des Kaspers zum einen die Verkörperung entwicklungshemmender, innerseelischer Kräfte dar, bietet sich jedoch auch als Projektionsobjekt für bewußte und unbewußte Schuldgefühle, das sogenannte »schlechte Gewissen«, an. Im Zusammenhang mit Puppenspielen wird auf den Teufel häufig das Bild des bösen und strengen Vaters projiziert, der überfordert und Gewissensangst auslöst.

Hexe

Wo der Teufel sich als Projektionsfigur für den »bösen Vater« anbietet, stellt aus tiefenpsychologischer Sicht die Hexe die Schattenseite der Mutter dar. Die Mutter ist nach C. G. Jung eine der mächtigsten archetypischen Bilder. Die gegensätzlichen mütterlichen Eigenschaften (die liebende und die schreckliche Mutter) werden im Puppenspiel durch Großmutter und Hexe symbolisiert.

Räuber

Der tiefenpsychologische Symbolgehalt des Räubers enthält asoziale, infantile Züge mit gewaltsam-oral-haben-wollendem Charakter.

Genauso häufig wie den »bösen Räuber« finden wir den »edlen Räuber«, der genauso auf Raub aus ist. Dadurch, daß er jedoch gestohlenes Gut den Armen schenkt, scheint er seine orale Natur überwunden zu haben. Sein Verhalten kann in diesem Zusammenhang jedoch auch als symbolische Rationalisierung oder vorgeschobene Rechtfertigung oraler Ansprüche verstanden werden. Aus tiefenpsychologischer Sicht versucht der »edle Räuber« seine eigene Triebhaftigkeit und dieser entgegengesetzte Normen und Forderungen des Über-Ich und des Gewissens in Einklang zu bringen.

Jäger

Der Jäger wird gesehen als männlicher väterlicher Beschützer. Er tötet oder beherrscht wilde Tiere und deutet damit symbolisch auf die Unterwerfung der tierischen und brutalen Züge im Menschen hin. Im Märchen stellt der Jäger häufig einen Lebensretter dar und greift entscheidend in die Veränderung von Schicksalswegen ein. Er ist immer aktiv tätig und steht somit für das Prinzip männlicher Reife.

Polizist

Der Polizist steht als Symbol für Obrigkeit, Unterdrückung und Kerker. Aus tiefenpsychologischer Sicht wird er gesehen als Projektionsobjekt für Gewissensvorgänge. Durch ihn werden Auseinandersetzungen mit Geboten und Verboten ausgelöst. Er steht für den Kampf gegen affektive Impulse des Menschen, die vom Bewußtsein nicht zugelassen werden.

König und Königin

Schliephacke (1979) schreibt dem König in Märchen und Träumen etc. keine politische Bedeutung zu. Das Wort König weise hin auf »können«, der König sei der Rechtskönner, Sinnbild des väterlichen Hüters und Anwalt der Weltordnung, ähnlich den »alten Weisen«, die gleichzeitig König und Priester waren. Königinnen treten im Puppenspiel weniger häufig auf. In Träumen stellen König und Königin zusammen zumeist die Eltern des Träumers dar.

Symbolisch gesehen heißt König zu werden, Herrscher über sich selbst zu sein, in echter Unabhängigkeit und dadurch in innerer Freiheit leben zu können.

Königstochter, Prinzessin

Königstocher und Königssohn, primär jedoch die Königstochter, weisen aus tiefenpsychologischer Sicht auf die seelische Entwicklung des Menschen zum Erwachsen-Sein hin. Die Figur der Prinzessin hat eine sehr hohe symbolische Attraktivität und ist als solche eine ideale Identifikationsfigur. Die Königstochter verdeutlicht zumeist ein einsames Mädchen in der Reifezeit.

Betrachten wir die Bedeutung der Prinzessin, scheint es mir notwendig, die des Kindes miteinzuschließen, da die ebenfalls in die Untersuchung einbezogene Handpuppe der Indianerin ein Kind (junge Indianerin) darstellte.

Dem Kind wird als Symbol die Bedeutung innerer, zukunftsweisender Wesenserneuerungen zugeschrieben.

Das Bild des Kindes weist immer hin auf den unfertigen Menschen, der sich in Auseinandersetzungen mit dem Leben befindet.

Zauberer

Den Zauberer finden wir nur in jüngeren Märchen. Er ist eine schillernde Figur und ermöglicht vielfältige Projektionen. Da, wo er Übermacht, Dämonisches auslöst, steht er, tiefenpsychologisch gesehen, für Ängste, widerstrebende Tendenzen und ungezügelte Impulse im Es (dem Triebbereich des Menschen).

Seppel und Gretel

Der Seppel ist in Puppenspielen zumeist als Freund und Spielkamerad Kaspers zu finden, Gretel als Kaspers Frau, Schwester oder Gefährtin. Beide Figuren haben selten einen eigenen unabhängigen Handlungsbereich. Der Seppel ermöglicht durch seine Dummheit und Begriffsstutzigkeit, daß die Tugenden des Helden noch stärker und deutlicher werden.

Aus psychologischer Sicht sind Seppel und Gretel Figuren des Tagesbewußtseins, des realen Ich, ohne besonderen unbewußten Bedeutungsgehalt.

Wir haben mit den genannten Puppen 42 Alkoholiker und 20 männliche Suchttherapeuten (Sozialarbeiter, Psychologen etc.) als Vergleichsgruppe untersucht. Jede der 14 Handpuppen wurde auf einer Eigenschaftsliste von den Versuchspersonen beurteilt. Auf den gleichen Eigenschaftslisten beschrieben die Versuchspersonen ihr Real- und Ideal-Selbstbild, so daß Vergleiche zwischen der Selbsteinschätzung und der Einschätzung der Handpuppen möglich war. Zusätzlich wurde von jedem Teilnehmer die »angenehmste« und »unangenehmste« Handpuppe erfragt.

Bei der Stichprobe der Alkoholiker wurden folgende Handpuppen am häufigsten genannt:

1 bei der »angenehmsten« Handpuppe	2 bei der »unangenehmsten« Handpuppe
– Kasper	– Teufel
– Prinzessin	– Hexe
– Indianerin	

Bei den Therapeuten waren die häufigsten Nennungen:

1 bei der »angenehmsten« Handpuppe	2 bei der »unangenehmsten« Handpuppe
– Räuber	– Gretel
– Jäger, König, Großvater (mit gleicher Häufigkeit)	– Prinzessin
	– Indianerin

Bei der Betrachtung der am häufigsten genannten, »angenehmsten« Handpuppen und ihres psychoanalytischen Kontextes ergeben sich bei der Stichprobe der Alkoholiker Hinweise auf infantile Bedürfnisse sowie ein »noch-in-der-Entwicklung-befinden«. Dies sind, betrachtet man die psychoanalytischen Erklärungskonzepte für Alkoholabhängige, diesen zugeschriebene Bedürfnisstrukturen und Zustände.

Betrachten wir daneben das Ergebnis der Therapeutenstichprobe, so zählen Jäger, König und Großvater eher zu den positiven Vater- bzw. Erwachsenen-Figuren, während der Räuber als Triebwesen gilt. Genauso häufig wie den »bösen Räuber« finden wir den »edlen Räuber«, der das Vorhandensein rationalisierter Triebbedürfnisse symbolisiert. Da sich die Fragestellung im Augenblick weniger auf mögliche Persönlichkeitsähnlichkeiten bzw. -gegensätze von Alkoholikern und Therapeuten bezieht, unterbleiben hier Interpretationsversuche dieses Ergebnisses.

Bei dem Vergleich der Eigenschaftszuschreibungen für die ausgewählten »angenehmsten« Handpuppen und der Ideal-Selbstbilder der Versuchspersonen zeigte sich, daß sich bei den Therapeuten insgesamt eine signifikante Übereinstimmung feststellen ließ. Bei der Stichprobe der Alkoholiker dagegen war diese Übereinstimmung nicht vorhanden; sondern es zeigten sich vor allem bei zwei Puppen sehr hohe Unterschiede, und zwar bei der Indianerin und der Prinzessin, also genau bei den Puppen, die am deutlichsten nach psychoanalytischem Verständnis eine infantile kindliche Bedürfnisstruktur symbolisieren, die jedoch den Alkoholikern nicht bewußt zugänglich ist. Meines Erachtens kann aufgrund dieser Ergebnisse angenommen werden, daß bei Alkoholikern auf die Frage nach der angenehmsten Handpuppe Hinweise auf unbewußte Wünsche erfaßt werden können. Zudem dürften erste Nachweise dafür vorhanden sein, daß Handpuppen auch bei Erwachsenen als Projektionsstimuli eingesetzt werden können.

Bei der Wahl der »unangenehmsten« Handpuppe wurde davon ausgegangen, daß unbewußte Ängste die Wahl beeinflussen. Bei den Alkoholikern dominieren demnach vor allem Ängste vor dem »bösen Vater« und der »bösen Mutter«. Die männlichen Therapeuten zeigten dagegen die größten Häufigkeiten bei drei Frauenfiguren: Gretel, Prinzessin und Indianerin. Setzen wir diesem Ergebnis gegenüber, daß Prinzessin und Indianerin zu den häufig gewählten angenehmsten Handpuppen der Alkoholiker zählen, so ist dies für manche Therapiesituation sicherlich nicht unerheblich!

Um noch umfangreichere Erfahrungen mit den Möglichkeiten der projektiven Anwendung von Handpuppen in der Therapie erwachsener Suchtkranker sammeln zu können, wird nunmehr jeweils als erstes von den Patienten die angenehmste Handpuppe erfragt, und erst danach mit konkreteren Fragestellungen gearbeitet, z. B. »Welche Handpuppe drückt Eigenschaften aus, die Sie an sich kennen«, ». . . sich wünschen«, etc. Wird die »angenehmste« Handpuppe mit den nachfolgenden Handpuppen verglichen, lassen sich häufig sehr schnell Diskrepanzen zwischen den unbewußten Wünschen und dem bewußten Wunschbild beobachten, die dann im weiteren Verlauf der Therapie bearbeitet werden müssen.

Um eine möglichst große Unvoreingenommenheit und Spontaneität voraussetzen zu können, ist es notwendig, die Erfassung der angenehmsten Handpuppe an den Anfang der Arbeit mit den Puppen zu stellen. Wenn man die Patienten bittet, auch die als am unangenehmsten empfundene Handpuppe zu beschreiben, sind zumeist zusätzliche Rückschlüsse darauf möglich, ob für den einzelnen Patienten tatsächlich eine Projektion-auslösende-Situation gegeben war. Sobald beispielsweise bei einem Patienten die Fähigkeit zur Identifikation mit Objekten (hier z. B. Handpuppen) fehlt und eine Abwehr gegen die Arbeit mit Puppen überhaupt besteht (geringes Ego-Involvement), ist Projektion unwahrscheinlich (*Hörmann* 1971).

Zusammenfassung

Nach bisherigen Erfahrungen mit Handpuppen bei Suchtkranken ist deutlich geworden, daß sie eine wertvolle Ergänzung des diagnostischen und therapeutischen Repertoires darstellen. Durch die Beschäftigung und das Spiel mit Handpuppen sowohl in der Einzelarbeit, bei Ehepaaren und auch in Gruppen können sehr unmittelbar, und gleichzeitig verschlüsselt, Eigenarten und Konflikte der Beteiligten sichtbar und somit einer intensiven Bearbeitung zugänglich gemacht werden. Bei der Arbeit mit Handpuppen geraten nicht selten aufgestaute Emotionen in Fluß und führen zu kathartischen Erlebnissen.

Die Verwendung von Handpuppen setzt keine außergewöhnliche Intelligenz bei den Beteiligten voraus, sondern erweist sich vor allem auch bei einfach strukturierten Patienten als hilfreich. Sicherlich läßt sich keine Therapie von Alkoholabhängigen allein mit Handpuppen bewältigen. Sie stellen jedoch ein wertvolles therapeutisches Hilfsmittel im Rahmen der Gesamttherapie dar.

Außer im stationären Bereich werden Handpuppen in der zuvor beschriebenen Art ebenso erfolgreich bei Therapiesitzungen mit ambulanten Patienten sowie bei Wochenendseminaren mit Abhängigen und ihren Familien einbezogen.

Literatur

Ellwanger, W., Grömminger, A., Handpuppenspiel in Kindergarten und Grundschule, Herder, Freiburg 1978.

Franzke, E., Der Mensch und sein Gestaltungserleben, Huber, Bern, Stuttgart, Wien, 1977.

Hörmann, H., Theoretische Grundlagen der projektiven Tests, in: Handbuch der Psychologie. Diagnostik, Hogrefe, Göttingen (1971) S. 71–112.

Kuypers, U., Viefhues, E., Einbeziehung von Handpuppen in die Therapie Suchtkranker in: *Gallee, H. B., Kuypers, U.* (Hrsg.), Förderung der Kreativität. Neue Ansätze in der Therapie Suchtkranker, Lambertus, Freiburg 1978.

Pfeiffer, W. M., Das Spiel mit Handpuppen in der Therapie der Psychosen, Z. f. *Psychotherapie u. med. Psychologie* 15 (1965) S. 135–139, dieses Buch S. 263 ff.

Pfeiffer, W. M., Handpuppen in der psychiatrischen Therapie, Folge 2: Beschäftigungs- und Gruppentherapie, Hrsg.: Bayer, Leverkusen, Pharm. wiss. Abt., 1966.

Schliephacke, B. P., Bildersprache der Seele, Telos, Berlin 1979.

Hilarion G. Petzold

Puppenspiel in der therapeutischen und geragogischen Arbeit mit alten Menschen*

In der gerontotherapeutischen und geragogischen Arbeit haben kreative Medien vielfach Verwendung gefunden und sich bewährt, und zwar sowohl im Hinblick auf das Ziel der Behandlung von Erkrankungen als auch auf das Ziel der Persönlichkeitsentwicklung (*Petzold* 1965; 1977 a, b; 1982 a, b; *Frohne* 1979; *Bubolz* 1979; *Petzold, Berger* 1979; *Thurman, Piggins* 1982). Dabei kommt den Möglichkeiten, die ein Medium – z. B. Ton, Farben, Musik – bietet, besonderes Interesse zu, haben Medien doch ein je spezifisches Ausdruckspotential, unterschiedlichen Stimulationseffekt und variierende Möglichkeiten der Kommunikation (vgl. *Petzold* 1977 b; *Janson-Michl* 1980) und dieses Buch S. 37 ff.

Das Medium der Puppe wurde bislang vorwiegend auf die Arbeit mit Kindern beschränkt (*Rambert* 1969; *Straub* 1972; *Philpott* 1977; *Petzold, Geibel* 1972). Nur vereinzelt wurde es in der Therapie mit Erwachsenen eingesetzt (*Pfeiffer* 1966; *Petzold* 1975; *Franzke* 1977), in ähnlicher Weise wie das »Puppenspiel für Erwachsene« (*Szilagyi* 1979) nur wenig Verbreitung gefunden hat. Für die Arbeit mit alten Menschen – »den vielleicht am wenigsten dokumentierten Bereich« des therapeutischen Puppenspiels (*Philpott* 1977, 140) – finden sich in der Literatur kaum Hinweise oder Berichte. Eine Ausnahme stellt die Master-Thesis von *Rochelle H. Ginis* dar (1976). Nach einjähriger Arbeit im »Lawrence Nursing Home« in Averne, New York, kommt die Autorin zu dem Schluß, daß der Gebrauch von Puppen im geriatrischen Setting »sich als wesentlich effektiver erwies, als je zu erwarten war«.

Ich selbst verwende seit Mitte der 60er Jahre immer wieder Puppen in der Einzeltherapie und Gruppenarbeit mit alten Menschen. Dabei variiert die Arbeit mit Puppen natürlich mit der jeweiligen Zielsetzung und Zielgruppe, weil es keine monolithe Population *der* alten Menschen gibt und die therapeutische Arbeit andere Akzente erfordert als die geragogische. Immerhin gibt es einige gemeinsame Grundelemente und Prinzipien, die von der Situation alter Menschen bestimmt sind (*Bubolz* 1983).

---

* Aus: Integrative Therapie 1–2/1982, S. 74–112.

1. Zur Lebenssituation alter Menschen

Die massive Atrophie sozialer Netzwerke im Alter (*Petzold* 1979 a, c), die Einschränkung der Mobilität (*Lehr* 1979; 1977), der sich verschlechternde Gesundheitszustand (*Zimmermann* 1977, 1978) und die zuweilen erheblichen materiellen Einbußen (*Bujard, Lange* 1979) stellen ein multifaktiorelles Bedingungsgefüge für das Abnehmen von Kommunikation dar. Es stehen dem alten Menschen weniger »Ressourcen« (*Schneider* 1979) zur Verfügung, es werden ihm Rollen entzogen oder spezifische Altersrollen zugewiesen (*Tews* 1979; 1976; *Kohli* 1979; *Woll-Schumacher* 1980). Mit dem gewaltsamen Entzug der Arbeit durch die Pensionierung – einem der radikalsten Einschnitte in das menschliche Leben (vgl. *Petzold* 1982 c) – werden die kommunikativen Felder drastisch eingeschränkt. Die Gesellschaft erweist sich damit als ein »*Feind von außen*«, der trotz aller Vorsorgemaßnahmen des Sozialstaates dem alten Menschen, der keine verwertbare Arbeitskraft mehr zu verkaufen hat, ablehnend gegenübersteht. Der Verlust kommunikativer Möglichkeiten erfolgt aber auch durch negative Selbstkonzepte, Vorstellungen und Bilder über das Alter, die ein Leben lang internalisiert wurden und zum Tragen kommen: ein »Feind von innen« (*Petzold* 1965; 1979 d). Der Rückgang des sozialen Rollenspiels und der Interaktionen hat unmittelbare Auswirkung auf die *Identität* des alten Menschen. Identität erwächst ja aus dem Kontakt, durch Rollenzuschreibungen und Rollenverkörperung (*Krappmann* 1978; *Petzold, Mathias* 1983), und deshalb wirken sich Einbrüche im kommunikativen Feld, seien sie quantitativer oder auch qualitativer Art (man denke an die betulichen und depotenzierenden Kommunikationsformen, denen alte Menschen häufig ausgesetzt sind, vgl. *Sieber* 1972; *Zimmermann* 1976; *Woll-Schumacher* 1980), unmittelbar aus.

Die fünf wesentlichen Stützsysteme der Identität sind ohnehin im Alter beeinträchtigt. Die *Leiblichkeit* (1) verliert an Vitalität; das *soziale Netzwerk* (2) dünnt aus; *Arbeit und Leistung* (3) erhalten einen geringeren Stellenwert oder gehen ganz verloren; *materielle Sicherheiten* (4) werden vermindert; und meistens ist es nur noch der Bereich der Werte (5), der die Identität »trägt« (*Petzold* 1981 a). Das Zusammenwirken äußerer Reduktion und innerer Negativkonzepte führt zu einem *circulus vitiosus*. Man ordnet sich dem »alten Eisen« zu, erhält für kommunikatives Verhalten weder genügend Angebote noch genügend Verstärkung und beginnt sich dann zurückzuziehen – ein abgeklärtes »disengagement« von der Betriebsamkeit der Welt (*Henry* 1964; *Cumming, Henry* 1961), das in Wirklichkeit ein erzwungener Rückzug und Ausdruck der inhumanen

Situation ist, in der viele alte Menschen leben müssen. Verschärfend wirkt sich in diesem Zusammenhang eine defizitäre Bildungskarriere aus, wie sie für Angehörige benachteiligter Schichten charakteristisch ist (*Lehr* et al. 1979; *Narr* 1976; *Erlemeier* 1978). Kommen die beschriebenen Faktoren voll zum Tragen und werden nicht in ihrer Auswirkung kompensiert, so besteht die Gefahr psychischer oder psychosomatischer Erkrankungen. Es kommt zur Ausbildung spezifischer Altersneurosen (*Linden* 1955, 1953; *Grotjahn* 1955, 1979; *Kastrinidis* 1979). Man kann davon ausgehen, daß ein großer Teil der als »normal« bezeichneten Altersgebrechen von der Genese her eine massive psychogene Komponente hat; denn genauso wie Kinder erkranken, wenn sie von ihrer Umgebung, ihren Eltern und Angehörigen nicht genügend Zuwendung, Ansprache und Aufmerksamkeit erhalten, so erkranken alte Menschen, wenn ihnen Wertschätzung, Ansprache, Kontakt, physische Zuneigung entzogen werden (*Petzold, Bubolz* 1979). Die Familien und nicht zuletzt die praktischen Ärzte machen es sich zu einfach, wenn sie Alterserkrankungen ausschließlich oder vorwiegend als »Verschleißerscheinungen«, als »Altersleiden« klassifizieren.

2. Interventionsformen

Wenn wir psychotherapeutisch, soziotherapeutisch und geragogisch mit alten Menschen arbeiten, so geht es wesentlich um die Restitution kommunikativer Felder (*Petzold* 1981 g), den Aufbau eines positiven Selbstkonzeptes, den Kampf gegen den »Feind von innen«, um eine allgemeine Aktivierung und die Förderung von Expressivität und Kreativität, kurz um *»Persönlichkeitsentwicklung«*. Spezifisch therapeutisch sind Hilfestellungen bei der Verarbeitung von belastenden Problemen, besonders wenn Symptombildung, d. h. die Ausformung einer altersspezifischen Neurose oder einer psychosomatischen Erkrankung, vorliegt. Weitere Bereiche stellen die Trauerarbeit um Freunde, Bekannte und Verwandte dar, die verstorben sind (ibid. 1981 c), und der Umgang mit offener und verdrängter Todesangst (letztere führt oftmals zu Symptombildung) und die Vorbereitung auf das eigene Sterben dar (ibid. 1980, *Lückel* 1981). Eine spezielle Aufgabe ist die Hilfe beim Umgang mit irreversiblen Verlusten (*coping, Whitlock* 1978; *Haan* 1977), z. B. Verlust des Augenlichts (*Bäumges, Petzold* 1982), des Gehörs, der Bewegungsfähigkeit (Apoplex-Patienten), aber auch des Ehepartners oder – beim Umzug ins Heim – der Wohnung, in der man lange Jahre gelebt hat (*Cole, Barret* 1980).

Die Verwendung psychotherapeutischer Methoden, Techniken und Medien kann immer nur auf dem Hintergrund des skizziert breiten Kontextes im Rahmen *integrativer Interventionen* (*Petzold* 1979 a, 298 ff) erfolgen. Bloße *»Psycho*-Therapie« ist nicht ausreichend. Wenn im folgenden das *Puppenspiel* als Mittel der Intervention herausgegriffen wird, so muß der skizzierte Hintergrund mit berücksichtigt werden. Dabei sei betont, daß das Puppenspiel *Medium* im Rahmen eines methodischen Ansatzes ist und nicht beanspruchen kann, selbst eine »Methode« zu sein (vgl. zum Methodenproblem, *Petzold* 1977 b). Vielmehr bedarf es Verfahren wie der Psychoanalyse, des Psychodramas oder der Gestalttherapie, die einen angemessenen theoretischen und methodologischen Rahmen bereitstellen können. Gerade von den beiden letztgenannten Verfahren erhält das Puppenspiel auch wichtige technische Impulse, wie z. B. Doppel-, Rollentausch- und Identifikationstechnik.

Den gestalttherapeutischen und psychodramatischen Aspekt meiner Arbeit mit alten Menschen habe ich an anderer Stelle ausführlich dargestellt (*Petzold* 1977 a; 1979 a). Er bedarf deshalb hier keiner differenzierten Präsentierung. Es sollen vielmehr einige Spezifika der Arbeit mit Puppen herausgearbeitet werden.

3. Die Puppen

Das therapeutische Puppenspiel hat vielfältige Formen von Puppen in seinem Arsenal, die mit unterschiedlicher Zielsetzung und Indikation und mit unterschiedlichen Effekten eingesetzt werden können. Wir haben die herkömmlichen Handpuppen, Marionetten, Stabpuppen, Großpuppen (vgl. *Petzold* 1975). Wir können ganz gewöhnliche Kinderpuppen und Stofftiere verwenden, Strohpuppen, Marotten, Holzgliederpuppen, Flaschenpuppen usw. In der Arbeit mit alten Menschen verwende ich im wesentlichen Handpuppen ohne Bühne. Die Puppen werden über die Hand gezogen und die Kommunikation geht über die Puppe, die als »intermediäres Objekt« dient (*Rojas-Bermúdez* 1982). Bei sehr mobilen Gruppen mit alten Menschen können auch Stabpuppen verwandt werden, da bei ihnen der Übergang zum freien Rollenspiel und Psychodrama, in dem die Kommunikation nicht mehr über die Puppe abläuft, leichter zu bewerkstelligen ist. Großpuppen kommen nicht in Frage. Sie sind zu schwierig zu handhaben und lösen zuweilen Ängste aus. Stofftiere dienen zuweilen als »Substitutionspuppen«, besonders bei Hochbetagten und infirmen Patienten. Derartige »Kuscheltiere« ermöglichen das Ausleben regressiver Bedürfnisse. Sie haben oftmals einen beruhigenden und tröstenden Effekt. Bei schon sehr zurückgezogenen, schwer zugänglichen Patienten aus dem psychiatrischen Bereich oder im Pflegebereich dienen sie als Substitution für verlorengegangene Kontaktfähigkeit.

Die Puppen werden häufig in den ideosynkratischen Monolog einbezogen, der damit eine gewisse dialogische Charakteristik bekommt und auf diese Weise Chancen zu einem neuen interpersonalen Dialog – eventuell zunächst wieder von Puppe zu Puppe – eröffnet. In ähnlicher Weise können Marionette und Gliederpuppe eingesetzt werden. Sie bieten aufgrund der spielerischen Komponente, der Beweglichkeit und vor allem der Veränderbarkeit von Positionen nicht nur eine ausgezeichnete Beschäftigung, sondern auch die Möglichkeit der »Autokommunikation« (*Petzold* 1977 b). Die Vorstellung, alten Menschen Puppen oder Kuscheltiere (Teddybären etc.) zu geben, mag zunächst befremdlich erscheinen. Wenn man aber sieht, wie gut derartige Puppen aufgenommen und wirksam werden, legen sich derartige Bedenken, zumal hier nicht zwischenmenschlicher Kontakt ersetzt werden soll, vielmehr tragen Substitutionspuppen dazu bei, daß verlorener Dialog wieder aufgenommen werden kann. Sie fungieren als »Übergangsobjekte« (*Winnicott* 1977) im Senium.

4. Herstellung von Puppen

In der Arbeit mit alten Menschen sind wir nicht nur auf das Spiel mit vorgefertigten Puppen gerichtet. Auch die Herstellung von Puppen (*Schreiner* 1980*; *Meilink* 1952; *Mulholland* 1969) ist oftmals eine lohnende Aktivität in der agogischen und psychotherapeutischen Arbeit (*Wall* et al. 1965). Stoff-, Strick- und Strohpuppen (*Kindler* 1962) herzustellen, erfordert keine große manuelle Geschicklichkeit. Bei guter Anleitung macht diese Beschäftigung Spaß. Sie führt zu Austausch in der Gruppe und zu wechselseitiger Hilfe. Man tauscht Stoffstücke, bunte Wolle für die Haare. Man gibt sich Hilfen beim Binden von Strohpuppen usw. Es kommt ein lebendiges kommunikatives Klima zustande. Geschicktere Gruppenteilnehmer helfen anderen, die sich schwertun, und so kommen die Prinzipien des »exchange learning« (*Laschinsky, Petzold, Rinast* 1979) zum Tragen. Auch die komplizierte Herstellung von Handpuppen (*Micovich* 1967; *Arndt* 1959, 1964), Stabpuppen (*Fettig* 1970, 1977) oder

---

* Das Buch von *Schreiner* kann als grundlegend empfohlen werden.

Marionetten (*Batek* 1980; *Bernhard* 1978; *Dorst* 1957) bietet reizvolle Möglichkeiten (*Fedotow* 1956; *Schreiner* 1980).

Diese Arbeit macht Freude. Man hat etwas Bleibendes geschaffen, Puppen, die man verschenken kann und die besonders von Enkelkindern begeistert aufgenommen werden. Wir haben in beschäftigungstherapeutischen Gruppen in Alten- und Pflegeheimen ganze Kasperletheater mit einer breiten Auswahl von Puppen für Enkelkinder, aber auch für Kindergärten hergestellt. Zuweilen sind Kindergruppen ins Pflegeheim gekommen und haben die Puppen in einem Spiel entgegengenommen, oder es sind rüstige Gruppenteilnehmer in eine Kindertagesstätte gegangen und haben ein Puppenspiel aufgeführt, zunächst alleine, dann unter Beteiligung der Kinder. In einem Fall ist sogar eine Puppenspielarbeitsgemeinschaft zwischen Hortkindern und alten Menschen zustandegekommen, die für beide Altersgruppen ganz hervorragende Auswirkungen hatte. Die alten Menschen hatten eine lohnende und befriedigende Aufgabe, den Kontakt zu Kindern, und die Kinder hatten »Wahlgroßeltern«, mit denen sie spielen und von denen sie lernen konnten: *exchange learning* (*Laschinsky* et al. 1979).

In einer solchen Arbeit sind die Grenzen von der agogischen zur beschäftigungstherapeutischen und psychotherapeutischen Arbeit fließend. Schon in der Entscheidung, welche Puppe hergestellt werden soll, zeigt sich häufig therapeutisch relevantes Material. *Symbolfiguren* wie Tod, Teufel, Engel, Zauberer, Hexe, König und Königin geben Aufschluß über psychodynamische Konstellationen; ein Faktum, das sich im übrigen bei der Auswahl vorgegebener Puppen im Spiel wiederholt. Das Puppenarsenal wird ein projektiver Test (*Dunhill* 1977; *Anderson* 1951). Auch relevante Familienkonstellationen werden deutlich durch das Herstellen von Familienpuppen.

Um den projektiven Prozessen noch mehr Raum zu geben, sind wir dazu übergegangen, nicht nur eine Vielfalt von Materialien anzubieten – die stimulierende Wirkung des Mediums regt die projektive Produktion an (*Petzold* 1977 b) –, sondern wir haben auch im Hinblick auf die Herstellung eine Neuerung eingebracht: Die *Improvisationspuppe*. Die Gesichter werden aus weißlackierten, bemalbaren, abwaschbaren Holzkugeln oder aus veränderbarer Knetmasse hergestellt. Um ein Stück Bambusrohr als Kern, das gleichzeitig die Führung für den Zeigefinger bietet, wird relativ starre Plastik-Knetmasse gegeben. Das Gesicht wird geformt und bemalt. Durch die Plastizität des Materials und die Veränderbarkeit der Farben werden die Gesichter zum Teil sehr ausdrucksstark und spiegeln die emotionale Beteiligung des Herstellers wieder. Der eigentliche Puppenkörper besteht aus neutralen weißen Puppenhandschuhen, mit Kragenöffnung und Händen. Er ist mit zahlreichen Druckknöpfen oder Haftbändern bestückt. Dazu habe ich eine Kiste voll gesäumter Flicken von allerlei Stoffqualität und vielen Farben, an denen die anderen Druckknopfteile bzw. Haftbänder sind. Auf diese Weise wird es möglich, relativ schnell jede Puppe beliebig und phantasievoll auszustaffieren. Ich habe diese Improvisationspuppen einmal in größerer Stückzahl in der Beschäftigungstherapie einer psychiatrischen Anstalt anfertigen lassen, und sie haben sich in der Arbeit mit Einzelpatienten oder Gruppen als sehr praktikabel erwiesen, wenn man keine Zeit oder Möglichkeiten hat, Puppen von Grund auf herzustellen.

Neben den Handpuppen, die durch ein formbares Gesicht veränderbar sind, verwende ich noch einfachere Formen: die *Marotte* (*Schreiner* 1980, 96), eine einfache Stockpuppe, die z. B. gut aus einem Holzrührlöffel hergestellt werden kann, weiterhin die von mir konzipierten *Flaschen-* oder *Kegelpuppen*. Leere Mineralwasser- oder Weinflaschen oder besser, weil nicht zerbrechlich, die Hartpapierkerne von Packrollen, versehen mit einem Stock als Handgriff, werden wie folgt als Puppen verwandt: Die Teilnehmer malen auf ein DIN-A-5-Blatt die Gesichter ihrer Puppe, bei den Selbstpuppen z. B. ein freundliches und ein griesgrämiges Gesicht. Diese Blätter werden mit Klebeband auf den Körper der Flasche geklebt. Dabei ist es möglich, auf jede Seite ein Gesicht zu kleben, so daß durch einfache Drehung der Flasche, die am Hals gefaßt wird, ein anderes Gesicht im Spiel erscheint. Diese Puppen bieten eine große Variabilität für kurze dynamische Spielsequenzen.

5. Puppenspiel in der Einzeltherapie – die »Selbst-Puppe«

In der therapeutischen Einzel- und Gruppenarbeit lassen wir zuweilen eine »Selbst-Puppe« herstellen. Es wird folgende Instruktion gegeben: »Sie kennen aus der Malerei das Selbstportrait. Jemand stellt sich selbst dar. Sie können jetzt versuchen, eine Puppe von sich selbst zu machen. Die Technik der Herstellung ist Ihnen ja vertraut. Sie können Ihr Gesicht formen und malen, wie es Ihrer Stimmung entspricht. Genauso können Sie für die Kleider die Farben und Stoffe aussuchen, die Ihnen am meisten liegen.«

Für die Herstellungsphase braucht man, wenn die Teilnehmer schon Erfahrung mit dem Anfertigen von Puppen haben, etwa 2 Sitzungen. Schon beim Herstellen der Selbst-Puppe lassen sich intensive emotionale Prozesse beobachten. Viele Teilnehmer treten schon während der Herstellung mit der Puppe in Dialog. Sie murmeln vor sich hin und sprechen die Puppe an, wägen die Wahl von Farben und Stoffen ab. Oftmals brauchen sie längere Zeit für die Entscheidung und zwar vorwiegend, wenn ambivalente Stimmungen oder polarisierte Selbstkonzepte anliegen. Bei manchen Patienten wird es nötig, schon in dieser Phase therapeutisch einzugreifen, um Entscheidungshilfen zu geben oder Ambivalenzen zu klären. Die Gruppen dürfen deshalb nicht zu groß sein (was auch die späteren Spielphasen beeinträchtigen würde). Gruppen zwischen 5 und 8 Patienten sind optimal.

Die Selbstpuppen können »*Realpuppen*« sein, d. h. Rollen des Selbst aus dem alltäglichen Leben des Herstellers darstellen: Ehemann, Vater, Lehrer, o. ä. Sie können aber auch »*Symbolpuppen*« sein, d. h. Rollen des Selbst in symbolischer Form repräsentieren: König, Zauberer, Mond o. ä.

Sind die Puppen fertig, so werden sie in der Gruppe vorgestellt. Dies kann auf verschiedene Weise erfolgen: Die Teilnehmer berichten »*über*« ihre Puppe und insbesondere über die Gedanken und Gefühle, die sie während der Produktionsphase hatten. Ein solches Vorgehen empfiehlt sich besonders in Anfängergruppen. Wurde schon über einige Zeit therapeutisch gearbeitet, so kann die gestalttherapeutische »Identifikationstechnik« angewandt werden. Der Patient spricht »als Puppe«. Das emotionale Erleben wird hierdurch sehr intensiviert, doch bleibt zugleich eine gewisse Distanz erhalten. Es ist diese Doppelgleisigkeit von emotionaler Beteiligung und Distanziertheit – die Puppe spricht ja, lacht, weint, ist wütend, und der Spieler führt die Puppe – die Integrationsprozesse fördert (*Scheff* 1979).

Bei der Identifikationstechnik in der Arbeit mit Selbst-Puppen sind kaum Kontraindikationen gegeben, es sei denn, ein Patient hat in der Puppe seinen »Schatten« (*C. G. Jung*) dargestellt oder eine ihn besonders belastende Situation herausgegriffen. Hier empfiehlt sich zunächst, mit dem Bericht »über« die Puppe zu beginnen. Größere Vorsicht ist geboten, wenn die Identifikationstechnik bei *Symbolpuppen* verwandt wird. Denn hier können traumatische Inhalte in komprimierter Form anwesend sein, ohne daß sie dem Bewußtsein direkt zugänglich wären. Die Identifikationstechnik bewirkt häufig ein unmittelbares Erfahren, einen direkten Kontakt mit den Ereignissen und Emotionen, die sich in der Symbolfigur verdichtet haben, so daß auch die Gefahr von Konfluenzzuständen (*Perls* 1980) gegeben ist. Überflutungen mit verdrängten Gefühlen, die nicht mehr gehandhabt werden können.

Mit der Vorstellung der Selbst-Puppe über die Identifikation beginnt das »Selbst-Spiel«. Der Klient fängt an, sich selbst zu spielen, und nimmt sich dabei durch die beschriebene, charakteristische Distanz in besonderer Weise wahr. Er vermag damit, obgleich er involviert ist, zu seinem Denken, Fühlen und Tun einen Abstand zu gewinnen, durch den die Konfrontation, die die Selbst-Puppe und das Selbst-Spiel oftmals darstellt, handhabbar wird. Mit etwas Übung können während des Selbst-Spiels durch den formbaren Kopfteil die Gesichtszüge verändert werden. Hier ist es gut, wenn der Therapeut im Hinblick auf die manuellen Fertigkeiten Hilfestellungen gibt. Trauer, Freude, Zorn können ohne großen Aufwand durch Veränderungen der Mundformen, Einkerben oder Glätten von Stirnfalten dargestellt werden. Nach jeder Umformung des Gesichts wird der Patient aufgefordert, zunächst einmal Kontakt mit dem neuen Gesicht aufzunehmen und dann erst ins Spiel zu gehen. Hilfreich ist dabei die aus dem Psychodrama und der Gestalttherapie übernommene Technik der »Selbst-Präsentation«. Sie geschieht zumeist in der Form, daß ein Klient sich neben seinen Stuhl stellt und über den imaginär auf dem »leeren Stuhl« sitzenden Protagonisten spricht (vgl. Blatner 1970). Diese Technik ermöglicht der Gruppe Feed-Back oder Kommentare, die konfrontativen Charakter haben können, ohne daß der Patient zu stark belastet wird, wie es zuweilen in der »face to face-Konfrontation« geschehen kann. Besonders alte Menschen sind häufig leicht kränkbar. Das Zusammenleben im Altenheim oder im Altenwohnheim erfordert, wenn ein kommunikatives Klima gefördert werden soll, zuweilen auch Konfrontationen, die »von Puppe zu Puppe« unter Verwendung der Selbst-Puppen zunächst leichter ausgetragen werden können. Interpersonale Auseinandersetzung, in der selbstbezogener Rückzug aufgebrochen wird, kann auf diese Weise vorbereitet werden.

In der Einzeltherapie bietet die Selbst-Puppe die Möglichkeit der unmittelbaren Auseinandersetzung mit der eigenen Persönlichkeit. Es wird dabei die bei alten Menschen häufig zu beobachtende Tendenz zu Selbstgesprächen ausgenutzt und über das Gespräch mit der Puppe in eine dialogische Richtung gebracht. Das Selbst-Spiel als Dialog mit der Selbst-Puppe erhält durch die Möglichkeit der Veränderung des Gesichtes eine intensivierte Möglichkeit der »Autokommunikation«. Dieses im Rahmen meiner Medientheorie entwickelte Konzept (Petzold 1977 b) unterscheidet sich von der Einweg-Kommunikation technischer Medien (z. B. Radio) oder der interpersonalen Zweiweg-Kommunikation (Dialog, Korrespondenz) dadurch, daß es eine »Botschaft von mir selbst für mich selbst« zum Gegenstand hat. Dabei geht es nicht nur um intentionale

Botschaften, etwas, das man *bewußt* in das Medium – hier das formbare Gesicht der Selbst-Puppe – hineinlegt, sondern es geht auch um »*nicht-intendierte* Inhalte«, d. h. um Material, das unbewußt während des Prozesses des Formens in das Medium einfließt und oftmals erst beim Anschauen des fertigen Werkes oder sogar erst über die Identifikationstechnik erschlossen wird. So vermag der Protagonist in den Gesichtszügen seiner Puppe, aber auch in der Wahl der Kleidung, des Stoffes, der Farben plötzlich etwas zu entdecken, das ihm bisher nicht oder nur unpräzise bewußt war.

Ein Vorteil der Autokommunikation im Selbst-Spiel mit Puppen liegt gegenüber rein verbal verlaufenden therapeutischen Sitzungen im gestalterischen Moment. Der Klient ist weniger »ausgeliefert« an den Therapeuten. Er leistet einen sehr aktiven Beitrag am therapeutischen Prozeß, und er kann die Arbeit mit der Selbst-Puppe auch außerhalb der Therapie-Sitzungen fortsetzen. Es ist häufig für die Arbeit mit alten Menschen wesentlich, daß zu intensive Übertragungen vermieden werden, damit vorhandene regressive Tendenzen, die zu einem unerwünschten Verlust von Selbständigkeit und Selbstregulation führen können, nicht gefördert werden. Hospitalisierungserscheinungen entstehen bei alten Menschen nämlich nicht nur durch den Reizentzug in den Institutionen (*Weinstock, Bennet* 1969; *Lehr* 1979), sie sind oft genug das Resultat überprotektiver Verhaltensweisen von seiten des Personals. In der Einzel- und Gruppentherapie mit alten Menschen treten übermäßige Regressionen häufig dann auf, wenn der Therapeut sich gegenüber spezifischen Übertragungsphänomenen – z. B. der Zuschreibung des stützenden, fürsorglichen Sohnes, der zur Hilfe verpflichtet ist – nicht abzugrenzen vermag, bzw. wenn er seine Gegenübertragungsreaktion (Schuldgefühle, Gefühle der Verpflichtung, übersteigerte Ehrfurcht usw.) nicht im Griff hat. Die Arbeit mit Puppen, insbesondere mit der Selbst-Puppe, entlastet zumindest zu einem Teil von derartigen Phänomenen. Der Klient wird nicht, wie in der Abstinenz therapeutischer Arbeit in psychoanalytischen Gruppen, auf sich zurückgeworfen. Ein abstinentes Vorgehen ist für die Arbeit mit alten Menschen ohnehin nicht indiziert. Hier geht es mehr um Abgrenzung, um Kontakt, um Eindeutigkeit in der Nähe.

Die Arbeit mit der Selbst-Puppe stärkt das Identitätserleben. Der Patient schärft das Bewußtsein seiner selbst. Die wichtige Fähigkeit, sein eigenes Tun, seine Gefühle, Empfindungen, Phantasien, Gedanken zu identifizieren, mit ihnen in Kontakt zu sein, die *Moreno* »*Autotele*« nennt (*Moreno* 1953; *Petzold, Mathias* 1981), wird erhalten, oder wo sie schon gemindert ist, sogar restituiert. In der Persönlichkeitstheorie *Moreno*s ist das

Autotele, die Beziehung zu sich selbst, eine wichtige Konstituente der Persönlichkeit, eine Annahme, die durch die Selbstkonzept-Theorien (*Filipp* 1979) gestützt wird. Im Verlaufe der Arbeit mit der Selbst-Puppe wird der Klient/Patient ermutigt, die unterschiedlichsten Seiten seiner selbst darzustellen, positive wie negative. Er wird aufgefordert, die verschiedensten Rollen, die er im Leben spielt oder gespielt hat, zu inszenieren. Dabei wird deutlich, welche Rollen in seinem *Rollenrepertoire* noch vorhanden und welche schon ins *Rolleninventar* gesunken sind und nicht mehr aktiv gespielt werden. Der Klient/Patient kann so »hautnah« erfahren, wie der »Feind von innen« wirkt, welche Kompetenzen ihm im Verlaufe seines Altersprozesses verlorengegangen sind. Er erhält die Chance, zunächst einmal im Spiel mit der Selbstpuppe, später dann im Puppenspiel in der Gruppe und oftmals dann auch in seinem Alltagsleben, verlorene bzw. desaktivierte Rollen wieder zu beleben und seinem Rollenrepertoire einzugliedern. Die »Sozialpsychiatrische Rollentheorie des Alters« (*Petzold, Bubolz* 1976, 37 ff; *Petzold, Mathias* 1981) hat die Bedeutung eines reichhaltigen Rollenrepertoires für die psychische und physische Geundheit des Menschen im Alter betont. Neben der Restitution atropher sozialer Atome bzw. in direktem Zusammenhang damit ist der Restitution verarmter Rolleninventare in der Therapie alter Menschen Bedeutung zuzumessen.

Im Spiel der Selbst-Puppe kommt es oftmals spontan zur Darstellung alter Rollen und der damit verbundenen Situationen, die ein Mensch z. B. »in seinen besten Jahren« oder sogar in seiner Jugend gespielt hat. Wir ermutigen derartige Rollenperformanzen und legen insbesondere auf die entsprechende Darstellung von Gesicht, Kleidung und Haltung Wert. So kommt es manchmal zu einer Folge von Darstellungen, die von der frühen Kindheit bis ins hohe Alter reicht. Es wird auf diese Weise eine Erfahrung der *Lebensspanne* (*Baltes* 1979) in ihrer Ganzheit möglich. Wenn möglich, regen wir in der Einzelarbeit, aber auch in der Gruppe an, in verschiedenen Sequenzen die Selbst-Puppe vom Baby-Stadium fortlaufend umzugestalten. Dabei wird immer wieder die Parallelität zwischen dem runzeligen Gesicht des Alters und der zunehmenden Hilflosigkeit zum Tode hin als beeindruckend erlebt. Das Leben wird als ein Zyklus erfahren, der sich rundet. Gerade in der Arbeit mit Hochbetagten wird die Nachbildung der Lebensspanne an der Selbst-Puppe, deren Gesicht jeweils umgeformt und deren Kleidung jeweils verändert wird, als tröstlich erlebt.

Den alten Menschen wird dabei die Veränderung der Leiblichkeit *bewußt*. Es beginnt die Auseinandersetzung mit dem Problem der Leiblichkeit. Wir gehen, kommt es zu diesem Thema, oftmals dazu über, die gesamte Puppe als den nackten Leib in Knetmasse oder auch in Ton formen zu lassen. Es wird auf diese Weise in eindrücklicher Weise deutlich, daß der Mensch der jeweilige Leib *ist*, daß der Leib Ausdruck der persönlichen Geschichte, Ort der eigenen Existenz ist, daß man seinen Körper nicht hat (*Marcel* 1978; *Dürckheim* 1974). Diese konkreten Erfahrungen über die Selbst-Puppe führen zu einer Reflexion der eigenen Phantasien über den Leib. Die Phantasmen des Körpers werden durch die Puppe greifbar (*Bellmer* 1976). Auch die kollektive Eingebundenheit von Leiblichkeit und die soziale Bedingtheit von Mustern körperlichen Verhaltens im Alter werden erkennbar. Es kann so deutlich gemacht werden, daß die kollektiven Leib-Konzepte einer je gegebenen Gesellschaft verinnerlicht werden und hinderlich sein können (*Kamper, Rittner* 1976). Wir lassen dann häufig alternativ Rollen übernehmen: Ein alter Buchhalter im Wohnheim übernimmt die Puppe eines alten Bergbauern, der mit dem Rucksack noch auf die Alm geht, obwohl er schon »hoch in den Siebzig ist«. Gerade städtischer Bevölkerung wird auf diese Weise deutlich, daß sie Opfer der negativen Aspekte des »social body« sind. In einem integrativen Programm der Arbeit mit alten Menschen werden solche Erfahrungen in Abstimmung mit bewegungstherapeutischen Angeboten vertieft und alternative Wege und Verhaltensweisen etwa durch »Vitalisierungstraining«, Tanz, Bewegungsübungen gezeigt (*Petzold, Berger* 1979).

Beispiel
Clara C., 74 Jahre, lebt seit vier Jahren in einem Altenwohnheim. »Ich hatte mir mein Siebzigstes als Grenze gesetzt. Ich wollte niemandem zur Last fallen, besonders meinen Kindern nicht.« Mit der Übersiedlung von Düsseldorf nach Wuppertal hat sie zahlreiche gewachsene Kontakte abgebrochen. Die täglichen Einkäufe fielen weg, die Hausarbeit, die Besuche bei Bekannten. Auch die Kinder, zu denen kein gutes Verhältnis bestand, kamen relativ selten, etwa einmal monatlich. Innerhalb eines Jahres kam Clara C. »fast gänzlich vom Laufen ab«, sie war ohnehin schon seit langen Jahren durch ein Venenleiden behindert. Im Altenwohnheim isolierte sie sich zunehmend und litt häufig an schweren Depressionen. Als massive Suizidphantasien auftauchten, vertraute sich die sehr religiöse Frau dem Heimseelsorger an, der mich um Hilfe bat. Ich hatte in diesem Heim ein agogisches Projekt mit meinen Studenten von der Fachhochschule für Sozialarbeit, in dessen Rahmen eine Theater-/Puppen- spiel- und eine politische Diskussionsgruppe abgehalten wurde. Clara C. konnte in den Kontaktgesprächen, die die Studenten führten, zu keiner dieser Aktivitäten motiviert werden. Da mir bei begrenzten zeitlichen Möglichkeiten nur eine Fokalintervention mit dem Ziel der Integration in eine der bestehenden Projektgruppen indiziert schien, entschloß ich mich zur Arbeit mit Handpup- pen.

Die Initialsituation erwies sich als schwierig. Clara C. war sehr verschlossen und erst allmählich entwickelte sich ein Gespräch, in dem sie berichtete, daß sie sich seit Wochen deprimiert fühle und immer wieder in ihr Gedanken aufkämen, sie solle sich doch besser das Leben nehmen. »Das belastet mich so, Herr Doktor. Ich möchte wirklich nicht mehr weiterleben. Ich wäre ja so froh, wenn ich sterben könnte. Aber mich umbringen . . . Ich will doch meine Seligkeit nicht verlieren!« Ich spreche mit ihr ein bißchen über ihre isolierte Lebenssituation, und daß es doch wichtig wäre, wieder Kontakte aufzunehmen. »Ach, wissen Sie, am liebsten will ich niemanden sehen. Ich bin ja doch für alle eine Last. Und was soll ich mit anderen Leuten anfangen? Ich bin mein ganzes Leben allein zurechtgekommen; glauben Sie mir, das war oft nicht leicht. Und ich will es auch so für das letzte bißchen Zeit, das ich noch zu leben habe, so halten.« – T. *(Therapeut):* »Aber da müssen Sie sich wenigstens beschäftigen. So wie Sie sich den ganzen Tag mit trüben Gedanken beschäftigen, werden die Selbstmordideen nicht weggehen. Sie müssen auch raus an die frische Luft.« »Ach, ich kann schon lange nicht mehr richtig laufen. Ich gehe manchmal auf den Balkon. Das Laufen, das fällt mir sehr schwer. Das geht schon seit Jahren nicht mehr richtig.« *T.:* »Man hat mir aber erzählt, als Sie in das Wohnheim kamen, waren Sie noch ganz gut zu Fuß.« – »Ach, das ist schon lange her. Wohin soll ich denn gehen? Ich kann ja hier doch nur auf den Tod warten.«

Ich sage Clara C., daß ich ihr etwas zur Beschäftigung mitgebracht hätte, Handpuppen, die sie nach ihrem eigenen Geschmack zusammenbauen könnte. Ich habe fünf »Improvisationspuppen« mitgebracht. Ich mache zwei Puppen fertig, um Frau C. zu zeigen, wie das geht. Sie begreift sehr schnell, und ihr Interesse ist geweckt. *T.:* »Ich möchte Ihnen vorschlagen, daß Sie Figuren anfertigen, die Ihnen in den Sinn kommen und Ihnen Spaß machen. Sie können sie mir, wenn ich nächstes Mal komme, zeigen.« Ein paar Tage später besuche ich Frau C. wieder. Sie hat drei Puppen fertiggemacht. Den »Gevatter Tod«, die »Gänseliesel« und ein Mädchen, ihr Enkelkind. Die Puppen sind sehr sorgfältig gearbeitet. Frau C. hat aus ihrem eigenen Nähkörbchen noch Materialien geholt. »Ich muß sagen, das hat mir wirklich Spaß gemacht.« *T.:* »Könnten Sie nicht solche Puppen für Ihre Enkelkinder machen?« – »Ach nein, die sind schon zu alt, 12 und 15. Da spielen die Kinder heute nicht mehr mit Puppen.«

Die drei Puppen weisen einige wichtige dynamische Aspekte auf; die starke Auseinandersetzung mit dem Tod, der als Puppe recht bedrohlich dargestellt ist und vielleicht doch nicht so sehr herbeigesehnt wird, wie Frau C. immer wieder affirmiert. Überdies ist der Tod in dem Märchen, auf das Bezug genommen wird, ein heimtückischer Geselle, der arglistig das Lebenslicht umstößt (*Grimm* 1979, S. 256). Mit der zweiten Märchengestalt, der »Gänseliesel«, verbinden sich die Themen des Verstoßenseins, der ungerechten Behandlung, der Verlassenheit. Die Puppe des geliebten Enkelkindes, das sich nur wenig um die Großmutter kümmert, weist auf ein weiteres Problem hin.

Werden Märchenfiguren als Symbolfiguren bei der Gestaltung von Puppen verwandt, so können deutende Überlegungen, wie sie soeben vorgetragen wurden, nur als mögliche *Arbeitshypothesen* in Betracht gezogen werden: denn oftmals erweisen sich in der konkreten therapeutischen Ausarbeitung ganz andere Aspekte des gewählten Märchens oder der entsprechenden Figur als relevant (vgl. *Lückel* 1979). Vor allen Dingen sind voreilige Deutungen zu vermeiden.

T.: »Was hat Sie dazu bewogen, ausgerechnet diese Puppe herzustellen?« – »Ach, eigentlich nichts besonderes.« (Mir fällt auf, daß Clara C. die meisten ihrer Sätze mit »Ach« beginnt, was ihren klagsamen Ton noch akzentuiert.) »Der Gevatter Tod, mit dem habe ich ja auch zu tun, und die Gänseliesel, ja, das ist ein schönes Märchen, das habe ich schon immer gerne gehabt . . . schon als Kind.« *T.:* »Aber der Gänseliesel geht es doch über lange Zeit sehr schlecht. Sie hat eigentlich niemanden.« Frau C. ist betroffen und schweigt. Dann weint sie ein bißchen. »Ich habe auch niemanden, niemanden richtig. Aber bei mir kommt kein Königssohn am Schluß. Bei mir kommt der Gevatter Tod. Ach ja, in Gottes Namen soll er kommen.«

Die beiden Märchenthemen haben sich verbunden, ohne Deutung des Therapeuten wurden sie für die Klientin selbst evident. *T.:* »Ja, da haben Sie mit der Gänseliesel ein Stück Ihres eigenen Lebens, Ihrer eigenen Persönlichkeit gestaltet, und auch der Gevatter Tod ist ein Stück von Ihnen . . . so düster und bedrohlich, wie Sie ihn darstellen.« – »Der ist ja auch düster und bedrohlich! . . . Aber ich habe auch Angst vor ihm, furchtbare Angst. Wenn ich nicht zu meinem Jesus beten würde, könnte ich es gar nicht ertragen. Das Warten, wo man nie weiß, wann die Stunde kommt. Ob es plötzlich kommt, oder wie? Man ist da so ausgeliefert.« Ich überlege einen Moment, ob ich eine Deutung wagen soll. *T.:* »Beim Selbstmord hat man das wenigstens selbst in der Hand!« – »Da haben Sie recht, Herr Doktor, da haben Sie wirklich recht.« Ich wage die Deutung: »Vielleicht entstehen die Selbstmordgedanken, weil Sie sich so vor dem Tod fürchten, vor dem Warten, so daß Sie es lieber in der Hand haben möchten.« Frau C. überlegt: »Ich weiß nicht, so habe ich das noch gar nicht gedacht. Vielleicht haben Sie recht. Ich muß darüber nachdenken.«

Zur nächsten Stunde bitte ich Frau C., die restlichen beiden Puppen fertigzumachen, und schlage ihr vor, sie möchte doch sich selbst einmal darstellen. Situationen aus ihrem Leben, in denen sie sich einmal sehen möchte. Sie nimmt das Angebot interessiert auf. Sie hat offenbar an der Arbeit mit den Puppen Gefallen gefunden. Die Symbolpuppen, insbesondere die gewählten Märchenfiguren (die in ihrer Weise auch »Selbst-Puppen« waren), haben einen guten Einstieg ermöglicht. Den, wie ich durch den Altenheim-Seelsorger wußte, sehr belastenden Konflikt mit dem Enkelkind hatte ich bewußt in dieser Sitzung nicht aufgegriffen.

In der kommenden Stunde überraschte mich Frau C. mit zwei sehr schön gearbeiteten Puppen, eine junge Frau mit langen blonden Haaren (sie hatte mit gelber Nähseide sorgfältig eine Perücke geklebt) in einem Ballkleid und eine gepflegte alte Dame in einem dunkelbraunen Samtkleid. »Das war ich«, sagte sie stolz, »mein erster ›großer Ball‹, und hier«, sie weist auf die alte Dame, »der Besuch in der Oper. Fünf Jahre ist das her. Ich bin so gerne in die Oper gegangen. Fünf Jahre . . .« – *T.:* »Erzählen Sie mir doch ein bißchen von Ihrem ersten Ball.« – »Ich war eine gute Tänzerin. Eine sehr gute Tänzerin. Ich habe gerne getanzt . . .« Ich frage Frau C., ob sie eine Walzer-Platte habe. Es gibt Walzermusik. Wir suchen eine

Platte aus und legen sie auf. Die Musik erfüllt den kleinen Raum. Ich improvisiere aus einer meiner Therapiepuppen und einem schwarzen Druckknopfflicken einen Tanzpartner – mit ein bißchen Phantasie kann man sich einen Herrn im Frack vorstellen –, und dann lassen wir die beiden Puppen tanzen. Es gelingt uns ein gutes Zusammenspiel, und das ganze sieht sogar elegant aus. Die Musik ist zu Ende. »Da haben wir die Puppen tanzen lassen«, sage ich. – »Ja, dabei kann man fast hinter Atem kommen . . und Sie werden es nicht glauben, aber ich habe zwischendurch in meinem Körper diese Leichtigkeit gefühlt, so wie damals beim Tanzen, ich fühle mich noch ganz beschwingt, bis in die Füße hinein.« T.: »Ob wir das nicht ausnutzen sollten? Für ein paar Schritte vor's Haus? Es ist recht schön draußen.« – Frau C. (schelmisch): »Wozu wollen Sie mich nur verführen, Herr Doktor? Na, versuchen kann ich es ja. Ich weiß nicht . . .«

Ich gehe langsam mit Frau C. bis zum Aufzug, dann durch die Eingangshalle bis zur Bank auf dem Hof. Dort pausieren wir. Nach einigen Minuten gehen wir weiter bis zur Bank am Eingang des Parks – etwa 50 Meter. Wir sitzen eine Viertelstunde in der Sonne und unterhalten uns. Ich erkläre ihr, wie Funktionen, die nicht gebraucht werden, sich zurückbilden – unnötigerweise – und wie wichtig es sei, daß sie deshalb ein bißchen mehr Bewegung, Kontakt in ihr Leben bringe. Wir sind zurückgegangen. Diese Erfahrung war für Frau C. ein einschneidendes Ereignis. Sie hatte das Zutrauen in ihre eigenen Möglichkeiten wiedergefunden. In weiteren Sitzungen arbeiten wir mit der Selbst-Puppe: die Tänzerin, die Witwe am Grab, die erfolgreiche Abteilungsleiterin, die einsame alte Frau in der Wohnung, die junge Mutter, die Großmutter, die Rotkreuzhelferin im Krieg, die fast bewegungsunfähige Greisin im Altersheim, all das waren Stationen, die wir mit der Selbst-Puppe durchspielen konnten, in etwa 5 Sitzungen. Danach war Frau C. entschlossen, an der Puppenspielgruppe teilzunehmen. Die Selbstmord-Gedanken waren verschwunden und die depressiven Stimmungen erheblich gemindert. Im Verlauf der Puppenspielgruppe hatte sich ihr Zustand noch weiter gebessert, und an ihrem 75sten Geburtstag ging sie mit einigen anderen Bewohnern des Altenheimes »zur Feier des Tages« in die Oper.

Ein paar Wochen später spreche ich mit dem Altenheimseelsorger über Frau C. »Ihre Puppen haben sie verzaubert«, meinte er. »Sie kennen das ja, Magie. Es soll eine sehr effektive Sache sein.« Ich antwortete ihm: »Ja, warum eigentlich nicht, die alten mantischen Praktiken? Man fertige die Puppe eines Feindes aus Wachs, statte sie mit Fingernägeln oder Haaren von ihm aus, dann nehme man nur eine Nadel . . .« Wir beide lachen. »Der Sympathiezauber war schon immer ein wirksames Mittel, und warum soll man ihn nicht im Hinblick auf die eigene Person verwenden? Sich noch einmal jung darstellen, im Tanze drehen, das aktiviert das kinästhetische Gedächtnis – ein bekanntes Phänomen. Aber das ist schon wieder eine rationale Erklärung, und warum soll das Spiel mit der Selbst-Puppe nicht doch ein wenig Magie bleiben?«

Das Beispiel hat, so hoffe ich, deutlich gemacht, wie das Medium der Puppe in der Einzeltherapie, hier in einer Fokalintervention auf dem

Hintergrund tiefenpsychologisch fundierter Gestalttherapie, mit gutem Erfolg eingesetzt werden kann. Dabei kommen durchaus auch persuasive und suggestive Komponenten neben der aufdeckenden, einsichtsfördernden Arbeit zum Tragen. Gerade in der Behandlung alter Menschen ist ein multimodales Vorgehen erforderlich. Entscheidend war, daß die begonnene Initiative durch die soziotherapeutische, mit Puppenspiel arbeitende Gruppe aufgenommen und fortgeführt wurde. Im Rahmen dieser Arbeit konnte über Puppenspiel auch eine familientherapeutische Sitzung vorbereitet werden, in der Clara C. ihren Vorwürfen gegenüber ihrer Tochter und ihrem Schmerz über ihre Enkelin Ausdruck verleihen konnte. Diese Sitzung ermöglichte es, daß in der später folgenden Familienberatung eine Verständnisebene erreicht werden konnte, ohne daß einzig die Ebene des Vorwurfs und der Bitterkeit zum Tragen kam.

6. Das Puppenspiel in der Gruppe

Prinzipiell verwende ich in der Gruppenarbeit ähnliche Techniken und Methoden wie in der Einzelarbeit mit Puppen. Hinzu kommt jedoch die Dynamik der Gruppe. Diese entfaltet sich schon im gemeinsamen Herstellen von Puppenfiguren. Die Wahl der Figuren ist hier genauso aufschlußreich wie die wechselseitigen Hilfeleistungen und Kooperationen während des Fertigungsprozesses. Es sollen diese Momente der Arbeit hier nicht näher beschrieben werden, sondern ich will auf einige Aspekte des Puppenspiels in der Gruppe eingehen.

Im Puppenspiel orientiere ich mich, wie auch in meiner psychodramatischen Arbeit, am »Tetradischen System« (*Petzold* 1979 a). Auf eine *Initialphase* (1), in der in Kohäsion gestiftet wird, sich das Thema herauskristallisiert und der Therapeut diagnostische Aufschlüsse erhält, folgt eine *Aktionsphase* (2), in der das gefundene Thema prägnant und ausgespielt wird und individuelle und kollektive Katharsis möglich wird. Schließlich folgt die *Integrationsphase* (3), in der das vorausgegangene Geschehen kognitiv durchgearbeitet wird. Damit wird die Grundlage für die *Phase der Neuorientierung* (4) gewonnen, in der neue, alternative Verhaltensweisen erprobt werden können (*Petzold* 1981 e; 1979 a). Diese Folge ist nicht mechanistisch zu verstehen. Zuweilen werden Phasen übersprungen, oder sie oszillieren. Das »Tetradische System« gibt nur eine prinzipielle Richtung an: von der Problemformulierung bis zur Neuorientierung.

Sofern man die Puppen mit der Gruppe nicht hergestellt hat, empfiehlt es sich, ein möglichst großes Reservoir an Symbol- und Alltagspuppen zur Verfügung zu haben. Man kann sich dabei der herkömmlichen Kasperlepuppen bedienen. Nützlich ist es jedoch, auch eine größere Zahl der vorher beschriebenen Improvisationspuppen zu haben, entweder mit formbaren Knetmasseköpfen oder lackierten weißen Holzkugelköpfen, die mit abwaschbarer Farbe bemalt werden können. Da es bei einigen Gruppen schwierig ist, ein frei improvisiertes Puppenspiel in die Wege zu bringen, empfiehlt es sich, für die Initialphase Szenen vorzugeben, aus denen sich dann später Improvisationsspiele entwickeln können. Besonders geeignet sind hier Märchenszenen. Sie werden von den alten Menschen gerne aufgenommen. Genauso fruchtbar aber sind auch Szenen aus dem Heimalltag. Meistens geht eine Gruppendiskussion voraus, in der man sich auf ein Thema einigt. Dann geht es an das Aussuchen der Puppen. Eventuell fehlende Puppen lassen sich durch Improvisationspuppen ohne große Schwierigkeiten und zeitlichen Aufwand herstellen.

Die Märchenthemen bieten von vornherein einen intensiven Einstieg, da sich in der Wahl des Textes und der Figuren individuelle und gruppale Dynamik manifestiert. Indes, es empfiehlt sich nicht, zu früh diese Hintergründe aufzudecken, da sonst mit Widerstand, Abwehr- oder Angst-Reaktionen gerechnet werden muß. Die ersten Sitzungen sollten durchgängig einen ludischen Charakter haben. Das spielerische Element fördert die Kommunikation und läßt die Teilnehmer mit dem Medium Puppe vertraut werden. Wesentlich ist auch die Modellfunktion des Therapeuten bzw. des Gruppenleiters. Falls erforderlich, sollte er mit seiner Puppe die ersten Interaktionen beginnen, um so Resonanzen hervorzurufen. Klischees aus dem Kasperletheater (Kinder, seid ihr alle da?) sind zu vermeiden, um einer Abwertung der Gruppenarbeit als »Kinderei« nicht Vorschub zu leisten. Die Gruppe sitzt relativ dicht beieinander, damit die Puppeninteraktionen unmittelbar vonstatten gehen können. Sind zwei Puppen in einem Dialog engagiert und die Teilnehmer sitzen zu weit auseinander, so wechseln sie kurz den Platz, so daß sie nebeneinander sitzen. Die Gruppe gewöhnt sich sehr schnell an dieses Vorgehen. Die Handpuppen – zuweilen kann jede Hand eine Puppe tragen – ermöglichen dem Teilnehmer auch, »auf Tuchfühlung zu gehen« und somit Distanzen zu überwinden, die ansonsten problematisch sind. Wenn sich die beiden Puppen umarmen oder zurückstoßen, wenn sie miteinander schimpfen oder flirten, werden Interaktionen in Szene gesetzt, die zu Imitationsmodellen für Kommunikationsformen in der Gruppe werden, wenn die Puppen beiseite gelegt worden sind; denn in der Integrationsphase, wenn »Sharing«* (*Leutz* 1974) gegeben und danach das Spiel reflektiert wird, werden die Puppen beiseite gelegt und die Teilnehmer sprechen in »direkter Kommunikation«. Erst in der Phase der Neuorientierung, wenn aufgrund emotionaler Erfahrung und rationaler Einsicht neue Verhaltensweisen im Spiel erprobt werden, können die Puppen wieder zur Hand genommen werden. Von diesem Procedere wird in der Regel nur abgewichen, wenn es sich um sehr zurückgezogene, gestörte Patienten handelt – zumeist Alterspsychosen (*Oesterreich* 1975) –, die ohne die Puppe als »intermediäres Objekt« (*Rojas-Bermúdez* 1970; 1982) die Kommunikation verweigern oder nicht aufnehmen können.

6.1 Techniken in der Gruppenarbeit mit Puppen

Im Puppenspiel verwenden wir die wichtigsten psychodramatischen und gestalttherapeutischen Techniken, z. B. die Identifikations-, Rollentausch-, Doppel-Ich-Technik mit all ihren Variationen (empathisches, stützendes, interpretierendes, konfrontierendes Doppel usw.; vgl. *Petzold* 1979 a, S. 139 ff). Dabei können die Techniken auf zwei Ebenen eingesetzt werden, auf der *Personenebene* und der *Puppenebene*.

6.1.1 Doppel-Ich-Technik

Beim Doppeln auf der *Personenebene* tritt der Therapeut oder ein Hilfs-Ich hinter den spielenden Patienten und spricht als dessen ›alter ego‹. In der *Puppenebene* wird gedoppelt, indem sich Hilfs-Ich oder Therapeut selbst mit einer neutralen Handpuppe bestücken, sich in die Szene begeben und Doppelfunktionen wahrnehmen. Es wird durch ein solches Vorgehen eine *einheitliche Ebene* gewährleistet. Das Spiel der Puppen bleibt in sich konsistent. Wir haben für die Doppelfunktion auf der Ebene der Puppen zuweilen eigene »Doppel-Puppen« eingesetzt, die des »weisen Mannes« und der »weisen Frau«. Sie können sich über die Doppelfunktion hinaus in das Gespräch mischen, Ratschläge geben, Kritik äußern usw.

Auf der Ebene der Protagonisten, der Personenebene, wird das Doppel eingesetzt, wenn der Spieler bei der Übernahme einer Puppe Schwierigkeiten hat; wenn es also nicht darum geht, den Fluß der Interaktion zwischen den Puppen zu fördern, sondern wenn die Puppe aus irgendeinem Grunde als intermediäres Objekt nicht angenommen werden kann,

---

* *Sharing:* Mitteilen der eigenen emotionalen Beteiligung und Betroffenheit in der Schlußphase des Psychodramas oder der Gestalttherapie (*Blatner* 1973).

ein »Split« zwischen Puppe und Spieler entsteht. Das Doppel-Ich hat in diesem Falle die Funktion, dem Spieler zu helfen, seine Gefühle zu klären. Diese Aufgabe ist von großer Wichtigkeit, zeigen die Splits doch ein Zerfallen bzw. ein Auseinanderfallen der identifikatorischen Prozesse an, die Puppe und Spieler verbinden. Hier ist meist relevantes dynamisches Material zu finden. Im Puppenpsychodrama (dieses Buch S. 49) doppeln die Spieler die Puppen. Sie verschwinden gleichsam als Personen hinter ihnen, was besonders bei sehr belastenden Szenen oder abgewehrtem Material hilfreich sein kann.

6.1.2 Rollenwechsel und Rollentausch

Die gleiche Konzeption der zwei Ebenen wenden wir bei den Techniken des *Rollenwechsels* und des *Rollentausches* an. Im Psychodrama verstehen wir unter dem *Rollenwechsel* die Übernahme einer anderen Rolle im Rahmen des eigenen Rollenrepertoires. Hat ein Lehrer zum Beispiel gerade in seiner Berufsrolle gespielt, so kann er in einer nächsten Szene in die Rolle des Ehemannes wechseln. Der *Rollentausch* hingegen bedeutet, daß er sich in die Rolle eines anderen hineinversetzt und sie übernimmt. Hierzu ist eine umfassendere identifikatorische Leistung vonnöten als beim *Rollenwechsel.* Diese von mir gegenüber dem klassischen Psychodrama eingeführte Unterscheidung (vgl. *Petzold* 1970) bietet die Möglichkeit zu differenzierterem Arbeiten insbesondere auf der Ebene des eigenen Rollenrepertoires und -inventars.

Im Puppen-Psychodrama erfolgt der *Rollenwechsel* auf der Ebene der Puppen durch Aufnehmen einer neuen Puppe oder Spiel mit der Puppe auf der zweiten Hand, wobei beide Puppen, sofern es sich um Realpuppen, d. h. um Alltagsfiguren handelt, dem eigenen Rollenrepertoire angehören müssen oder, sofern es sich um Symbolpuppen handelt, dem Set der zuvor ausgewählten Puppen. Der *Rollentausch* auf der Ebene der Puppen erfolgt dadurch, daß die Spieler ihre Puppen austauschen und sich damit in die Charakteristik einer anderen Puppe oder sogar eines ganzen ›Puppensets‹ (mehrere Puppen eines Spieles) einfinden müssen. Wieder bleibt die Ebene der Puppen bei diesem Vorgehen konsistent. Besonders beim Spiel mit *Symbolpuppen* ist dies von Wichtigkeit, da im Unterschied zu Realpuppen, die für Rollen des täglichen Lebens stehen, keine unmittelbare Homologie zwischen Spieler und Puppe angenommen werden kann. Im Rollentausch der Puppen muß sich der Spieler in die jeweils angebotene Symbolwelt versetzen, die die Puppe seines Mitspielers in der vorausgegangenen Handlung materialisiert hatte. Es kommen hierbei sehr komplexe psychodynamische Konstellationen ins Spiel, die zuweilen mehrdimensionale Deutungen erfordern (*Schützenberger* 1981), damit sich die Spieler »*ihren* Sinn« wählen können. In der Regel aber reguliert sich die Dynamik selbst, d. h. sie bringt die notwendigen Prägnanzen hervor. Das Symbolspiel wird »selbst-explikativ«, oftmals ohne daß das Geschehen von dem Beteiligten kognitiv durchdrungen wird. Lösungen »geschehen«. Besonders in der Symbolisierung ödipaler Themen zeigen sich bei eingespielten Gruppen die Diskurse des Unbewußten in spontanen Rollentauschaktionen, Puppenwahlen und Themenentwicklungen; man soll nicht meinen, daß in Gruppen mit alten Menschen ödipale Themen seltener auftauchen. Der »umgekehrte Ödipus« regiert (*Grotjahn* 1979), denn es hat ein Rollentausch stattgefunden. Die Eltern treten in die Kinderrollen, und die Kinder werden zu Eltern ihrer Eltern (Z. *Moreno* 1977). Es kommen derartige Konfigurationen im Übertragungsgeschehen zu den meist jüngeren Therapeuten immer wieder zum Tragen. Oft wird dann die Ebene der Puppen verlassen, ohne daß dies klar deklariert wird, und es erfolgt ein Agieren auf der Ebene der Personen.

Die tiefenpsychologische Komponente im psychodramatischen und gestaltdramatischen Spiel mit Puppen erweist sich u. a. an der Regel, daß die Ebenen konsistent eingehalten werden müssen. Wird die Ebene der Puppen verlassen, so wird die Puppe abgelegt. Die Kommunikation läuft *eindeutig* als interpersonale, ohne das dazwischenstehende Medium der Puppe. Wird die Unterscheidung der Ebenen klar durchgehalten und die Regel eindeutig eingeführt, so zeigen sich an den Übertretungen der Regel die Angst und das Begehren als Äußerungen des Unbewußten (*Lemoine, Lemoine* 1981). In einem solchen Fall kann der Therapeut das »Ablegen der Puppe« anordnen, um ein Reflexionsmoment einzuführen, das die Ebene klärt und die wirkenden Impulse erfahrbar macht. Es ist dies ein Moment, an dem das »interpretierende Doppel« auf der Personenebene einsetzen kann – Spieler und Puppe sind ja auseinandergefallen – oder in dem ein Rollentausch auf der Personenebene stattfindet. Eventuell kann die Spiegeltechnik als Deutungsmodalität auf der Puppen- und/oder Personenebene eingesetzt werden, indem ein Hilfs-Ich oder mehrere Gruppenmitglieder in Hilfs-Ich-Funktion die ganze Sequenz noch einmal spiegelnd nachspielen und die Protagonisten »von außen« zuschauen können, um Klarheit über das Geschehen zu gewinnen. Eine verbale Interpretation ist dann häufig nicht mehr vonnöten.

Der Rollentausch auf der Personenebene setzt den Spieler in die Position des Antagonisten. Er übernimmt dessen Position *und* Rolle *und* seine Puppe. Er wechselt also nicht nur mit seiner Puppe die Position, er muß seine Puppe an den Antagonisten weitergeben. Auf diese Weise wird gewährleistet, daß er die Position des Spielers bzw. Gegenspielers voll einnimmt, und es wird verhindert, daß der Rollentausch nicht vollzogen wird, weil der Protagonist unter Beibehaltung seiner Puppe im alten Gleise weiterspielt. Bei der Verwendung von Symbolpuppen ist dies die häufigste Form des Vorgehens. Bei der Verwendung von Realpuppen, insbesondere von Selbst-Puppen, findet der Rollentausch auf der Personen- und Puppenebene statt, solange keine manifesten »Splits« sichtbar werden, d. h. daß die Identifikationen in der Homologie verbleiben. Diese scheinbar komplizierte Vorgehensweise wirkt sich für das Gruppengeschehen nicht störend aus. Sie tangiert die Spieler nicht, weil der Therapeut den Prozeß durch seine Interventionen strukturiert, indem er Rollentausch mit oder ohne Wechsel der Puppe anordnet. Die Spieler haben sich in die neue Situation einzufinden, und die Art und Weise, in denen ihnen dieses gelingt oder mißlingt, gibt Aufschluß über die Dynamik oder über eine Fehlintervention des Therapeuten, der durch Rücktausch die alte Konfiguration wiederherstellen kann. Reflexionsphasen, die immer wieder eingeschaltet werden, unter der gestalttherapeutischen Fragestellung: »Was erlebst du jetzt, und wie erlebst du es?« gewährleisten die Trennschärfe, und um Trennschärfe geht es bei der Stabilisierung und Restituierung von Identität.

6.1.3 Identifikationstechnik

Ähnliche Zielsetzungen hat die aus der Gestalttherapie stammende Identifikationstechnik (*Perls* 1980). Sie dient in der Initialphase dazu, die Verbindung zwischen Puppe und Spieler aufzubauen und zu intensivieren. Der Spieler greift seine Puppe auf, betrachtet sie, bewegt sie, prüft das Material der Kleidung usw. Dann wird er aufgefordert: »Versuchen Sie jetzt in die Puppe hineinzuschlüpfen, indem Sie sich ganz an ihre Position setzen und zum Beispiel beschreiben, welche Kleider sie anhat, welche Gedanken, Gefühle und Empfindungen in Ihnen bei der Übernahme der Puppe aufkommen. Als Beispiel: ›Ich bin die gute Fee. Ich habe goldenes Haar und einen grünen Schleier. Auf meiner Brust funkelt ein Edelstein. Ich fühle mich mächtig und von allen Kräften des Guten erfüllt. Ich habe das Ziel, guten Menschen zu helfen‹. Sprechen Sie so oder in ähnlicher Weise aus, was sie als ›gute Fee‹ sagen würden!«

Die Identifikationstechnik mobilisiert, besonders bei *Symbolpuppen*, die Reservoire des Unbewußten und bringt verborgene Wünsche, Sehnsüchte, Defizite, Ängste an die Oberfläche. Bei der Identifikation mit Realpuppen wird die Fähigkeit der Rollenübernahme und Rollenflexibilität gefördert. Die Rollen werden als »Extension der Identität« erlebt. »Die greifbaren

Aspekte des Selbst sind die Rollen, in denen es handelt« (*Moreno* 1960). Soweit über die Identifikationstechnik mit der Puppe Alltagsrollen aus dem eigenen *Rollenrepertoire* aufgenommen werden, werden diese erhalten und bekräftigt. Handelt es sich um Rollen, die schon ins Rolleninventar (*Petzold, Mathias* 1981) zurückgefallen waren, können sie über die Identifikationstechnik reaktiviert und in das Handlungsrepertoire erneut aufgenommen werden. Mit jeder gelungenen Identifikation wird Identität gestärkt. Das Eigene wird prägnant, ohne daß das andere ausgeschlossen wird. Eigene und fremde Rolle sind klar geschieden, damit eine Rollendiffusion vermieden wird, zu der alte Menschen zuweilen tendieren. Sich-abgrenzen-können und dabei im-Kontakt-bleiben, dieses Paradoxon der Grenze, die Abgrenzung und Berührung zugleich ist, verhindert die Regression in die Konfluenz, die Aktualisierung symbiotischer Gefühle und Verhaltensweisen, die eine partnerschaftliche Interaktion unmöglich machen.

6.2 Dynamik, Ziele und Themen der Gruppenarbeit

Die Gruppe ist die Matrix der Identität. Es gilt, den alten Menschen durch die Arbeit in der Gruppe zu helfen, ihre Identität, soweit es geht, stabil zu halten, ihnen zu ermöglichen, auch in der Umkehr der ödipalen Situation ihre Würde zu behalten, so daß sie nicht von Angst und Begehren regiert werden, sondern ihre berechtigten Wünsche nach Zuwendung und Liebe in angemessener Weise befriedigen können. Die Dynamik und die Themen der Gruppe bedingen sich wechselseitig. In der Gruppe spiegeln sich die Themen aus der Lebenswelt des alten Menschen. Konfluentem Verhalten in der Gruppe stehen meistens auch Verschmelzungswünsche und Festhalten im Alltag parallel, z. B. durch Anklammern an die Kinder. Dieses erfolgt häufig aus verdrängter Todesangst, vor der die Stärke der Jugend schützen soll – der Weg dazu ist die Identifikation bzw. die Übertragung. Damit wird z. B. das Todesthema ein bestimmender Faktor für die Gruppendynamik, eine Auseinandersetzung mit dem Potential des noch verbleibenden Lebens mit der Möglichkeit, das Begehren nicht nur über symbolische Partizipation oder identifikatorische Prozesse zu befriedigen. Die Problematisierung der gesellschaftlichen Tabus im Hinblick auf »den alten Leib« oder die Sexualität im Alter (*Schneider* 1980) wird zu einem weiteren Thema der Gruppe. Sofern eine Auseinandersetzung mit diesen und ähnlichen Themen nicht geschieht, treten regressive Überflutungen auf. Hilflosigkeit und Anklammern und Infantilisierung gewinnen Raum. Viele alte Menschen können sich gegenüber dem andrängenden Sog der Konfluenz durch die Auseinandersetzung mit dem eigenen Leben, der Reflexion der Lebensspanne und durch Werte und Normen, die ihnen zur Verfügung stehen, schützen. Die Gruppe steht ihnen hier als »Wert-Gemeinschaft« zur Seite, die das Ich, die Identität schützt.

Doch es kommt der Moment, da können die Kräfte des Ichs dem Sog, der aus dem Vergehen kommt, nicht mehr widerstehen. Die Prägnanz der Identität nimmt ab, wird blasser, steht vor dem Verlöschen. Es ist dies der Moment, an dem der Begriff der Regression durch den des »Heimgehens« ersetzt werden muß. Hier, bei den Hochbetagten und Siechen, wird die Gruppe im vollen Sinne wieder »Familien-Gruppe«. Genau wie die Kinder in solchen Situationen in die Elternrolle eintreten müssen, werden die Gruppenleiter die in die Kinderebene gehenden Ansprüche und Wünsche des alten Menschen anzunehmen haben. Beiden, Therapeut und Klient, wird ihre Würde dadurch nicht genommen. Es ist dies auch die Situation, in der Substitutions-Puppen und »Kuscheltiere« vermehrt Bedeutung gewinnen, und wo die Gruppenarbeit mit den Puppen zu immer einfacheren Formen des Spiels findet. Es ändern sich die Ziele der Therapie und der Gruppe. Es geht nicht mehr um die Restitution atrophierter Funktionen und auch nicht mehr um das Erhalten von Fähigkeiten und Fertigkeiten »um jeden Preis«, sondern es geht um die Begleitung eines *angemessenen* Rückzuges. Die involutiven Einbußen werden angenommen und in ihrem Charakter als »natürliche Gegebenheiten« des hohen Alters akzeptiert. Nur so kann man der Gefahr entgehen, dem alten Menschen eine Aktivierung *ad (in)finitum* aufzuzwingen. So wichtig es ist, dem »Feind von außen und dem Feind von innen« Paroli zu bieten, wann immer nämlich eine erzwungene Reduzierung des alten Menschen gegeben ist, so wesentlich ist es, ihm seinen natürlichen Rückzug zu lassen und ihn nicht noch im hohen Alter zu Leistungen zu quälen, die eher unserer Leistungsideologie als seinen Bedürfnissen entsprechen. – Hier liegt übrigens eine der Gefahren der gerontologischen Aktivitätstheorie, wenn sie nicht differentiell, d. h. die spezifische Situation eines jeweiligen Klienten berücksichtigend, angewandt wird. Es richtet sich danach auch der Charakter der Interventionen – hier der Arbeit mit Puppen – aus, ob sie nämlich mehr psychotherapeutisch, soziotherapeutisch oder geragogisch akzentuiert ist.

Steht in der agogischen Arbeit mit ludischem Akzent das Spiel selbst im Vordergrund, so ist die therapeutische Arbeit von der Dynamik der Gruppe und der an ihr teilnehmenden Gruppenmitglieder bestimmt. Die Puppe ist Medium, das von den Teilnehmern intendierte und nicht-intendierte »Ladungen« erhält. Bewußt und unbewußt Kommuniziertes wirken ineinander. Die Puppen, die aufgrund ihres hohen Aufforderungscharakters, ihrer hohen »natürlichen Ladung« ein sehr aktivierendes Potential haben, lassen in den Spielaktionen die individuelle und gruppale Dynamik *sichtbar* werden. Das jedoch darf nicht dazu führen, daß das Spiel zum Vordergrund wird, dem alleinige Aufmerksamkeit geschenkt wird, wohingegen der Hintergrund aus dem Blick gerät. Geschieht dies, so wird das Spiel selbst zu einer Form des Widerstandes (*Petzold* 1981 f). Das therapeutische Puppenspiel verliert dann seine therapeutische Valenz. Die Puppe wird zu einem Medium der Verschleierung. Es muß daher folgendes immer im Blick bleiben: Wer nimmt eine Puppe auf, wer setzt sich auf der Personen- und auf der Puppenebene zu wem in Beziehung? Welche Formen repräsentieren die Themen auf der Puppenebene und die Themen der Einzelpersonen und der Gruppe? In welcher Form sind die Puppenaktionen auf den/die Therapeuten bezogen?

Es werden mit diesen Fragestellungen die Übertragungsebenen angesprochen: Die Übertragung zu den Therapeuten hin, die lateralen Übertragungen in der Gruppe und die Übertragung auf die Gruppe als ganze in ihrer Funktion als »große Mutter« (*Battegay* 1977) und als »ordnende Vaterinstanz« (*Petzold* 1969). Das Faktum, daß das Puppenspiel ein methodischer Ansatz, die Puppe selbst ein Medium im therapeutischen Prozeß ist, stellt, methodisch gesehen, das Therapieverfahren in den Vordergrund, hier den integrativen Ansatz einer tiefenpsychologisch fundierten Gestalttherapie. Das Puppenspiel bedarf also immer der Fundierung in der Theorie und Methodologie des therapeutischen Grundverfahrens.

6.3 Der Gruppenverlauf

Die Gruppenarbeit mit alten Menschen unter Verwendung von Puppen, so wie ich sie praktiziere, ist deshalb nicht nur auf das Spiel zentriert. Ähnlich wie im »Triadischen und Tetradischen Psychodrama« (*Schützenberger* 1981; *Petzold* 1973; 1981 d) wechseln Sequenzen mit Puppenspiel und Gespräch.

6.3.1 Initialphase
In der Initialphase gilt es zunächst, Kontakt herzustellen, die Teilnehmer miteinander vertraut zu machen. Fängt eine Gruppe ganz neu an, ist dies schwieriger als bei Gruppen, die schon länger miteinander arbeiten. Aber

auch hier haben wir immer eine kleine Initialphase. Die Kohäsion muß jeweils von neuem aufgebaut oder zumindest wiederhergestellt und bekräftigt werden. Der Abbau individueller und gruppaler Widerstände ist erforderlich. Die Angst, sich zu zeigen, die Furcht, bloßgestellt oder verletzt zu werden, ist mehr oder weniger ausgeprägt wirksam und hindert die Themenfindung – oftmals sogar den Prozeß, daß eben diese initiale Angst thematisiert wird. Die Gruppe ist blockiert. Hier bieten die Puppen ideale Möglichkeiten, die initialen Widerstände aufzulösen und zu einem kohäsiven Klima zu gelangen, aus dem sich therapierelevante Themen ergeben. Die Puppen sind am besten auf einem *Puppenbord* aufgehängt, so daß sie gut überschaubar und damit leicht auszuwählen sind. Auch die althergebrachte *Puppenkiste*, um die die Gruppe kauert und in den Puppen herumwühlt, ist nützlich. Die Konkretheit des Ausprobierens und Hantierens vermindert Spannungen und ermöglicht unmittelbaren Kontakt. Hat dann jeder Teilnehmer seinen Puppen-Set gefunden, drei Puppen, die ihn spontan angesprochen haben – dies war die vorausgehende Instruktion –, so gehen die Teilnehmer an ihre Plätze zurück.

T.: So, jetzt haben ja alle ihre Puppen ausgesucht. Vielleicht kann jeder mal seine drei Puppen in der Gruppe vorstellen? Ich selbst habe hier den »weisen alten Mann« mit dem weißen Bart und der braunen Kutte. Wenn wir ein Spiel machen, gibt diese Puppe manchmal gute Ratschläge, hilft weiter oder stellt auch einmal eine kritische Frage. Dann habe ich hier den »flinken Toni«. Man sieht, das ist eine Lausbub-Puppe. Mir gefällt sie. Ich verbinde Spaß und Lebendigkeit mit ihr. Und dann habe ich hier noch einen Bären. Er ist kuschelig und weich, ein richtiger Braunbär. Nicht der aus »Schneeweißchen und Rosenrot«, sondern ein richtiger Bär aus dem Wald.

Wer geht einmal weiter und berichtet über seine Puppen?
Heimo (79 Jahre): Ich habe einen Holzfäller. Das ist was Handfestes. Ich habe da noch einen Müller. Das ist auch was Handfestes. Dann habe ich noch einen Schäferhund. Schade, daß da kein Schäfer da war bei den Puppen.
T.: Warum haben Sie so naturverbundene Puppen gewählt?
Heimo: Als Junge habe ich Schafe gehütet. Im Erzgebirge. Das war eine schöne Zeit, eine wirklich schöne Zeit.
Hedwig (72 Jahre): Ich habe eine Großmutter-Puppe gewählt. Ich bin gerne Großmutter. Und meine zwei Enkel habe ich sofort mit dazugenommen. Ein Junge und ein Mädchen, wie meine Enkelkinder, Klaus und Gabriele. Wir könnten ja Kindergeburtstag spielen. Da hat es ja noch viele Enkelpuppen. Die waren fast alle gleich weg (lacht).
Gustav (76 Jahre): Mir hat keine Puppe so richtig gefallen. Ich habe mir einen König genommen. Da kann man wenigstens im Puppenspiel mal König sein. Die zwei Diener habe ich mir auch dazugeholt.

So stellen alle Teilnehmer ihre Puppen vor, begründen zum Teil ihre Wahl, und oftmals wird schon relevante Thematik deutlich. Die Wahl der Puppen ist diagnostisch aufschlußreich. Es wurden von den Teilnehmern etwa hälftig Realpuppen und Symbolpuppen gewählt. Nur ein Teilnehmer wählte nur Realpuppen aus dem Alltag. Die Mehrzahl hatte einen gemischten Set. Je zwei Telnehmer hatten eindeutige »Selbst-Puppen« gewählt, beide Male Großeltern-Rollen.

T.: Jetzt kennen wir ja alle Puppen. Und es sind auch schon eine Menge möglicher Spielvorschläge gemacht worden. Für welchen sollen wir uns denn entscheiden?

Es kommt eine recht lebhafte Diskussion in Gang. Folgende Themen werden vorgeschlagen: Schneewittchen, Der treue Johannes, Kindergeburtstag, Bauernfamilie, Försterfamilie, Familientreffen, Königshochzeit, Hochzeit.

Die beschriebene Gruppe hatte schon drei Termine gehabt, die dem Kennenlernen dienten und verbal, ohne die Verwendung von Medien, verliefen. In der vorausgehenden Sitzung war die Arbeit mit Puppen angekündigt worden. Durch die Puppenkiste und das Puppenbord im Therapieraum waren die Puppen schon bekannt. Sie waren bestaunt, in die Hand genommen, erprobt worden. In der Eingangsrunde stellt der Therapeut seine Puppen zuerst vor, um ein Modell zu geben, ein Vorgehen, das gerade in der Arbeit mit alten Menschen wesentlich ist. Die nachfassende Exploration bei einzelnen Teilnehmern dient einerseits dem Sammeln diagnostischer Informationen, zum anderen soll es spielbare Themen prägnant machen. In der anschließenden Diskussion der Themen ist auffällig, daß die Familienthematik auf den verschiedensten Ebenen prädominant ist. Dies erweist sich als ein Ausdruck des Kohäsionswunsches der Gruppe und – wie im Verlauf späterer Sitzungen deutlich werden sollte – auch als Manifestation des Leidens an den zerfallenden Strukturen des eigenen Familienverbandes (6 der 8 Teilnehmer in der Gruppe hatten gestörte Familienbeziehungen und relativ wenig Besuchskontakte). Die Thematik erweist sich also als *mehrspektivisch.*

6.3.2 Aktionsphase

Man einigt sich auf das Thema »Bauernfamilie«. Fünf Teilnehmer wollen mitspielen. Heimo wählt die Rolle des Knechtes, Gustav (81 Jahre), ein großer und vitaler Mann, wird als der Bauer vorgeschlagen und nimmt die Rolle an. Ida (70 Jahre) will Bäuerin sein. Else (73 Jahre) versucht, ihr die Rolle streitig zu machen. Hier beginnt ein erstes Puppenspiel.

T.: Vielleicht streift jeder von Ihnen einmal die Puppe über, die als Bäuerin zum Einsatz kommen soll, und dann kann jeder seinen Standpunkt klarmachen! – Im übrigen, wer für sein Spiel keine geeignete Puppe hat, der kann sich aus dem Puppenkasten eine neue holen, oder eine seiner Puppen einfach umfunktionieren!

Ida: Ich denke, ich bin eine gute Bäuerin. Ich war als Kind auf dem Dorf großgeworden. Im Haus, im Stall und im Garten weiß ich Bescheid. Da kann ich zupacken.

Else: Ich habe auch lange Jahre auf dem Land gelebt. Als Lehrersfrau. So direkt im Stall gearbeitet, nein ... das habe ich nicht ... hier ist das auch nicht nötig. Ich weiß, wie es geht. Ich habe es auch oft genug gesehen. Ich kann das sicher genauso gut, sicher so wie Sie.

Ida: Ich habe mich zuerst gemeldet. Sie können ja später auch nochmal spielen. Wir werden ja hier sicher noch oft spielen.

Walter (69 Jahre, zu Else gewandt): Machen Sie doch die Bauerstochter. Ich mache den Bauerssohn.

Else gibt sich damit zufrieden. Die Sequenz, die im wesentlichen auf der Personenebene gespielt wird, macht die Spannungen zwischen Else und Ida deutlich, die im übrigen, wie sich später herausstellt, auch um Gustav rivalisieren. Walter, der Schwächste, Blasseste in der Gruppe und auch der Jüngste, wählt »freiwillig« diese Position. Heimo hat die Rolle des kernigen Einzelgängers gewählt. Die Dynamik der Gruppe, wie sie sich auch im Heimalltag manifestiert, kommt klar zum Ausdruck.

Gustav (bestimmend): Wir fangen mit dem Frühstück an, da wird die Arbeit verteilt.

Alle stimmen zu, oder besser, es erfolgt kein Widerspruch. Nur Heimo brummelt etwas vor sich hin.

T.: Vielleicht können wir den Tisch da drüben nehmen als Frühstückstisch.

Die Teilnehmer setzen sich um den Tisch. Zwei (Gustav und Ida) haben ihre Puppen ausgewechselt, um für ihre Rolle angemessenere Figuren zu haben.

Gustav: Guten Morgen miteinander. Schöner Tag heute. Da kann es ja richtig losgehen. Die Arbeit wartet schon. Ida, wo bleibt der Kaffee?

Ida: Ich komm ja schon, ich komm ja schon!

Gustav (zu Heimo): Hast du die Tiere schon versorgt und eingespannt?

Heimo (mürrisch): Sicher.

Gustav: Walter, beeil dich, du bist sowieso schon spät dran. Du gehst mit Heimo und Else Heu machen. Ich gehe eggen!

Else: Wieso geht Ida nicht mit? Immer sollen wir Kinder die schwere Arbeit tun!

Ida: Als ob hier im Hause keine schwere Arbeit wäre. Sei nicht so widerspenstig, Else!

Else: Sei du bloß nicht so herrschsüchtig!

Gustav: Jetzt herrscht aber Ruhe, sonst platzt mir der Kragen. In Ruhe frühstücken will ich. Verstanden?

T. (mit Doppel-Puppe »weiser Mann« hinter Gustav tretend): Soll ich mir die gute Laune verderben lassen? Daß die Weibersleut auch immer streiten müssen. Else und Ida geraten immer aneinander. Wer da wohl schuld ist?

Gustav: Das liegt wohl auf beiden Seiten. Aber heute ist Else einfach renitent!

Else (imitiert Weinen): Huhu, immer werde ich ungerecht behandelt!

Walter: Mach dir nichts draus, das wird ein schöner Tag. Wir sind ja draußen nicht dabei. Und im Heu gibt's immer Spaß.

Gustav: So, aufgestanden! An die Arbeit! Einen guten schaffensfrohen Tag wünsche ich euch!

6.3.3 Integrationsphase

T.: Wir wollen ein bißchen über das Spiel sprechen. Wie hat es euch, Spielern und Zuschauern, gefallen?

Gustav: Mir hat's Spaß gemacht!

Else, Walter, Ida: Mir auch – Mir auch – Ich fand es toll.

Heimo: Ich hatte es mir schlimmer vorgestellt.

Peter: Ihr habt wirklich großartig gespielt.

Hedwig: Ja, sehr gut. Die Rollen sind aber auch bekannt hier, nicht war?

Walter: Wieso?

Ida: Das habe ich auch gemerkt, daß sich hier die Beziehungen widerspiegeln, die wir auch sonst haben.

Peter: Noch was deutlicher sogar!

T.: Wie sind denn die Beziehungen hier?

Gustav: Nicht schlecht sind sie, aber manchmal auch nicht einfach.

Es kommt ein Gespräch über die Beziehungen in Gang, insbesondere der Konflikt Ida/Else, aber auch Gustavs Dominanz werden vorsichtig angesprochen. Ohne den »Schutz« der Puppe verlaufen die Kommunikationen indirekter. Darauf wird aufmerksam gemacht, und auf Vorschlag streifen die Spieler wieder ihre Puppen über, und die Kommunikation wird in der Tat direkter. Walter kann äußern, daß er sich von Gustav oft unterdrückt fühlt und daß er mit Else gerne mehr Kontakt hätte. Worauf diese ihm vorwirft, er sei oft so »distanzlos« (Walter wollte ja mit Else »ins Heu« gehen – auf die Doppeldeutigkeit dieser Aussage wurde natürlich von seiten des Therapeuten nicht hingewiesen). Heimo kommt Walter zu Hilfe: »Er wird ja auch oft zum kleinen Jungen gemacht, genau wie Else hier oft in der Aschenbrödelrolle ist.«

Else (spitz): Dann passen wir doch auch gut zusammen.

T. (weiser Mann): War das nicht etwas zu scharf?

Ida (ärgerlich): Sie gehen ja auch immer in die Kinderrollen.

Gustav: Ja, besonders Walter sollte mal ein bißchen mehr seinen Mann stehen!

Walter: Würde ich ja gerne, aber das ist hier sehr schwer. Das fällt mir selber immer wieder auf, daß ich hier als der Jüngste nicht ernst genommen werde. Immerhin bin ich auch 69 Jahre. Das sind wirklich Kindereien, wie wir hier mit dem Alter umgehen.

6.3.4 Neuorientierungsphase

T.: Ich möchte vorschlagen, daß wir das Spiel noch einmal wiederholen, und zwar mit Walter und Else in der Rolle von Bauer und Bäuerin. Dann können sie auch einmal in »starken« Rollen spielen.

Der Spielvorschlag wird angenommen. Else und Walter übernehmen die Puppen von Ida und Gustav. Walter ist in der Rolle weniger autoritär, Else bringt von ihrer Seite viel mehr Aktivität in das Spiel ein. Im Nachgespräch stellt die Gruppe dies fest, und auch diese Spielsequenz bekommt ein positives Feedback, was sich für Else und Walter sehr konstruktiv auswirkt. Sie werden selbstsicherer. Das Spiel in der Phase der Neuorientierung konnte im Sinne eines »Behaviourdramas« assertives Verhalten aufbauen (*Petzold* 1981 e).

Die Arbeit mit der Puppenspielgruppe führt im Verlauf eines halben Jahres zu einer nachhaltigen Veränderung der gruppendynamischen Struktur. Walter kommt aus seiner infantilen Rolle heraus, Else und Ida freunden sich sogar etwas an. Heimo hat sich noch mehr zurückgezogen und scheidet auf eigenen Wunsch nach einiger Zeit aus der Gruppe aus. Peter beginnt, mit Gustav in der Führung der Gruppe zu wechseln, ohne daß ein belastendes Rivalisieren und Kämpfen entsteht. Auf der Grundlage dieser »geklärten« gruppendynamischen Situation wird es möglich, in dieser Gruppe therapeutisch mit größerer »Tiefe« zu arbeiten und belastende Probleme anzugehen; oft aber blieb das Spielgeschehen auf einer ludischen Ebene, und der »Spaß am Spiel« stand im Vordergrund. Die Gruppenarbeit hatte sowohl psychotherapeutische als auch geragogische Charakteristik, wie es für Gruppen mit alten Menschen ohnehin häufig kennzeichnend ist.

7. Besondere Formen des Puppenspiels mit alten Menschen

Im therapeutischen und agogischen Puppenspiel mit alten Menschen finden sich spezifische Themen und Formen, wie z. B. die »Bilanzspiele« und auch »Symbolspiele« mit typologisch-allegorischem Inhalt, häufiger als in der Puppenarbeit mit jüngeren Erwachsenen.

7.1 Bilanzspiel mit Puppen

Das Thema der *»Lebensbilanz«* ist für die Gruppenarbeit mit alten Menschen von zentraler Bedeutung (*Petzold* 1979 a; 1980; *Lückel* 1981). Als Technik bzw. als psychotherapeutisches Instrument wurde sie erstmalig systematisch von *Vladimir Iljine* (1963) im Rahmen des Therapeutischen Theaters eingesetzt (*Petzold* 1981 b). Bilanz zu ziehen im Angesicht des Todes, kommt offenbar einem elementaren Bedürfnis des Menschen entgegen. Das Phänomen der Lebensbilderschau in akuten Situationen der Lebensgefahr (Absturz, Ertrinken u. ä.) (vgl. *Mikorey* 1963) untermauert diese Aussage genauso wie die Reaktivierung des Altgedächtnisses und die damit bei vielen alten Leuten verbundene Reflexion der Vergangenheit. Die Lebensbilanz kann in der Einzel- und in der Gruppentherapie gezogen werden. Dabei lassen sich die verschiedensten Medien einsetzen: gestalttherapeutische Imagination, psychodramatisches Rollenspiel, kreative Medien wie Malen, z. B. das Malen des Lebenspanoramas (*Petzold* 1981 a). Das Puppenspiel bietet hier gleichfalls gute Möglichkeiten. In der Einzeltherapie können durch die Vielzahl der Puppen sehr plastisch und sehr erlebnisnah Szenen gegenwärtig gesetzt werden. Der Protagonist spielt im Schutz des eigentümlichen Zwischenreichs von Identifizierung und Distanzierung (*Scheff* 1979), das die Puppe bietet, alte Situationen noch einmal. In der Gruppentherapie dienen ihm die Mitspieler als »auxiliary egos«, indem sie mit den entsprechenden Puppen in das Spiel eintreten. In der Arbeit mit Hochbetagten und Schwerkranken, die nicht mehr in Gruppen arbeiten können, ersetzt die Vielfalt der Puppen, die vom Protagonisten selbst und vom begleitenden Therapeuten gespielt werden, die Gruppenmitglieder.

Beispiel
Johann F. (75 Jahre) liegt mit einer halbseitigen Lähmung nach einem Zerebralinsult seit einem halben Jahr im Pflegeheim. Er hat einen starken Lebenswillen. Es ist ihm

mit verbissener Anstrengung gelungen, wieder einigermaßen flüssig sprechen zu können. Die Puppen hatte ich ihm gegeben, um ihm ein Stück Ansporn zu bieten. Über die rechte, gelähmte Hand streifte Johann eine Puppe. »Wenn ich mit der Hand auch nicht mehr spielen kann, so richtig, meine ich, aber die Puppe halten kann sie doch. Das ist schon was.« Dialoge zwischen den beiden Puppen auf den Händen haben seine Bemühungen, die Sprache wiederzugewinnen, sichtlich erleichtert. Als ich dann mit ihm näher in Kontakt kam, weil mir eine Bewältigungshilfe (Coping) angebracht erschien, erreichten wir bald eine Vertrauensebene, und Johann läßt mich teilnehmen an seinen Bemühungen, eine Lebensbilanz zu ziehen. Der Schlaganfall war für ihn, der jeden Tag spazieren ging, der lustig und lebensfroh war, eine Konfrontation. »Ich habe nicht viel an den Tod gedacht. Ich habe das Alter kaum gefühlt, und jetzt kann ich plötzlich nicht mehr laufen. Hilflos. Das ist schon schlimm. Aber ich laß' mich nicht unterkriegen.« Johann möchte einige Sachen in seinem Leben in Ordnung bringen. »Wenigstens mit jemandem darüber sprechen.« Er erzählt aus seiner Jugend. Sein Vater arbeitete auf einem Gutshof in Ostpreußen als kleiner Verwaltungsangestellter. Johann, als Ältester von 6 Kindern, durfte zur Schule gehen, auf das Gymnasium. Er sollte es einmal besser haben. Die Mühen der »kleinen Leute« werden plastisch, die harten Leistungsanforderungen. Die Eltern durften nicht enttäuscht werden. Es galt die Devise, sich nie unterkriegen zu lassen. »Das hat mir mein ganzes Leben geholfen, durch manches Schwere, und manchmal war es wohl zu hart.«

Wir beginnen, alte Szenen zu spielen. Es werden Improvisationspuppen verwandt. Ich stelle nach seinen Angaben die erforderlichen Puppen her: Den kleinen Jungen, der jeden Morgen und bei jedem Wetter, Sommer wie Winter, anderthalb Stunden zur Schule laufen muß, der an der Tür lauscht, wenn Vater und Mutter Sorgen besprachen. Das Durchspielen alter Szenen beschränkte sich aber nicht nur auf Ereignisse, die belastend und dramatisch waren. Es wurden viele positive Geschehnisse gegenwärtig gesetzt, ins Spiel gebracht, Kinderfeste, Jagderlebnisse, Gespräche mit Freunden, Liebesszenen. Dabei war immer wieder beeindruckend, wie das Gespräch von Puppe zu Puppe die alte Szene mit einer Intensität aktualisierte, die dem Patienten ermöglichte, das Geschehen voll noch einmal zu erleben.

Von den Szenen, die unerledigt »wie ein Schatten« über dem Patienten lagen und die wir bearbeiten konnten, sei eine herausgegriffen: Johann erzählte vom Rückzug aus Rußland. Er hatte sich, versprengt mit einigen Kameraden, nach Danzig durchgeschlagen, um auf einem der letzten Bootstransporte wegzukommen. Johann hat die Puppe eines deutschen Soldaten über die Hand gestreift, die wir aus einigen grauen Lappen gefertigt hatten.

»Wir waren zu viert. Seit einer Woche haben wir versucht, wegzukommen. Tag und Nacht. Immer wieder gefragt, verhandelt, versucht uns einzukaufen. Es gab fast keine Hoffnung mehr. Wir hatten alles zusammengelegt, was wir hatten. Die Ringe, zwei goldene Uhren; ein Kamerad, ein Pfarrer, hatte einen Brillianten, und wir hatten uns vorgenommen, zusammen wegzukommen. Das alles sollte für uns zusammen reichen!«

315

Pfarrer-Puppe: Wir haben so viel miteinander geschafft, mit Gottes Hilfe werden wir auch dieses letzte Stück schaffen. Der Herr wird uns nicht im Stich lassen.

Johann/Soldaten-Puppe: Wir hatten uns geteilt. Jeder versuchte, etwas herauszufinden. Und dann hatte ich eine Möglichkeit: auf einem Kutter einen Platz für meine goldene Taschenuhr mit ihrer schweren Kette. *Einen* Platz (stöhnt auf und fängt trocken an zu schluchzen). Ich hab meine Kameraden verraten. Ich hab nur noch an mich gedacht. Nicht an Karl – er war schon so krank. Sie sind alle umgekommen.

T.: Lassen Sie die Pfarrer-Puppe sprechen!

Pfarrer: Ich hätte das nie gedacht. Als der nicht wiederkam, dachte ich, es sei ihm was zugestoßen. Ja, es konnte ihm nur etwas zugestoßen sein.

T.: Hier, nimm die Karl-Puppe (reicht eine andere Soldaten-Puppe rüber).

Karl: Der hat sich davongemacht. Der wird's auch schaffen. Natürlich hat er sich davongemacht. Geht doch auch. Laßt mich nur. Alleine packt ihr das noch!

Johann/Soldaten-Puppe: Ich hab das nie verwunden. Ich war . . . Ich war ein solches Schwein.

T. (weiser alter Mann): In Extremsituationen verlieren wir uns oft, und hinterher würden wir es gerne ungeschehen machen.

Johann: Ja, ich würde das gerne ungeschehen machen.

T. (weiser alter Mann): Was würdest du tun?

Johann/Soldaten-Puppe: Ich würde Karl den Platz geben. Ich glaube, ich wäre auch so irgendwie durchgekommen mit den anderen. Ich war der führende Kopf. Ich hatte den Schneid. Ich habe immer irgendeine Lösung gefunden, und ich habe sie einfach sitzenlassen.

T. (weiser alter Mann): Geh zurück in die Situation. Komme zurück zu deinen Kameraden und berichte, daß du einen Platz hast, einen Platz für Karl.

Johann/Soldaten-Puppe: Kameraden, es gibt einen Platz. Ich meine, er sollte für Karl sein. Wir anderen schaffen das auch so.

T. (weiser alter Mann): Was geht jetzt in Ihnen vor?

Johann/Soldaten-Puppe: So ist es richtig. So hätt's sein sollen.

T. (weiser alter Mann): Du siehst, das ist auch in dir. Das Gute ist auch in dir. Das kann sich nicht immer verwirklichen. Aber es ist da und es ist *jetzt* da, und das zählt.

Johann/Soldaten-Puppe: Ja, jetzt hätte ich die Kraft, etwas anderes zu machen. Ich würd' es wirklich anders machen – das macht mich ruhiger.

Das Durchspielen alternativer Szenen zu mißlungenen Lebensereignissen, das Aufzeigen der »anderen Seite«, die auch noch da ist, ist ein wesentliches Moment in der Versöhnungsarbeit mit den Schattenseiten des eigenen Tuns. Die Arbeit im Puppenspiel hat Johann gezeigt, daß in ihm die »andere Seite« nicht nur da ist, sondern daß sie *stark* ist. Die Umbewertung negativer Szenen, eine von *Iljine* (1963) eingeführte Technik, hat nicht das Ziel, Schuld hinwegzudeuten. Sie will vielmehr den Blick öffnen für andere Seiten der Persönlichkeit und deutlich machen, daß die

Haltung wesentlich ist, die man *jetzt* gegenüber einem Ereignis gewonnen hat und einnimmt.

7.2 Symbolspiele mit Puppen

Neben den Märchenspielen (*Lückel* 1979) entwickelten sich häufig märchenhafte Spiele mit symbolischem Charakter. In ihnen verdichten sich individuelle und gruppale Phantasmen, gewinnen Ängste und Sehnsüchte Gestalt, geschieht auf der symbolischen Ebene Bewältigung von Problemen – zuweilen ohne daß dies »aufgedeckt« und ins Bewußtsein gerufen wird. Gerade die Themen Altern und Sterben und die damit verbundenen Fragen nach Tod, Teufel, Gott, Jenseits führen zu Symbolspielen als Manifestationen kollektiver Mythenbildung. Bewußt intendierte Allegorien wechseln mit spontanen Symbolszenen, deren Deutung und Zusammenhang den Teilnehmern erst im nachhinein klar wird oder die dem Zugriff der zergliedernden Rationalität gänzlich verborgen bleiben. Improvisationspuppen ermöglichen, besonders wenn im Hinblick auf die Materialien, die Stoffe und Ausstattung genügend Angebote vorhanden sind, stimulierende Symbolszenen. Auch Vorgabe von Symbolpuppen in der Puppenkiste, z. B. Sonne und Mond, die Jahreszeiten, Tag und Nacht, Tod und Leben, Fortuna und Justitia eröffnen Anregungen für symbolisches Puppenspiel, dessen Möglichkeiten beachtlich sind und von den herkömmlichen Formen der Puppenarbeit bislang in keiner Weise ausgeschöpft wurden, obgleich im Repertoire der Puppenbühnen dieses Genre durchaus vertreten ist.

Im Symbolspiel mit Puppen herrschen die Gesetze der Symbolisierung. Wirklichkeit wird verdichtet – nicht etwa verschlüsselt. Sie wird mit anderen Augen wahrgenommen und in einer anderen Sprache beschrieben. Es ist nicht die zergliedernde Sprache der Rationalität. Die »Sprache des Tages« hat eine andere Syntax als die »Sprache der Nacht«, der Träume, der Phantasie. Die Sprache der Symbole steht in eigenem Recht. Sie muß erlernt werden – Übersetzung verkürzt nur. Sie vermag den Bereich des »Transverbalen« zu erfassen, all das, was nicht mehr aussagbar ist: wenn man *stumm* vor Glück oder vor Staunen ist oder von *namenlosem* Entsetzen ergriffen wird, von Ereignissen, bei denen einem die Worte fehlen. Die Sprache des Dichters, des Malers, der Musik fängt Atmosphäre ein, ermöglicht ein ganzheitliches Erfassen von Lebenszusammenhängen, wie wir es in den »Märchen, Mythen und Träumen« finden (*Fromm* 1978).

In den Maskenspielen, den Puppenspielen, in der Arbeit mit kreativen Medien treten wir in diesen Bereich ein. Die Puppen als Symbolfiguren

317

werden zur Verkörperung individueller und kollektiver Phantasmen, persönlicher und gruppaler Träume. Im Puppenspiel ermöglichen sie ganzheitliches Erfassen und Verarbeiten persönlicher Geschichte und allgemein menschlichen Schicksals, ja darüber hinaus kosmischen Geschehens. Die »vier Jahreszeiten« symbolisieren nicht nur den Zyklus des menschlichen Lebens. Im Mitvollzug des Spiels ermöglichen sie ein Verstehen von Werden und Vergehen in einer Tiefe und Intensität, die jede philosophische Reflexion übersteigt und die jedem Menschen erlebnisnah zugänglich wird, der sich in die Sprache der Symbole einläßt; denn die Symbolisierung ist keine Fremdsprache: sie ist *unsere* Sprache, die in jedem von uns lebt, die Sprache unserer rechten Hirnhemisphäre bzw. unserer »linken Seite« (*Ornstein* 1968).

Die Qualität dieser intuitiven, sanften Seite, im Unterschied zur linken Hirnhemisphäre und der von ihr bestimmten »rechten Seite«, zeigt sich deutlich in der Wahl der Puppen. Aggressionspuppen, Puppen, die Alltagsfiguren, Berufsrollen verkörpern, werden bevorzugt mit der rechten Hand gespielt; Märchenpuppen, zarte (weibliche) Symbolfiguren werden häufiger von der linken Seite aufgenommen. Auf die Seitentypologie hatte schon *C. G. Jung* aufmerksam gemacht, und das Puppenspiel scheint sie weitgehend zu bestätigen, ohne daß daraus allerdings dogmatische Auffassungen hergeleitet werden könnten.

In den Symbolisierungen des Puppenspiels geht es nicht darum, diese beiden Seiten zu polarisieren, die Sprache des Tages durch die Sprache der Nacht zu ersetzen. Es geht auch nicht darum, das Symbol zu explizieren, – es ginge damit seine Unmittelbarkeit und Fülle verloren. Vielmehr soll eine Annäherung der beiden Sprachen geschehen, eine *Permeation* – wechselseitige Durchdringung, ohne daß sich die eine in der anderen auflöst (*Petzold* 1977 d). Die entfremdete Sprache, die sich vom Erlebnishintergrund abgehoben hat, erhält damit ihren vollen *Sinn*, ihre Sinnenhaftigkeit zurück. Sie gibt uns nicht mehr nur Benennungen, Kategorisierungen, Identifizierungsraster, sie eröffnet als *Sprechakt,* als *Sprechaktion,* den gesamten Erlebnis- und Handlungshorizont. Der Freude der Kinder beim Puppenspiel, ihr Jauchzen, ihre Lebendigkeit, ihre roten Wangen und Gespanntheit nimmt dem Inhalt, dem Stückzusammenhang nichts von seiner Klarheit. Das Stück wird in seinem Grund erfaßt, die einzelnen Figuren in ihrem Zusammenhang. Der Sinn »entsteht«, er wird nicht gemacht. Das Symbolspiel der Gruppe von der Rettung der Königstochter aus der Gewalt des Magiers/Todes (s. u.) läßt dies deutlich werden.

Durch das Eintauchen in die Ebene des Symbols wird das Leben nicht nur verstehbar, sondern be-greifbar, sinnenhaft erfahren, *gewinnt es Sinn.*

318

Die Symbolisierung erschließt auch Quellen der Kraft und Möglichkeiten der Bewältigung. Das Durchleben der »vier Jahreszeiten« ermöglicht ein Loslassen. Das Darstellen des Baumes im Bewegungsspiel, der fest in der Erde verwurzelt ist, vermittelt die Erfahrung von Kraft und Stärke. Die bildnerische Gestaltung der »eigenen Wurzeln« hilft Menschen, sich besser gründen zu können und Zugang zu ihren Quellen zu finden. Die Übernahme einer positiven Symbolpuppe, der Königin, der Sonne, des Sommers, läßt den Spieler Anteil nehmen an den Qualitäten der Puppe, mit der er sich identifiziert. Er wird strahlender, wärmer, lebendiger. Dies zeigt sich besonders dann, wenn Patienten, denen derartige Qualitäten fehlen, die depressiv und mutlos sind, das Spiel mit einer positiven Identifikationspuppe aufnehmen. Gerade in der Arbeit mit dem alten Menschen gewinnt dieser Aspekt Bedeutung; wird ihm doch ermöglicht, über das Symbolspiel und die Identifikation mit der Symbolpuppe sein Selbstwertgefühl, sein Identitätserleben zu bereichern.

Beispiel
Im Rahmen eines Volkshochschulkurses mit dem Thema *»Puppenspiel für alte Menschen – Therapie gegen die Einsamkeit«* hatte ich mit einer Gruppe von 12 alten Menschen (zwischen 50 und 74 Jahren) des öfteren mit Symbolspielen gearbeitet. Ausgangsmaterial waren die selbstgefertigten Puppen. Schon während der Herstellungsphase zeigte sich bei den Teilnehmern eine starke Tendenz, Symbolpuppen zu basteln. Könige, Märchenprinzen, Königin, Feen, Hexen, Zauberer, Berg- und Wassergeister, Feuergeister, einen Drachen, ein Einhorn, der Vogel Greif – Fabeltiere also – wurden hergestellt. Das Gespräch über die Figuren, ihre Bedeutung und Hintergründe begann schon während der Anfertigung, für die etwa vier Abende angesetzt waren. Für den Gruppenleiter war dieser Abschnitt der Arbeit sehr aufschlußreich, wurde doch eine Fülle diagnostischer Informationen über die Lebenssituation, Interessen- und Problemlage der Teilnehmer erkennbar.

Durch die Art der Ausschreibung war die therapeutische Ausrichtung der Gruppe eindeutig vorgegeben. Es sollten Leute angesprochen werden, die vereinsamt waren und Schwierigkeiten hatten. Dieser Personenkreis war dann auch in der Gruppe vertreten. Depressionen, Angstzustände, psychosomatische Beschwerden waren die vorwiegenden Krankheitsbilder. Alle Beteiligten lebten in eigener Wohnung und hatten ein sehr atrophiertes »soziales Atom«, d. h. nur wenige tragende Sozialkontakte. Der Entschluß, an einer solchen Gruppe teilzunehmen, muß unter diesen Umständen schon als ein bedeutsamer Schritt aus der Isolation bewertet werden; denn mit der Gruppe selbst wird das soziale Atom aufgefüllt, indem die Gruppenmitglieder wechselseitig füreinander zu relevanten Personen im sozialen Netzwerk werden. Das gemeinsame Tun, der Austausch über Erleben und Erfahrungen läßt die Teilnehmer füreinander emotional bedeutsam werden. In einem solchen Klima wechselseitigen Interesses können dann im Spiel oft auch Themen realisiert werden, die für einzelne Teilnehmer, aber auch für die Gruppe als ganze, bedeutsame Problematik zum Ausdruck bringen.

In der Gruppe werden einige Märchenspiele aufgeführt (*Lückel* 1979), als erstes »Rotkäppchen«. Da sich bei einigen Teilnehmern unterschiedliche Versionen des Märchens zeigten, beschloß man, schon für die nächste Sitzung ein Märchen auszuwählen und in der Zwischenzeit den Text zu lesen: »Die sieben Raben«. Die Märchen wurden ziemlich getreu mit großer Begeisterung und Beteiligung nachgespielt. In einer weiteren Sitzung beschließen die Teilnehmer, selbst ein Märchen zu erfinden und zu improvisieren. Eine Königstochter wird gerettet, die in die Macht eines bösen Zauberers geraten war. Die Themenlinie der Märchen ist deutlich: Rettung in großer Gefahr. Der Zauberer, ein finsterer Geselle, ganz in Schwarz gekleidet, mit einem roten Hut, hielt die Königstochter in einer Berghöhle gefangen. In der Gruppe breitet sich eine gedrückte Stimmung aus. Der Berg ist dargestellt durch einige Sitzelemente aus dunklem Cordsamt, die man zusammengeschoben hat, der Fluß durch zwei dunkle Schals, die davorgelegt wurden. Der Ritter und sein Knappe stehen ratlos vor dem Hindernis.

Ritter: Wie still das Wasser hier ist, obwohl es reißend erscheint.

Knappe: Ja, Grabesstille. Und alles so düster.

Sonne (zum Mond gewandt): Es ist so finster über diesem Lande, daß ich nicht hindurchdringen kann, um dem Ritter zu leuchten. Du mußt hervorkommen und mir helfen. Vielleicht schaffen wir es gemeinsam.

Mond: Für dieses Mal will ich dir helfen, denn der böse Zauberer vergiftet auch die Nacht.

Knappe: Jetzt wird es etwas heller. Schau nur, Sonne und Mond scheinen zusammen!

Weiser Mann: Das Licht der Gestirne spiegelt sich im Fluß, bildet eine Silberbrücke, über die man gehen könnte!

Ritter: Dann wollen wir in die Höhle eindringen!

Weiser Mann: Nehmet einen Strahl mit, er wird euch leiten, damit euch nichts geschieht!

Sonne und Mond: Für die Höhle haben wir keinen Strahl mehr übrig. Unser ganzes Licht hat die Finsternis und den Fluß gebändigt!

Abendstern (geht auf): Ich schenke euch einen Strahl. Unter seinem Schutz kann euch der böse Zauberer und der Tod nichts anhaben! (Die Abendstern-Puppe geht hinter den Berg und weist in die Höhle).

Zauberer: Das Licht des Abendsterns! Wehe, wehe, meine Macht ist gebrochen. Ich muß hinab in den Fluß! (stürzt sich in den Fluß).

Ritter, Prinzessin, Knappe und alle anderen Puppen rufen: Wir danken euch, Sonne, Mond und Abendstern!

Das Symbolspiel war, wie im therapeutischen Theater (*Iljine* 1942; *Petzold* 1981 b), nach einem kurzen skizzierten Szenarium inszeniert worden. Es hatte eindeutig die Auseinandersetzung mit dem Todesthema zum Gegenstand, ohne daß die

Teilnehmer diesen Bezug bewußt intendiert und hergestellt hätten. Die »Grabesstille«, die Höhle, Sinnbild des Hades, der Unterwelt, der schwarze Zauberer, der in seiner Charakteristik so viel mit dem Tod gemein hat und vom Abendstern dann auch mit ihm parallel gesetzt wird, der dunkle Fluß, der an den Styx, den Hadesstrom erinnert. Das Licht, das die Finsternis des Todes besiegt. Das Stück hat bei allen Teilnehmern tiefe Berührtheit hervorgerufen und eine gelöste, ausgeglichene Stimmung bewirkt. Im Mythos wurde der Tod besiegt, die Prinzessin (die menschliche Seele) befreit. Aber die Möglichkeit der Überwindung erspart nicht den Schmerz des Abschiedes und die Angst vor dem Ungewissen. Sie hilft jedoch, beides leichter zu ertragen. Der so klar zu Tage liegende symbolische Gehalt, der sicher auch einigen Gruppenmitgliedern deutlich geworden ist, wurde nicht ausgesprochen. Die Gruppe lehnte eine Reflexionsphase ab: »Das Spiel war so schön, man soll das nicht zerreden.« – »Ja, das denke ich auch. Ich hätte dazu auch nichts mehr zu sagen.«

Es ist schwer zu entscheiden, ob diese Reaktion der Gruppe als eine kollektive Abwehr zu sehen ist gegen das Bewußtwerden der Inhalte, oder ob es tatsächlich eine angemessene Reaktion war, weil die Dichte der Bildsprache für sich selber stand. Die Fortsetzung des Symboldramas spricht eigentlich für die letztere Annahme; denn in der nächsten Sitzung wird als Thema vorgeschlagen, die »Vier Jahreszeiten« zu spielen. Der Vorschlag findet großen Widerhall. Vorhandene Puppen werden umgestaltet, Improvisationspuppen werden für das Spiel ausstaffiert.

Das Thema der »Vier Jahreszeiten« führt recht unmittelbar an den Abschied (Herbst) und das Ende (Winter). Das Symbolspiel impliziert deshalb die Auseinandersetzung mit diesen Themen. Der *Frühling*, dargestellt durch eine Jünglingspuppe, wird begleitet von *Blumenpuppen*, von einer guten *Fee*, vom *Frühlingswind* und der *Sonne*. Der Frühling ruft die Pflanzen aus dem Boden, aus dem Winterschlaf. Die Pflanzenpuppen bringen ihre Freude über den Frühling und die Sonne zum Ausdruck. Die Sonnenpuppe gibt dem Frühling und den Pflanzen Kraft. Auf dem Höhepunkt des Spiels schlägt die Puppe des Frühlings vor, daß die Gruppe ein Lied singen soll: »Es geht eine helle Flöte, der Frühling zieht über das Land.« (Wo angezeigt, kann bei ähnlichen Spielen auch vom Spielleiter über die Puppe »des weisen Alten« ein derartiger Vorschlag eingebracht werden.)

Auf das Singen des Liedes folgt eine kleine Gesprächsphase. Die alten Menschen tauschen Erinnerungen aus, an den Frühling, an die Jugendzeit, an die guten Erlebnisse, die man miteinander gehabt hat. Dann verteilt man die Rollen für den Sommer. Eine Königinpuppe wird umgeschmückt, die Sonnenpuppe bestückt sich zusätzlich mit roten und orangenen Lappen, um die stärkere Sommersonne deutlich zu machen. Der *Sommer* wird von einer sehr resoluten Gruppenteilnehmerin (72 Jahre) gespielt. Neben den *Pflanzen* sind als Symbolpuppen vorhanden: die *Hitze*, die *Dürre* und das *Gewitter;* es kündigt sich Unheil an; ein Element des Bedrohlichen erscheint durch die Ballung dieser drei Puppen. Im Spiel kommt dies in den Ausrufen der dürstenden Planzen auf. Im Spielgeschehen wird eine Puppe umgewandelt in die Mutter Erde, die gleichfalls »aufgesprungen und ausgedörrt unter der Hitze leidet«. Doch das Gewitter bringt Erlösung. Das Gewitterdonnern wird durch trommelnde Füße auf dem Boden dargestellt. Der Wind heult und faucht. Die Pflanzen biegen sich hin und her. Das Spiel der Puppen wird pantomimisch – keine Rede, nur noch Bewegung. Doch die Luft nach dem Gewitter ist klar. Dürre und Hitze ziehen sich zurück.

Die Teilnehmer verwandeln ihre Puppen. Die Dürre wird *Herbstwind*, die Hitze wird zum *Erntegott*. Auch das Sommerspiel solle durch ein Lied abgeschlossen werden, schlägt man vor, aber die Gruppe kann kein gemeinsames Sommerlied finden. Es werden mehrere Vorschläge gemacht, auf die man sich nicht einigen kann. Die Puppenebene ist verlassen und wechselt in die Personenebene. Das Spiel beginnt zu verfallen. Ich greife deutend ein: »Ich höre so viele Vorschläge zu Sommerliedern, und auf keines kann man sich einigen. Vielleicht will die Gruppe den Sommer nicht vorbeigehen lassen; denn es wartet der Herbst, und es kommt der Winter mit Kälte und Dunkelheit.«

Die Deutung wird aufgenommen. Nicht, daß sie diskutiert würde! Es steht plötzlich der Vorschlag eines Herbstliedes, eines Erntedankliedes da, das von allen aufgenommen wird. Die Gruppe singt. Der Widerstand ist in sich zusammengesunken. Er flackert noch einmal kurz auf nach dem Lied mit dem Vorschlag, Herbst und Winter doch in der kommenden Gruppensitzung zu spielen, man habe schon so viel an diesem Nachmittag gespielt. Aber es ist noch Zeit, noch eine dreiviertel Stunde bis zum Ende der Gruppensitzung. Und so werden die Puppen wieder umgestaltet. Der *Herbst* ist die umgeschmückte Frühlingspuppe, mit vielen braunen und orangenen Tönen. Weitere Puppen sind der *Herbststurm*, mehrere Teilnehmer sind fallende *Blätter*. Eine Puppe spielt den *Nebel*. Der älteste Teilnehmer der Gruppe übernimmt die Rolle des *Frostes*. Der Herbst wird noch bunt gehalten. Er ist gedämpft, aber nicht freudlos. Die wirbelnden Blätter freuen sich an ihrem Tanz im Wind. Die *Sonnenpuppe* hat einige der roten Tücher abgenommen, aber das Orange dominiert noch. Abschied wird laut. Trauer um den vergangenen Sommer, und in diese Stimmung spricht ein Teilnehmer das Herbstgedicht von *Rilke*. Hiernach schweigt die Gruppe ergriffen. Die meisten Teilnehmer sitzen zusammengekauert.

Weiser alter Mann: Es ist Zeit, Ruhe zu suchen unter der Erde, Schutz zu suchen in der Wärme, gesichert von den gesammelten Kräften des Sommers, geschützt von der Erdendecke.

Frost (der sich zum Winter umdefiniert hat): . . . und von mir, dem Winter mit seinem Schnee, mit seiner weichen Schneedecke, die alles zudeckt und beschützt. Unter meiner Schneedecke kann alles schlafen, seid ihr alle gut aufgehoben, bis eine bessere Zeit kommt.

Die Gruppe ist still. Nach einiger Zeit beginnt eine Teilnehmerin (die den Sommer gespielt hat und jetzt ein Herbstblatt ist) mit dünner, aber klarer Stimme zu singen: »Leise rieselt der Schnee . . .« Sie singt das Lied für die Gruppe. Mit der zweiten Strophe fällt ein weiterer Teilnehmer ein. Nach Beendigung dieser Strophe verharrt die Gruppe noch etwas im Schweigen. Es braucht nicht mehr viel gesagt zu werden. Die Stimmung ist gelöst. »Das war ein schönes Spiel. Das hat mir viel gegeben.« –»Ein Sinnbild für das menschliche Leben. Frühling, Sommer, Herbst und Winter.« In der nächsten Sitzung wird nur kurz einmal wiederholt, wie schön doch das Spiel beim letzten Treffen war. Dann werden Themen gesammelt, und es kommen ganz »handfeste« Alltagssituationen zum Vorschlag: Schwierigkeiten mit den Nachbarn, Weihnachtsgeschenke für die Enkel, Probleme mit dem Heizen. – Nach dem Symbolspiel, in dem Verabschiedung und auch ein Stück Sterben vorweggenommen wurde, ist die Aufmerksamkeit für den Alltag wieder klarer. Das tägliche Leben wird beherzt angegangen.

Schlußbemerkung

Das Puppenspiel bietet in der Arbeit mit alten Menschen – gesunden wie auch kranken – Möglichkeiten, die so reichhaltig und vielversprechend sind, daß sie unbedingt in größerem Maße als bisher in Geragogik und Gerontotherapie benutzt werden sollten. Das Medium Puppe ist auch noch für den alten Menschen stimulierend. Die Puppe wird mit Freude zur Hand genommen. Sie vermittelt Spaß am Spiel und sie ermöglicht Integrations-erfahrungen. Der vorliegende Beitrag konnte nur einige Aspekte aufzeigen, und er möchte zum Experimentieren mit dem »Medium Puppe« ermutigen, das sowohl in einfachen Spielaktionen als auch äußerst differenzierten therapeutischen Prozessen eingesetzt werden kann. Das therapeutische Puppenspiel erfordert, wenn man seine Möglichkeiten voll ausschöpfen will, ein hohes Maß an Erfahrung und breites theoretisches und methodisches Wissen, aber es bietet auch Möglichkeiten, sich langsam an »die hohe Kunst« der therapeutischen Arbeit mit Puppen anzunähern.

Literatur

Anderson, H., Introduction to Projective Techniques, New York 1951.
Arndt, F., Das Handpuppenspiel, Bärenreiter-Verlag, Kassel 1959, 3. Aufl.
–, Puppenspiel, ganz einfach, Don-Bosco-Verlag, München 1964.
Baltes, T. B., Eckensperger, L. H., Entwicklungspsychologie der Lebensspanne, Klett-Cotta, Stuttgart 1979.
Batek, O., Marionetten, Mayer, Ravensburg 1980.
Battegay, R., Der Mensch in der Gruppe, 3 Bd. Huber, Bern 1977.
Bäumges, U., Petzold, H., Integrative Gruppenarbeit mit älteren Glaucompatienten, *Integrative Therapie* 2/3 (1983).
Bellmer, Die Puppe, Ullstein, Frankfurt 1976.

Bernhard, H., Bau- und Spielanleitung für die Rosa'sche Tücherpuppe, Selbstverlag Spielberatung-Württemberg e. V., Postfach 10, 6901 Wilhelmsfeld b. Heidelberg.

Blatner, H. A., Psychodrama Role-Playing and Action-Methods, Theory and Practice, Thetford, Norfolk 1970.

–, Acting-In, Practical Applications of Psychodramatic Methods, Springer, New York 1973.

Bleuel, H. P., Engelbrecht, R., Garms-Homolova, V., Lebensaufgabe: Alter. Die Situation feststellen – Die Ursachen benennen – Alternativen erdenken – Modelle erfinden, Stuttgart 1976.

Borde-Klein, I., Puppenspiel, Volk und Wissen, Berlin 1974.

Bubolz, E., Methoden kreativer Therapien in einer integrativen Psychotherapie mit alten Menschen, in: *Petzold, Bubolz* (Hrsg.), Psychotherapie mit alten Menschen (1979) 343–382.

Bubolz, E., Bildung im Alter, Lambertus, Freiburg 1983.

Bujard, O., Lange, U., Armut im Alter, Beltz, Weinheim 1979.

Cole, J., Barrett, J. E. (Ed.), Psychopathology in the aged, New York 1980.

Cumming, E., Henry, W. E., Growing Old, Basic Books, New York 1961.

Dieck, M., Naegele, G., Sozialpolitik für ältere Menschen, Quelle & Meyer, Heidelberg 1978.

Dorst, T., Geheimnis der Marionette, Rinn, München 1957.

Dreher, E., Der Traum als Erlebnis, Verlag Vahlen, München 1981.

Dunhill, J., The Diagnostic Potential of Puppets, in: *Philpott,* (1977) 149–153.

Erlemeier, N., Einige psychologische Determinanten der Weiterbildungsmotivation, *actuelle gerontol.* 8 (1978), 201–208.

Fedotow, A., Technik des Puppentheaters, F. Hofmeister-Verlag, Leipzig 1956.

Fettig, H. J., Hand- und Stabpuppen, Stuttgart 1970.

–, Kleine Bühne – großer Spaß, Stuttgart 1977.

Filipp, S.-H., Selbstkonzept-Forschung, Klett, Stuttgart 1979.

Franzke, E., Die Verwendung von Handpuppen in der Psychotherapie, *Integrative Therapie* 1/2 (1979) 119–128.

Frohne, I., Musiktherapie mit alten Menschen, in: *Petzold, Bubolz* (Hrsg.), (1979) 383–396.

Füllgraff, B., Älteren wird das Lernen schwergemacht, in: *Kallmeyer, G.* u. a. (Hrsg.), Lernen im Alter. Analysen und Modelle zur Weiterbildung, Bonn, Frankfurt, 1976, 40–65.

Ginis, R. H., Puppetry and its Therapeutic History. Thesis submitted in partial fullfillment of the requirements for the degree of ›Master of Professional Studies in Art Therapy and Creative Development‹, School of Art and Design, Pratt-Institute, Boston 1976.

Grimm, J., Grimm, W., Kinder und Hausmärchen, Insel, 3 Bd., Frankfurt 1979.

Grotjahn, M., Analytic Psychotherapy with the Elderly, *Psychoanl. Review* 42 (1955) 419–427; dt.: Analytische Psychotherapie bei älteren Patienten, in: *Petzold, Bubolz,* (1979) 77–87.

Haan, N., Coping and defending, New York 1977.

324

Heinl, H., Petzold, H. G., Gestalttherapeutische Fokaldiagnose und Fokalintervention bei Störungen aus der Arbeitswelt, Integrative Therapie 1 (1980) 20–55.

Henry, W. E., The Theory of Intrinsic Disengagement, in: Hansen, H., Age with the Future, Philadelphia 1964, 415–418.

Iljine, V. N., Therapeutisches Theaterspiel, Sobor, Paris 1942 (russ.).

–, Szenarien Sterbender, unveröffentl. MS. Paris 1963 (russ.).

Janson-Michl, Gestalten, Erleben, Handeln. Handbuch für kreative Gruppenarbeit, Pfeiffer, München 1980.

Kamper, D., Rittner, V., Zur Geschichte des Körpers. Perspektiven der Anthropologie, Hanser, München 1976.

Kastrinidis, P., Psychotherapie mit alten Menschen aus Daseinsanalytischer Sicht, in: Petzold, Bubolz (1979) 39–58.

Kindler, H., Puppen und Tiere aus Wolle und Stoff, Bertelsmann-Verlag, Gütersloh 1962.

Kohli, M., Soziologie des Lebenslaufes, Luchterhand, Neuwied, 1978.

–, Sozialisation und Lebenslauf: Eine neue Perspektive für die Sozialisationsforschung, in: Griese, H. M. (Hrsg.), Sozialisation im Erwachsenenalter, Beltz, Weinheim 1979, 71–114.

Krappmann, L., Soziologische Dimensionen der Identität, Klett-Cotta, Stuttgart 1978, 5. Aufl.

Laschinksy, D., Petzold, H. G., Rinast, M., Exchange Learning – ein Konzept für die Arbeit mit alten Menschen, Integrative Therapie 3 (1979), 224–245.

Lehr, U., Älterwerden in Stadt und Land – Psychologische und soziale Aspekte, actuelle gerontologie 7 (1970) 179–204.

–, Psychologie des Alterns, Quelle & Meyer, Heidelberg 1979, 4. Aufl.

Lehr, U., Schmitz-Scherzer, R., Quadt, E., Weiterbildung im höheren Erwachsenenalter, Kohlhammer, Stuttgart 1979.

Lemoine, G., Lemoine, P., Zu einer psychoanalytischen Theorie des Psychodramas, in: Petzold, (1981 b) 127–147.

Leutz, G. A., Psychodrama – Theorie und Praxis, Springer-Verlag, Heidelberg 1974.

Linden, M. E., Group-Psychotherapie with Institutionalized Senil Women: Studies in Gerontologic Human Relations, II, International Journal for Group Psychotherapy 3 (1943) 150–170.

–, The Significance of Leadership in Gerontologic Group-Psychotherapy: Studies in Gerontologic Human Relations, III, International Journal for Group Psychotherapy 4 (1944) 272–293.

–, Transference in Gerontologic Group-Psychotherapy: Studies in Gerontologic Human Relations IV, International Journal for Group Psychotherapy 5 (1955) 61–79.

–, Geriatrics, in: Slavson, S. R., Fields of Group-Psychotherapy, International University Press, New York 1956.

Lückel, K., Begegnung mit Sterbenden, Ch. Kaiser, München 1981.

Lückel, R., Integrative Arbeit mit Märchen, *Beiheft zur Integrativen Therapie* 1, Junfermann, Paderborn 1979.

Marcel, G., Leibliche Begegnung, in: *Krauss, A.,* Leib, Geist, Geschichte, Hüthig, Heidelberg 1978.

Micovich, J., Das 1 × 1 des Handpuppenspiels, Jugenddienst-Verlag, Wuppertal 1977.

Mikorey, M., Das Zeitparadoxon der Lebensbilderschau in Katastrophensituationen, in: *Schaltenbrand, G.,* Zeit in nervenärztlicher Sicht, Stuttgart 1963.

Meilink, W., Handbook voor de Poppenspeler, Verlag Het Poppenspeler, Mechelen 1952.

Moreno, J. L., Who Shall Survive? Beacon-House, Beacon 1953, 2. Aufl.

–, Role, in: *Moreno, J. L.,* The Sociometry Reader, Free Press, Glencoe, 1960, 80–84.

–, The Social Atom and Death, *Sociometry* 10 (1947) 81–86.

Moreno, Z. T., Die Bedeutung des Doppelns und des Rollentausches für den kosmischen Menschen, *Integrative Therapie* 1 (1977), 40–44.

Mulholland, J., Practical Puppetry, Herbert Jenkins, London 1961.

Narr, H., Soziale Probleme des Alterns. Altenhilfe, Altenheim, Kohlhammer, Stuttgart 1976.

Oesterreich, K., Psychiatrie des Alterns, Quelle & Meyer, Heidelberg 1975.

Perls, F. S., Gestalt, Wachstum, Integration, Junfermann, Paderborn 1980.

Petzold, H. G., L'analyse progressive en psychodrame analytique, Paris 1969, mimeogr.

–, Some important techniques of psychodrama, Vidardeutbildningskurs i psykiatri. Herausg. *E. Franzke,* Växjö 1970.

–, *Geibel, C.,* »Komplexes Kreativitätstraining« in der Vorschulerziehung durch Psychodrama, Puppenspiel und Kreativitätstechniken, in: *Petzold* (1972) 331–334.

–, Angewandtes Psychodrama in Therapie, Pädagogik, Theater, Junfermann, Paderborn 1972, 2. erw. Aufl. 1978.

–, Analytische Gruppenpsychotherapie, Gruppendynamik und szenisches Spiel als »Triadisches Psychodrama« in der Arbeit mit Studenten, in: *Petzold, H. G.,* Kreativität und Konflikte, Junfermann, Paderborn 1973.

–, Psychotherapie und Körperdynamik, Junfermann, Paderborn, 1974, 3. Aufl. 1979.

–, Die Arbeit mit Puppen und Großpuppen in der integrativen Therapie, *Integrative Therapie* 4 (1975a) 197–207.

–, Masken und Märchenspiel als Verfahren in der integrativen Therapie, *Integrative Therapie* 1 (1975b) 44–48.

–, *Bubolz, E.,* Bildungsarbeit mit alten Menschen, Klett, Stuttgart 1976.

–, *Brown, G. I.,* Gestaltpädagogik, Pfeiffer, München 1977.

–, Integrative Geragogik – Gestaltmethoden in der Bildungsarbeit mit alten Menschen, 1977a, in: *Petzold, Brown,* (1977) 214–246.

–, Die Rolle der Medien in der Integrativen Pädagogik (1977b), in: *Petzold, Brown,* (1977) 101–123.

–, *Bubolz, E.,* Psychotherapie mit alten Menschen, Junfermann, Paderborn 1979.

–, *Berger, A.,* Integrative Bewegungstherapie und Bewegungserziehung in der Arbeit mit alten Menschen, in: *Petzold, Bubolz* (1979) 397–426.

–, Psychodrama-Therapie. Theorie, Methoden, Anwendung in der Arbeit mit alten Menschen, Junfermann, Paderborn 1979a.

–, Der Gestaltansatz in einer integrativen psychotherapeutischen, soziotherapeutischen und agogischen Arbeit mit alten Menschen (1979b), in: *Petzold, Bubolz* (1979) 261–294.

–, Zur Veränderung der sozialen Mikrostruktur im Alter – eine Untersuchung von 40 sozialen Atomen alter Menschen, *Integrative Therapie* 1/2 (1979c) 51–78.

–, Die inhumane Situation alter Menschen und die Humanisierung des Alters, *Zeitschrift für Humanistische Psychologie* 2 (1979d) 54–63.

–, Integrative Arbeit mit einem Sterbenden, *Integrative Therapie* 2/3 (1980) 181–193.

–, *Mathias, U.,* Rollenentwicklung und Identität, Junfermann, Paderborn 1983.

–, »Sich selbst im Lebensganzen verstehen lernen« – Erlebnisaktivierende Methoden in einem integrativen Ansatz zur Vorbereitung auf das Alter, 1981a, in: *Schneider* (1981) 89–112.

–, Das therapeutische Theater Iljines in der Arbeit mit alten Menschen, 1981b, in: *Petzold* (1981e) 218–235.

–, Gestaltdrama, Totenklage und Trauerarbeit 1981c, in: *Petzold* (1981e).

–, Integrative Dramatherapie – Überlegungen und Konzepte im »Tetradischen Psychodrama«, 1981d, in: *Petzold* (1981e).

–, Dramatische Therapie. Neue Wege der Behandlung durch Psychodrama, Rollenspiel, Therapeutisches Theater. Hippokrates, Stuttgart 1981e.

–, (Hrsg.), Widerstand. Ein strittiges Konzept der Psychotherapie, Junfermann Verlag, Paderborn 1981f.

–, Grundformen der menschlichen Kommunikation im Lebensganzen, *Gestalt-Bulletin* 1/2 (1981g) 54–69.

–, *Spiegel-Rösing, I.* (Hrsg.), Psychotherapie mit Sterbenden, Junfermann, Paderborn 1983.

–, Poesietherapie in der Arbeit mit alten Menschen 1982a, in: *Petzold, Orth,* Poesie und Therapie, Junfermann, Paderborn 1983.

–, Kreative Medien in der Arbeit mit Sterbenden, 1982b in: *Petzold, Spiegel-Rösing* (1983).

–, Störungen durch die Pensionierung und ihre Behandlung, 1982c, in: *Petzold, H., Heinl, H.,* Psychotherapie und Arbeitswelt, Junfermann, Paderborn 1983.

Philpott, A. R., Puppets and Therapy, Plays, Boston 1977.

–, Dictionary of Puppet, Plays, Boston 1969.

Rambert, M. L., Das Puppenspiel in der Psychotherapie, Reinhardt, München/Basel 1969.

Rojas-Bermúdez, J. G., Puppets and Psychodrama, Genitor, Buenos Aires 1970.

–, Die Puppe und Medien als Intermediär-Objekte, *Integrative Therapie* 1/2 (1982).

Scheff, Th., Catharsis in Healing, Ritual and Drama, Univ. of California Press Berkeley 1979.

Schneider, H.,D., »Ressourcen« im Alter, *Zeitschrift für Gerontologie* 12 (1979) 426–438.

–, Sexualverhalten in der zweiten Lebenshälfte, Kohlhammer, Stuttgart 1980.

–, (Hrsg.), *Pro Senectute*, Vorbereitung auf das Alter im Lebenslauf, Schöningh, Paderborn 1981.

Schreiner, K., Puppen und Theater, Dumont, Köln 1980.

Schützenberger, A., Triadisches Psychodrama, in: *Petzold* (1981e) 156–165.

Sieber, G., Die Altersrevolution, Benzinger, Zürich/Köln 1972.

Straub, H., Über die Anfangsphase psychodramatischer Kinderbehandlung mit Puppentheater-Figuren, in: *Petzold* (1972) 218–231.

Szilagyi, D., Erfahrungen mit dem Puppenspiel für Erwachsene, in: *Material zum Theater* 116, »Puppentheater für Erwachsene – Erwartung, Probleme, Erfahrungen«, herausgegeben vom Verband der Theaterschaffenden der Deutschen Demokratischen Republik, Berlin, Hermann-Martern-Str. 18, 1979.

Tews, H. T., Soziologie des Alterns, Quelle & Meyer, Heidelberg 1979, 3. Aufl.

–, Grenzen der Altenbildung, *Zeitschrift für Gerontologie* 9 (1976) 58–72.

Thurman, A. H., Piggins, C. A., Drama activities with older adults: A handbook for leaders, The Haworth Press, New York 1982.

Wall, L. V., White, G. A., Philpott, A. R., The Puppet Book, Faber, London 1965, 3. Aufl.

Weinstock, C., The Relation between Social Isolation and Related Cognitive Skills in the Residents of a Catholic and a Jewish Home for Aged, *Proceedings of the 8th International Congress of Gerontology*, 1968 Washington.

–, *Bennet, R.*, Problems in Communication to Nurses among Residents of a Racial Homogenous Nursing Home, *The Gerontologist* 8 (1968) 72–75.

Whitlock, G. E., Understanding and coping with real life crisis, Monterey, Ca. 1978.

Winnicott, D. W., Vom Spiel zur Kreativität, Klett, Stuttgart 1973.

Woll-Schumacher, I., Desozialisation im Alter, Enke, Stuttgart 1980.

Zimmermann, R. E., Sozialisationstheoretische Implikationen für die Bildungsarbeit mit alten Menschen, in: *Petzold, Bubolz* (1976) 198–210.

–, Alter und Hilfsbedürftigkeit, Enke, Stuttgart 1977.

–, Soziale Ungleichheit und Krankheit im Alter, in: *Dieck, Naegele* (1978) 145–159.